民营经济促进
法律法规汇编

法律出版社法规中心 编

图书在版编目（CIP）数据

最新民营经济促进法律法规汇编／法律出版社法规中心编. -- 北京：法律出版社，2025. -- ISBN 978-7-5244-0406-4

Ⅰ.D922.290.9

中国国家版本馆 CIP 数据核字第 2025HC1053 号

最新民营经济促进法律法规汇编
ZUIXIN MINYING JINGJI CUJIN
FALÜ FAGUI HUIBIAN

法律出版社法规中心 编

责任编辑 张红蕊
装帧设计 李 瞻

出版发行	法律出版社	开本	A5
编辑统筹	法规出版分社	印张 15.625	字数 435 千
责任校对	赵雪慧	版本	2025 年 6 月第 1 版
责任印制	耿润瑜	印次	2025 年 6 月第 1 次印刷
经　销	新华书店	印刷	保定市中画美凯印刷有限公司

地址：北京市丰台区莲花池西里 7 号（100073）
网址：www.lawpress.com.cn　　　　　　销售电话：010-83938349
投稿邮箱：info@lawpress.com.cn　　　　客服电话：010-83938350
举报盗版邮箱：jbwq@lawpress.com.cn　　咨询电话：010-63939796
版权所有·侵权必究

书号：ISBN 978-7-5244-0406-4　　　　　定价：49.00 元
凡购买本社图书，如有印装错误，我社负责退换。电话：010-83938349

目　　录

中华人民共和国民营经济促进法(2025.4.30)① ………………（1）

一、综　　合

中共中央、国务院关于促进民营经济发展壮大的意见(2023.7.
　14) …………………………………………………………（16）
中共中央、国务院关于营造更好发展环境支持民营企业改革发
　展的意见(2019.12.4) ……………………………………（25）
中共中央、国务院关于营造企业家健康成长环境弘扬优秀企业
　家精神更好发挥企业家作用的意见(2017.9.8) ………（32）
关于加强新时代民营经济统战工作的意见(2020) …………（40）
关于加强金融服务民营企业的若干意见(2019) ……………（48）
中华人民共和国民法典(节录)(2020.5.28) ………………（53）
中华人民共和国公司法(2023.12.29修订) …………………（57）
中华人民共和国合伙企业法(2006.8.27修订) ……………（110）
中华人民共和国个人独资企业法(1999.8.30) ……………（127）
中华人民共和国中小企业促进法(2017.9.1修订) ………（134）
促进个体工商户发展条例(2022.10.1) ……………………（144）
优化营商环境条例(2019.10.22) ……………………………（149）

---

① 本书中的时间为法律文件的公布/施行时间或最后一次修正、修订时间。

二、公平竞争

中华人民共和国反不正当竞争法(2019.4.23修正) …………（164）
公平竞争审查条例(2024.6.6) ………………………………（171）
公平竞争审查条例实施办法(2025.2.28) …………………（176）
公平竞争审查举报处理工作规则(2024.10.13) ……………（188）
招标投标领域公平竞争审查规则(2024.3.25) ……………（193）
网络反不正当竞争暂行规定(2024.5.6) ……………………（198）
公平竞争审查制度实施细则(2021.6.29) …………………（208）

三、投资融资促进

中华人民共和国商业银行法(节录)(2015.8.29修正) ……（220）
私募投资基金监督管理条例(节录)(2023.7.3) ……………（223）
企业投资项目核准和备案管理条例(2016.11.30) …………（228）
企业投资项目核准和备案管理办法(2023.3.23修订) ……（233）
企业投资项目事中事后监管办法(2023.3.23修订) ………（245）
银行间债券市场进一步支持民营企业高质量发展行动方案
　(2025.3.14) ………………………………………………（250）
关于进一步加大债务融资工具支持力度促进民营经济健康发
　展的通知(2023.8.30) ……………………………………（252）

四、科技创新

中华人民共和国科学技术进步法(节录)(2021.12.24修订) …（256）
中华人民共和国促进科技成果转化法(节录)(2015.8.29修正) …（264）
国家科学技术奖励条例(2024.5.26修订) …………………（271）

科学数据管理办法(2018.3.17) …………………………………… (278)
国家技术创新项目招标投标管理办法(2002.10.29)………… (283)

五、规 范 经 营

中华人民共和国企业所得税法(2018.12.29修正)…………… (288)
中华人民共和国企业所得税法实施条例(2024.12.6修订)…… (298)
企业名称登记管理规定(2020.12.28修订)…………………… (322)
中华人民共和国市场主体登记管理条例(2021.7.27) ………… (326)
中华人民共和国市场主体登记管理条例实施细则(2022.3.1)
…………………………………………………………………… (336)
企业内部控制基本规范(2008.5.22) …………………………… (353)
小企业内部控制规范(试行)(2017.6.29) ……………………… (362)
民营企业境外投资经营行为规范(2017.12.6) ………………… (368)

六、服 务 保 障

最高人民法院关于优化法治环境促进民营经济发展壮大的指
　导意见(2023.9.25) …………………………………………… (374)
国家能源局关于促进能源领域民营经济发展若干举措的通知
　(2025.4.23) …………………………………………………… (384)
生态环境部门进一步促进民营经济发展的若干措施(2024.9.
　13) ……………………………………………………………… (387)
人力资源社会保障部关于强化人社支持举措助力民营经济发
　展壮大的通知(2023.11.30) ………………………………… (392)
中国人民银行、金融监管总局、中国证监会、国家外汇局、国家
　发展改革委、工业和信息化部、财政部、全国工商联关于强化
　金融支持举措助力民营经济发展壮大的通知(2023.11.27)
　………………………………………………………………… (396)

市场监管部门促进民营经济发展的若干举措(2023.9.15) …… (401)
国家发展改革委关于完善政府诚信履约机制优化民营经济发展环境的通知(2023.8.5) …………………………… (405)
国家发展改革委等部门关于实施促进民营经济发展近期若干举措的通知(2023.7.28) ……………………………… (408)
国家发展改革委、科技部、工业和信息化部、生态环境部、银保监会、全国工商联关于营造更好发展环境 支持民营节能环保企业健康发展的实施意见(2020.5.21) …………… (413)
国家税务总局关于接续推出和优化"便民办税春风行动"措施 促进民营经济发展壮大服务高质量发展的通知(2023.8.4)
…………………………………………………………… (417)
国家税务总局关于实施进一步支持和服务民营经济发展若干措施的通知(2018.11.16) …………………………… (421)

七、权 益 保 护

中共中央、国务院关于完善产权保护制度依法保护产权的意见(2016.11.4) ……………………………………… (428)
中华人民共和国行政处罚法(2021.1.22 修订) ………… (434)
中华人民共和国刑法(节录)(2023.12.29 修正) ………… (451)
保障中小企业款项支付条例(2025.3.17 修订) …………… (457)
国务院办公厅关于建立健全涉企收费长效监管机制的指导意见(2025.3.25) ………………………………………… (464)
关于发挥商会调解优势 推进民营经济领域纠纷多元化解机制建设的意见(2019.1.14) ……………………………… (467)

附:典型案例

最高人民法院发布 6 个企业名誉权司法保护典型案例(2025.

2.17） ………………………………………………………（471）
最高人民法院发布十起人民法院助推民营经济高质量发展典
型民商事案例(2021.9.3) ………………………………（477）

中华人民共和国民营经济促进法

1. 2025 年 4 月 30 日第十四届全国人民代表大会常务委员会第十五次会议通过
2. 2025 年 4 月 30 日中华人民共和国主席令第 46 号公布
3. 自 2025 年 5 月 20 日起施行

目 录

第一章　总　　则

第二章　公平竞争

第三章　投资融资促进

第四章　科技创新

第五章　规范经营

第六章　服务保障

第七章　权益保护

第八章　法律责任

第九章　附　　则

第一章　总　　则

第一条　【立法目的】[①]为优化民营经济发展环境,保证各类经济组织公平参与市场竞争,促进民营经济健康发展和民营经济人士健康成长,构建高水平社会主义市场经济体制,发挥民营经济在国民经济和社会发展中的重要作用,根据宪法,制定本法。

第二条　【坚持原则】促进民营经济发展工作坚持中国共产党的领导,坚持以人民为中心,坚持中国特色社会主义制度,确保民营经济发展的正确政治方向。

---

① 条文主旨为编者所加,下同。

国家坚持和完善公有制为主体、多种所有制经济共同发展,按劳分配为主体、多种分配方式并存,社会主义市场经济体制等社会主义基本经济制度;毫不动摇巩固和发展公有制经济,毫不动摇鼓励、支持、引导非公有制经济发展;充分发挥市场在资源配置中的决定性作用,更好发挥政府作用。

第三条 【民营经济的地位】民营经济是社会主义市场经济的重要组成部分,是推进中国式现代化的生力军,是高质量发展的重要基础,是推动我国全面建成社会主义现代化强国、实现中华民族伟大复兴的重要力量。促进民营经济持续、健康、高质量发展,是国家长期坚持的重大方针政策。

国家坚持依法鼓励、支持、引导民营经济发展,更好发挥法治固根本、稳预期、利长远的保障作用。

国家坚持平等对待、公平竞争、同等保护、共同发展的原则,促进民营经济发展壮大。民营经济组织与其他各类经济组织享有平等的法律地位、市场机会和发展权利。

第四条 【民营经济发展工作管理体制】国务院和县级以上地方人民政府将促进民营经济发展工作纳入国民经济和社会发展规划,建立促进民营经济发展工作协调机制,制定完善政策措施,协调解决民营经济发展中的重大问题。

国务院发展改革部门负责统筹协调促进民营经济发展工作。国务院其他有关部门在各自职责范围内,负责促进民营经济发展相关工作。

县级以上地方人民政府有关部门依照法律法规和本级人民政府确定的职责分工,开展促进民营经济发展工作。

第五条 【党建引领和企业家精神】民营经济组织及其经营者应当拥护中国共产党的领导,坚持中国特色社会主义制度,积极投身社会主义现代化强国建设。

国家加强民营经济组织经营者队伍建设,加强思想政治引领,发挥其在经济社会发展中的重要作用;培育和弘扬企业家精神,引导民营经济组织经营者践行社会主义核心价值观,爱国敬业、守法经营、创业创新、回报社会,坚定做中国特色社会主义的建设者、中国式现代化的促进者。

第六条 【遵纪守法】民营经济组织及其经营者从事生产经营活动,应当遵守法律法规,遵守社会公德、商业道德,诚实守信、公平竞争,履行社会责任,保障劳动者合法权益,维护国家利益和社会公共利益,接受政府和社会监督。

第七条 【工商联的作用】工商业联合会发挥在促进民营经济健康发展和民营经济人士健康成长中的重要作用,加强民营经济组织经营者思想政治建设,引导民营经济组织依法经营,提高服务民营经济水平。

第八条 【宣传先进及优化营商环境】加强对民营经济组织及其经营者创新创造等先进事迹的宣传报道,支持民营经济组织及其经营者参与评选表彰,引导形成尊重劳动、尊重创造、尊重企业家的社会环境,营造全社会关心、支持、促进民营经济发展的氛围。

第九条 【民营经济统计制度】国家建立健全民营经济统计制度,对民营经济发展情况进行统计分析,定期发布有关信息。

第二章 公平竞争

第十条 【市场准入】国家实行全国统一的市场准入负面清单制度。市场准入负面清单以外的领域,包括民营经济组织在内的各类经济组织可以依法平等进入。

第十一条 【落实公平竞争审查制度】各级人民政府及其有关部门落实公平竞争审查制度,制定涉及经营主体生产经营活动的政策措施应当经过公平竞争审查,并定期评估,及时清理、废除含有妨碍全国统一市场和公平竞争内容的政策措施,保障民营经济组织公平参与市场竞争。

市场监督管理部门负责受理对违反公平竞争审查制度政策措施的举报,并依法处理。

第十二条 【国家保障】国家保障民营经济组织依法平等使用资金、技术、人力资源、数据、土地及其他自然资源等各类生产要素和公共服务资源,依法平等适用国家支持发展的政策。

第十三条 【政府平等对待】各级人民政府及其有关部门依照法定权限,在制定、实施政府资金安排、土地供应、排污指标、公共数据开放、资质许可、标准制定、项目申报、职称评定、评优评先、人力资源等方面的政策措施时,平等对待民营经济组织。

第十四条 【公共资源交易平等对待】公共资源交易活动应当公开透明、公平公正,依法平等对待包括民营经济组织在内的各类经济组织。

除法律另有规定外,招标投标、政府采购等公共资源交易不得有限制或者排斥民营经济组织的行为。

第十五条 【预防、制止垄断和不正当竞争】反垄断和反不正当竞争执法机构按照职责权限,预防和制止市场经济活动中的垄断、不正当竞争行为,对滥用行政权力排除、限制竞争的行为依法处理,为民营经济组织提供良好的市场环境。

第三章 投资融资促进

第十六条 【支持民营经济投资创业】支持民营经济组织参与国家重大战略和重大工程。支持民营经济组织在战略性新兴产业、未来产业等领域投资和创业,鼓励开展传统产业技术改造和转型升级,参与现代化基础设施投资建设。

第十七条 【制定投资政策和引导投资领域】国务院有关部门根据国家重大发展战略、发展规划、产业政策等,统筹研究制定促进民营经济投资政策措施,发布鼓励民营经济投资重大项目信息,引导民营经济投资重点领域。

民营经济组织投资建设符合国家战略方向的固定资产投资项目,依法享受国家支持政策。

第十八条 【提升资产效能】支持民营经济组织通过多种方式盘活存量资产,提高再投资能力,提升资产质量和效益。

各级人民政府及其有关部门支持民营经济组织参与政府和社会资本合作项目。政府和社会资本合作项目应当合理设置双方权利义务,明确投资收益获得方式、风险分担机制、纠纷解决方式等事项。

第十九条 【优化投资服务】各级人民政府及其有关部门在项目推介对接、前期工作和报建审批事项办理、要素获取和政府投资支持等方面，为民营经济组织投资提供规范高效便利的服务。

第二十条 【金融服务体系】国务院有关部门依据职责发挥货币政策工具和宏观信贷政策的激励约束作用，按照市场化、法治化原则，对金融机构向小型微型民营经济组织提供金融服务实施差异化政策，督促引导金融机构合理设置不良贷款容忍度、建立健全尽职免责机制、提升专业服务能力，提高为民营经济组织提供金融服务的水平。

第二十一条 【银行业金融机构等的职责】银行业金融机构等依据法律法规，接受符合贷款业务需要的担保方式，并为民营经济组织提供应收账款、仓单、股权、知识产权等权利质押贷款。

各级人民政府及其有关部门应当为动产和权利质押登记、估值、交易流通、信息共享等提供支持和便利。

第二十二条 【融资风险市场化分担】国家推动构建完善民营经济组织融资风险的市场化分担机制，支持银行业金融机构与融资担保机构有序扩大业务合作，共同服务民营经济组织。

第二十三条 【金融机构的职责】金融机构在依法合规前提下，按照市场化、可持续发展原则开发和提供适合民营经济特点的金融产品和服务，为资信良好的民营经济组织融资提供便利条件，增强信贷供给、贷款周期与民营经济组织融资需求、资金使用周期的适配性，提升金融服务可获得性和便利度。

第二十四条 【平等对待】金融机构在授信、信贷管理、风控管理、服务收费等方面应当平等对待民营经济组织。

金融机构违反与民营经济组织借款人的约定，单方面增加发放贷款条件、中止发放贷款或者提前收回贷款的，依法承担违约责任。

第二十五条 【健全资本市场体系】健全多层次资本市场体系，支持符合条件的民营经济组织通过发行股票、债券等方式平等获得直接融资。

第二十六条 【健全信用信息归集共享机制】建立健全信用信息归集共

享机制,支持征信机构为民营经济组织融资提供征信服务,支持信用评级机构优化民营经济组织的评级方法,增加信用评级有效供给,为民营经济组织获得融资提供便利。

第四章 科技创新

第二十七条 【鼓励、支持和引导科技创新】国家鼓励、支持民营经济组织在推动科技创新、培育新质生产力、建设现代化产业体系中积极发挥作用。引导民营经济组织根据国家战略需要、行业发展趋势和世界科技前沿,加强基础性、前沿性研究,开发关键核心技术、共性基础技术和前沿交叉技术,推动科技创新和产业创新融合发展,催生新产业、新模式、新动能。

引导非营利性基金依法资助民营经济组织开展基础研究、前沿技术研究和社会公益性技术研究。

第二十八条 【支持民营经济组织参与国家科技创新】支持民营经济组织参与国家科技攻关项目,支持有能力的民营经济组织牵头承担国家重大技术攻关任务,向民营经济组织开放国家重大科研基础设施,支持公共研究开发平台、共性技术平台开放共享,为民营经济组织技术创新平等提供服务,鼓励各类企业和高等学校、科研院所、职业学校与民营经济组织创新合作机制,开展技术交流和成果转移转化,推动产学研深度融合。

第二十九条 【参与共性技术研发和数据要素市场建设】支持民营经济组织依法参与数字化、智能化共性技术研发和数据要素市场建设,依法合理使用数据,对开放的公共数据资源依法进行开发利用,增强数据要素共享性、普惠性、安全性,充分发挥数据赋能作用。

第三十条 【参与标准制定】国家保障民营经济组织依法参与标准制定工作,强化标准制定的信息公开和社会监督。

国家为民营经济组织提供科研基础设施、技术验证、标准规范、质量认证、检验检测、知识产权、示范应用等方面的服务和便利。

第三十一条 【支持新技术应用及开展技术合作】支持民营经济组织加强新技术应用,开展新技术、新产品、新服务、新模式应用试验,发挥技术市场、中介服务机构作用,通过多种方式推动科技成果应用推广。

鼓励民营经济组织在投资过程中基于商业规则自愿开展技术合作。技术合作的条件由投资各方遵循公平原则协商确定。

第三十二条 【人才建设】鼓励民营经济组织积极培养使用知识型、技能型、创新型人才,在关键岗位、关键工序培养使用高技能人才,推动产业工人队伍建设。

第三十三条 【知识产权保护】国家加强对民营经济组织及其经营者原始创新的保护。加大创新成果知识产权保护力度,实施知识产权侵权惩罚性赔偿制度,依法查处侵犯商标专用权、专利权、著作权和侵犯商业秘密、仿冒混淆等违法行为。

加强知识产权保护的区域、部门协作,为民营经济组织提供知识产权快速协同保护、多元纠纷解决、维权援助以及海外知识产权纠纷应对指导和风险预警等服务。

第五章 规范经营

第三十四条 【党组织和党员发挥引领模范作用】民营经济组织中的中国共产党的组织和党员,按照中国共产党章程和有关党内法规开展党的活动,在促进民营经济组织健康发展中发挥党组织的政治引领作用和党员先锋模范作用。

第三十五条 【发挥作用】民营经济组织应当围绕国家工作大局,在发展经济、扩大就业、改善民生、科技创新等方面积极发挥作用,为满足人民日益增长的美好生活需要贡献力量。

第三十六条 【遵守法律和监督管理】民营经济组织从事生产经营活动应当遵守劳动用工、安全生产、职业卫生、社会保障、生态环境、质量标准、知识产权、网络和数据安全、财政税收、金融等方面的法律法规;不得通过贿赂和欺诈等手段牟取不正当利益,不得妨害市场和金融秩序、破坏生态环境、损害劳动者合法权益和社会公共利益。

国家机关依法对民营经济组织生产经营活动实施监督管理。

第三十七条 【规范和引导民营资本发展】支持民营资本服务经济社会

发展,完善资本行为制度规则,依法规范和引导民营资本健康发展,维护社会主义市场经济秩序和社会公共利益。支持民营经济组织加强风险防范管理,鼓励民营经济组织做优主业、做强实业,提升核心竞争力。

第三十八条 【**民营经济组织的治理体制**】民营经济组织应当完善治理结构和管理制度、规范经营者行为、强化内部监督,实现规范治理;依法建立健全以职工代表大会为基本形式的民主管理制度。鼓励有条件的民营经济组织建立完善中国特色现代企业制度。

民营经济组织中的工会等群团组织依照法律和章程开展活动,加强职工思想政治引领,维护职工合法权益,发挥在企业民主管理中的作用,推动完善企业工资集体协商制度,促进构建和谐劳动关系。

民营经济组织的组织形式、组织机构及其活动准则,适用《中华人民共和国公司法》、《中华人民共和国合伙企业法》、《中华人民共和国个人独资企业法》等法律的规定。

第三十九条 【**依法合规经营管理**】国家推动构建民营经济组织源头防范和治理腐败的体制机制,支持引导民营经济组织建立健全内部审计制度,加强廉洁风险防控,推动民营经济组织提升依法合规经营管理水平,及时预防、发现、治理经营中违法违规等问题。

民营经济组织应当加强对工作人员的法治教育,营造诚信廉洁、守法合规的文化氛围。

第四十条 【**加强财务管理**】民营经济组织应当依照法律、行政法规和国家统一的会计制度,加强财务管理,规范会计核算,防止财务造假,并区分民营经济组织生产经营收支与民营经济组织经营者个人收支,实现民营经济组织财产与民营经济组织经营者个人财产分离。

第四十一条 【**共享发展成果**】支持民营经济组织通过加强技能培训、扩大吸纳就业、完善工资分配制度等,促进员工共享发展成果。

第四十二条 【**鼓励、引导民营经济组织履行社会责任**】探索建立民营经济组织的社会责任评价体系和激励机制,鼓励、引导民营经济组织积极履行社会责任,自愿参与公益慈善事业、应急救灾等活动。

第四十三条 【海外投资经营合规】民营经济组织及其经营者在海外投资经营应当遵守所在国家或者地区的法律,尊重当地习俗和文化传统,维护国家形象,不得从事损害国家安全和国家利益的活动。

第六章 服 务 保 障

第四十四条 【国家机关及其工作人员、各级政府及有关部门职责】国家机关及其工作人员在促进民营经济发展工作中,应当依法履职尽责。国家机关工作人员与民营经济组织经营者在工作交往中,应当遵纪守法,保持清正廉洁。

各级人民政府及其有关部门建立畅通有效的政企沟通机制,及时听取包括民营经济组织在内各类经济组织的意见建议,解决其反映的合理问题。

第四十五条 【法律法规规章等的制定】国家机关制定与经营主体生产经营活动密切相关的法律、法规、规章和其他规范性文件,最高人民法院、最高人民检察院作出属于审判、检察工作中具体应用法律的相关解释,或者作出有关重大决策,应当注重听取包括民营经济组织在内各类经济组织、行业协会商会的意见建议;在实施前应当根据实际情况留出必要的适应调整期。

根据《中华人民共和国立法法》的规定,与经营主体生产经营活动密切相关的法律、法规、规章和其他规范性文件,属于审判、检察工作中具体应用法律的解释,不溯及既往,但为了更好地保护公民、法人和其他组织的权利和利益而作的特别规定除外。

第四十六条 【为申请享受优惠政策提供便利】各级人民政府及其有关部门应当及时向社会公开涉及经营主体的优惠政策适用范围、标准、条件和申请程序等,为民营经济组织申请享受有关优惠政策提供便利。

第四十七条 【制定创业政策】各级人民政府及其有关部门制定鼓励民营经济组织创业的政策,提供公共服务,鼓励创业带动就业。

第四十八条 【登记服务】登记机关应当为包括民营经济组织在内的各类经济组织提供依法合规、规范统一、公开透明、便捷高效的设立、变更、注销等登记服务,降低市场进入和退出成本。

　　个体工商户可以自愿依法转型为企业。登记机关、税务机关和有关部门为个体工商户转型为企业提供指引和便利。

第四十九条　【培养创新人才】鼓励、支持高等学校、科研院所、职业学校、公共实训基地和各类职业技能培训机构创新人才培养模式,加强职业教育和培训,培养符合民营经济高质量发展需求的专业人才和产业工人。

　　人力资源和社会保障部门建立健全人力资源服务机制,搭建用工和求职信息对接平台,为民营经济组织招工用工提供便利。

　　各级人民政府及其有关部门完善人才激励和服务保障政策措施,畅通民营经济组织职称评审渠道,为民营经济组织引进、培养高层次及紧缺人才提供支持。

第五十条　【行政机关的职责】行政机关坚持依法行政。行政机关开展执法活动应当避免或者尽量减少对民营经济组织正常生产经营活动的影响,并对其合理、合法诉求及时响应、处置。

第五十一条　【罚责相当】对民营经济组织及其经营者违法行为的行政处罚应当按照与其他经济组织及其经营者同等原则实施。对违法行为依法需要实施行政处罚或者采取其他措施的,应当与违法行为的事实、性质、情节以及社会危害程度相当。违法行为具有《中华人民共和国行政处罚法》规定的从轻、减轻或者不予处罚情形的,依照其规定从轻、减轻或者不予处罚。

第五十二条　【监管和检查】各级人民政府及其有关部门推动监管信息共享互认,根据民营经济组织的信用状况实施分级分类监管,提升监管效能。

　　除直接涉及公共安全和人民群众生命健康等特殊行业、重点领域依法依规实行全覆盖的重点监管外,市场监管领域相关部门的行政检查应当通过随机抽取检查对象、随机选派执法检查人员的方式进行,抽查事项及查处结果及时向社会公开。针对同一检查对象的多个检查事项,应当尽可能合并或者纳入跨部门联合检查范围。

第五十三条 【投诉举报处理】各级人民政府及其有关部门建立健全行政执法违法行为投诉举报处理机制,及时受理并依法处理投诉举报,保护民营经济组织及其经营者合法权益。

司法行政部门建立涉企行政执法诉求沟通机制,组织开展行政执法检查,加强对行政执法活动的监督,及时纠正不当行政执法行为。

第五十四条 【失信惩戒和信用修复】健全失信惩戒和信用修复制度。实施失信惩戒,应当依照法律、法规和有关规定,并根据失信行为的事实、性质、轻重程度等采取适度的惩戒措施。

民营经济组织及其经营者纠正失信行为、消除不良影响、符合信用修复条件的,可以提出信用修复申请。有关国家机关应当依法及时解除惩戒措施,移除或者终止失信信息公示,并在相关公共信用信息平台实现协同修复。

第五十五条 【矛盾纠纷多元化解】建立健全矛盾纠纷多元化解机制,为民营经济组织维护合法权益提供便利。

司法行政部门组织协调律师、公证、司法鉴定、基层法律服务、人民调解、商事调解、仲裁等相关机构和法律咨询专家,参与涉及民营经济组织纠纷的化解,为民营经济组织提供有针对性的法律服务。

第五十六条 【有关行业协会商会的职责】有关行业协会商会依照法律、法规和章程,发挥协调和自律作用,及时反映行业诉求,为民营经济组织及其经营者提供信息咨询、宣传培训、市场拓展、权益保护、纠纷处理等方面的服务。

第五十七条 【维护海外投资权益】国家坚持高水平对外开放,加快构建以国内大循环为主体、国内国际双循环相互促进的新发展格局;支持、引导民营经济组织拓展国际交流合作,在海外依法合规开展投资经营等活动;加强法律、金融、物流等海外综合服务,完善海外利益保障机制,维护民营经济组织及其经营者海外合法权益。

第七章 权益保护

第五十八条 【保护合法权益】民营经济组织及其经营者的人身权利、财产权利以及经营自主权等合法权益受法律保护,任何单位和个人不得侵犯。

第五十九条 【保护人格权益】民营经济组织的名称权、名誉权、荣誉权和民营经济组织经营者的名誉权、荣誉权、隐私权、个人信息等人格权益受法律保护。

任何单位和个人不得利用互联网等传播渠道，以侮辱、诽谤等方式恶意侵害民营经济组织及其经营者的人格权益。网络服务提供者应当依照有关法律法规规定，加强网络信息内容管理，建立健全投诉、举报机制，及时处置恶意侵害当事人合法权益的违法信息，并向有关主管部门报告。

人格权益受到恶意侵害的民营经济组织及其经营者有权依法向人民法院申请采取责令行为人停止有关行为的措施。民营经济组织及其经营者的人格权益受到恶意侵害致使民营经济组织生产经营、投资融资等活动遭受实际损失的，侵权人依法承担赔偿责任。

第六十条 【执法原则】国家机关及其工作人员依法开展调查或者要求协助调查，应当避免或者尽量减少对正常生产经营活动产生影响。实施限制人身自由的强制措施，应当严格依照法定权限、条件和程序进行。

第六十一条 【征收、征用】征收、征用财产，应当严格依照法定权限、条件和程序进行。

为了公共利益的需要，依照法律规定征收、征用财产的，应当给予公平、合理的补偿。

任何单位不得违反法律、法规向民营经济组织收取费用，不得实施没有法律、法规依据的罚款，不得向民营经济组织摊派财物。

第六十二条 【查封、扣押、冻结涉案财物的原则】查封、扣押、冻结涉案财物，应当遵守法定权限、条件和程序，严格区分违法所得、其他涉案财物与合法财产，民营经济组织财产与民营经济组织经营者个人财产，涉案人财产与案外人财产，不得超权限、超范围、超数额、超时限查封、扣押、冻结财物。对查封、扣押的涉案财物，应当妥善保管。

第六十三条 【办案原则】办理案件应当严格区分经济纠纷与经济犯

罪,遵守法律关于追诉期限的规定;生产经营活动未违反刑法规定的,不以犯罪论处;事实不清、证据不足或者依法不追究刑事责任的,应当依法撤销案件、不起诉、终止审理或者宣告无罪。

禁止利用行政或者刑事手段违法干预经济纠纷。

第六十四条　【规范异地执法】规范异地执法行为,建立健全异地执法协助制度。办理案件需要异地执法的,应当遵守法定权限、条件和程序。国家机关之间对案件管辖有争议的,可以进行协商,协商不成的,提请共同的上级机关决定,法律另有规定的从其规定。

禁止为经济利益等目的滥用职权实施异地执法。

第六十五条　【存在异议的解决途径】民营经济组织及其经营者对生产经营活动是否违法,以及国家机关实施的强制措施存在异议的,可以依法向有关机关反映情况、申诉,依法申请行政复议、提起诉讼。

第六十六条　【检察机关的职责】检察机关依法对涉及民营经济组织及其经营者的诉讼活动实施法律监督,及时受理并审查有关申诉、控告。发现存在违法情形的,应当依法提出抗诉、纠正意见、检察建议。

第六十七条　【国家机关等及时支付账款】国家机关、事业单位、国有企业应当依法或者依合同约定及时向民营经济组织支付账款,不得以人员变更、履行内部付款流程或者在合同未作约定情况下以等待竣工验收批复、决算审计等为由,拒绝或者拖延支付民营经济组织账款;除法律、行政法规另有规定外,不得强制要求以审计结果作为结算依据。

审计机关依法对国家机关、事业单位和国有企业支付民营经济组织账款情况进行审计监督。

第六十八条　【大型企业及时支付账款】大型企业向中小民营经济组织采购货物、工程、服务等,应当合理约定付款期限并及时支付账款,不得以收到第三方付款作为向中小民营经济组织支付账款的条件。

人民法院对拖欠中小民营经济组织账款案件依法及时立案、审理、执行,可以根据自愿和合法的原则进行调解,保障中小民营经济组织合法权益。

第六十九条 【账款支付保障及争议解决】县级以上地方人民政府应当加强账款支付保障工作，预防和清理拖欠民营经济组织账款；强化预算管理，政府采购项目应当严格按照批准的预算执行；加强对拖欠账款处置工作的统筹指导，对有争议的鼓励各方协商解决，对存在重大分歧的组织协商、调解。协商、调解应当发挥工商业联合会、律师协会等组织的作用。

第七十条 【履约责任】地方各级人民政府及其有关部门应当履行依法向民营经济组织作出的政策承诺和与民营经济组织订立的合同，不得以行政区划调整、政府换届、机构或者职能调整以及相关人员更替等为由违约、毁约。

因国家利益、社会公共利益需要改变政策承诺、合同约定的，应当依照法定权限和程序进行，并对民营经济组织因此受到的损失予以补偿。

第八章 法律责任

第七十一条 【不合规出台政策措施及限制或者排斥民营经济组织的处罚】违反本法规定，有下列情形之一的，由有权机关责令改正，造成不良后果或者影响的，对负有责任的领导人员和直接责任人员依法给予处分：

（一）未经公平竞争审查或者未通过公平竞争审查出台政策措施；

（二）在招标投标、政府采购等公共资源交易中限制或者排斥民营经济组织。

第七十二条 【违法实施强制措施及异地执法的处罚】违反法律规定实施征收、征用或者查封、扣押、冻结等措施的，由有权机关责令改正，造成损失的，依法予以赔偿；造成不良后果或者影响的，对负有责任的领导人员和直接责任人员依法给予处分。

违反法律规定实施异地执法的，由有权机关责令改正，造成不良后果或者影响的，对负有责任的领导人员和直接责任人员依法给予处分。

第七十三条 【拒绝或者拖延支付账款及不履约的处罚】国家机关、事业单位、国有企业违反法律、行政法规规定或者合同约定,拒绝或者拖延支付民营经济组织账款,地方各级人民政府及其有关部门不履行向民营经济组织依法作出的政策承诺、依法订立的合同的,由有权机关予以纠正,造成损失的,依法予以赔偿;造成不良后果或者影响的,对负有责任的领导人员和直接责任人员依法给予处分。

大型企业违反法律、行政法规规定或者合同约定,拒绝或者拖延支付中小民营经济组织账款的,依法承担法律责任。

第七十四条 【侵害民营经济组织及其经营者合法权益的处罚】违反本法规定,侵害民营经济组织及其经营者合法权益,其他法律、法规规定行政处罚的,从其规定;造成人身损害或者财产损失的,依法承担民事责任;构成犯罪的,依法追究刑事责任。

第七十五条 【生产经营活动违法的处罚】民营经济组织及其经营者生产经营活动违反法律、法规规定,由有权机关责令改正,依法予以行政处罚;造成人身损害或者财产损失的,依法承担民事责任;构成犯罪的,依法追究刑事责任。

第七十六条 【撤销表彰荣誉、取消政策待遇】民营经济组织及其经营者采取欺诈等不正当手段骗取表彰荣誉、优惠政策等的,应当撤销已获表彰荣誉、取消享受的政策待遇,依法予以处罚;构成犯罪的,依法追究刑事责任。

第九章　附　　则

第七十七条 【定义】本法所称民营经济组织,是指在中华人民共和国境内依法设立的由中国公民控股或者实际控制的营利法人、非法人组织和个体工商户,以及前述组织控股或者实际控制的营利法人、非法人组织。

民营经济组织涉及外商投资的,同时适用外商投资法律法规的相关规定。

第七十八条 【施行日期】本法自 2025 年 5 月 20 日起施行。

一、综　合

中共中央、国务院关于
促进民营经济发展壮大的意见

2023 年 7 月 14 日

民营经济是推进中国式现代化的生力军，是高质量发展的重要基础，是推动我国全面建成社会主义现代化强国、实现第二个百年奋斗目标的重要力量。为促进民营经济发展壮大，现提出如下意见。

一、总体要求

以习近平新时代中国特色社会主义思想为指导，深入贯彻党的二十大精神，坚持稳中求进工作总基调，完整、准确、全面贯彻新发展理念，加快构建新发展格局，着力推动高质量发展，坚持社会主义市场经济改革方向，坚持"两个毫不动摇"，加快营造市场化、法治化、国际化一流营商环境，优化民营经济发展环境，依法保护民营企业产权和企业家权益，全面构建亲清政商关系，使各种所有制经济依法平等使用生产要素、公平参与市场竞争、同等受到法律保护，引导民营企业通过自身改革发展、合规经营、转型升级不断提升发展质量，促进民营经济做大做优做强，在全面建设社会主义现代化国家新征程中作出积极贡献，在中华民族伟大复兴历史进程中肩负起更大使命、承担起更重责任、发挥出更大作用。

二、持续优化民营经济发展环境

构建高水平社会主义市场经济体制，持续优化稳定公平透明可预期的发展环境，充分激发民营经济生机活力。

（一）持续破除市场准入壁垒。各地区各部门不得以备案、注册、年检、认定、认证、指定、要求设立分公司等形式设定或变相设定准入障碍。清理规范行政审批、许可、备案等政务服务事项的前置条件和审批标准，不得将政务服务事项转为中介服务事项，没有法律法规依据不得在政务服务前要求企业自行检测、检验、认证、鉴定、公证或提供证明等。稳步开展市场准入效能评估，建立市场准入壁垒投诉和处理回应机制，完善典型案例归集和通报制度。

（二）全面落实公平竞争政策制度。强化竞争政策基础地位，健全公平竞争制度框架和政策实施机制，坚持对各类所有制企业一视同仁、平等对待。强化制止滥用行政权力排除限制竞争的反垄断执法。未经公平竞争不得授予经营者特许经营权，不得限定经营、购买、使用特定经营者提供的商品和服务。定期推出市场干预行为负面清单，及时清理废除含有地方保护、市场分割、指定交易等妨碍统一市场和公平竞争的政策。优化完善产业政策实施方式，建立涉企优惠政策目录清单并及时向社会公开。

（三）完善社会信用激励约束机制。完善信用信息记录和共享体系，全面推广信用承诺制度，将承诺和履约信息纳入信用记录。发挥信用激励机制作用，提升信用良好企业获得感。完善信用约束机制，依法依规按照失信惩戒措施清单对责任主体实施惩戒。健全失信行为纠正后的信用修复机制，研究出台相关管理办法。完善政府诚信履约机制，建立健全政务失信记录和惩戒制度，将机关、事业单位的违约毁约、拖欠账款、拒不履行司法裁判等失信信息纳入全国信用信息共享平台。

（四）完善市场化重整机制。鼓励民营企业盘活存量资产回收资金。坚持精准识别、分类施策，对陷入财务困境但仍具有发展前景和挽救价值的企业，按照市场化、法治化原则，积极适用破产重整、破产和解程序。推动修订企业破产法并完善配套制度。优化个体工商户转企业相关政策，降低转换成本。

三、加大对民营经济政策支持力度

精准制定实施各类支持政策，完善政策执行方式，加强政策协调性,及时回应关切和利益诉求,切实解决实际困难。

(五)完善融资支持政策制度。健全银行、保险、担保、券商等多方共同参与的融资风险市场化分担机制。健全中小微企业和个体工商户信用评级和评价体系,加强涉企信用信息归集,推广"信易贷"等服务模式。支持符合条件的民营中小微企业在债券市场融资,鼓励符合条件的民营企业发行科技创新公司债券,推动民营企业债券融资专项支持计划扩大覆盖面、提升增信力度。支持符合条件的民营企业上市融资和再融资。

(六)完善拖欠账款常态化预防和清理机制。严格执行《保障中小企业款项支付条例》,健全防范化解拖欠中小企业账款长效机制,依法依规加大对责任人的问责处罚力度。机关、事业单位和大型企业不得以内部人员变动,履行内部付款流程,或在合同未作约定情况下以等待竣工验收批复、决算审计等为由,拒绝或延迟支付中小企业和个体工商户款项。建立拖欠账款定期披露、劝告指导、主动执法制度。强化商业汇票信息披露,完善票据市场信用约束机制。完善拖欠账款投诉处理和信用监督机制,加强对恶意拖欠账款案例的曝光。完善拖欠账款清理与审计、督查、巡视等制度的常态化对接机制。

(七)强化人才和用工需求保障。畅通人才向民营企业流动渠道,健全人事管理、档案管理、社会保障等接续的政策机制。完善民营企业职称评审办法,畅通民营企业职称评审渠道,完善以市场评价为导向的职称评审标准。搭建民营企业、个体工商户用工和劳动者求职信息对接平台。大力推进校企合作、产教融合。推进民营经济产业工人队伍建设,优化职业发展环境。加强灵活就业和新就业形态劳动者权益保障,发挥平台企业在扩大就业方面的作用。

(八)完善支持政策直达快享机制。充分发挥财政资金直达机制作用,推动涉企资金直达快享。加大涉企补贴资金公开力度,接受社会监督。针对民营中小微企业和个体工商户建立支持政策"免申即享"机制,推广告知承诺制,有关部门能够通过公共数据平台提取的材料,不再要求重复提供。

（九）强化政策沟通和预期引导。依法依规履行涉企政策调整程序，根据实际设置合理过渡期。加强直接面向民营企业和个体工商户的政策发布和解读引导。支持各级政府部门邀请优秀企业家开展咨询，在涉企政策、规划、标准的制定和评估等方面充分发挥企业家作用。

四、强化民营经济发展法治保障

健全对各类所有制经济平等保护的法治环境，为民营经济发展营造良好稳定的预期。

（十）依法保护民营企业产权和企业家权益。防止和纠正利用行政或刑事手段干预经济纠纷，以及执法司法中的地方保护主义。进一步规范涉产权强制性措施，避免超权限、超范围、超数额、超时限查封扣押冻结财产。对不宜查封扣押冻结的经营性涉案财物，在保证侦查活动正常进行的同时，可以允许有关当事人继续合理使用，并采取必要的保值保管措施，最大限度减少侦查办案对正常办公和合法生产经营的影响。完善涉企案件申诉、再审等机制，健全冤错案件有效防范和常态化纠正机制。

（十一）构建民营企业源头防范和治理腐败的体制机制。出台司法解释，依法加大对民营企业工作人员职务侵占、挪用资金、受贿等腐败行为的惩处力度。健全涉案财物追缴处置机制。深化涉案企业合规改革，推动民营企业合规守法经营。强化民营企业腐败源头治理，引导民营企业建立严格的审计监督体系和财会制度。充分发挥民营企业党组织作用，推动企业加强法治教育，营造诚信廉洁的企业文化氛围。建立多元主体参与的民营企业腐败治理机制。推动建设法治民营企业、清廉民营企业。

（十二）持续完善知识产权保护体系。加大对民营中小微企业原始创新保护力度。严格落实知识产权侵权惩罚性赔偿、行为保全等制度。建立知识产权侵权和行政非诉执行快速处理机制，健全知识产权法院跨区域管辖制度。研究完善商业改进、文化创意等创新成果的知识产权保护办法，严厉打击侵犯商业秘密、仿冒混淆等不正当竞争行为和恶意抢注商标等违法行为。加大对侵犯知识产权违法犯罪行为的刑事打击力度。完善海外知识产权纠纷应对指导机制。

（十三）完善监管执法体系。加强监管标准化规范化建设，依法公开监管标准和规则，增强监管制度和政策的稳定性、可预期性。提高监管公平性、规范性、简约性，杜绝选择性执法和让企业"自证清白"式监管。鼓励跨行政区域按规定联合发布统一监管政策法规及标准规范，开展联动执法。按照教育与处罚相结合原则，推行告知、提醒、劝导等执法方式，对初次违法且危害后果轻微并及时改正的依法不予行政处罚。

（十四）健全涉企收费长效监管机制。持续完善政府定价的涉企收费清单制度，进行常态化公示，接受企业和社会监督。畅通涉企违规收费投诉举报渠道，建立规范的问题线索部门共享和转办机制，综合采取市场监管、行业监管、信用监管等手段实施联合惩戒，公开曝光违规收费典型案例。

五、着力推动民营经济实现高质量发展

引导民营企业践行新发展理念，深刻把握存在的不足和面临的挑战，转变发展方式、调整产业结构、转换增长动力，坚守主业、做强实业，自觉走高质量发展之路。

（十五）引导完善治理结构和管理制度。支持引导民营企业完善法人治理结构、规范股东行为、强化内部监督，实现治理规范、有效制衡、合规经营，鼓励有条件的民营企业建立完善中国特色现代企业制度。依法推动实现企业法人财产与出资人个人或家族财产分离，明晰企业产权结构。研究构建风险评估体系和提示机制，对严重影响企业运营并可能引发社会稳定风险的情形提前预警。支持民营企业加强风险防范管理，引导建立覆盖企业战略、规划、投融资、市场运营等各领域的全面风险管理体系，提升质量管理意识和能力。

（十六）支持提升科技创新能力。鼓励民营企业根据国家战略需要和行业发展趋势，持续加大研发投入，开展关键核心技术攻关，按规定积极承担国家重大科技项目。培育一批关键行业民营科技领军企业、专精特新中小企业和创新能力强的中小企业特色产业集群。加大政府采购创新产品力度,发挥首台(套)保险补偿机制作用,支持民营企业创新产品迭代应用。推动不同所有制企业、大中小企业融通创新,开展共性技术联合攻关。完善高等学校、科研院所管理制度和成果转化机制,调动其支持民营中小微企业创新发展积极性,支持民营企业与科研机构合作建立技术研发中心、产业研究院、中试熟化基地、工程研究中心、制造业创新中心等创新平台。支持民营企业加强基础性前沿性研究和成果转化。

(十七)加快推动数字化转型和技术改造。鼓励民营企业开展数字化共性技术研发,参与数据中心、工业互联网等新型基础设施投资建设和应用创新。支持中小企业数字化转型,推动低成本、模块化智能制造设备和系统的推广应用。引导民营企业积极推进标准化建设,提升产品质量水平。支持民营企业加大生产工艺、设备、技术的绿色低碳改造力度,加快发展柔性制造,提升应急扩产转产能力,提升产业链韧性。

(十八)鼓励提高国际竞争力。支持民营企业立足自身实际,积极向核心零部件和高端制成品设计研发等方向延伸;加强品牌建设,提升"中国制造"美誉度。鼓励民营企业拓展海外业务,积极参与共建"一带一路",有序参与境外项目,在走出去中遵守当地法律法规、履行社会责任。更好指导支持民营企业防范应对贸易保护主义、单边主义、"长臂管辖"等外部挑战。强化部门协同配合,针对民营经济人士海外人身和财产安全,建立防范化解风险协作机制。

(十九)支持参与国家重大战略。鼓励民营企业自主自愿通过扩大吸纳就业、完善工资分配制度等,提升员工享受企业发展成果的水平。支持民营企业到中西部和东北地区投资发展劳动密集型制造业、装备制造业和生态产业,促进革命老区、民族地区加快发展,投入边疆地区建设推进兴边富民。支持民营企业参与推进碳达峰碳中和,提供减碳技术和服务,加大可再生能源发电和储能等领域投资力度,参与碳排放权、用能权交易。支持民营企业参与乡村振兴,推动新型农业经营主体和社会化服务组织发展现代种养业,高质量发展现代农产品加工业,因地制宜发展现代农业服务业,壮大休闲农业、乡村旅游业等特色产业,积极投身"万企兴万村"行动。支持民营企业参与全面加强基础设施建设,引导民营资本参与新型城镇化、交通水利等重大工程和补短板领域建设。

(二十)依法规范和引导民营资本健康发展。健全规范和引导民营资本健康发展的法律制度,为资本设立"红绿灯",完善资本行为制度规则,集中推出一批"绿灯"投资案例。全面提升资本治理效能,提高资本监管能力和监管体系现代化水平。引导平台经济向开放、创新、赋能方向发展,补齐发展短板弱项,支持平台企业在创造就业、拓展消费、国际竞争中大显身手,推动平台经济规范健康持续发展。鼓励民营企业集中精力做强做优主业,提升核心竞争力。

六、促进民营经济人士健康成长

全面贯彻信任、团结、服务、引导、教育的方针,用务实举措稳定人心、鼓舞人心、凝聚人心,引导民营经济人士弘扬企业家精神。

(二十一)健全民营经济人士思想政治建设机制。积极稳妥做好在民营经济代表人士先进分子中发展党员工作。深入开展理想信念教育和社会主义核心价值观教育。教育引导民营经济人士中的党员坚定理想信念,发挥先锋模范作用,坚决执行党的理论和路线方针政策。积极探索创新民营经济领域党建工作方式。

(二十二)培育和弘扬企业家精神。引导民营企业家增强爱国情怀、勇于创新、诚信守法、承担社会责任、拓展国际视野,敢闯敢干,不断激发创新活力和创造潜能。发挥优秀企业家示范带动作用,按规定加大评选表彰力度,在民营经济中大力培育企业家精神,及时总结推广富有中国特色、顺应时代潮流的企业家成长经验。

(二十三)加强民营经济代表人士队伍建设。优化民营经济代表人士队伍结构,健全选人机制,兼顾不同地区、行业和规模企业,适当向战略性新兴产业、高技术产业、先进制造业、现代服务业、现代农业等领域倾斜。规范政治安排,完善相关综合评价体系,稳妥做好推荐优秀民营经济人士作为各级人大代表候选人、政协委员人选工作,发挥工商联在民营经济人士有序政治参与中的主渠道作用。支持民营经济代表人士在国际经济活动和经济组织中发挥更大作用。

(二十四)完善民营经济人士教育培训体系。完善民营经济人士专题培训和学习研讨机制,进一步加大教育培训力度。完善民营中小微企业培训制度,构建多领域多层次、线上线下相结合的培训体系。加强对民营经济人士的梯次培养,建立健全年轻一代民营经济人士传帮带辅导制度,推动事业新老交接和有序传承。

(二十五)全面构建亲清政商关系。把构建亲清政商关系落到实处,党政干部和民营企业家要双向建立亲清统一的新型政商关系。各级领导干部要坦荡真诚同民营企业家接触交往,主动作为、靠前服务,依法依规为民营企业和民营企业家解难题、办实事,守住交往底线,防范廉政风险,做到亲而有度、清而有为。民营企业家要积极主动与各级党委和政府及部门沟通交流,讲真话、说实情、建诤言,洁身自好走正道,遵纪守法办企业,光明正大搞经营。

七、持续营造关心促进民营经济发展壮大社会氛围

引导和支持民营经济履行社会责任,展现良好形象,更好与舆论互动,营造正确认识、充分尊重、积极关心民营经济的良好社会氛围。

(二十六)引导全社会客观正确全面认识民营经济和民营经济人士。加强理论研究和宣传,坚持实事求是、客观公正,把握好正确舆论导向,引导社会正确认识民营经济的重大贡献和重要作用,正确看待民营经济人士通过合法合规经营获得的财富。坚决抵制、及时批驳澄清质疑社会主义基本经济制度、否定和弱化民营经济的错误言论与做法,及时回应关切、打消顾虑。

(二十七)培育尊重民营经济创新创业的舆论环境。加强对优秀企业家先进事迹、加快建设世界一流企业的宣传报道,凝聚崇尚创新创业正能量,增强企业家的荣誉感和社会价值感。营造鼓励创新、宽容失败的舆论环境和时代氛围,对民营经济人士合法经营中出现的失误失败给予理解、宽容、帮助。建立部门协作机制,依法严厉打击以负面舆情为要挟进行勒索等行为,健全相关举报机制,降低企业维权成本。

(二十八)支持民营企业更好履行社会责任。教育引导民营企业自觉担负促进共同富裕的社会责任,在企业内部积极构建和谐劳动关系,推动构建全体员工利益共同体,让企业发展成果更公平惠及全体员工。鼓励引导民营经济人士做发展的实干家和新时代的奉献者,在更高层次上实现个人价值,向全社会展现遵纪守法、遵守社会公德的良好形象,做到富而有责、富而有义、富而有爱。探索建立民营企业社会责任评价体系和激励机制,引导民营企业踊跃投身光彩事业和公益慈善事业,参与应急救灾,支持国防建设。

八、加强组织实施

(二十九)坚持和加强党的领导。坚持党中央对民营经济工作的集中统一领导,把党的领导落实到工作全过程各方面。坚持正确政治方向,建立完善民营经济和民营企业发展工作机制,明确和压实部门责任,加强协同配合,强化央地联动。支持工商联围绕促进民营经济健康发展和民营经济人士健康成长更好发挥作用。

(三十)完善落实激励约束机制。强化已出台政策的督促落实,重点推动促进民营经济发展壮大、产权保护、弘扬企业家精神等政策落实落细,完善评估督导体系。建立健全民营经济投诉维权平台,完善投诉举报保密制度、处理程序和督办考核机制。

(三十一)及时做好总结评估。在与宏观政策取向一致性评估中对涉民营经济政策开展专项评估审查。完善中国营商环境评价体系,健全政策实施效果第三方评价机制。加强民营经济统计监测评估,必要时可研究编制统一规范的民营经济发展指数。不断创新和发展"晋江经验",及时总结推广各地好经验好做法,对行之有效的经验做法以适当形式予以固化。

中共中央、国务院关于营造更好发展环境
支持民营企业改革发展的意见

2019年12月4日

改革开放40多年来,民营企业在推动发展、促进创新、增加就业、改善民生和扩大开放等方面发挥了不可替代的作用。民营经济已经成为我国公有制为主体多种所有制经济共同发展的重要组成部分。为进一步激发民营企业活力和创造力,充分发挥民营经济在推进供给侧结构性改革、推动高质量发展、建设现代化经济体系中的重要作用,现就营造更好发展环境支持民营企业改革发展提出如下意见。

一、总体要求

(一)指导思想。以习近平新时代中国特色社会主义思想为指导,全面贯彻党的十九大和十九届二中、三中、四中全会精神,深入落实习近平总书记在民营企业座谈会上的重要讲话精神,坚持和完善社会主义基本经济制度,坚持"两个毫不动摇",坚持新发展理念,坚持以供给侧结构性改革为主线,营造市场化、法治化、国际化营商环境,保障民营企业依法平等使用资源要素、公开公平公正参与竞争、同等受到法律保护,推动民营企业改革创新、转型升级、健康发展,让民营经济创新源泉充分涌流,让民营企业创造活力充分迸发,为实现"两个一百年"奋斗目标和中华民族伟大复兴的中国梦作出更大贡献。

(二)基本原则。坚持公平竞争,对各类市场主体一视同仁,营造公平竞争的市场环境、政策环境、法治环境,确保权利平等、机会平等、规则平等;遵循市场规律,处理好政府与市场的关系,强化竞争政策的基础性地位,注重采用市场化手段,通过市场竞争实现企业优胜劣汰和资源优化配置,促进市场秩序规范;支持改革创新,鼓励和引导民营企业加快转型升级、深化供给侧结构性改革,不断提升技术创新能力

和核心竞争力;加强法治保障,依法保护民营企业和企业家的合法权益,推动民营企业筑牢守法合规经营底线。

二、优化公平竞争的市场环境

(三)进一步放开民营企业市场准入。深化"放管服"改革,进一步精简市场准入行政审批事项,不得额外对民营企业设置准入条件。全面落实放宽民营企业市场准入的政策措施,持续跟踪、定期评估市场准入有关政策落实情况,全面排查、系统清理各类显性和隐性壁垒。在电力、电信、铁路、石油、天然气等重点行业和领域,放开竞争性业务,进一步引入市场竞争机制。支持民营企业以参股形式开展基础电信运营业务,以控股或参股形式开展发电配电售电业务。支持民营企业进入油气勘探开发、炼化和销售领域,建设原油、天然气、成品油储运和管道输送等基础设施。支持符合条件的企业参与原油进口、成品油出口。在基础设施、社会事业、金融服务业等领域大幅放宽市场准入。上述行业、领域相关职能部门要研究制定民营企业分行业、分领域、分业务市场准入具体路径和办法,明确路线图和时间表。

(四)实施公平统一的市场监管制度。进一步规范失信联合惩戒对象纳入标准和程序,建立完善信用修复机制和异议制度,规范信用核查和联合惩戒。加强优化营商环境涉及的法规规章备案审查。深入推进部门联合"双随机、一公开"监管,推行信用监管和"互联网+监管"改革。细化明确行政执法程序,规范执法自由裁量权,严格规范公正文明执法。完善垄断性中介管理制度,清理强制性重复鉴定评估。深化要素市场化配置体制机制改革,健全市场化要素价格形成和传导机制,保障民营企业平等获得资源要素。

(五)强化公平竞争审查制度刚性约束。坚持存量清理和增量审查并重,持续清理和废除妨碍统一市场和公平竞争的各种规定和做法,加快清理与企业性质挂钩的行业准入、资质标准、产业补贴等规定和做法。推进产业政策由差异化、选择性向普惠化、功能性转变。严格审查新出台的政策措施,建立规范流程,引入第三方开展评估审查。建立面向各类市场主体的有违公平竞争问题的投诉举报和处理回应机制并及时向社会公布处理情况。

（六）破除招投标隐性壁垒。对具备相应资质条件的企业，不得设置与业务能力无关的企业规模门槛和明显超过招标项目要求的业绩门槛等。完善招投标程序监督与信息公示制度，对依法依规完成的招标，不得以中标企业性质为由对招标责任人进行追责。

三、完善精准有效的政策环境

（七）进一步减轻企业税费负担。切实落实更大规模减税降费，实施好降低增值税税率、扩大享受税收优惠小微企业范围、加大研发费用加计扣除力度、降低社保费率等政策，实质性降低企业负担。建立完善监督检查清单制度，落实涉企收费清单制度，清理违规涉企收费、摊派事项和各类评比达标活动，加大力度清理整治第三方截留减税降费红利等行为，进一步畅通减税降费政策传导机制，切实降低民营企业成本费用。既要以最严格的标准防范逃避税，又要避免因为不当征税影响企业正常运行。

（八）健全银行业金融机构服务民营企业体系。进一步提高金融结构与经济结构匹配度，支持发展以中小微民营企业为主要服务对象的中小金融机构。深化联合授信试点，鼓励银行与民营企业构建中长期银企关系。健全授信尽职免责机制，在内部绩效考核制度中落实对小微企业贷款不良容忍的监管政策。强化考核激励，合理增加信用贷款，鼓励银行提前主动对接企业续贷需求，进一步降低民营和小微企业综合融资成本。

（九）完善民营企业直接融资支持制度。完善股票发行和再融资制度，提高民营企业首发上市和再融资审核效率。积极鼓励符合条件的民营企业在科创板上市。深化创业板、新三板改革，服务民营企业持续发展。支持服务民营企业的区域性股权市场建设。支持民营企业发行债券，降低可转债发行门槛。在依法合规的前提下，支持资管产品和保险资金通过投资私募股权基金等方式积极参与民营企业纾困。鼓励通过债务重组等方式合力化解股票质押风险。积极吸引社会力量参与民营企业债转股。

（十）健全民营企业融资增信支持体系。推进依托供应链的票据、订单等动产质押融资，鼓励第三方建立供应链综合服务平台。民营企业、中小企业以应收账款申请担保融资的，国家机关、事业单位和大型企业等应付款方应当及时确认债权债务关系。推动抵质押登记流程简便化、标准化、规范化，建立统一的动产和权利担保登记公示系统。积极探索建立为优质民营企业增信的新机制，鼓励有条件的地方设立中小民营企业风险补偿基金，研究推出民营企业增信示范项目。发展民营企业债券融资支持工具，以市场化方式增信支持民营企业融资。

（十一）建立清理和防止拖欠账款长效机制。各级政府、大型国有企业要依法履行与民营企业、中小企业签订的协议和合同，不得违背民营企业、中小企业真实意愿或在约定的付款方式之外以承兑汇票等形式延长付款期限。加快及时支付款项有关立法，建立拖欠账款问题约束惩戒机制，通过审计监察和信用体系建设，提高政府部门和国有企业的拖欠失信成本，对拖欠民营企业、中小企业款项的责任人严肃问责。

四、健全平等保护的法治环境

（十二）健全执法司法对民营企业的平等保护机制。加大对民营企业的刑事保护力度，依法惩治侵犯民营企业投资者、管理者和从业人员合法权益的违法犯罪行为。提高司法审判和执行效率，防止因诉讼拖延影响企业生产经营。保障民营企业家在协助纪检监察机关审查调查时的人身和财产合法权益。健全知识产权侵权惩罚性赔偿制度，完善诉讼证据规则、证据披露以及证据妨碍排除规则。

（十三）保护民营企业和企业家合法财产。严格按照法定程序采取查封、扣押、冻结等措施，依法严格区分违法所得、其他涉案财产与合法财产，严格区分企业法人财产与股东个人财产，严格区分涉案人员个人财产与家庭成员财产。持续甄别纠正侵犯民营企业和企业家人身财产权的冤错案件。建立涉政府产权纠纷治理长效机制。

五、鼓励引导民营企业改革创新

（十四）引导民营企业深化改革。鼓励有条件的民营企业加快建立治理结构合理、股东行为规范、内部约束有效、运行高效灵活的现代企业制度,重视发挥公司律师和法律顾问作用。鼓励民营企业制定规范的公司章程,完善公司股东会、董事会、监事会等制度,明确各自职权及议事规则。鼓励民营企业完善内部激励约束机制,规范优化业务流程和组织结构,建立科学规范的劳动用工、收入分配制度,推动质量、品牌、财务、营销等精细化管理。

(十五)支持民营企业加强创新。鼓励民营企业独立或与有关方面联合承担国家各类科研项目,参与国家重大科学技术项目攻关,通过实施技术改造转化创新成果。各级政府组织实施科技创新、技术转化等项目时,要平等对待不同所有制企业。加快向民营企业开放国家重大科研基础设施和大型科研仪器。在标准制定、复审过程中保障民营企业平等参与。系统清理与企业性质挂钩的职称评定、奖项申报、福利保障等规定,畅通科技创新人才向民营企业流动渠道。在人才引进支持政策方面对民营企业一视同仁,支持民营企业引进海外高层次人才。

(十六)鼓励民营企业转型升级优化重组。鼓励民营企业因地制宜聚焦主业加快转型升级。优化企业兼并重组市场环境,支持民营企业做优做强,培育更多具有全球竞争力的世界一流企业。支持民营企业参与国有企业改革。引导中小民营企业走"专精特新"发展之路。畅通市场化退出渠道,完善企业破产清算和重整等法律制度,提高注销登记便利度,进一步做好"僵尸企业"处置工作。

(十七)完善民营企业参与国家重大战略实施机制。鼓励民营企业积极参与共建"一带一路"、京津冀协同发展、长江经济带发展、长江三角洲区域一体化发展、粤港澳大湾区建设、黄河流域生态保护和高质量发展、推进海南全面深化改革开放等重大国家战略,积极参与乡村振兴战略。在重大规划、重大项目、重大工程、重大活动中积极吸引民营企业参与。

六、促进民营企业规范健康发展

(十八)引导民营企业聚精会神办实业。营造实干兴邦、实业报国的良好社会氛围,鼓励支持民营企业心无旁骛做实业。引导民营企业提高战略规划和执行能力,弘扬工匠精神,通过聚焦实业、做精主业不断提升企业发展质量。大力弘扬爱国敬业、遵纪守法、艰苦奋斗、创新发展、专注品质、追求卓越、诚信守约、履行责任、勇于担当、服务社会的优秀企业家精神,认真总结梳理宣传一批典型案例,发挥示范带动作用。

(十九)推动民营企业守法合规经营。民营企业要筑牢守法合规经营底线,依法经营、依法治企、依法维权,认真履行环境保护、安全生产、职工权益保障等责任。民营企业走出去要遵法守法、合规经营,塑造良好形象。

(二十)推动民营企业积极履行社会责任。引导民营企业重信誉、守信用、讲信义,自觉强化信用管理,及时进行信息披露。支持民营企业赴革命老区、民族地区、边疆地区、贫困地区和中西部、东北地区投资兴业,引导民营企业参与对口支援和帮扶工作。鼓励民营企业积极参与社会公益、慈善事业。

(二十一)引导民营企业家健康成长。民营企业家要加强自我学习、自我教育、自我提升,珍视自身社会形象,热爱祖国、热爱人民、热爱中国共产党,把守法诚信作为安身立命之本,积极践行社会主义核心价值观。要加强对民营企业家特别是年轻一代民营企业家的理想信念教育,实施年轻一代民营企业家健康成长促进计划,支持帮助民营企业家实现事业新老交接和有序传承。

七、构建亲清政商关系

(二十二)建立规范化机制化政企沟通渠道。地方各级党政主要负责同志要采取多种方式经常听取民营企业意见和诉求,畅通企业家提出意见诉求通道。鼓励行业协会商会、人民团体在畅通民营企业与政府沟通等方面发挥建设性作用,支持优秀民营企业家在群团组织中兼职。

(二十三)完善涉企政策制定和执行机制。制定实施涉企政策时,要充分听取相关企业意见建议。保持政策连续性稳定性,健全涉企政策全流程评估制度,完善涉企政策调整程序,根据实际设置合理过渡期,给企业留出必要的适应调整时间。政策执行要坚持实事求是,不搞"一刀切"。

(二十四)创新民营企业服务模式。进一步提升政府服务意识和能力,鼓励各级政府编制政务服务事项清单并向社会公布。维护市场公平竞争秩序,完善陷入困境优质企业的救助机制。建立政务服务"好差评"制度。完善对民营企业全生命周期的服务模式和服务链条。

(二十五)建立政府诚信履约机制。各级政府要认真履行在招商引资、政府与社会资本合作等活动中与民营企业依法签订的各类合同。建立政府失信责任追溯和承担机制,对民营企业因国家利益、公共利益或其他法定事由需要改变政府承诺和合同约定而受到的损失,要依法予以补偿。

八、组织保障

(二十六)建立健全民营企业党建工作机制。坚持党对支持民营企业改革发展工作的领导,增强"四个意识",坚定"四个自信",做到"两个维护",教育引导民营企业和企业家拥护党的领导,支持企业党建工作。指导民营企业设立党组织,积极探索创新党建工作方式,围绕宣传贯彻党的路线方针政策、团结凝聚职工群众、维护各方合法权益、建设先进企业文化、促进企业健康发展等开展工作,充分发挥党组织的战斗堡垒作用和党员的先锋模范作用,努力提升民营企业党的组织和工作覆盖质量。

(二十七)完善支持民营企业改革发展工作机制。建立支持民营企业改革发展的领导协调机制。将支持民营企业发展相关指标纳入高质量发展绩效评价体系。加强民营经济统计监测和分析工作。开展面向民营企业家的政策培训。

(二十八)健全舆论引导和示范引领工作机制。加强舆论引导,主动讲好民营企业和企业家故事,坚决抵制、及时批驳澄清质疑社会主义基本经济制度、否定民营经济的错误言论。在各类评选表彰活动中,平等对待优秀民营企业和企业家。研究支持改革发展标杆民营企业和民营经济示范城市,充分发挥示范带动作用。

各地区各部门要充分认识营造更好发展环境支持民营企业改革发展的重要性,切实把思想和行动统一到党中央、国务院的决策部署上来,加强组织领导,完善工作机制,制定具体措施,认真抓好本意见的贯彻落实。国家发展改革委要会同有关部门适时对支持民营企业改革发展的政策落实情况进行评估,重大情况及时向党中央、国务院报告。

中共中央、国务院关于营造企业家健康成长环境弘扬优秀企业家精神更好发挥企业家作用的意见

2017 年 9 月 8 日

企业家是经济活动的重要主体。改革开放以来,一大批优秀企业家在市场竞争中迅速成长,一大批具有核心竞争力的企业不断涌现,为积累社会财富、创造就业岗位、促进经济社会发展、增强综合国力作出了重要贡献。营造企业家健康成长环境,弘扬优秀企业家精神,更好发挥企业家作用,对深化供给侧结构性改革、激发市场活力、实现经济社会持续健康发展具有重要意义。为此,提出以下意见。

一、总体要求

  1. 指导思想

全面贯彻党的十八大和十八届三中、四中、五中、六中全会精神,深入贯彻习近平总书记系列重要讲话精神和治国理政新理念新思想新战略,着力营造依法保护企业家合法权益的法治环境、促进企业家公平竞争诚信经营的市场环境、尊重和激励企业家干事创业的社会氛围,引导企业家爱国敬业、遵纪守法、创业创新、服务社会,调动广大企业家积极性、主动性、创造性,发挥企业家作用,为促进经济持续健康发展和社会和谐稳定,实现全面建成小康社会奋斗目标和中华民族伟

大复兴的中国梦作出更大贡献。

2. 基本原则

——模范遵纪守法、强化责任担当。依法保护企业家合法权益，更好发挥企业家遵纪守法、恪尽责任的示范作用，推动企业家带头依法经营，自觉履行社会责任，为建立良好的政治生态、净化社会风气、营造风清气正环境多作贡献。

——创新体制机制、激发生机活力。营造"亲""清"新型政商关系，创新政企互动机制，完善企业家正向激励机制，完善产权保护制度，增强企业家创新活力、创业动力。

——遵循发展规律、优化发展环境。坚持党管人才，遵循市场规律和企业家成长规律，完善精准支持政策，推动政策落地实施，坚定企业家信心，稳定企业家预期，营造法治、透明、公平的政策环境和舆论环境。

——注重示范带动、着力弘扬传承。树立和宣传企业家先进典型，弘扬优秀企业家精神，造就优秀企业家队伍，强化年轻一代企业家的培育，让优秀企业家精神代代传承。

二、营造依法保护企业家合法权益的法治环境

3. 依法保护企业家财产权。全面落实党中央、国务院关于完善产权保护制度依法保护产权的意见，认真解决产权保护方面的突出问题，及时甄别纠正社会反映强烈的产权纠纷申诉案件，剖析侵害产权案例，总结宣传依法有效保护产权的好做法、好经验、好案例。在立法、执法、司法、守法等各方面各环节，加快建立依法平等保护各种所有制经济产权的长效机制。研究建立因政府规划调整、政策变化造成企业合法权益受损的依法依规补偿救济机制。

4. 依法保护企业家创新权益。探索在现有法律法规框架下以知识产权的市场价值为参照确定损害赔偿额度，完善诉讼证据规则、证据披露以及证据妨碍排除规则。探索建立非诉行政强制执行绿色通道。研究制定商业模式、文化创意等创新成果的知识产权保护办法。

5. 依法保护企业家自主经营权。企业家依法进行自主经营活动，

各级政府、部门及其工作人员不得干预。建立完善涉企收费、监督检查等清单制度,清理涉企收费、摊派事项和各类达标评比活动,细化、规范行政执法条件,最大程度减轻企业负担、减少自由裁量权。依法保障企业自主加入和退出行业协会商会的权利。研究设立全国统一的企业维权服务平台。

三、营造促进企业家公平竞争诚信经营的市场环境

6.强化企业家公平竞争权益保障。落实公平竞争审查制度,确立竞争政策基础性地位。全面实施市场准入负面清单制度,保障各类市场主体依法平等进入负面清单以外的行业、领域和业务。反对垄断和不正当竞争,反对地方保护,依法清理废除妨碍统一市场公平竞争的各种规定和做法,完善权利平等、机会平等、规则平等的市场环境,促进各种所有制经济依法依规平等使用生产要素、公开公平公正参与市场竞争、同等受到法律保护。

7.健全企业家诚信经营激励约束机制。坚守契约精神,强化企业家信用宣传,实施企业诚信承诺制度,督促企业家自觉诚信守法、以信立业,依法依规生产经营。利用全国信用信息共享平台和国家企业信用信息公示系统,整合在工商、财税、金融、司法、环保、安监、行业协会商会等部门和领域的企业及企业家信息,建立企业家个人信用记录和诚信档案,实行守信联合激励和失信联合惩戒。

8.持续提高监管的公平性规范性简约性。推行监管清单制度,明确和规范监管事项、依据、主体、权限、内容、方法、程序和处罚措施。全面实施"双随机、一公开"监管,有效避免选择性执法。推进综合监管,加强跨部门跨地区的市场协同监管。重点在食品药品安全、工商质检、公共卫生、安全生产、文化旅游、资源环境、农林水利、交通运输、城乡建设、海洋渔业等领域推行综合执法,有条件的领域积极探索跨部门综合执法。探索建立鼓励创新的审慎监管方式。清除多重多头执法,提高综合执法效率,减轻企业负担。

四、营造尊重和激励企业家干事创业的社会氛围

9.构建"亲""清"新型政商关系。畅通政企沟通渠道,规范政商交往行为。各级党政机关干部要坦荡真诚同企业家交往,树立服务意识,了解企业经营情况,帮助解决企业实际困难,同企业家建立真诚互信、清白纯洁、良性互动的工作关系。鼓励企业家积极主动同各级党委和政府相关部门沟通交流,通过正常渠道反映情况、解决问题,依法维护自身合法权益,讲真话、谈实情、建净言。引导更多民营企业家成为"亲""清"新型政商关系的模范,更多国有企业家成为奉公守法守纪、清正廉洁自律的模范。

10. 树立对企业家的正向激励导向。营造鼓励创新、宽容失败的文化和社会氛围,对企业家合法经营中出现的失误失败给予更多理解、宽容、帮助。对国有企业家以增强国有经济活力和竞争力等为目标,在企业发展中大胆探索、锐意改革所出现的失误,只要不属于有令不行、有禁不止、不当谋利、主观故意、独断专行等情形者,要予以容错,为担当者担当、为负责者负责、为干事者撑腰。

11. 营造积极向上的舆论氛围。坚持实事求是、客观公正的原则,把握好正确舆论导向,加强对优秀企业家先进事迹和突出贡献的宣传报道,展示优秀企业家精神,凝聚崇尚创新创业正能量,营造尊重企业家价值、鼓励企业家创新、发挥企业家作用的舆论氛围。

五、弘扬企业家爱国敬业遵纪守法艰苦奋斗的精神

12. 引导企业家树立崇高理想信念。加强对企业家特别是年轻一代民营企业家的理想信念教育和社会主义核心价值观教育,开展优良革命传统、形势政策、守法诚信教育培训,培养企业家国家使命感和民族自豪感,引导企业家正确处理国家利益、企业利益、员工利益和个人利益的关系,把个人理想融入民族复兴的伟大实践。

13. 强化企业家自觉遵纪守法意识。企业家要自觉依法合规经营,依法治企、依法维权,强化诚信意识,主动抵制逃税漏税、走私贩私、制假贩假、污染环境、侵犯知识产权等违法行为,不做偷工减料、缺斤短两、以次充好等亏心事,在遵纪守法方面争做社会表率。党员企业家要自觉做遵守党的政治纪律、组织纪律、廉洁纪律、群众纪律、工作纪律、生活纪律的模范。

14. 鼓励企业家保持艰苦奋斗精神风貌。激励企业家自强不息、勤俭节约,反对享乐主义,力戒奢靡之风,保持健康向上的生活情趣。企业发展遇到困难,要坚定信心、迎接挑战、奋发图强。企业经营成功,要居安思危、不忘初心、谦虚谨慎。树立不进则退、慢进亦退的竞争意识。

六、弘扬企业家创新发展专注品质追求卓越的精神

15. 支持企业家创新发展。激发企业家创新活力和创造潜能,依法保护企业家拓展创新空间,持续推进产品创新、技术创新、商业模式创新、管理创新、制度创新,将创新创业作为终身追求,增强创新自信。提升企业家科学素养,发挥企业家在推动科技成果转化中的重要作用。吸收更多企业家参与科技创新政策、规划、计划、标准制定和立项评估等工作,向企业开放专利信息资源和科研基地。引导金融机构为企业家创新创业提供资金支持,探索建立创业保险、担保和风险分担制度。

16. 引导企业家弘扬工匠精神。建立健全质量激励制度,强化企业家"以质取胜"的战略意识,鼓励企业家专注专长领域,加强企业质量管理,立志于"百年老店"持久经营与传承,把产品和服务做精做细,以工匠精神保证质量、效用和信誉。深入开展质量提升行动。着力培养技术精湛技艺高超的高技术人才,推广具有核心竞争力的企业品牌,扶持具有优秀品牌的骨干企业做强做优,树立具有一流质量标准和品牌价值的样板企业。激发和保护老字号企业企业家改革创新发展意识,发挥老字号的榜样作用。

17. 支持企业家追求卓越。弘扬敢闯敢试、敢为天下先、敢于承担风险的精神,支持企业家敏锐捕捉市场机遇,不断开拓进取、拼搏奋进,争创一流企业、一流管理、一流产品、一流服务和一流企业文化,提供人无我有、人有我优、人优我特、人特我新的具有竞争力的产品和服务,在市场竞争中勇立潮头、脱颖而出,培育发展壮大更多具有国际影响力的领军企业。

七、弘扬企业家履行责任敢于担当服务社会的精神

18.引导企业家主动履行社会责任。增强企业家履行社会责任的荣誉感和使命感,引导和支持企业家奉献爱心,参与光彩事业、公益慈善事业、"万企帮万村"精准扶贫行动、应急救灾等,支持国防建设,在构建和谐劳动关系、促进就业、关爱员工、依法纳税、节约资源、保护生态等方面发挥更加重要的作用。国有企业家要自觉做履行政治责任、经济责任、社会责任的模范。

19.鼓励企业家干事担当。激发企业家致富思源的情怀,引导企业家认识改革开放为企业和个人施展才华提供的广阔空间、良好机遇、美好前景,先富带动后富,创造更多经济效益和社会效益。引导企业家认识把握引领经济发展新常态,积极投身供给侧结构性改革,在振兴和发展实体经济等方面作更大贡献。激发国有企业家服务党服务国家服务人民的担当精神。国有企业家要更好肩负起经营管理国有资产、实现保值增值的重要责任,做强做优做大国有企业,不断提高企业核心竞争力。

20.引导企业家积极投身国家重大战略。完善企业家参与国家重大战略实施机制,鼓励企业家积极投身"一带一路"建设、京津冀协同发展、长江经济带发展等国家重大战略实施,参与引进来和走出去战略,参与军民融合发展,参与中西部和东北地区投资兴业,为经济发展拓展新空间。

八、加强对企业家优质高效务实服务

21.以市场主体需求为导向深化"放管服"改革。围绕使市场在资源配置中起决定性作用和更好发挥政府作用,在更大范围、更深层次上深化简政放权、放管结合、优化服务。做好"放管服"改革涉及的规章、规范性文件清理工作。建立健全企业投资项目高效审核机制,支持符合条件的地区和领域开展企业投资项目承诺制改革探索。优化面向企业和企业家服务项目的办事流程,推进窗口单位精准服务。

22.健全企业家参与涉企政策制定机制。建立政府重大经济决策主动向企业家问计求策的程序性规范,政府部门研究制定涉企政策、

规划、法规,要听取企业家的意见建议。保持涉企政策稳定性和连续性,基于公共利益确需调整的,严格调整程序,合理设立过渡期。

23. 完善涉企政策和信息公开机制。利用实体政务大厅、网上政务平台、移动客户端、自助终端、服务热线等线上线下载体,建立涉企政策信息集中公开制度和推送制度。加大政府信息数据开放力度。强化涉企政策落实责任考核,充分吸收行业协会商会等第三方机构参与政策后评估。

24. 加大对企业家的帮扶力度。发挥统战部门、国资监管机构和工商联、行业协会商会等作用,建立健全帮扶企业家的工作联动机制,定期组织企业家座谈和走访,帮助解决企业实际困难。对经营困难的企业,有关部门、工商联、行业协会商会等要主动及时了解困难所在、发展所需,在维护市场公平竞争的前提下积极予以帮助。支持再次创业,完善再创业政策,根据企业家以往经营企业的纳税信用级别,在办理相关涉税事项时给予更多便捷支持。加强对创业成功和失败案例研究,为企业家创新创业提供借鉴。

九、加强优秀企业家培育

25. 加强企业家队伍建设规划引领。遵循企业家成长规律,加强部门协作,创新工作方法,加强对企业家队伍建设的统筹规划,将培养企业家队伍与实施国家重大战略同步谋划、同步推进,鼓励支持更多具有创新创业能力的人才脱颖而出,在实践中培养一批具有全球战略眼光、市场开拓精神、管理创新能力和社会责任感的优秀企业家。

26. 发挥优秀企业家示范带动作用。总结优秀企业家典型案例,对爱国敬业、遵纪守法、艰苦奋斗、创新发展、专注品质、追求卓越、诚信守约、履行责任、勇于担当、服务社会等有突出贡献的优秀企业家,以适当方式予以表彰和宣传,发挥示范带动作用。强化优秀企业家精神研究,支持高等学校、科研院所与行业协会商会、知名企业合作,总结富有中国特色、顺应时代潮流的企业家成长规律。

27. 加强企业家教育培训。以强化忠诚意识、拓展世界眼光、提高战略思维、增强创新精神、锻造优秀品行为重点,加快建立健全企业家培训体系。支持高等学校、科研院所、行业协会商会等开展精准化的理论培训、政策培训、科技培训、管理培训、法规培训,全面增强企业家发现机会、整合资源、创造价值、回馈社会的能力。建立健全创业辅导制度,支持发展创客学院,发挥企业家组织的积极作用,培养年轻一代企业家。加大党校、行政学院等机构对企业家的培训力度。搭建各类企业家互相学习交流平台,促进优势互补、共同提高。组织开展好企业家活动日等形式多样的交流培训。

十、加强党对企业家队伍建设的领导

28. 加强党对企业家队伍的领导。坚持党对国有企业的领导,全面加强国有企业党的建设,发挥国有企业党组织领导作用。增强国有企业家坚持党的领导、主动抓企业党建意识,建好、用好、管好一支对党忠诚、勇于创新、治企有方、兴企有为、清正廉洁的国有企业家队伍。教育引导民营企业家拥护党的领导,支持企业党建工作。建立健全非公有制企业党建工作机制,积极探索党建工作多种方式,努力扩大非公有制企业党的组织和工作覆盖。充分发挥党组织在职工群众中的政治核心作用、在企业发展中的政治引领作用。

29. 发挥党员企业家先锋模范作用。强化对党员企业家日常教育管理基础性工作,加强党性教育、宗旨教育、警示教育,教育党员企业家牢固树立政治意识、大局意识、核心意识、看齐意识,严明政治纪律和政治规矩,坚定理想信念,坚决执行党的基本路线和各项方针政策,把爱党、忧党、兴党、护党落实到经营管理各项工作中,率先垂范,用实际行动彰显党员先锋模范作用。

各地区各部门要充分认识营造企业家健康成长环境、弘扬优秀企业家精神、更好发挥企业家作用的重要性,统一思想,形成共识和合力,制定和细化具体政策措施,加大面向企业家的政策宣传和培训力度,狠抓贯彻落实。国家发展改革委要会同有关方面分解工作任务,对落实情况定期督察和总结评估,确保各项举措落到实处、见到实效。

关于加强新时代民营经济统战工作的意见

2020年中共中央办公厅印发

改革开放以来,我国民营经济持续快速发展,党的民营经济统战工作不断开拓创新。党的十八大以来,以习近平同志为核心的党中央提出一系列新理念新思想新战略,采取一系列重大举措,指导和推动民营经济统战工作取得显著成绩。同时也要看到,中国特色社会主义进入新时代,民营经济规模不断扩大、风险挑战明显增多,民营经济人士的价值观念和利益诉求日趋多样,民营经济统战工作面临新形势新任务。为深入贯彻落实党中央重大决策部署,进一步加强党对民营经济统战工作的领导,更好把民营经济人士的智慧和力量凝聚到实现中华民族伟大复兴的目标任务上来,现提出如下意见。

一、重要意义

(一)加强民营经济统战工作是实现党对民营经济领导的重要方式。民营经济作为我国经济制度的内在要素,始终是坚持和发展中国特色社会主义的重要经济基础;民营经济人士作为我们自己人,始终是我们党长期执政必须团结和依靠的重要力量。充分认识民营经济对我国经济社会发展的重要性,充分认识民营经济存在和发展的长期性、必然性,推动新时代民营经济统战工作创新发展,有利于不断增强党对民营经济的领导力,把广大民营经济人士更加紧密地团结在党的周围,凝聚起同心共筑中国梦的磅礴力量。

(二)加强民营经济统战工作是发展完善中国特色社会主义制度的重要内容。坚持和完善中国特色社会主义制度、推进国家治理体系和治理能力现代化,必须始终坚持和完善我国基本经济制度,毫不动摇巩固和发展公有制经济,毫不动摇鼓励、支持、引导非公有制经济发展。做好民营经济统战工作,有利于激发民营经济人士在深化改革扩大开放、参与国家治理中的积极性、主动性,发挥市场在资源配置中的决定性作用,更好发挥政府作用,充分彰显中国特色社会主义的制度优势。

(三)加强民营经济统战工作是促进民营经济高质量发展的重要保障。深化供给侧结构性改革,实现经济高质量发展,迫切需要民营企业加快转型升级,提高民营企业家队伍整体素质。加强民营经济统战工作,有利于引导民营经济人士坚定发展信心、提高创新能力,鼓励支持民营企业转变发展方式、调整产业结构、转换增长动力,推动民营经济更好发展。

二、总体要求

(四)指导思想。以习近平新时代中国特色社会主义思想为指导,全面贯彻党的十九大和十九届二中、三中、四中全会精神,紧紧围绕统筹推进"五位一体"总体布局、协调推进"四个全面"战略布局,全面提高党领导民营经济统战工作的能力水平,切实加强民营经济统战工作,教育引导民营经济人士增强"四个意识"、坚定"四个自信"、做到"两个维护",坚定不移听党话、跟党走,为实现"两个一百年"奋斗目标、实现中华民族伟大复兴的中国梦作出更大贡献。

(五)基本原则。坚持党对民营经济统战工作的领导,始终从政治和全局高度谋划推进工作;坚持"两个毫不动摇",进一步增强党对民营经济人士的领导力和凝聚力;坚持构建亲清政商关系,优化营商环境,促进形成良好政治生态;坚持信任、团结、服务、引导、教育方针,正确处理一致性和多样性关系,一手抓鼓励支持,一手抓教育引导,不断增进民营经济人士在党的领导下走中国特色社会主义道路的政治共识。

三、加强民营经济人士思想政治建设

高举爱国主义、社会主义旗帜,加大政治引领和思想引导力度,不断筑牢民营经济人士思想政治工作基础。

(六)巩固扩大政治共识。教育引导民营经济人士用习近平新时代中国特色社会主义思想武装头脑、指导实践,在政治立场、政治方向、政治原则、政治道路上同党中央保持高度一致,始终做政治上的明白人。进一步加强民营企业党建工作,切实发挥党组织的战斗堡垒作用和党员的先锋模范作用。大力宣传党中央关于民营经济发展的大政方针,进一步推动思想理论创新,及时回应广大民营经济人士思想关切。各级党委统战部门要落实民营经济领域意识形态工作责任制,做到守土有责、守土负责、守土尽责。

(七)深化理想信念教育。持续深入开展理想信念教育实践活动,创新教育形式和话语体系,不断扩大覆盖面,提升实效性。依托革命老区、贫困地区、改革开放前沿地区等主题教育示范基地,加强世情国情党情教育,引导民营经济人士不断增进对中国共产党和中国特色社会主义的政治认同、思想认同、情感认同。发挥党员民营企业家、民营经济代表人士在理想信念教育中的示范作用,充分调动广大民营经济人士的主观能动性,加强自我学习、自我教育、自我提升。

(八)加大思想引导力度。引导民营经济人士增强自律意识,筑牢思想道德防线,严格规范自身言行,培养健康生活情趣,塑造良好公众形象。完善联谊交友、谈心交流制度,广交深交挚友诤友,打造一支关键时刻靠得住、用得上的民营经济人士骨干队伍。按照"团结－批评－团结"原则,扩大团结面、体现包容性。

(九)倡导争做"四个典范"。强化价值观引领,引导民营经济人士树立正确的国家观、法治观、事业观、财富观,做爱国敬业、守法经营、创业创新、回报社会的典范。深化中国梦宣传教育,引导民营经济人士树立家国情怀,以产业报国、实业强国为己任,脚踏实地干事,谦虚低调做人。注重发挥典型案例的警示作用,开展常态化法治宣传和警示教育,筑牢依法合规经营底线,倡导重信誉、守信用、讲信义,不断提升民营经济人士法治修养和道德水准。大力弘扬优秀企业家精神和工匠精神,充分激发创新活力和创造潜能。倡导义利兼顾、以义为先理念,坚持致富思源、富而思进,认真履行社会责任,大力构建和谐劳动关系,积极参与光彩事业、精准扶贫和公益慈善事业,克服享乐主义和奢靡之风,做到富而有德、富而有爱、富而有责。

四、建设高素质民营经济代表人士队伍

坚持党管人才原则,遵循民营经济人士成长规律,以提高素质、优化结构、发挥作用为目标,建设一支高素质、有担当的民营经济代表人士队伍。

(十)明确工作范围。统战工作要面向所有民营企业和民营经济人士,工作对象主要包括民营企业主要出资人、实际控制人,民营企业中持有股份的主要经营者,民营投资机构自然人大股东,以民营企业和民营经济人士为主体的工商领域社会团体主要负责人,相关社会服务机构主要负责人,民营中介机构主要合伙人,在内地投资的港澳工商界人士,有代表性的个体工商户。

(十一)健全选人机制。扩大选人视野,兼顾不同地区和行业、大中型企业和小微企业,建立民营经济代表人士数据库和人才库。拓宽人才发现渠道,发挥人才主管部门、统战部门、行业主管部门的作用,构建与民营经济人士健康成长相适应的人才工作体系。优化代表人士队伍结构,适当向战略性新兴产业、高技术产业、先进制造业、现代服务业、现代农业等领域倾斜,培养壮大坚定不移跟党走、一心一意谋发展的民营经济人士队伍。

(十二)加强教育培养。做好民营经济代表人士队伍建设规划,形成规范化常态化教育培养体系。充分发挥非公有制经济人士优秀中国特色社会主义事业建设者表彰的激励作用,进一步扩大其社会影响。以弘扬优秀传统文化、优秀企业家精神为主要内容,加强对民营企业家的教育培训。地方各级党校(行政学院)注意加强对党员民营经济人士的教育培训。坚持政治标准,积极稳妥做好在民营经济代表人士优秀分子中发展党员工作,把政治素质好、群众认可度高、符合党员条件的民营经济代表人士及时吸收到党内来。所在单位没有党组织的,县级以上党委(党组)组织人事部门可直接做好联系培养工作。

(十三)规范政治安排。坚持思想政治强、行业代表性强、参政议政能力强、社会信誉好的选人用人标准,严把人选政治关和遵纪守法关,并按规定事先征求企业党组织和各有关方面的意见。完善民营经济代表人士综合评价体系,确保选人用人质量。做好民营企业家担任省级工商联主席试点工作。稳妥做好推荐优秀民营企业家作为各级人大、政协常委会组成人员人选工作,把好入口关。开展聘请民营企业家担任特约检察员、特约监察员工作。引导民营经济代表人士强化履职尽责意识,建立健全履职考核制度和退出机制。

(十四)加大年轻一代培养力度。制定实施年轻一代民营经济人士健康成长促进计划,加大教育培养力度。发挥老一代民营企业家的传帮带作用,大力弘扬中华民族传统美德,注重家庭、家教和家风建设,引导年轻一代继承发扬听党话、跟党走的光荣传统,努力实现事业新老交接和有序传承。

五、支持服务民营经济高质量发展

坚持围绕中心、服务大局,促进民营经济高质量发展,是民营经济统战工作的题中应有之义,是衡量工作成效的重要标准。

(十五)推动践行新发展理念。加强形势政策教育,大力选树先进典型,引导民营经济人士按照新发展理念谋划推进企业改革发展,充分利用政府搭建的各类产学研用对接平台,发挥民营企业在科技创新和成果转化中的积极作用。深入开展调查研究,及时反映和推动解决民营企业转型升级面临的体制机制性障碍。引导民营经济人士坚持稳中求进,坚守实业、做强主业,强化底线思维,增强风险意识,有效防范化解经营风险特别是金融风险。

(十六)鼓励参与国家重大战略。依托统一战线组织动员民营经济人士投身创新驱动发展战略等国家重大战略,在服务国家经济建设大局中实现企业发展,提升思想境界和事业格局。加强与重点国家和地区工商领域社会团体及其驻华机构的交流合作,在相关国际合作机制中充分发挥工商联作用。引导民营企业积极参与"一带一路"建设,自觉维护国家利益,树立中国民营企业良好形象。

(十七)支持投身全面深化改革。引导民营经济人士正确对待改革带来的利益调整,理解改革、支持改革、参与改革,为全面深化改革建睿智之言、献务实之策。鼓励民营企业参与混合所有制改革。引导民营企业完善法人治理结构,探索建立中国特色现代企业制度。推动民营企业主动加强与世界一流企业和优秀国有企业交流合作,不断提升经营能力和管理水平。

(十八)不断优化营商环境。以促进市场公平竞争、平等保护产权为关键,推动构建市场化、法治化、国际化的营商环境。教育引导民营经济人士树立法律意识,坚持守法经营,自觉维护公平开放透明的市场规则。加强民营经济统计和监测分析,大力推进服务管理创新。充分发挥工商联和商会的优势作用,积极参与营商环境评价,主动配合有关部门开展依法甄别纠正侵害民营企业产权错案冤案、防范和处置拖欠民营企业账款等工作。

六、建立健全政企沟通协商制度

推动构建亲清政商关系,是民营经济统战工作的重要任务。依托统一战线开展政企沟通协商,是构建亲清政商关系的关键之举。

(十九)规范沟通协商内容。包括经济形势和民营经济发展状况分析研判,经济社会发展和产业发展规划、年度经济工作部署、重要改革举措和涉企政策,重要涉企法律法规制定和修改,优化营商环境、构建亲清政商关系情况,民营企业发展面临的普遍性问题,重点骨干民营企业风险防范和危机处置等。

(二十)创新沟通协商形式。各级党委和政府及有关部门就协商事项事先听取民营企业和行业协会商会代表意见建议。各级党委和政府主要负责同志通过与民营企业和行业协会商会代表座谈恳谈等方式,沟通有关情况,聚焦发展难题,共商解决办法,并建立健全沟通成果督办和反馈机制。建立民营经济代表人士专题调研制度,每年开展重点考察调研,党政领导和有关部门要认真听取调研提出的意见建议。民营经济占比较大的地方,党委和政府召开经济工作会议和涉及民营经济发展的会议,人大制定修改相关地方性法规,可邀请民营企业和行业协会商会代表参加。有关部门制定行业标准和规范,一般应委托行业协会商会提出意见。

(二十一)加强对商会和民营企业的联系服务。建立党政领导干部联系商会制度,以行业类、专业类商会和乡镇、街道商会为重点,畅通商会向党委和政府反映情况、提出建议的渠道。规范党政领导干部与民营经济人士联系交往,制定正面和负面清单,激励干部主动作为、靠前服务,督促干部守住交往底线、防范廉政风险,做到"亲"而有度、"清"而有为。统战部门、工商联要积极主动深入民营企业,及时反映并帮助解决困难和问题。

(二十二)完善民营企业诉求反映和权益维护机制。引导民营经济人士依法理性反映诉求、维护权益。依法维护企业正常经营秩序,尊重和保护企业家合法人身和财产权益。健全调解、仲裁、诉讼等多元化纠纷解决机制,及时有效化解民营企业民商事纠纷。

七、切实发挥工商联和商会作用

工商联及所属商会是民营经济统战工作的重要组织依托。要深入推进工商联改革和建设,培育和发展中国特色商会组织,推动统战工作向商会组织有效覆盖。

(二十三)推进工商联改革发展。围绕促进"两个健康"工作主题,坚持政治建会、团结立会、服务兴会、改革强会,积极探索彰显统战性、经济性、民间性有机统一优势的组织体制、运行机制和活动方式,不断增强工商联的凝聚力、执行力、影响力。充分发挥工商联在民营经济人士思想政治建设中的引导作用,在民营经济人士有序政治参与中的主渠道作用,在民营企业改革发展中的服务作用,在保障和改善民生、创新社会治理中的协同作用,在依法平等保护产权方面的民主监督作用,努力把工商联建成"民营经济人士之家"。积极探索更好发挥工商联作为民间商会(总商会)功能的有效形式。创新服务、培训和维权平台载体,加快推进"网上工商联"建设,进一步提升工作整体效能。

(二十四)推动统战工作向商会组织有效覆盖。加强工商联所属商会党建工作,探索完善工商联党组织领导和管理所属商会党建工作的有效机制。探索在工商联所属商会党组织中建立统战工作联络员制度。积极培育和发展工商联所属商会,使商会组织覆盖民营经济发展各个行业和领域。鼓励引导民营企业加入商会,商会发展会员不得设立资产规模等门槛。对以民营企业和民营经济人士为主体的行业协会商会,工商联要加强联系、指导和服务。将适宜由商会提供的公共服务职能转移或委托给商会承担。通过政府购买服务等方式,支持帮助商会更好承接公共服务、参与社会服务。鼓励有条件的地方出台地方性法规或政府规章,规范和促进行业协会商会发展。加快推进工商联所属商会依法登记注册。

（二十五）引导民营企业家相关组织规范有序发展。按照摸清情况、主动联系、依法监管、积极引导的工作方针,做好民营企业家相关组织工作。未经社团登记注册的企业家相关组织不得从事社团活动,对经市场监管部门登记但主要开展社团活动的企业家相关组织进行清理整顿,对其中符合条件的依法进行社会组织登记管理。加强对企业家相关组织举办论坛、研讨、讲堂、沙龙等活动的引导和管理。

八、加强党对民营经济统战工作的领导

民营经济统战工作是全党的重要工作。要把加强民营经济统战工作摆上重要议事日程,在党委统一领导下,形成各方面既明确分工又高效协同的民营经济统战工作格局。

（二十六）完善领导体制机制。各级党委要依托统一战线工作领导小组,建立完善民营经济统战工作协调机制,定期研究部署、统筹推进民营经济统战工作。要充分发挥党委统战部门在民营经济统战工作中的牵头协调作用,发挥工商联的桥梁纽带和助手作用。

（二十七）强化组织保障。充实民营经济统战工作力量,按照既精通统战工作又熟悉经济工作的要求,选好配强统战部相关业务部门和工商联机关干部。工作任务重的市、县党委统战部门要统筹现有资源,充实工作力量,保障工作开展。

（二十八）加强能力建设。加强教育培训,注重实践锻炼,全面提升民营经济统战干部队伍整体素质,进一步增强从全局把握问题能力、应对风险挑战能力、沟通协调能力、开拓创新能力,为做好新时代民营经济统战工作提供有力支撑。

关于加强金融服务民营企业的若干意见

2019年中共中央办公厅、国务院办公厅印发

民营经济是社会主义市场经济的重要组成部分,在稳定增长、促进创新、增加就业、改善民生等方面发挥着不可替代的作用。党中央、国务院始终高度重视金融服务民营企业工作。各地区各部门及各金融机构认真落实,出台措施,积极支持民营企业融资,取得一定成效,但部分民营企业融资难融资贵问题仍然比较突出。为深入贯彻落实党中央、国务院决策部署,切实加强对民营企业的金融服务,现提出如下意见。

一、总体要求

(一)指导思想。以习近平新时代中国特色社会主义思想为指导,全面贯彻党的十九大和十九届二中、三中全会精神,落实中央经济工作会议和全国金融工作会议要求,坚持基本经济制度,坚持稳中求进工作总基调,围绕全面建成小康社会目标和高质量发展要求,毫不动摇地巩固和发展公有制经济,毫不动摇地鼓励、支持、引导非公有制经济发展,平等对待各类所有制企业,有效缓解民营企业融资难融资贵问题,增强微观主体活力,充分发挥民营企业对经济增长和创造就业的重要支撑作用,促进经济社会平稳健康发展。

(二)基本原则

——公平公正。坚持对各类所有制经济一视同仁,消除对民营经济的各种隐性壁垒,不断深化金融改革,完善金融服务体系,按照市场化、法治化原则,推动金融资源配置与民营经济在国民经济中发挥的作用更加匹配,保证各类所有制经济依法公平参与市场竞争。

——聚焦难点。坚持问题导向,着力疏通货币政策传导机制,重点解决金融机构对民营企业"不敢贷、不愿贷、不能贷"问题,增强金融机构服务民营企业特别是小微企业的意识和能力,扩大对民营企业的有效金融供给,完善对民营企业的纾困政策措施,支持民营企业持续健康发展,促进实现"六稳"目标。

——压实责任。金融管理部门要切实承担监督、指导责任,财政部门要充分发挥财税政策作用并履行好国有金融资本出资人职责,各相关部门要加强政策支持,督促和引导金融机构不断加强和改进对民营企业的金融服务。各省(自治区、直辖市)政府要认真落实属地管理责任,因地制宜采取措施,促进本地区金融服务民营企业水平进一步提升。金融机构要切实履行服务民营企业第一责任人的职责,让民营企业有实实在在的获得感。

——标本兼治。在有效缓解当前融资痛点、堵点的同时,精准分析民营企业融资难融资贵背后的制度性、结构性原因,注重优化结构性制度安排,建立健全长效机制,持续提升金融服务民营企业质效。

(三)主要目标。通过综合施策,实现各类所有制企业在融资方面得到平等待遇,确保对民营企业的金融服务得到切实改善,融资规模稳步扩大,融资效率明显提升,融资成本逐步下降并稳定在合理水平,民营企业特别是小微企业融资难融资贵问题得到有效缓解,充分激发民营经济的活力和创造力。

二、加大金融政策支持力度,着力提升对民营企业金融服务的针对性和有效性

(四)实施差别化货币信贷支持政策。合理调整商业银行宏观审慎评估参数,鼓励金融机构增加民营企业、小微企业信贷投放。完善普惠金融定向降准政策。增加再贷款和再贴现额度,把支农支小再贷款和再贴现政策覆盖到包括民营银行在内的符合条件的各类金融机构。加大对民营企业票据融资支持力度,简化贴现业务流程,提高贴现融资效率,及时办理再贴现。加快出台非存款类放贷组织条例。支持民营银行和其他地方法人银行等中小银行发展,加快建设与民营中小微企业需求相匹配的金融服务体系。深化联合授信试点,鼓励银行与民营企业构建中长期银企关系。

（五）加大直接融资支持力度。积极支持符合条件的民营企业扩大直接融资。完善股票发行和再融资制度，加快民营企业首发上市和再融资审核进度。深化上市公司并购重组体制机制改革。结合民营企业合理诉求，研究扩大定向可转债适用范围和发行规模。扩大创新创业债试点，支持非上市、非挂牌民营企业发行私募可转债。抓紧推进在上海证券交易所设立科创板并试点注册制。稳步推进新三板发行与交易制度改革，促进新三板成为创新型民营中小微企业融资的重要平台。支持民营企业债券发行，鼓励金融机构加大民营企业债券投资力度。

（六）提高金融机构服务实体经济能力。支持金融机构通过资本市场补充资本。加快商业银行资本补充债券工具创新，支持通过发行无固定期限资本债券、转股型二级资本债券等创新工具补充资本。从宏观审慎角度对商业银行储备资本等进行逆周期调节。把民营企业、小微企业融资服务质量和规模作为中小商业银行发行股票的重要考量因素。研究取消保险资金开展财务性股权投资行业范围限制，规范实施战略性股权投资。聚焦民营企业融资增信环节，提高信用保险和债券信用增进机构覆盖范围。引导和支持银行加快处置不良资产，将盘活资金重点投向民营企业。

三、强化融资服务基础设施建设，着力破解民营企业信息不对称、信用不充分等问题

（七）从战略高度抓紧抓好信息服务平台建设。依法开放相关信息资源，在确保信息安全前提下，推动数据共享。地方政府依托国家数据共享交换平台体系，抓紧构建完善金融、税务、市场监管、社保、海关、司法等大数据服务平台，实现跨层级跨部门跨地域互联互通。健全优化金融机构与民营企业信息对接机制，实现资金供需双方线上高效对接，让信息"多跑路"，让企业"少跑腿"。发展各类信用服务机构，鼓励信用服务产品开发和创新。支持征信机构、信用评级机构利用公共信息为民营企业提供信用产品及服务。加大守信激励和失信惩戒力度。

（八）采取多种方式健全地方增信体系。发挥国家融资担保基金

引领作用,推动各地政府性融资担保体系建设和业务合作。政府出资的融资担保机构应坚持准公共定位,不以营利为目的,逐步减少反担保等要求,对符合条件的可取消反担保。对民营企业和小微企业贷款规模增长快、户数占比高的商业银行,可提高风险分担比例和贷款合作额度。鼓励有条件的地方设立民营企业和小微企业贷款风险补偿专项资金、引导基金或信用保证基金,重点为首贷、转贷、续贷等提供增信服务。研究探索融资担保公司接入人民银行征信系统。

(九)积极推动地方各类股权融资规范发展。积极培育投资于民营科创企业的天使投资、风险投资等早期投资力量,抓紧完善进一步支持创投基金发展的税收政策。规范发展区域性股权市场,构建多元融资、多层细分的股权融资市场。鼓励地方政府大力开展民营企业股权融资辅导培训。

四、完善绩效考核和激励机制,着力疏通民营企业融资堵点

(十)抓紧建立"敢贷、愿贷、能贷"长效机制。商业银行要推动基层分支机构下沉工作重心,提升服务民营企业的内生动力。尽快完善内部绩效考核机制,制定民营企业服务年度目标,加大正向激励力度。对服务民营企业的分支机构和相关人员,重点对其服务企业数量、信贷质量进行综合考核。建立健全尽职免责机制,提高不良贷款考核容忍度。设立内部问责申诉通道,为尽职免责提供机制保障。授信中不得附加以贷转存等任何不合理条件,对相关违规行为一经查实,严肃处理。严厉打击金融信贷领域强行返点等行为,对涉嫌违法犯罪的机构和个人,及时移送司法机关等有关机关依法查处。

(十一)有效提高民营企业融资可获得性。新发放公司类贷款中,民营企业贷款比重应进一步提高。贷款审批中不得对民营企业设置歧视性要求,同等条件下民营企业与国有企业贷款利率和贷款条件保持一致。金融监管部门按法人机构实施差异化考核,形成贷款户数和金额并重的考核机制。发现数据造假的,依法严肃处理相关机构和责任人员。国有控股大型商业银行要主动作为,加强普惠金融事业部建设,落实普惠金融领域专门信贷政策,完善普惠金融业务专项评价机制和绩效考核制度,在提高民营企业融资可获得性和金融服务水平等方面积极发挥"头雁"作用。

(十二)减轻对抵押担保的过度依赖。商业银行要坚持审核第一还款来源,把主业突出、财务稳健、大股东及实际控制人信用良好作为授信主要依据,合理提高信用贷款比重。商业银行要依托产业链核心企业信用、真实交易背景和物流、信息流、资金流闭环,为上下游企业提供无需抵押担保的订单融资、应收应付账款融资。

(十三)提高贷款需求响应速度和审批时效。商业银行要积极运用金融科技支持风险评估与信贷决策,提高授信审批效率。对于贷款到期有续贷需求的,商业银行要提前主动对接。鼓励商业银行开展线上审批操作,各商业银行应结合自身实际,将一定额度信贷业务审批权下放至分支机构;确需集中审批的,要明确内部时限,提高时效。

(十四)增强金融服务民营企业的可持续性。商业银行要遵循经济金融规律,依法合规审慎经营,科学设定信贷计划,不得组织运动式信贷投放。健全信用风险管控机制,不断提升数据治理、客户评级和贷款风险定价能力,强化贷款全生命周期的穿透式风险管理,在有效防范风险前提下加大对民营企业支持力度。加强享受优惠政策低成本资金使用管理,严格监控资金流向,防止被个别机构或个人截留、挪用甚至转手套利,有效防范道德风险。加强金融监管与指导,处理好支持民营企业发展与防范金融风险之间关系。

五、积极支持民营企业融资纾困,着力化解流动性风险并切实维护企业合法权益

(十五)从实际出发帮助遭遇风险事件的企业摆脱困境。加快实施民营企业债券融资支持工具和证券行业支持民营企业发展集合资产管理计划。研究支持民营企业股权融资,鼓励符合条件的私募基金管理人发起设立民营企业发展支持基金。支持资管产品、保险资金依法合规通过监管部门认可的私募股权基金等机构,参与化解处置民营上市公司股票质押风险。对暂时遇到困难的民营企业,金融机构要按照市场化、法治化原则,区别对待,分类采取支持处置措施。

(十六)加快清理拖欠民营企业账款。坚持边界清晰、突出重点、源头治理、循序渐进,运用市场化、法治化手段,抓紧清理政府部门及其所属机构(包括所属事业单位)、大型国有企业(包括政府平台公司)因业务往来与民营企业形成的逾期欠款,确保民营企业有明显获得感。政府部门、大型国有企业特别是中央企业要做重合同、守信用的表率,认真组织清欠,依法依规及时支付各类应付未付账款。要加强政策支持,完善长效机制,严防新增拖欠,切实维护民营企业合法权益。

(十七)企业要主动创造有利于融资的条件。民营企业要依法合规经营,珍惜商业信誉和信用记录。严格区分个人家庭收支与企业生产经营收支,规范会计核算制度,主动做好信息披露。加强自身财务约束,科学安排融资结构,规范关联交易管理。不逃废金融债务,为金融支持提供必要基础条件。

(十八)加强对落地实施的监督检查。各地区各部门及各金融机构要树牢"四个意识",坚定"四个自信",坚决做到"两个维护",坚持问题导向,明确责任,确定时限,狠抓落实。推动第三方机构开展金融服务民营企业政策落实情况评估,提高政策落实透明度。及时总结并向各地提供可复制易推广的成功案例和有效做法。对贯彻执行不力的,要依法依规予以严肃问责,确保各项政策落地落细落实。

中华人民共和国民法典(节录)

1. 2020年5月28日第十三届全国人民代表大会第三次会议通过
2. 2020年5月28日中华人民共和国主席令第45号公布
3. 自2021年1月1日起施行

第五十四条 【个体工商户的定义】自然人从事工商业经营,经依法登记,为个体工商户。个体工商户可以起字号。

第五十六条 【债务承担规则】个体工商户的债务,个人经营的,以个人财产承担;家庭经营的,以家庭财产承担;无法区分的,以家庭财产承担。

农村承包经营户的债务,以从事农村土地承包经营的农户财产承担;事实上由农户部分成员经营的,以该部分成员的财产承担。

第七十六条 【营利法人的定义及类型】以取得利润并分配给股东等出资人为目的成立的法人,为营利法人。

营利法人包括有限责任公司、股份有限公司和其他企业法人等。

第七十七条 【营利法人的成立】营利法人经依法登记成立。

第七十八条 【营利法人的营业执照】依法设立的营利法人,由登记机关发给营利法人营业执照。营业执照签发日期为营利法人的成立日期。

第七十九条 【营利法人的章程】设立营利法人应当依法制定法人章程。

第八十条 【营利法人的权力机构】营利法人应当设权力机构。

权力机构行使修改法人章程,选举或者更换执行机构、监督机构成员,以及法人章程规定的其他职权。

第八十一条 【营利法人的执行机构】营利法人应当设执行机构。

执行机构行使召集权力机构会议,决定法人的经营计划和投资方案,决定法人内部管理机构的设置,以及法人章程规定的其他职权。

执行机构为董事会或者执行董事的,董事长、执行董事或者经理按照法人章程的规定担任法定代表人;未设董事会或者执行董事的,法人章程规定的主要负责人为其执行机构和法定代表人。

第八十二条 【营利法人的监督机构】营利法人设监事会或者监事等监督机构的,监督机构依法行使检查法人财务,监督执行机构成员、高级管理人员执行法人职务的行为,以及法人章程规定的其他职权。

第八十三条 【出资人滥用权利的责任承担】营利法人的出资人不得滥用出资人权利损害法人或者其他出资人的利益;滥用出资人权利造成法人或者其他出资人损失的,应当依法承担民事责任。

营利法人的出资人不得滥用法人独立地位和出资人有限责任损害法人债权人的利益;滥用法人独立地位和出资人有限责任,逃避债务,严重损害法人债权人的利益的,应当对法人债务承担连带责任。

第八十四条 【限制不当利用关联关系】营利法人的控股出资人、实际控制人、董事、监事、高级管理人员不得利用其关联关系损害法人的利益;利用关联关系造成法人损失的,应当承担赔偿责任。

第八十五条 【决议的撤销】营利法人的权力机构、执行机构作出决议的会议召集程序、表决方式违反法律、行政法规、法人章程,或者决议内容违反法人章程的,营利法人的出资人可以请求人民法院撤销该决议。但是,营利法人依据该决议与善意相对人形成的民事法律关系不受影响。

第八十六条 【营利法人应履行的义务】营利法人从事经营活动,应当遵守商业道德,维护交易安全,接受政府和社会的监督,承担社会责任。

第一百零二条 【非法人组织的定义及类型】非法人组织是不具有法人资格,但是能够依法以自己的名义从事民事活动的组织。

非法人组织包括个人独资企业、合伙企业、不具有法人资格的专业服务机构等。

第一百零三条 【非法人组织的设立程序】非法人组织应当依照法律的规定登记。

设立非法人组织,法律、行政法规规定须经有关机关批准的,依照其规定。

第一百零四条 【非法人组织的债务承担】非法人组织的财产不足以清偿债务的,其出资人或者设立人承担无限责任。法律另有规定的,依照其规定。

第一百零五条 【非法人组织的代表人】非法人组织可以确定一人或者数人代表该组织从事民事活动。

第一百零六条 【非法人组织解散的情形】有下列情形之一的,非法人组织解散:

(一)章程规定的存续期间届满或者章程规定的其他解散事由出现;

(二)出资人或者设立人决定解散;

(三)法律规定的其他情形。

第一百零七条 【非法人组织的清算】非法人组织解散的,应当依法进行清算。

第一百零八条 【参照适用】非法人组织除适用本章规定外,参照适用本编第三章第一节的有关规定。

第一百一十条 【民事主体的人格权】自然人享有生命权、身体权、健康权、姓名权、肖像权、名誉权、荣誉权、隐私权、婚姻自主权等权利。

法人、非法人组织享有名称权、名誉权和荣誉权。

第一百三十四条 【民事法律行为的成立】民事法律行为可以基于双方或者多方的意思表示一致成立,也可以基于单方的意思表示成立。

法人、非法人组织依照法律或者章程规定的议事方式和表决程序作出决议的,该决议行为成立。

第一百七十条 【职务代理】执行法人或者非法人组织工作任务的人员,就其职权范围内的事项,以法人或者非法人组织的名义实施的民事法律行为,对法人或者非法人组织发生效力。

法人或者非法人组织对执行其工作任务的人员职权范围的限制,不得对抗善意相对人。

第二百六十九条 【法人财产权】营利法人对其不动产和动产依照法律、行政法规以及章程享有占有、使用、收益和处分的权利。

营利法人以外的法人,对其不动产和动产的权利,适用有关法律、行政法规以及章程的规定。

第五百零四条 【越权订立的合同效力】法人的法定代表人或者非法人组织的负责人超越权限订立的合同,除相对人知道或者应当知道其超越权限外,该代表行为有效,订立的合同对法人或者非法人组织发生效力。

第八百四十七条 【职务技术成果的财产权权属】职务技术成果的使用权、转让权属于法人或者非法人组织的,法人或者非法人组织可以就该项职务技术成果订立技术合同。法人或者非法人组织订立技术合同转让职务技术成果时,职务技术成果的完成人享有以同等条件优先受让的权利。

职务技术成果是执行法人或者非法人组织的工作任务,或者主要是利用法人或者非法人组织的物质技术条件所完成的技术成果。

第一千零一十三条 【名称权】法人、非法人组织享有名称权,有权依法决定、使用、变更、转让或者许可他人使用自己的名称。

第一千零一十六条 【决定、变更姓名、名称或转让名称的法定程序及法律效力】自然人决定、变更姓名,或者法人、非法人组织决定、变更、转让名称的,应当依法向有关机关办理登记手续,但是法律另有规定的除外。

民事主体变更姓名、名称的,变更前实施的民事法律行为对其具有法律约束力。

中华人民共和国公司法

1. 1993年12月29日第八届全国人民代表大会常务委员会第五次会议通过
2. 根据1999年12月25日第九届全国人民代表大会常务委员会第十三次会议《关于修改〈中华人民共和国公司法〉的决定》第一次修正
3. 根据2004年8月28日第十届全国人民代表大会常务委员会第十一次会议《关于修改〈中华人民共和国公司法〉的决定》第二次修正
4. 2005年10月27日第十届全国人民代表大会常务委员会第十八次会议第一次修订
5. 根据2013年12月28日第十二届全国人民代表大会常务委员会第六次会议《关于修改〈中华人民共和国海洋环境保护法〉等七部法律的决定》第三次修正
6. 根据2018年10月26日第十三届全国人民代表大会常务委员会第六次会议《关于修改〈中华人民共和国公司法〉的决定》第四次修正
7. 2023年12月29日第十四届全国人民代表大会常务委员会第七次会议第二次修订
8. 自2024年7月1日起施行

目 录

第一章 总 则

第二章 公司登记

第三章 有限责任公司的设立和组织机构

 第一节 设立

 第二节 组织机构

第四章 有限责任公司的股权转让

第五章 股份有限公司的设立和组织机构

 第一节 设　立

 第二节 股东会

 第三节 董事会、经理

 第四节 监事会

 第五节 上市公司组织机构的特别规定

第六章 股份有限公司的股份发行和转让

 第一节 股份发行

 第二节 股份转让

第七章 国家出资公司组织机构的特别规定

第八章 公司董事、监事、高级管理人员的资格和义务

第九章 公司债券

第十章 公司财务、会计

第十一章 公司合并、分立、增资、减资

第十二章 公司解散和清算

第十三章 外国公司的分支机构

第十四章 法律责任

第十五章 附　则

第一章 总　则

第一条 【立法目的】为了规范公司的组织和行为,保护公司、股东、职工和债权人的合法权益,完善中国特色现代企业制度,弘扬企业家精神,维护社会经济秩序,促进社会主义市场经济的发展,根据宪法,制定本法。

第二条 【调整范围】本法所称公司,是指依照本法在中华人民共和国

境内设立的有限责任公司和股份有限公司。

第三条 【公司法律地位及权益保护】公司是企业法人,有独立的法人财产,享有法人财产权。公司以其全部财产对公司的债务承担责任。

公司的合法权益受法律保护,不受侵犯。

第四条 【股东责任形式和股东权利】有限责任公司的股东以其认缴的出资额为限对公司承担责任;股份有限公司的股东以其认购的股份为限对公司承担责任。

公司股东对公司依法享有资产收益、参与重大决策和选择管理者等权利。

第五条 【公司章程】设立公司应当依法制定公司章程。公司章程对公司、股东、董事、监事、高级管理人员具有约束力。

第六条 【公司名称权】公司应当有自己的名称。公司名称应当符合国家有关规定。

公司的名称权受法律保护。

第七条 【公司名称的规范要求】依照本法设立的有限责任公司,应当在公司名称中标明有限责任公司或者有限公司字样。

依照本法设立的股份有限公司,应当在公司名称中标明股份有限公司或者股份公司字样。

第八条 【公司住所】公司以其主要办事机构所在地为住所。

第九条 【公司经营范围】公司的经营范围由公司章程规定。公司可以修改公司章程,变更经营范围。

公司的经营范围中属于法律、行政法规规定须经批准的项目,应当依法经过批准。

第十条 【公司法定代表人】公司的法定代表人按照公司章程的规定,由代表公司执行公司事务的董事或者经理担任。

担任法定代表人的董事或者经理辞任的,视为同时辞去法定代表人。

法定代表人辞任的,公司应当在法定代表人辞任之日起三十日内确定新的法定代表人。

第十一条 【法定代表人行为效力】法定代表人以公司名义从事的民事活动,其法律后果由公司承受。

公司章程或者股东会对法定代表人职权的限制,不得对抗善意相对人。

法定代表人因执行职务造成他人损害的,由公司承担民事责任。公司承担民事责任后,依照法律或者公司章程的规定,可以向有过错的法定代表人追偿。

第十二条 【公司形式变更及其债权债务承继】有限责任公司变更为股份有限公司,应当符合本法规定的股份有限公司的条件。股份有限公司变更为有限责任公司,应当符合本法规定的有限责任公司的条件。

有限责任公司变更为股份有限公司的,或者股份有限公司变更为有限责任公司的,公司变更前的债权、债务由变更后的公司承继。

第十三条 【子公司、分公司】公司可以设立子公司。子公司具有法人资格,依法独立承担民事责任。

公司可以设立分公司。分公司不具有法人资格,其民事责任由公司承担。

第十四条 【公司转投资及其限制】公司可以向其他企业投资。

法律规定公司不得成为对所投资企业的债务承担连带责任的出资人的,从其规定。

第十五条 【公司转投资及对外担保】公司向其他企业投资或者为他人提供担保,按照公司章程的规定,由董事会或者股东会决议;公司章程对投资或者担保的总额及单项投资或者担保的数额有限额规定的,不得超过规定的限额。

公司为公司股东或者实际控制人提供担保的,应当经股东会决议。

前款规定的股东或者受前款规定的实际控制人支配的股东,不得参加前款规定事项的表决。该项表决由出席会议的其他股东所持表决权的过半数通过。

第十六条 【职工权益保护与职业教育】公司应当保护职工的合法权

益,依法与职工签订劳动合同,参加社会保险,加强劳动保护,实现安全生产。

公司应当采用多种形式,加强公司职工的职业教育和岗位培训,提高职工素质。

第十七条 【公司工会与民主管理】公司职工依照《中华人民共和国工会法》组织工会,开展工会活动,维护职工合法权益。公司应当为本公司工会提供必要的活动条件。公司工会代表职工就职工的劳动报酬、工作时间、休息休假、劳动安全卫生和保险福利等事项依法与公司签订集体合同。

公司依照宪法和有关法律的规定,建立健全以职工代表大会为基本形式的民主管理制度,通过职工代表大会或者其他形式,实行民主管理。

公司研究决定改制、解散、申请破产以及经营方面的重大问题、制定重要的规章制度时,应当听取公司工会的意见,并通过职工代表大会或者其他形式听取职工的意见和建议。

第十八条 【公司设立党组织】在公司中,根据中国共产党章程的规定,设立中国共产党的组织,开展党的活动。公司应当为党组织的活动提供必要条件。

第十九条 【公司经营活动基本原则】公司从事经营活动,应当遵守法律法规,遵守社会公德、商业道德,诚实守信,接受政府和社会公众的监督。

第二十条 【公司社会责任】公司从事经营活动,应当充分考虑公司职工、消费者等利益相关者的利益以及生态环境保护等社会公共利益,承担社会责任。

国家鼓励公司参与社会公益活动,公布社会责任报告。

第二十一条 【股东不得滥用权利】公司股东应当遵守法律、行政法规和公司章程,依法行使股东权利,不得滥用股东权利损害公司或者其他股东的利益。

公司股东滥用股东权利给公司或者其他股东造成损失的,应当承担赔偿责任。

第二十二条 【不得利用关联关系损害公司利益】公司的控股股东、实际控制人、董事、监事、高级管理人员不得利用关联关系损害公司利益。

违反前款规定,给公司造成损失的,应当承担赔偿责任。

第二十三条 【公司法人人格否认】公司股东滥用公司法人独立地位和股东有限责任,逃避债务,严重损害公司债权人利益的,应当对公司债务承担连带责任。

股东利用其控制的两个以上公司实施前款规定行为的,各公司应当对任一公司的债务承担连带责任。

只有一个股东的公司,股东不能证明公司财产独立于股东自己的财产的,应当对公司债务承担连带责任。

第二十四条 【采用电子通信方式召开会议和表决】公司股东会、董事会、监事会召开会议和表决可以采用电子通信方式,公司章程另有规定的除外。

第二十五条 【无效决议】公司股东会、董事会的决议内容违反法律、行政法规的无效。

第二十六条 【公司股东会、董事会决议撤销及裁量驳回】公司股东会、董事会的会议召集程序、表决方式违反法律、行政法规或者公司章程,或者决议内容违反公司章程的,股东自决议作出之日起六十日内,可以请求人民法院撤销。但是,股东会、董事会的会议召集程序或者表决方式仅有轻微瑕疵,对决议未产生实质影响的除外。

未被通知参加股东会会议的股东自知道或者应当知道股东会决议作出之日起六十日内,可以请求人民法院撤销;自决议作出之日起一年内没有行使撤销权的,撤销权消灭。

第二十七条 【公司股东会、董事会决议不成立的情形】有下列情形之一的,公司股东会、董事会的决议不成立:

(一)未召开股东会、董事会会议作出决议;

(二)股东会、董事会会议未对决议事项进行表决;

（三）出席会议的人数或者所持表决权数未达到本法或者公司章程规定的人数或者所持表决权数；

（四）同意决议事项的人数或者所持表决权数未达到本法或者公司章程规定的人数或者所持表决权数。

第二十八条 【公司股东会、董事会决议无效、撤销或者不成立的后果】
公司股东会、董事会决议被人民法院宣告无效、撤销或者确认不成立的，公司应当向公司登记机关申请撤销根据该决议已办理的登记。

股东会、董事会决议被人民法院宣告无效、撤销或者确认不成立的，公司根据该决议与善意相对人形成的民事法律关系不受影响。

第二章 公司登记

第二十九条 【公司设立登记】设立公司，应当依法向公司登记机关申请设立登记。

法律、行政法规规定设立公司必须报经批准的，应当在公司登记前依法办理批准手续。

第三十条 【公司设立登记申请】申请设立公司，应当提交设立登记申请书、公司章程等文件，提交的相关材料应当真实、合法和有效。

申请材料不齐全或者不符合法定形式的，公司登记机关应当一次性告知需要补正的材料。

第三十一条 【公司设立的准则主义】申请设立公司，符合本法规定的设立条件的，由公司登记机关分别登记为有限责任公司或者股份有限公司；不符合本法规定的设立条件的，不得登记为有限责任公司或者股份有限公司。

第三十二条 【公司登记事项及公示】公司登记事项包括：

（一）名称；

（二）住所；

（三）注册资本；

（四）经营范围；

（五）法定代表人的姓名；

（六）有限责任公司股东、股份有限公司发起人的姓名或者名称。

公司登记机关应当将前款规定的公司登记事项通过国家企业信用信息公示系统向社会公示。

第三十三条 【公司营业执照】依法设立的公司，由公司登记机关发给公司营业执照。公司营业执照签发日期为公司成立日期。

公司营业执照应当载明公司的名称、住所、注册资本、经营范围、法定代表人姓名等事项。

公司登记机关可以发给电子营业执照。电子营业执照与纸质营业执照具有同等法律效力。

第三十四条 【公司登记事项变更及效力】公司登记事项发生变更的，应当依法办理变更登记。

公司登记事项未经登记或者未经变更登记，不得对抗善意相对人。

第三十五条 【公司登记事项变更】公司申请变更登记，应当向公司登记机关提交公司法定代表人签署的变更登记申请书、依法作出的变更决议或者决定等文件。

公司变更登记事项涉及修改公司章程的，应当提交修改后的公司章程。

公司变更法定代表人的，变更登记申请书由变更后的法定代表人签署。

第三十六条 【公司营业执照记载事项变更】公司营业执照记载的事项发生变更的，公司办理变更登记后，由公司登记机关换发营业执照。

第三十七条 【因解散、被宣告破产等注销登记】公司因解散、被宣告破产或者其他法定事由需要终止的，应当依法向公司登记机关申请注销登记，由公司登记机关公告公司终止。

第三十八条 【设立分公司】公司设立分公司，应当向公司登记机关申请登记，领取营业执照。

第三十九条 【撤销登记】虚报注册资本、提交虚假材料或者采取其他欺诈手段隐瞒重要事实取得公司设立登记的，公司登记机关应当依照法律、行政法规的规定予以撤销。

第四十条 【企业信用信息公示系统公示事项】公司应当按照规定通过国家企业信用信息公示系统公示下列事项：

（一）有限责任公司股东认缴和实缴的出资额、出资方式和出资日期，股份有限公司发起人认购的股份数；

（二）有限责任公司股东、股份有限公司发起人的股权、股份变更信息；

（三）行政许可取得、变更、注销等信息；

（四）法律、行政法规规定的其他信息。

公司应当确保前款公示信息真实、准确、完整。

第四十一条 【优化公司登记服务】公司登记机关应当优化公司登记办理流程，提高公司登记效率，加强信息化建设，推行网上办理等便捷方式，提升公司登记便利化水平。

国务院市场监督管理部门根据本法和有关法律、行政法规的规定，制定公司登记注册的具体办法。

第三章 有限责任公司的设立和组织机构

第一节 设　立

第四十二条 【有限责任公司股东人数】有限责任公司由一个以上五十个以下股东出资设立。

第四十三条 【有限责任公司设立协议】有限责任公司设立时的股东可以签订设立协议，明确各自在公司设立过程中的权利和义务。

第四十四条 【有限责任公司设立行为的法律后果】有限责任公司设立时的股东为设立公司从事的民事活动，其法律后果由公司承受。

公司未成立的，其法律后果由公司设立时的股东承受；设立时的股东为二人以上的，享有连带债权，承担连带债务。

设立时的股东为设立公司以自己的名义从事民事活动产生的民事责任，第三人有权选择请求公司或者公司设立时的股东承担。

设立时的股东因履行公司设立职责造成他人损害的，公司或者无过错的股东承担赔偿责任后，可以向有过错的股东追偿。

第四十五条 【有限责任公司章程制定】设立有限责任公司，应当由股东共同制定公司章程。

第四十六条 【有限责任公司章程法定记载事项】有限责任公司章程应当载明下列事项：

(一)公司名称和住所；

(二)公司经营范围；

(三)公司注册资本；

(四)股东的姓名或者名称；

(五)股东的出资额、出资方式和出资日期；

(六)公司的机构及其产生办法、职权、议事规则；

(七)公司法定代表人的产生、变更办法；

(八)股东会认为需要规定的其他事项。

股东应当在公司章程上签名或者盖章。

第四十七条 【有限责任公司注册资本】有限责任公司的注册资本为在公司登记机关登记的全体股东认缴的出资额。全体股东认缴的出资额由股东按照公司章程的规定自公司成立之日起五年内缴足。

法律、行政法规以及国务院决定对有限责任公司注册资本实缴、注册资本最低限额、股东出资期限另有规定的，从其规定。

第四十八条 【股东出资方式】股东可以用货币出资，也可以用实物、知识产权、土地使用权、股权、债权等可以用货币估价并可以依法转让的非货币财产作价出资；但是，法律、行政法规规定不得作为出资的财产除外。

对作为出资的非货币财产应当评估作价，核实财产，不得高估或者低估作价。法律、行政法规对评估作价有规定的，从其规定。

第四十九条 【股东的出资义务及赔偿责任】股东应当按期足额缴纳公司章程规定的各自所认缴的出资额。

股东以货币出资的，应当将货币出资足额存入有限责任公司在银行开设的账户；以非货币财产出资的，应当依法办理其财产权的转移手续。

股东未按期足额缴纳出资的，除应当向公司足额缴纳外，还应当对给公司造成的损失承担赔偿责任。

第五十条 【股东出资不足或出资不实的责任】有限责任公司设立时,股东未按照公司章程规定实际缴纳出资,或者实际出资的非货币财产的实际价额显著低于所认缴的出资额的,设立时的其他股东与该股东在出资不足的范围内承担连带责任。

第五十一条 【董事会的核查义务及责任】有限责任公司成立后,董事会应当对股东的出资情况进行核查,发现股东未按期足额缴纳公司章程规定的出资的,应当由公司向该股东发出书面催缴书,催缴出资。

未及时履行前款规定的义务,给公司造成损失的,负有责任的董事应当承担赔偿责任。

第五十二条 【股东失权制度】股东未按照公司章程规定的出资日期缴纳出资,公司依照前条第一款规定发出书面催缴书催缴出资的,可以载明缴纳出资的宽限期;宽限期自公司发出催缴书之日起,不得少于六十日。宽限期届满,股东仍未履行出资义务的,公司经董事会决议可以向该股东发出失权通知,通知应当以书面形式发出。自通知发出之日起,该股东丧失其未缴纳出资的股权。

依照前款规定丧失的股权应当依法转让,或者相应减少注册资本并注销该股权;六个月内未转让或者注销的,由公司其他股东按照其出资比例足额缴纳相应出资。

股东对失权有异议的,应当自接到失权通知之日起三十日内,向人民法院提起诉讼。

第五十三条 【禁止股东抽逃出资】公司成立后,股东不得抽逃出资。

违反前款规定的,股东应当返还抽逃的出资;给公司造成损失的,负有责任的董事、监事、高级管理人员应当与该股东承担连带赔偿责任。

第五十四条 【出资加速到期】公司不能清偿到期债务的,公司或者已到期债权的债权人有权要求已认缴出资但未届出资期限的股东提前缴纳出资。

第五十五条 【出资证明书】有限责任公司成立后,应当向股东签发出

资证明书,记载下列事项:

(一)公司名称;

(二)公司成立日期;

(三)公司注册资本;

(四)股东的姓名或者名称、认缴和实缴的出资额、出资方式和出资日期;

(五)出资证明书的编号和核发日期。

出资证明书由法定代表人签名,并由公司盖章。

第五十六条 【股东名册】有限责任公司应当置备股东名册,记载下列事项:

(一)股东的姓名或者名称及住所;

(二)股东认缴和实缴的出资额、出资方式和出资日期;

(三)出资证明书编号;

(四)取得和丧失股东资格的日期。

记载于股东名册的股东,可以依股东名册主张行使股东权利。

第五十七条 【有限责任公司股东知情权】股东有权查阅、复制公司章程、股东名册、股东会会议记录、董事会会议决议、监事会会议决议和财务会计报告。

股东可以要求查阅公司会计账簿、会计凭证。股东要求查阅公司会计账簿、会计凭证的,应当向公司提出书面请求,说明目的。公司有合理根据认为股东查阅会计账簿、会计凭证有不正当目的,可能损害公司合法利益的,可以拒绝提供查阅,并应当自股东提出书面请求之日起十五日内书面答复股东并说明理由。公司拒绝提供查阅的,股东可以向人民法院提起诉讼。

股东查阅前款规定的材料,可以委托会计师事务所、律师事务所等中介机构进行。

股东及其委托的会计师事务所、律师事务所等中介机构查阅、复制有关材料,应当遵守有关保护国家秘密、商业秘密、个人隐私、个人信息等法律、行政法规的规定。

股东要求查阅、复制公司全资子公司相关材料的,适用前四款的规定。

第二节　组织机构

第五十八条　【有限责任公司股东会的组成及地位】有限责任公司股东会由全体股东组成。股东会是公司的权力机构,依照本法行使职权。

第五十九条　【有限责任公司股东会职权】股东会行使下列职权:

(一)选举和更换董事、监事,决定有关董事、监事的报酬事项;

(二)审议批准董事会的报告;

(三)审议批准监事会的报告;

(四)审议批准公司的利润分配方案和弥补亏损方案;

(五)对公司增加或者减少注册资本作出决议;

(六)对发行公司债券作出决议;

(七)对公司合并、分立、解散、清算或者变更公司形式作出决议;

(八)修改公司章程;

(九)公司章程规定的其他职权。

股东会可以授权董事会对发行公司债券作出决议。

对本条第一款所列事项股东以书面形式一致表示同意的,可以不召开股东会会议,直接作出决定,并由全体股东在决定文件上签名或者盖章。

第六十条　【一人有限责任公司股东行使职权的要求】只有一个股东的有限责任公司不设股东会。股东作出前条第一款所列事项的决定时,应当采用书面形式,并由股东签名或者盖章后置备于公司。

第六十一条　【首次股东会会议的召集和主持】首次股东会会议由出资最多的股东召集和主持,依照本法规定行使职权。

第六十二条　【股东会的会议制度】股东会会议分为定期会议和临时会议。

定期会议应当按照公司章程的规定按时召开。代表十分之一以上表决权的股东、三分之一以上的董事或者监事会提议召开临时会议的,应当召开临时会议。

第六十三条 【股东会会议的召集和主持】股东会会议由董事会召集，董事长主持；董事长不能履行职务或者不履行职务的，由副董事长主持；副董事长不能履行职务或者不履行职务的，由过半数的董事共同推举一名董事主持。

董事会不能履行或者不履行召集股东会会议职责的，由监事会召集和主持；监事会不召集和主持的，代表十分之一以上表决权的股东可以自行召集和主持。

第六十四条 【召开股东会会议通知期限和会议记录】召开股东会会议，应当于会议召开十五日前通知全体股东；但是，公司章程另有规定或者全体股东另有约定的除外。

股东会应当对所议事项的决定作成会议记录，出席会议的股东应当在会议记录上签名或者盖章。

第六十五条 【股东表决权】股东会会议由股东按照出资比例行使表决权；但是，公司章程另有规定的除外。

第六十六条 【股东会议事方式和表决程序】股东会的议事方式和表决程序，除本法有规定的外，由公司章程规定。

股东会作出决议，应当经代表过半数表决权的股东通过。

股东会作出修改公司章程、增加或者减少注册资本的决议，以及公司合并、分立、解散或者变更公司形式的决议，应当经代表三分之二以上表决权的股东通过。

第六十七条 【董事会职权】有限责任公司设董事会，本法第七十五条另有规定的除外。

董事会行使下列职权：

（一）召集股东会会议，并向股东会报告工作；

（二）执行股东会的决议；

（三）决定公司的经营计划和投资方案；

（四）制订公司的利润分配方案和弥补亏损方案；

（五）制订公司增加或者减少注册资本以及发行公司债券的方案；

（六）制订公司合并、分立、解散或者变更公司形式的方案；

（七）决定公司内部管理机构的设置；

（八）决定聘任或者解聘公司经理及其报酬事项，并根据经理的提名决定聘任或者解聘公司副经理、财务负责人及其报酬事项；

（九）制定公司的基本管理制度；

（十）公司章程规定或者股东会授予的其他职权。

公司章程对董事会职权的限制不得对抗善意相对人。

第六十八条【有限责任公司董事会的组成】有限责任公司董事会成员为三人以上，其成员中可以有公司职工代表。职工人数三百人以上的有限责任公司，除依法设监事会并有公司职工代表的外，其董事会成员中应当有公司职工代表。董事会中的职工代表由公司职工通过职工代表大会、职工大会或者其他形式民主选举产生。

董事会设董事长一人，可以设副董事长。董事长、副董事长的产生办法由公司章程规定。

第六十九条【有限责任公司审计委员会】有限责任公司可以按照公司章程的规定在董事会中设置由董事组成的审计委员会，行使本法规定的监事会的职权，不设监事会或者监事。公司董事会成员中的职工代表可以成为审计委员会成员。

第七十条【董事的任期与辞任】董事任期由公司章程规定，但每届任期不得超过三年。董事任期届满，连选可以连任。

董事任期届满未及时改选，或者董事在任期内辞任导致董事会成员低于法定人数的，在改选出的董事就任前，原董事仍应当依照法律、行政法规和公司章程的规定，履行董事职务。

董事辞任的，应当以书面形式通知公司，公司收到通知之日辞任生效，但存在前款规定情形的，董事应当继续履行职务。

第七十一条【董事无因解任】股东会可以决议解任董事，决议作出之日解任生效。

无正当理由，在任期届满前解任董事的，该董事可以要求公司予以赔偿。

第七十二条 【董事会会议的召集和主持】董事会会议由董事长召集和主持;董事长不能履行职务或者不履行职务的,由副董事长召集和主持;副董事长不能履行职务或者不履行职务的,由过半数的董事共同推举一名董事召集和主持。

第七十三条 【董事会议事方式和表决程序】董事会的议事方式和表决程序,除本法有规定的外,由公司章程规定。

董事会会议应当有过半数的董事出席方可举行。董事会作出决议,应当经全体董事的过半数通过。

董事会决议的表决,应当一人一票。

董事会应当对所议事项的决定作成会议记录,出席会议的董事应当在会议记录上签名。

第七十四条 【有限责任公司经理的产生和职权】有限责任公司可以设经理,由董事会决定聘任或者解聘。

经理对董事会负责,根据公司章程的规定或者董事会的授权行使职权。经理列席董事会会议。

第七十五条 【董事会设置例外】规模较小或者股东人数较少的有限责任公司,可以不设董事会,设一名董事,行使本法规定的董事会的职权。该董事可以兼任公司经理。

第七十六条 【有限责任公司监事会的设立与组成】有限责任公司设监事会,本法第六十九条、第八十三条另有规定的除外。

监事会成员为三人以上。监事会成员应当包括股东代表和适当比例的公司职工代表,其中职工代表的比例不得低于三分之一,具体比例由公司章程规定。监事会中的职工代表由公司职工通过职工代表大会、职工大会或者其他形式民主选举产生。

监事会设主席一人,由全体监事过半数选举产生。监事会主席召集和主持监事会会议;监事会主席不能履行职务或者不履行职务的,由过半数的监事共同推举一名监事召集和主持监事会会议。

董事、高级管理人员不得兼任监事。

第七十七条 【监事的任期】监事的任期每届为三年。监事任期届满,连选可以连任。

监事任期届满未及时改选,或者监事在任期内辞任导致监事会成员低于法定人数的,在改选出的监事就任前,原监事仍应当依照法律、行政法规和公司章程的规定,履行监事职务。

第七十八条 【监事会职权】监事会行使下列职权:

(一)检查公司财务;

(二)对董事、高级管理人员执行职务的行为进行监督,对违反法律、行政法规、公司章程或者股东会决议的董事、高级管理人员提出解任的建议;

(三)当董事、高级管理人员的行为损害公司的利益时,要求董事、高级管理人员予以纠正;

(四)提议召开临时股东会会议,在董事会不履行本法规定的召集和主持股东会会议职责时召集和主持股东会会议;

(五)向股东会会议提出提案;

(六)依照本法第一百八十九条的规定,对董事、高级管理人员提起诉讼;

(七)公司章程规定的其他职权。

第七十九条 【监事的质询建议权与调查权】监事可以列席董事会会议,并对董事会决议事项提出质询或者建议。

监事会发现公司经营情况异常,可以进行调查;必要时,可以聘请会计师事务所等协助其工作,费用由公司承担。

第八十条 【董事、高级管理人员协助监事工作】监事会可以要求董事、高级管理人员提交执行职务的报告。

董事、高级管理人员应当如实向监事会提供有关情况和资料,不得妨碍监事会或者监事行使职权。

第八十一条 【监事会会议及监事会的议事方式和表决程序】监事会每年度至少召开一次会议,监事可以提议召开临时监事会会议。

监事会的议事方式和表决程序,除本法有规定的外,由公司章程规定。

监事会决议应当经全体监事的过半数通过。

监事会决议的表决,应当一人一票。

监事会应当对所议事项的决定作成会议记录,出席会议的监事应当在会议记录上签名。

第八十二条　【监督费用负担】监事会行使职权所必需的费用,由公司承担。

第八十三条　【监事会设置例外】规模较小或者股东人数较少的有限责任公司,可以不设监事会,设一名监事,行使本法规定的监事会的职权;经全体股东一致同意,也可以不设监事。

第四章　有限责任公司的股权转让

第八十四条　【股权转让的一般规定】有限责任公司的股东之间可以相互转让其全部或者部分股权。

股东向股东以外的人转让股权的,应当将股权转让的数量、价格、支付方式和期限等事项书面通知其他股东,其他股东在同等条件下有优先购买权。股东自接到书面通知之日起三十日内未答复的,视为放弃优先购买权。两个以上股东行使优先购买权的,协商确定各自的购买比例;协商不成的,按照转让时各自的出资比例行使优先购买权。

公司章程对股权转让另有规定的,从其规定。

第八十五条　【强制执行程序中的股权转让】人民法院依照法律规定的强制执行程序转让股东的股权时,应当通知公司及全体股东,其他股东在同等条件下有优先购买权。其他股东自人民法院通知之日起满二十日不行使优先购买权的,视为放弃优先购买权。

第八十六条　【股权转让变更登记及救济】股东转让股权的,应当书面通知公司,请求变更股东名册;需要办理变更登记的,并请求公司向公司登记机关办理变更登记。公司拒绝或者在合理期限内不予答复的,转让人、受让人可以依法向人民法院提起诉讼。

股权转让的,受让人自记载于股东名册时起可以向公司主张行使股东权利。

第八十七条　【转让股权后应当履行的手续】依照本法转让股权后,公司应当及时注销原股东的出资证明书,向新股东签发出资证明书,并相应修改公司章程和股东名册中有关股东及其出资额的记载。对公司章程的该项修改不需再由股东会表决。

第八十八条 【股权转让中的出资责任】股东转让已认缴出资但未届出资期限的股权的,由受让人承担缴纳该出资的义务;受让人未按期足额缴纳出资的,转让人对受让人未按期缴纳的出资承担补充责任。

未按照公司章程规定的出资日期缴纳出资或者作为出资的非货币财产的实际价额显著低于所认缴的出资额的股东转让股权的,转让人与受让人在出资不足的范围内承担连带责任;受让人不知道且不应当知道存在上述情形的,由转让人承担责任。

第八十九条 【有限责任公司股东股份回购请求】有下列情形之一的,对股东会该项决议投反对票的股东可以请求公司按照合理的价格收购其股权:

(一)公司连续五年不向股东分配利润,而公司该五年连续盈利,并且符合本法规定的分配利润条件的;

(二)公司合并、分立、转让主要财产的;

(三)公司章程规定的营业期限届满或者章程规定的其他解散事由出现,股东会通过决议修改章程使公司存续。

自股东会决议作出之日起六十日内,股东与公司不能达成股权收购协议的,股东可以自股东会决议作出之日起九十日内向人民法院提起诉讼。

公司的控股股东滥用股东权利,严重损害公司或者其他股东利益的,其他股东有权请求公司按照合理的价格收购其股权。

公司因本条第一款、第三款规定的情形收购的本公司股权,应当在六个月内依法转让或者注销。

第九十条 【有限责任公司自然人股东的股东资格继承】自然人股东死亡后,其合法继承人可以继承股东资格;但是,公司章程另有规定的除外。

第五章　股份有限公司的设立和组织机构
第一节　设　　立

第九十一条　【股份有限公司的设立方式】设立股份有限公司,可以采取发起设立或者募集设立的方式。

发起设立,是指由发起人认购设立公司时应发行的全部股份而设立公司。

募集设立,是指由发起人认购设立公司时应发行股份的一部分,其余股份向特定对象募集或者向社会公开募集而设立公司。

第九十二条　【发起人的人数及其资格】设立股份有限公司,应当有一人以上二百人以下为发起人,其中应当有半数以上的发起人在中华人民共和国境内有住所。

第九十三条　【发起人承担公司筹办事务和签订发起人协议】股份有限公司发起人承担公司筹办事务。

发起人应当签订发起人协议,明确各自在公司设立过程中的权利和义务。

第九十四条　【股份有限公司章程制订】设立股份有限公司,应当由发起人共同制订公司章程。

第九十五条　【股份有限公司章程法定记载事项】股份有限公司章程应当载明下列事项:

（一）公司名称和住所;

（二）公司经营范围;

（三）公司设立方式;

（四）公司注册资本、已发行的股份数和设立时发行的股份数,面额股的每股金额;

（五）发行类别股的,每一类别股的股份数及其权利和义务;

（六）发起人的姓名或者名称、认购的股份数、出资方式;

（七）董事会的组成、职权和议事规则;

（八）公司法定代表人的产生、变更办法;

（九）监事会的组成、职权和议事规则;

（十）公司利润分配办法；

（十一）公司的解散事由与清算办法；

（十二）公司的通知和公告办法；

（十三）股东会认为需要规定的其他事项。

第九十六条　【股份有限公司注册资本】股份有限公司的注册资本为在公司登记机关登记的已发行股份的股本总额。在发起人认购的股份缴足前，不得向他人募集股份。

法律、行政法规以及国务院决定对股份有限公司注册资本最低限额另有规定的，从其规定。

第九十七条　【发起人认购股份】以发起设立方式设立股份有限公司的，发起人应当认足公司章程规定的公司设立时应发行的股份。

以募集设立方式设立股份有限公司的，发起人认购的股份不得少于公司章程规定的公司设立时应发行股份总数的百分之三十五；但是，法律、行政法规另有规定的，从其规定。

第九十八条　【发起人的出资义务】发起人应当在公司成立前按照其认购的股份全额缴纳股款。

发起人的出资，适用本法第四十八条、第四十九条第二款关于有限责任公司股东出资的规定。

第九十九条　【发起人的违约责任】发起人不按照其认购的股份缴纳股款，或者作为出资的非货币财产的实际价额显著低于所认购的股份的，其他发起人与该发起人在出资不足的范围内承担连带责任。

第一百条　【公开募集股份的招股说明书及认股书】发起人向社会公开募集股份，应当公告招股说明书，并制作认股书。认股书应当载明本法第一百五十四条第二款、第三款所列事项，由认股人填写认购的股份数、金额、住所，并签名或者盖章。认股人应当按照所认购股份足额缴纳股款。

第一百零一条　【股款缴足后的验资及证明】向社会公开募集股份的股款缴足后，应当经依法设立的验资机构验资并出具证明。

第一百零二条　【股东名册】股份有限公司应当制作股东名册并置备于

公司。股东名册应当记载下列事项：

（一）股东的姓名或者名称及住所；

（二）各股东所认购的股份种类及股份数；

（三）发行纸面形式的股票的,股票的编号；

（四）各股东取得股份的日期。

第一百零三条 【公司成立大会的举行、决议程序】募集设立股份有限公司的发起人应当自公司设立时应发行股份的股款缴足之日起三十日内召开公司成立大会。发起人应当在成立大会召开十五日前将会议日期通知各认股人或者予以公告。成立大会应当有持有表决权过半数的认股人出席,方可举行。

以发起设立方式设立股份有限公司成立大会的召开和表决程序由公司章程或者发起人协议规定。

第一百零四条 【公司成立大会的职权及其决议程序】公司成立大会行使下列职权：

（一）审议发起人关于公司筹办情况的报告；

（二）通过公司章程；

（三）选举董事、监事；

（四）对公司的设立费用进行审核；

（五）对发起人非货币财产出资的作价进行审核；

（六）发生不可抗力或者经营条件发生重大变化直接影响公司设立的,可以作出不设立公司的决议。

成立大会对前款所列事项作出决议,应当经出席会议的认股人所持表决权过半数通过。

第一百零五条 【返还股款及抽回股本的情形】公司设立时应发行的股份未募足,或者发行股份的股款缴足后,发起人在三十日内未召开成立大会的,认股人可以按照所缴股款并加算银行同期存款利息,要求发起人返还。

发起人、认股人缴纳股款或者交付非货币财产出资后,除未按期募足股份、发起人未按期召开成立大会或者成立大会决议不设立公司的情形外,不得抽回其股本。

第一百零六条 【申请设立登记】董事会应当授权代表,于公司成立大会结束后三十日内向公司登记机关申请设立登记。

第一百零七条 【股份有限公司资本制度的参照适用】本法第四十四条、第四十九条第三款、第五十一条、第五十二条、第五十三条的规定,适用于股份有限公司。

第一百零八条 【有限责任公司变更为股份有限公司的要求】有限责任公司变更为股份有限公司时,折合的实收股本总额不得高于公司净资产额。有限责任公司变更为股份有限公司,为增加注册资本公开发行股份时,应当依法办理。

第一百零九条 【股份有限公司有关文件的置备】股份有限公司应当将公司章程、股东名册、股东会会议记录、董事会会议记录、监事会会议记录、财务会计报告、债券持有人名册置备于本公司。

第一百一十条 【股份有限公司股东知情权】股东有权查阅、复制公司章程、股东名册、股东会会议记录、董事会会议决议、监事会会议决议、财务会计报告,对公司的经营提出建议或者质询。

连续一百八十日以上单独或者合计持有公司百分之三以上股份的股东要求查阅公司的会计账簿、会计凭证的,适用本法第五十七条第二款、第三款、第四款的规定。公司章程对持股比例有较低规定的,从其规定。

股东要求查阅、复制公司全资子公司相关材料的,适用前两款的规定。

上市公司股东查阅、复制相关材料的,应当遵守《中华人民共和国证券法》等法律、行政法规的规定。

第二节 股 东 会

第一百一十一条 【股份有限公司股东会的组成及地位】股份有限公司股东会由全体股东组成。股东会是公司的权力机构,依照本法行使职权。

第一百一十二条 【股份有限公司股东会职权】本法第五十九条第一

款、第二款关于有限责任公司股东会职权的规定,适用于股份有限公司股东会。

本法第六十条关于只有一个股东的有限责任公司不设股东会的规定,适用于只有一个股东的股份有限公司。

第一百一十三条 【股份有限公司股东会年会与临时会】股东会应当每年召开一次年会。有下列情形之一的,应当在两个月内召开临时股东会会议:

（一）董事人数不足本法规定人数或者公司章程所定人数的三分之二时;

（二）公司未弥补的亏损达股本总额三分之一时;

（三）单独或者合计持有公司百分之十以上股份的股东请求时;

（四）董事会认为必要时;

（五）监事会提议召开时;

（六）公司章程规定的其他情形。

第一百一十四条 【股东会会议的召集和主持】股东会会议由董事会召集,董事长主持;董事长不能履行职务或者不履行职务的,由副董事长主持;副董事长不能履行职务或者不履行职务的,由过半数的董事共同推举一名董事主持。

董事会不能履行或者不履行召集股东会会议职责的,监事会应当及时召集和主持;监事会不召集和主持的,连续九十日以上单独或者合计持有公司百分之十以上股份的股东可以自行召集和主持。

单独或者合计持有公司百分之十以上股份的股东请求召开临时股东会会议的,董事会、监事会应当在收到请求之日起十日内作出是否召开临时股东会会议的决定,并书面答复股东。

第一百一十五条 【召开股东会的通知、公告以及临时提案】召开股东会会议,应当将会议召开的时间、地点和审议的事项于会议召开二十日前通知各股东;临时股东会会议应当于会议召开十五日前通知各股东。

单独或者合计持有公司百分之一以上股份的股东,可以在股东会会议召开十日前提出临时提案并书面提交董事会。临时提案应当有明确议题和具体决议事项。董事会应当在收到提案后二日内通知其他股东,并将该临时提案提交股东会审议;但临时提案违反法律、行政法规或者公司章程的规定,或者不属于股东会职权范围的除外。公司不得提高提出临时提案股东的持股比例。

公开发行股份的公司,应当以公告方式作出前两款规定的通知。

股东会不得对通知中未列明的事项作出决议。

第一百一十六条 【股份有限公司股东表决权行使规则】股东出席股东会会议,所持每一股份有一表决权,类别股股东除外。公司持有的本公司股份没有表决权。

股东会作出决议,应当经出席会议的股东所持表决权过半数通过。

股东会作出修改公司章程、增加或者减少注册资本的决议,以及公司合并、分立、解散或者变更公司形式的决议,应当经出席会议的股东所持表决权的三分之二以上通过。

第一百一十七条 【股份有限公司累积投票制】股东会选举董事、监事,可以按照公司章程的规定或者股东会的决议,实行累积投票制。

本法所称累积投票制,是指股东会选举董事或者监事时,每一股份拥有与应选董事或者监事人数相同的表决权,股东拥有的表决权可以集中使用。

第一百一十八条 【股东表决权的代理行使】股东委托代理人出席股东会会议的,应当明确代理人代理的事项、权限和期限;代理人应当向公司提交股东授权委托书,并在授权范围内行使表决权。

第一百一十九条 【股东会会议记录要求】股东会应当对所议事项的决定作成会议记录,主持人、出席会议的董事应当在会议记录上签名。会议记录应当与出席股东的签名册及代理出席的委托书一并保存。

第三节 董事会、经理

第一百二十条 【股份有限公司董事会设置、职权以及董事任职】股份有限公司设董事会,本法第一百二十八条另有规定的除外。

本法第六十七条、第六十八条第一款、第七十条、第七十一条的规定,适用于股份有限公司。

第一百二十一条 【股份有限公司审计委员会】股份有限公司可以按照公司章程的规定在董事会中设置由董事组成的审计委员会,行使本法规定的监事会的职权,不设监事会或者监事。

审计委员会成员为三名以上,过半数成员不得在公司担任除董事以外的其他职务,且不得与公司存在任何可能影响其独立客观判断的关系。公司董事会成员中的职工代表可以成为审计委员会成员。

审计委员会作出决议,应当经审计委员会成员的过半数通过。

审计委员会决议的表决,应当一人一票。

审计委员会的议事方式和表决程序,除本法有规定的外,由公司章程规定。

公司可以按照公司章程的规定在董事会中设置其他委员会。

第一百二十二条 【董事长和副董事长的产生及职责】董事会设董事长一人,可以设副董事长。董事长和副董事长由董事会以全体董事的过半数选举产生。

董事长召集和主持董事会会议,检查董事会决议的实施情况。副董事长协助董事长工作,董事长不能履行职务或者不履行职务的,由副董事长履行职务;副董事长不能履行职务或者不履行职务的,由过半数的董事共同推举一名董事履行职务。

第一百二十三条 【董事会的召开】董事会每年度至少召开两次会议,每次会议应当于会议召开十日前通知全体董事和监事。

代表十分之一以上表决权的股东、三分之一以上董事或者监事会,可以提议召开临时董事会会议。董事长应当自接到提议后十日内,召集和主持董事会会议。

董事会召开临时会议,可以另定召集董事会的通知方式和通知时限。

第一百二十四条 【董事会的议事规则】董事会会议应当有过半数的董事出席方可举行。董事会作出决议,应当经全体董事的过半数通过。

董事会决议的表决,应当一人一票。

董事会应当对所议事项的决定作成会议记录,出席会议的董事应当在会议记录上签名。

第一百二十五条 【董事的出席和责任承担】董事会会议,应当由董事本人出席;董事因故不能出席,可以书面委托其他董事代为出席,委托书应当载明授权范围。

董事应当对董事会的决议承担责任。董事会的决议违反法律、行政法规或者公司章程、股东会决议,给公司造成严重损失的,参与决议的董事对公司负赔偿责任;经证明在表决时曾表明异议并记载于会议记录的,该董事可以免除责任。

第一百二十六条 【股份有限公司经理的产生及其职权】股份有限公司设经理,由董事会决定聘任或者解聘。

经理对董事会负责,根据公司章程的规定或者董事会的授权行使职权。经理列席董事会会议。

第一百二十七条 【董事会成员兼任经理】公司董事会可以决定由董事会成员兼任经理。

第一百二十八条 【股份有限公司董事会设置例外】规模较小或者股东人数较少的股份有限公司,可以不设董事会,设一名董事,行使本法规定的董事会的职权。该董事可以兼任公司经理。

第一百二十九条 【董事、监事、高级管理人员报酬披露制度】公司应当定期向股东披露董事、监事、高级管理人员从公司获得报酬的情况。

第四节 监 事 会

第一百三十条 【股份有限公司监事会设立、组成及监事任期】股份有限公司设监事会,本法第一百二十一条第一款、第一百三十三条另有规定的除外。

监事会成员为三人以上。监事会成员应当包括股东代表和适当比例的公司职工代表,其中职工代表的比例不得低于三分之一,具体比例由公司章程规定。监事会中的职工代表由公司职工通过职工代表大会、职工大会或者其他形式民主选举产生。

监事会设主席一人,可以设副主席。监事会主席和副主席由全体监事过半数选举产生。监事会主席召集和主持监事会会议;监事会主席不能履行职务或者不履行职务的,由监事会副主席召集和主持监事会会议;监事会副主席不能履行职务或者不履行职务的,由过半数的监事共同推举一名监事召集和主持监事会会议。

董事、高级管理人员不得兼任监事。

本法第七十七条关于有限责任公司监事任期的规定,适用于股份有限公司监事。

第一百三十一条 【股份有限公司监事会职权及费用承担】本法第七十八条至第八十条的规定,适用于股份有限公司监事会。

监事会行使职权所必需的费用,由公司承担。

第一百三十二条 【监事会议事规则】监事会每六个月至少召开一次会议。监事可以提议召开临时监事会会议。

监事会的议事方式和表决程序,除本法有规定的外,由公司章程规定。

监事会决议应当经全体监事的过半数通过。

监事会决议的表决,应当一人一票。

监事会应当对所议事项的决定作成会议记录,出席会议的监事应当在会议记录上签名。

第一百三十三条 【股份有限公司监事会设置例外】规模较小或者股东人数较少的股份有限公司,可以不设监事会,设一名监事,行使本法规定的监事会的职权。

第五节 上市公司组织机构的特别规定

第一百三十四条 【上市公司的定义】本法所称上市公司,是指其股票在证券交易所上市交易的股份有限公司。

第一百三十五条 【上市公司重大资产交易与重要担保的议事规则】上市公司在一年内购买、出售重大资产或者向他人提供担保的金额超过公司资产总额百分之三十的,应当由股东会作出决议,并经出席会议的股东所持表决权的三分之二以上通过。

第一百三十六条 【上市公司独立董事及公司章程载明事项】上市公司设独立董事,具体管理办法由国务院证券监督管理机构规定。

上市公司的公司章程除载明本法第九十五条规定的事项外,还应当依照法律、行政法规的规定载明董事会专门委员会的组成、职权以及董事、监事、高级管理人员薪酬考核机制等事项。

第一百三十七条 【须经审计委员会通过的事项】上市公司在董事会中设置审计委员会的,董事会对下列事项作出决议前应当经审计委员会全体成员过半数通过:

(一)聘用、解聘承办公司审计业务的会计师事务所;

(二)聘任、解聘财务负责人;

(三)披露财务会计报告;

(四)国务院证券监督管理机构规定的其他事项。

第一百三十八条 【上市公司董事会秘书职责】上市公司设董事会秘书,负责公司股东会和董事会会议的筹备、文件保管以及公司股东资料的管理,办理信息披露事务等事宜。

第一百三十九条 【上市公司董事关联交易书面报告及回避制度】上市公司董事与董事会会议决议事项所涉及的企业或者个人有关联关系的,该董事应当及时向董事会书面报告。有关联关系的董事不得对该项决议行使表决权,也不得代理其他董事行使表决权。该董事会会议由过半数的无关联关系董事出席即可举行,董事会会议所作决议须经无关联关系董事过半数通过。出席董事会会议的无关联关系董事人数不足三人的,应当将该事项提交上市公司股东会审议。

第一百四十条 【上市公司信息披露及禁止股票代持】上市公司应当依法披露股东、实际控制人的信息,相关信息应当真实、准确、完整。

禁止违反法律、行政法规的规定代持上市公司股票。

第一百四十一条 【禁止交叉持股】上市公司控股子公司不得取得该上市公司的股份。

上市公司控股子公司因公司合并、质权行使等原因持有上市公司股份的,不得行使所持股份对应的表决权,并应当及时处分相关上市公司股份。

第六章 股份有限公司的股份发行和转让
第一节 股份发行

第一百四十二条 【面额股和无面额股】公司的资本划分为股份。公司的全部股份,根据公司章程的规定择一采用面额股或者无面额股。采用面额股的,每一股的金额相等。

公司可以根据公司章程的规定将已发行的面额股全部转换为无面额股或者将无面额股全部转换为面额股。

采用无面额股的,应当将发行股份所得股款的二分之一以上计入注册资本。

第一百四十三条 【股份发行原则】股份的发行,实行公平、公正的原则,同类别的每一股份应当具有同等权利。

同次发行的同类别股份,每股的发行条件和价格应当相同;认购人所认购的股份,每股应当支付相同价额。

第一百四十四条 【类别股发行规则】公司可以按照公司章程的规定发行下列与普通股权利不同的类别股:

(一)优先或者劣后分配利润或者剩余财产的股份;

(二)每一股的表决权数多于或者少于普通股的股份;

(三)转让须经公司同意等转让受限的股份;

(四)国务院规定的其他类别股。

公开发行股份的公司不得发行前款第二项、第三项规定的类别股;公开发行前已发行的除外。

公司发行本条第一款第二项规定的类别股的,对于监事或者审计委员会成员的选举和更换,类别股与普通股每一股的表决权数相同。

第一百四十五条 【发行类别股的公司章程应记载的事项】发行类别股的公司,应当在公司章程中载明以下事项:

(一)类别股分配利润或者剩余财产的顺序;

(二)类别股的表决权数;

(三)类别股的转让限制;

（四）保护中小股东权益的措施；

（五）股东会认为需要规定的其他事项。

第一百四十六条　【类别股股东会决议事项】发行类别股的公司，有本法第一百一十六条第三款规定的事项等可能影响类别股股东权利的，除应当依照第一百一十六条第三款的规定经股东会决议外，还应当经出席类别股股东会议的股东所持表决权的三分之二以上通过。

公司章程可以对需经类别股股东会议决议的其他事项作出规定。

第一百四十七条　【股票】公司的股份采取股票的形式。股票是公司签发的证明股东所持股份的凭证。

公司发行的股票，应当为记名股票。

第一百四十八条　【股票发行价格要求】面额股股票的发行价格可以按票面金额，也可以超过票面金额，但不得低于票面金额。

第一百四十九条　【股票的形式以及纸面股票记载事项】股票采用纸面形式或者国务院证券监督管理机构规定的其他形式。

股票采用纸面形式的，应当载明下列主要事项：

（一）公司名称；

（二）公司成立日期或者股票发行的时间；

（三）股票种类、票面金额及代表的股份数，发行无面额股的，股票代表的股份数。

股票采用纸面形式的，还应当载明股票的编号，由法定代表人签名，公司盖章。

发起人股票采用纸面形式的，应当标明发起人股票字样。

第一百五十条　【股票交付】股份有限公司成立后，即向股东正式交付股票。公司成立前不得向股东交付股票。

第一百五十一条　【公司发行新股决议事项及确定作价方案】公司发行新股，股东会应当对下列事项作出决议：

（一）新股种类及数额；

（二）新股发行价格；

（三）新股发行的起止日期；

（四）向原有股东发行新股的种类及数额；

（五）发行无面额股的，新股发行所得股款计入注册资本的金额。

公司发行新股，可以根据公司经营情况和财务状况，确定其作价方案。

第一百五十二条 【授权资本制】公司章程或者股东会可以授权董事会在三年内决定发行不超过已发行股份百分之五十的股份。但以非货币财产作价出资的应当经股东会决议。

董事会依照前款规定决定发行股份导致公司注册资本、已发行股份数发生变化的，对公司章程该项记载事项的修改不需再由股东会表决。

第一百五十三条 【授权资本表决比例】公司章程或者股东会授权董事会决定发行新股的，董事会决议应当经全体董事三分之二以上通过。

第一百五十四条 【公开募集股份规则】公司向社会公开募集股份，应当经国务院证券监督管理机构注册，公告招股说明书。

招股说明书应当附有公司章程，并载明下列事项：

（一）发行的股份总数；

（二）面额股的票面金额和发行价格或者无面额股的发行价格；

（三）募集资金的用途；

（四）认股人的权利和义务；

（五）股份种类及其权利和义务；

（六）本次募股的起止日期及逾期未募足时认股人可以撤回所认股份的说明。

公司设立时发行股份的，还应当载明发起人认购的股份数。

第一百五十五条 【公开募集股份的方式】公司向社会公开募集股份，应当由依法设立的证券公司承销，签订承销协议。

第一百五十六条 【公开募集股份时收取股款的方式】公司向社会公开募集股份，应当同银行签订代收股款协议。

代收股款的银行应当按照协议代收和保存股款，向缴纳股款的认股人出具收款单据，并负有向有关部门出具收款证明的义务。

公司发行股份募足股款后,应予公告。

第二节　股份转让

第一百五十七条　【股份有限公司股份转让】股份有限公司的股东持有的股份可以向其他股东转让,也可以向股东以外的人转让;公司章程对股份转让有限制的,其转让按照公司章程的规定进行。

第一百五十八条　【股份转让场所和方式】股东转让其股份,应当在依法设立的证券交易场所进行或者按照国务院规定的其他方式进行。

第一百五十九条　【股票转让方式】股票的转让,由股东以背书方式或者法律、行政法规规定的其他方式进行;转让后由公司将受让人的姓名或者名称及住所记载于股东名册。

股东会会议召开前二十日内或者公司决定分配股利的基准日前五日内,不得变更股东名册。法律、行政法规或者国务院证券监督管理机构对上市公司股东名册变更另有规定的,从其规定。

第一百六十条　【股份转让限制】公司公开发行股份前已发行的股份,自公司股票在证券交易所上市交易之日起一年内不得转让。法律、行政法规或者国务院证券监督管理机构对上市公司的股东、实际控制人转让其所持有的本公司股份另有规定的,从其规定。

公司董事、监事、高级管理人员应当向公司申报所持有的本公司的股份及其变动情况,在就任时确定的任职期间每年转让的股份不得超过其所持有本公司股份总数的百分之二十五;所持本公司股份自公司股票上市交易之日起一年内不得转让。上述人员离职后半年内,不得转让其所持有的本公司股份。公司章程可以对公司董事、监事、高级管理人员转让其所持有的本公司股份作出其他限制性规定。

股份在法律、行政法规规定的限制转让期限内出质的,质权人不得在限制转让期限内行使质权。

第一百六十一条　【异议股东可以请求公司回购其股份的情形】有下列情形之一的,对股东会该项决议投反对票的股东可以请求公司按照合理的价格收购其股份,公开发行股份的公司除外:

(一)公司连续五年不向股东分配利润,而公司该五年连续盈利,

并且符合本法规定的分配利润条件;

(二)公司转让主要财产;

(三)公司章程规定的营业期限届满或者章程规定的其他解散事由出现,股东会通过决议修改章程使公司存续。

自股东会决议作出之日起六十日内,股东与公司不能达成股份收购协议的,股东可以自股东会决议作出之日起九十日内向人民法院提起诉讼。

公司因本条第一款规定的情形收购的本公司股份,应当在六个月内依法转让或者注销。

第一百六十二条 【公司股份回购】公司不得收购本公司股份。但是,有下列情形之一的除外:

(一)减少公司注册资本;

(二)与持有本公司股份的其他公司合并;

(三)将股份用于员工持股计划或者股权激励;

(四)股东因对股东会作出的公司合并、分立决议持异议,要求公司收购其股份;

(五)将股份用于转换公司发行的可转换为股票的公司债券;

(六)上市公司为维护公司价值及股东权益所必需。

公司因前款第一项、第二项规定的情形收购本公司股份的,应当经股东会决议;公司因前款第三项、第五项、第六项规定的情形收购本公司股份的,可以按照公司章程或者股东会的授权,经三分之二以上董事出席的董事会会议决议。

公司依照本条第一款规定收购本公司股份后,属于第一项情形的,应当自收购之日起十日内注销;属于第二项、第四项情形的,应当在六个月内转让或者注销;属于第三项、第五项、第六项情形的,公司合计持有的本公司股份数不得超过本公司已发行股份总数的百分之十,并应当在三年内转让或者注销。

上市公司收购本公司股份的,应当依照《中华人民共和国证券法》的规定履行信息披露义务。上市公司因本条第一款第三项、第五项、第六项规定的情形收购本公司股份的,应当通过公开的集中交易方式进行。

公司不得接受本公司的股份作为质权的标的。

第一百六十三条　【禁止财务资助】公司不得为他人取得本公司或者其母公司的股份提供赠与、借款、担保以及其他财务资助,公司实施员工持股计划的除外。

为公司利益,经股东会决议,或者董事会按照公司章程或者股东会的授权作出决议,公司可以为他人取得本公司或者其母公司的股份提供财务资助,但财务资助的累计总额不得超过已发行股本总额的百分之十。董事会作出决议应当经全体董事的三分之二以上通过。

违反前两款规定,给公司造成损失的,负有责任的董事、监事、高级管理人员应当承担赔偿责任。

第一百六十四条　【股票被盗、遗失或者灭失的救济途径】股票被盗、遗失或者灭失,股东可以依照《中华人民共和国民事诉讼法》规定的公示催告程序,请求人民法院宣告该股票失效。人民法院宣告该股票失效后,股东可以向公司申请补发股票。

第一百六十五条　【上市公司股票交易】上市公司的股票,依照有关法律、行政法规及证券交易所交易规则上市交易。

第一百六十六条　【上市公司信息披露】上市公司应当依照法律、行政法规的规定披露相关信息。

第一百六十七条　【股份有限公司自然人股东的股东资格继承】自然人股东死亡后,其合法继承人可以继承股东资格;但是,股份转让受限的股份有限公司的章程另有规定的除外。

第七章　国家出资公司组织机构的特别规定

第一百六十八条　【国家出资公司】国家出资公司的组织机构,适用本章规定;本章没有规定的,适用本法其他规定。

本法所称国家出资公司,是指国家出资的国有独资公司、国有资本控股公司,包括国家出资的有限责任公司、股份有限公司。

第一百六十九条　【履行国家出资公司出资人职责的主体】国家出资公

司,由国务院或者地方人民政府分别代表国家依法履行出资人职责,享有出资人权益。国务院或者地方人民政府可以授权国有资产监督管理机构或者其他部门、机构代表本级人民政府对国家出资公司履行出资人职责。

代表本级人民政府履行出资人职责的机构、部门,以下统称为履行出资人职责的机构。

第一百七十条 【国家出资公司党组织的领导作用】国家出资公司中中国共产党的组织,按照中国共产党章程的规定发挥领导作用,研究讨论公司重大经营管理事项,支持公司的组织机构依法行使职权。

第一百七十一条 【国有独资公司章程制定】国有独资公司章程由履行出资人职责的机构制定。

第一百七十二条 【国有独资公司重大事项的决定】国有独资公司不设股东会,由履行出资人职责的机构行使股东会职权。履行出资人职责的机构可以授权公司董事会行使股东会的部分职权,但公司章程的制定和修改,公司的合并、分立、解散、申请破产,增加或者减少注册资本,分配利润,应当由履行出资人职责的机构决定。

第一百七十三条 【国有独资公司董事会】国有独资公司的董事会依照本法规定行使职权。

国有独资公司的董事会成员中,应当过半数为外部董事,并应当有公司职工代表。

董事会成员由履行出资人职责的机构委派;但是,董事会成员中的职工代表由公司职工代表大会选举产生。

董事会设董事长一人,可以设副董事长。董事长、副董事长由履行出资人职责的机构从董事会成员中指定。

第一百七十四条 【国有独资公司经理聘任、解聘和兼任】国有独资公司的经理由董事会聘任或者解聘。

经履行出资人职责的机构同意,董事会成员可以兼任经理。

第一百七十五条 【国有独资公司董事、高级管理人员禁止兼职】国有独资公司的董事、高级管理人员,未经履行出资人职责的机构同意,不得在其他有限责任公司、股份有限公司或者其他经济组织兼职。

第一百七十六条 【国有独资公司监事会设置例外】国有独资公司在董事会中设置由董事组成的审计委员会行使本法规定的监事会职权的,不设监事会或者监事。

第一百七十七条 【国家出资公司合规管理】国家出资公司应当依法建立健全内部监督管理和风险控制制度,加强内部合规管理。

第八章 公司董事、监事、高级管理人员的资格和义务

第一百七十八条 【董事、监事、高级管理人员消极资格】有下列情形之一的,不得担任公司的董事、监事、高级管理人员:

(一)无民事行为能力或者限制民事行为能力;

(二)因贪污、贿赂、侵占财产、挪用财产或者破坏社会主义市场经济秩序,被判处刑罚,或者因犯罪被剥夺政治权利,执行期满未逾五年,被宣告缓刑的,自缓刑考验期满之日起未逾二年;

(三)担任破产清算的公司、企业的董事或者厂长、经理,对该公司、企业的破产负有个人责任的,自该公司、企业破产清算完结之日起未逾三年;

(四)担任因违法被吊销营业执照、责令关闭的公司、企业的法定代表人,并负有个人责任的,自该公司、企业被吊销营业执照、责令关闭之日起未逾三年;

(五)个人因所负数额较大债务到期未清偿被人民法院列为失信被执行人。

违反前款规定选举、委派董事、监事或者聘任高级管理人员的,该选举、委派或者聘任无效。

董事、监事、高级管理人员在任职期间出现本条第一款所列情形的,公司应当解除其职务。

第一百七十九条 【董事、监事、高级管理人员守法义务】董事、监事、高级管理人员应当遵守法律、行政法规和公司章程。

第一百八十条 【董事、监事、高级管理人员忠实和勤勉义务】董事、监

事、高级管理人员对公司负有忠实义务,应当采取措施避免自身利益与公司利益冲突,不得利用职权牟取不正当利益。

董事、监事、高级管理人员对公司负有勤勉义务,执行职务应当为公司的最大利益尽到管理者通常应有的合理注意。

公司的控股股东、实际控制人不担任公司董事但实际执行公司事务的,适用前两款规定。

第一百八十一条 【董事、监事、高级管理人员的禁止行为】董事、监事、高级管理人员不得有下列行为:

(一)侵占公司财产、挪用公司资金;

(二)将公司资金以其个人名义或者以其他个人名义开立账户存储;

(三)利用职权贿赂或者收受其他非法收入;

(四)接受他人与公司交易的佣金归为己有;

(五)擅自披露公司秘密;

(六)违反对公司忠实义务的其他行为。

第一百八十二条 【董事、监事、高级管理人员及其关联人关联交易报告】董事、监事、高级管理人员,直接或者间接与本公司订立合同或者进行交易,应当就与订立合同或者进行交易有关的事项向董事会或者股东会报告,并按照公司章程的规定经董事会或者股东会决议通过。

董事、监事、高级管理人员的近亲属,董事、监事、高级管理人员或者其近亲属直接或者间接控制的企业,以及与董事、监事、高级管理人员有其他关联关系的关联人,与公司订立合同或者进行交易,适用前款规定。

第一百八十三条 【董事、监事、高级管理人员合法谋取商业机会】董事、监事、高级管理人员,不得利用职务便利为自己或者他人谋取属于公司的商业机会。但是,有下列情形之一的除外:

(一)向董事会或者股东会报告,并按照公司章程的规定经董事会或者股东会决议通过;

(二)根据法律、行政法规或者公司章程的规定,公司不能利用该商业机会。

第一百八十四条 【董事、监事、高级管理人员的竞业禁止义务】董事、监事、高级管理人员未向董事会或者股东会报告,并按照公司章程的规定经董事会或者股东会决议通过,不得自营或为他人经营与其任职公司同类的业务。

第一百八十五条 【董事关联交易回避制度】董事会对本法第一百八十二条至第一百八十四条规定的事项决议时,关联董事不得参与表决,其表决权不计入表决权总数。出席董事会会议的无关联关系董事人数不足三人的,应当将该事项提交股东会审议。

第一百八十六条 【公司归入权】董事、监事、高级管理人员违反本法第一百八十一条至第一百八十四条规定所得的收入应当归公司所有。

第一百八十七条 【董事、监事、高级管理人员列席股东会并接受股东质询】股东会要求董事、监事、高级管理人员列席会议的,董事、监事、高级管理人员应当列席并接受股东的质询。

第一百八十八条 【董事、监事、高级管理人员对公司的赔偿责任】董事、监事、高级管理人员执行职务违反法律、行政法规或者公司章程的规定,给公司造成损失的,应当承担赔偿责任。

第一百八十九条 【股东代表诉讼】董事、高级管理人员有前条规定的情形的,有限责任公司的股东、股份有限公司连续一百八十日以上单独或者合计持有公司百分之一以上股份的股东,可以书面请求监事会向人民法院提起诉讼;监事有前条规定的情形的,前述股东可以书面请求董事会向人民法院提起诉讼。

　　监事会或者董事会收到前款规定的股东书面请求后拒绝提起诉讼,或者自收到请求之日起三十日内未提起诉讼,或者情况紧急、不立即提起诉讼将会使公司利益受到难以弥补的损害的,前款规定的股东有权为公司利益以自己的名义直接向人民法院提起诉讼。

　　他人侵犯公司合法权益,给公司造成损失的,本条第一款规定的股东可以依照前两款的规定向人民法院提起诉讼。

　　公司全资子公司的董事、监事、高级管理人员有前条规定情形,或者他人侵犯公司全资子公司合法权益造成损失的，有限责任公司的股东、股份有限公司连续一百八十日以上单独或者合计持有公司百分之一以上股份的股东，可以依照前三款规定书面请求全资子公司的监事会、董事会向人民法院提起诉讼或者以自己的名义直接向人民法院提起诉讼。

第一百九十条　【股东直接诉讼】董事、高级管理人员违反法律、行政法规或者公司章程的规定，损害股东利益的，股东可以向人民法院提起诉讼。

第一百九十一条　【董事、高级管理人员致人损害的赔偿责任】董事、高级管理人员执行职务，给他人造成损害的，公司应当承担赔偿责任；董事、高级管理人员存在故意或者重大过失的，也应当承担赔偿责任。

第一百九十二条　【控股股东、实际控制人的连带责任】公司的控股股东、实际控制人指示董事、高级管理人员从事损害公司或者股东利益的行为的，与该董事、高级管理人员承担连带责任。

第一百九十三条　【董事责任保险】公司可以在董事任职期间为董事因执行公司职务承担的赔偿责任投保责任保险。

公司为董事投保责任保险或者续保后，董事会应当向股东会报告责任保险的投保金额、承保范围及保险费率等内容。

第九章　公司债券

第一百九十四条　【公司债券】本法所称公司债券，是指公司发行的约定按期还本付息的有价证券。

公司债券可以公开发行，也可以非公开发行。

公司债券的发行和交易应当符合《中华人民共和国证券法》等法律、行政法规的规定。

第一百九十五条　【公司债券募集办法的公告及应载明事项】公开发行公司债券，应当经国务院证券监督管理机构注册，公告公司债券募集办法。

公司债券募集办法应当载明下列主要事项：

（一）公司名称；

（二）债券募集资金的用途；

（三）债券总额和债券的票面金额；

（四）债券利率的确定方式；

（五）还本付息的期限和方式；

（六）债券担保情况；

（七）债券的发行价格、发行的起止日期；

（八）公司净资产额；

（九）已发行的尚未到期的公司债券总额；

（十）公司债券的承销机构。

第一百九十六条 【实物债券票面法定载明事项】公司以纸面形式发行公司债券的,应当在债券上载明公司名称、债券票面金额、利率、偿还期限等事项,并由法定代表人签名,公司盖章。

第一百九十七条 【记名债券】公司债券应当为记名债券。

第一百九十八条 【债券持有人名册的置备及应载明事项】公司发行公司债券应当置备公司债券持有人名册。

发行公司债券的,应当在公司债券持有人名册上载明下列事项：

（一）债券持有人的姓名或者名称及住所；

（二）债券持有人取得债券的日期及债券的编号；

（三）债券总额,债券的票面金额、利率、还本付息的期限和方式；

（四）债券的发行日期。

第一百九十九条 【公司债券登记结算机构的制度要求】公司债券的登记结算机构应当建立债券登记、存管、付息、兑付等相关制度。

第二百条 【公司债券转让】公司债券可以转让,转让价格由转让人与受让人约定。

公司债券的转让应当符合法律、行政法规的规定。

第二百零一条 【公司债券转让方式】公司债券由债券持有人以背书方式或者法律、行政法规规定的其他方式转让；转让后由公司将受让人的姓名或者名称及住所记载于公司债券持有人名册。

第二百零二条 【可转换债券的发行及载明事项】股份有限公司经股东

会决议，或者经公司章程、股东会授权由董事会决议，可以发行可转换为股票的公司债券，并规定具体的转换办法。上市公司发行可转换为股票的公司债券，应当经国务院证券监督管理机构注册。

发行可转换为股票的公司债券，应当在债券上标明可转换公司债券字样，并在公司债券持有人名册上载明可转换公司债券的数额。

第二百零三条　【债券持有人对可转换债券享有选择权】发行可转换为股票的公司债券的，公司应当按照其转换办法向债券持有人换发股票，但债券持有人对转换股票或者不转换股票有选择权。法律、行政法规另有规定的除外。

第二百零四条　【债券持有人会议】公开发行公司债券的，应当为同期债券持有人设立债券持有人会议，并在债券募集办法中对债券持有人会议的召集程序、会议规则和其他重要事项作出规定。债券持有人会议可以对与债券持有人有利害关系的事项作出决议。

除公司债券募集办法另有约定外，债券持有人会议决议对同期全体债券持有人发生效力。

第二百零五条　【债券受托管理人的聘请和管理职权】公开发行公司债券的，发行人应当为债券持有人聘请债券受托管理人，由其为债券持有人办理受领清偿、债权保全、与债券相关的诉讼以及参与债务人破产程序等事项。

第二百零六条　【债券受托管理人义务、变更及损害赔偿责任】债券受托管理人应当勤勉尽责，公正履行受托管理职责，不得损害债券持有人利益。

受托管理人与债券持有人存在利益冲突可能损害债券持有人利益的，债券持有人会议可以决议变更债券受托管理人。

债券受托管理人违反法律、行政法规或者债券持有人会议决议，损害债券持有人利益的，应当承担赔偿责任。

第十章　公司财务、会计

第二百零七条　【公司建立财务、会计制度的依据】公司应当依照法律、行政法规和国务院财政部门的规定建立本公司的财务、会计制度。

第二百零八条 【财务会计报告编制要求】公司应当在每一会计年度终了时编制财务会计报告,并依法经会计师事务所审计。

财务会计报告应当依照法律、行政法规和国务院财政部门的规定制作。

第二百零九条 【财务会计报告送交股东及公告】有限责任公司应当按照公司章程规定的期限将财务会计报告送交各股东。

股份有限公司的财务会计报告应当在召开股东会年会的二十日前置备于本公司,供股东查阅;公开发行股份的股份有限公司应当公告其财务会计报告。

第二百一十条 【公司税后利润分配】公司分配当年税后利润时,应当提取利润的百分之十列入公司法定公积金。公司法定公积金累计额为公司注册资本的百分之五十以上的,可以不再提取。

公司的法定公积金不足以弥补以前年度亏损的,在依照前款规定提取法定公积金之前,应当先用当年利润弥补亏损。

公司从税后利润中提取法定公积金后,经股东会决议,还可以从税后利润中提取任意公积金。

公司弥补亏损和提取公积金后所余税后利润,有限责任公司按照股东实缴的出资比例分配利润,全体股东约定不按照出资比例分配利润的除外;股份有限公司按照股东所持有的股份比例分配利润,公司章程另有规定的除外。

公司持有的本公司股份不得分配利润。

第二百一十一条 【违法分配利润的处理】公司违反本法规定向股东分配利润的,股东应当将违反规定分配的利润退还公司;给公司造成损失的,股东及负有责任的董事、监事、高级管理人员应当承担赔偿责任。

第二百一十二条 【公司利润分配时间】股东会作出分配利润的决议的,董事会应当在股东会决议作出之日起六个月内进行分配。

第二百一十三条 【公司资本公积金构成】公司以超过股票票面金额的发行价格发行股份所得的溢价款、发行无面额股所得股款未计入注册资本的金额以及国务院财政部门规定列入资本公积金的其他项目，应当列为公司资本公积金。

第二百一十四条 【公积金用途】公司的公积金用于弥补公司的亏损、扩大公司生产经营或者转为增加公司注册资本。

公积金弥补公司亏损，应当先使用任意公积金和法定公积金；仍不能弥补的，可以按照规定使用资本公积金。

法定公积金转为增加注册资本时，所留存的该项公积金不得少于转增前公司注册资本的百分之二十五。

第二百一十五条 【公司聘用、解聘会计师事务所】公司聘用、解聘承办公司审计业务的会计师事务所，按照公司章程的规定，由股东会、董事会或者监事会决定。

公司股东会、董事会或者监事会就解聘会计师事务所进行表决时，应当允许会计师事务所陈述意见。

第二百一十六条 【公司对会计师事务所的诚实义务】公司应当向聘用的会计师事务所提供真实、完整的会计凭证、会计账簿、财务会计报告及其他会计资料，不得拒绝、隐匿、谎报。

第二百一十七条 【会计账簿和开立账户的禁止性规定】公司除法定的会计账簿外，不得另立会计账簿。

对公司资金，不得以任何个人名义开立账户存储。

第十一章　公司合并、分立、增资、减资

第二百一十八条 【公司合并形式】公司合并可以采取吸收合并或者新设合并。

一个公司吸收其他公司为吸收合并，被吸收的公司解散。两个以上公司合并设立一个新的公司为新设合并，合并各方解散。

第二百一十九条 【公司合并无须股东会决议的情形】公司与其持股百分之九十以上的公司合并，被合并的公司不需经股东会决议，但应当通知其他股东，其他股东有权请求公司按照合理的价格收购其股权或者股份。

公司合并支付的价款不超过本公司净资产百分之十的，可以不经

股东会决议；但是，公司章程另有规定的除外。

公司依照前两款规定合并不经股东会决议的，应当经董事会决议。

第二百二十条　【公司合并程序和债权人异议权】公司合并，应当由合并各方签订合并协议，并编制资产负债表及财产清单。公司应当自作出合并决议之日起十日内通知债权人，并于三十日内在报纸上或者国家企业信用信息公示系统公告。债权人自接到通知之日起三十日内，未接到通知的自公告之日起四十五日内，可以要求公司清偿债务或者提供相应的担保。

第二百二十一条　【公司合并时各方的债权、债务承继】公司合并时，合并各方的债权、债务，应当由合并后存续的公司或者新设的公司承继。

第二百二十二条　【公司分立时财产分割和分立程序】公司分立，其财产作相应的分割。

公司分立，应当编制资产负债表及财产清单。公司应当自作出分立决议之日起十日内通知债权人，并于三十日内在报纸上或者国家企业信用信息公示系统公告。

第二百二十三条　【公司分立前的债务承担】公司分立前的债务由分立后的公司承担连带责任。但是，公司在分立前与债权人就债务清偿达成的书面协议另有约定的除外。

第二百二十四条　【普通减资程序】公司减少注册资本，应当编制资产负债表及财产清单。

公司应当自股东会作出减少注册资本决议之日起十日内通知债权人，并于三十日内在报纸上或者国家企业信用信息公示系统公告。债权人自接到通知之日起三十日内，未接到通知的自公告之日起四十五日内，有权要求公司清偿债务或者提供相应的担保。

公司减少注册资本，应当按照股东出资或者持有股份的比例相应减少出资额或者股份，法律另有规定、有限责任公司全体股东另有约定或者股份有限公司章程另有规定的除外。

第二百二十五条　【简易减资程序】公司依照本法第二百一十四条第二

款的规定弥补亏损后,仍有亏损的,可以减少注册资本弥补亏损。减少注册资本弥补亏损的,公司不得向股东分配,也不得免除股东缴纳出资或者股款的义务。

依照前款规定减少注册资本的,不适用前条第二款的规定,但应当自股东会作出减少注册资本决议之日起三十日内在报纸上或者国家企业信用信息公示系统公告。

公司依照前两款的规定减少注册资本后,在法定公积金和任意公积金累计额达到公司注册资本百分之五十前,不得分配利润。

第二百二十六条 【违法减少注册资本的法律责任】违反本法规定减少注册资本的,股东应当退还其收到的资金,减免股东出资的应当恢复原状;给公司造成损失的,股东及负有责任的董事、监事、高级管理人员应当承担赔偿责任。

第二百二十七条 【股东优先认购权】有限责任公司增加注册资本时,股东在同等条件下有权优先按照实缴的出资比例认缴出资。但是,全体股东约定不按照出资比例优先认缴出资的除外。

股份有限公司为增加注册资本发行新股时,股东不享有优先认购权,公司章程另有规定或者股东会决议决定股东享有优先认购权的除外。

第二百二十八条 【公司增加注册资本】有限责任公司增加注册资本时,股东认缴新增资本的出资,依照本法设立有限责任公司缴纳出资的有关规定执行。

股份有限公司为增加注册资本发行新股时,股东认购新股,依照本法设立股份有限公司缴纳股款的有关规定执行。

第十二章 公司解散和清算

第二百二十九条 【公司解散原因及事由公示】公司因下列原因解散:

(一)公司章程规定的营业期限届满或者公司章程规定的其他解散事由出现;

(二)股东会决议解散;

(三)因公司合并或者分立需要解散;

（四）依法被吊销营业执照、责令关闭或者被撤销；

（五）人民法院依照本法第二百三十一条的规定予以解散。

公司出现前款规定的解散事由，应当在十日内将解散事由通过国家企业信用信息公示系统予以公示。

第二百三十条　【使公司存续的表决规则】公司有前条第一款第一项、第二项情形，且尚未向股东分配财产的，可以通过修改公司章程或者经股东会决议而存续。

依照前款规定修改公司章程或者经股东会决议，有限责任公司须经持有三分之二以上表决权的股东通过，股份有限公司须经出席股东会会议的股东所持表决权的三分之二以上通过。

第二百三十一条　【强制解散】公司经营管理发生严重困难，继续存续会使股东利益受到重大损失，通过其他途径不能解决的，持有公司百分之十以上表决权的股东，可以请求人民法院解散公司。

第二百三十二条　【清算义务人及其责任】公司因本法第二百二十九条第一款第一项、第二项、第四项、第五项规定而解散的，应当清算。董事为公司清算义务人，应当在解散事由出现之日起十五日内组成清算组进行清算。

清算组由董事组成，但是公司章程另有规定或者股东会决议另选他人的除外。

清算义务人未及时履行清算义务，给公司或者债权人造成损失的，应当承担赔偿责任。

第二百三十三条　【向法院申请指定清算组】公司依照前条第一款的规定应当清算，逾期不成立清算组进行清算或者成立清算组后不清算的，利害关系人可以申请人民法院指定有关人员组成清算组进行清算。人民法院应当受理该申请，并及时组织清算组进行清算。

公司因本法第二百二十九条第一款第四项的规定而解散的，作出吊销营业执照、责令关闭或者撤销决定的部门或者公司登记机关，可以申请人民法院指定有关人员组成清算组进行清算。

第二百三十四条　【清算组的职权】清算组在清算期间行使下列职权：

（一）清理公司财产，分别编制资产负债表和财产清单；

（二）通知、公告债权人；

（三）处理与清算有关的公司未了结的业务；

（四）清缴所欠税款以及清算过程中产生的税款；

（五）清理债权、债务；

（六）分配公司清偿债务后的剩余财产；

（七）代表公司参与民事诉讼活动。

第二百三十五条 【清算期间的债权申报】清算组应当自成立之日起十日内通知债权人，并于六十日内在报纸上或者国家企业信用信息公示系统公告。债权人应当自接到通知之日起三十日内，未接到通知的自公告之日起四十五日内，向清算组申报其债权。

债权人申报债权，应当说明债权的有关事项，并提供证明材料。清算组应当对债权进行登记。

在申报债权期间，清算组不得对债权人进行清偿。

第二百三十六条 【制订清算方案及处分公司财产】清算组在清理公司财产、编制资产负债表和财产清单后，应当制订清算方案，并报股东会或者人民法院确认。

公司财产在分别支付清算费用、职工的工资、社会保险费用和法定补偿金，缴纳所欠税款，清偿公司债务后的剩余财产，有限责任公司按照股东的出资比例分配，股份有限公司按照股东持有的股份比例分配。

清算期间，公司存续，但不得开展与清算无关的经营活动。公司财产在未依照前款规定清偿前，不得分配给股东。

第二百三十七条 【解散清算转化为破产清算的情形】清算组在清理公司财产、编制资产负债表和财产清单后，发现公司财产不足清偿债务的，应当依法向人民法院申请破产清算。

人民法院受理破产申请后，清算组应当将清算事务移交给人民法院指定的破产管理人。

第二百三十八条 【清算组成员的义务和责任】清算组成员履行清算职

责,负有忠实义务和勤勉义务。

清算组成员怠于履行清算职责,给公司造成损失的,应当承担赔偿责任;因故意或者重大过失给债权人造成损失的,应当承担赔偿责任。

第二百三十九条　【清算报告和注销公司登记】公司清算结束后,清算组应当制作清算报告,报股东会或者人民法院确认,并报送公司登记机关,申请注销公司登记。

第二百四十条　【公司简易注销】公司在存续期间未产生债务,或者已清偿全部债务的,经全体股东承诺,可以按照规定通过简易程序注销公司登记。

通过简易程序注销公司登记,应当通过国家企业信用信息公示系统予以公告,公告期限不少于二十日。公告期限届满后,未有异议的,公司可以在二十日内向公司登记机关申请注销公司登记。

公司通过简易程序注销公司登记,股东对本条第一款规定的内容承诺不实,应当对注销登记前的债务承担连带责任。

第二百四十一条　【因被吊销营业执照、责令关闭或者被撤销、注销登记】公司被吊销营业执照、责令关闭或者被撤销,满三年未向公司登记机关申请注销公司登记的,公司登记机关可以通过国家企业信用信息公示系统予以公告,公告期限不少于六十日。公告期限届满后,未有异议的,公司登记机关可以注销公司登记。

依照前款规定注销公司登记的,原公司股东、清算义务人的责任不受影响。

第二百四十二条　【破产清算的法律依据】公司被依法宣告破产的,依照有关企业破产的法律实施破产清算。

第十三章　外国公司的分支机构

第二百四十三条　【外国公司】本法所称外国公司,是指依照外国法律在中华人民共和国境外设立的公司。

第二百四十四条　【外国公司在中国境内设立分支机构的程序】外国公司在中华人民共和国境内设立分支机构,应当向中国主管机关提出申请，并提交其公司章程、所属国的公司登记证书等有关文件，经批准后，向公司登记机关依法办理登记，领取营业执照。

外国公司分支机构的审批办法由国务院另行规定。

第二百四十五条 【外国公司在中国境内设立分支机构的条件】外国公司在中华人民共和国境内设立分支机构，应当在中华人民共和国境内指定负责该分支机构的代表人或者代理人，并向该分支机构拨付与其所从事的经营活动相适应的资金。

对外国公司分支机构的经营资金需要规定最低限额的，由国务院另行规定。

第二百四十六条 【外国公司分支机构的名称和章程置备】外国公司的分支机构应当在其名称中标明该外国公司的国籍及责任形式。

外国公司的分支机构应当在本机构中置备该外国公司章程。

第二百四十七条 【外国公司分支机构的法律地位】外国公司在中华人民共和国境内设立的分支机构不具有中国法人资格。

外国公司对其分支机构在中华人民共和国境内进行经营活动承担民事责任。

第二百四十八条 【外国公司分支机构在中国境内的活动原则】经批准设立的外国公司分支机构，在中华人民共和国境内从事业务活动，应当遵守中国的法律，不得损害中国的社会公共利益，其合法权益受中国法律保护。

第二百四十九条 【在中国境内的外国公司分支机构撤销清算】外国公司撤销其在中华人民共和国境内的分支机构时，应当依法清偿债务，依照本法有关公司清算程序的规定进行清算。未清偿债务之前，不得将其分支机构的财产转移至中华人民共和国境外。

第十四章 法 律 责 任

第二百五十条 【欺诈取得公司登记违法行为的法律责任】违反本法规定，虚报注册资本、提交虚假材料或者采取其他欺诈手段隐瞒重要事实取得公司登记的，由公司登记机关责令改正，对虚报注册资本的公司，处以虚报注册资本金额百分之五以上百分之十五以下的罚款；对提交虚假材料或者采取其他欺诈手段隐瞒重要事实的公司，处以五万元以上二百万元以下的罚款；情节严重的，吊销营业执照；对直接负责的主管人员和其他直接责任人员处以三万元以上三十万元以下的罚款。

第二百五十一条　【未按规定公示信息或不如实公示信息的法律责任】公司未依照本法第四十条规定公示有关信息或者不如实公示有关信息的，由公司登记机关责令改正，可以处以一万元以上五万元以下的罚款。情节严重的，处以五万元以上二十万元以下的罚款；对直接负责的主管人员和其他直接责任人员处以一万元以上十万元以下的罚款。

第二百五十二条　【虚假出资的行政处罚】公司的发起人、股东虚假出资，未交付或者未按期交付作为出资的货币或者非货币财产的，由公司登记机关责令改正，可以处以五万元以上二十万元以下的罚款；情节严重的，处以虚假出资或者未出资金额百分之五以上百分之十五以下的罚款；对直接负责的主管人员和其他直接责任人员处以一万元以上十万元以下的罚款。

第二百五十三条　【公司发起人、股东抽逃出资的行政处罚】公司的发起人、股东在公司成立后，抽逃其出资的，由公司登记机关责令改正，处以所抽逃出资金额百分之五以上百分之十五以下的罚款；对直接负责的主管人员和其他直接责任人员处以三万元以上三十万元以下的罚款。

第二百五十四条　【公司财务违法行为的法律责任】有下列行为之一的，由县级以上人民政府财政部门依照《中华人民共和国会计法》等法律、行政法规的规定处罚：

（一）在法定的会计账簿以外另立会计账簿；

（二）提供存在虚假记载或者隐瞒重要事实的财务会计报告。

第二百五十五条　【公司合并、分立、减少注册资本或清算时违反通知、公告义务的法律责任】公司在合并、分立、减少注册资本或者进行清算时，不依照本法规定通知或者公告债权人的，由公司登记机关责令改正，对公司处以一万元以上十万元以下的罚款。

第二百五十六条 【公司进行清算时的违法行为及法律责任】公司在进行清算时，隐匿财产，对资产负债表或者财产清单作虚假记载，或者在未清偿债务前分配公司财产的，由公司登记机关责令改正，对公司处以隐匿财产或者未清偿债务前分配公司财产金额百分之五以上百分之十以下的罚款；对直接负责的主管人员和其他直接责任人员处以一万元以上十万元以下的罚款。

第二百五十七条 【承担资产评估、验资或者验证的机构违法行为的法律责任】承担资产评估、验资或者验证的机构提供虚假材料或者提供有重大遗漏的报告的，由有关部门依照《中华人民共和国资产评估法》、《中华人民共和国注册会计师法》等法律、行政法规的规定处罚。

　　承担资产评估、验资或者验证的机构因其出具的评估结果、验资或者验证证明不实，给公司债权人造成损失的，除能够证明自己没有过错的外，在其评估或者证明不实的金额范围内承担赔偿责任。

第二百五十八条 【公司登记机关未履职或履职不当的法律责任】公司登记机关违反法律、行政法规规定未履行职责或者履行职责不当的，对负有责任的领导人员和直接责任人员依法给予政务处分。

第二百五十九条 【假冒公司的违法行为及其法律责任】未依法登记为有限责任公司或者股份有限公司，而冒用有限责任公司或者股份有限公司名义的，或者未依法登记为有限责任公司或者股份有限公司的分公司，而冒用有限责任公司或者股份有限公司的分公司名义的，由公司登记机关责令改正或者予以取缔，可以并处十万元以下的罚款。

第二百六十条 【公司长期不开业、停业及不依法办理变更登记的法律责任】公司成立后无正当理由超过六个月未开业的，或者开业后自行停业连续六个月以上的，公司登记机关可以吊销营业执照，但公司依法办理歇业的除外。

　　公司登记事项发生变更时，未依照本法规定办理有关变更登记的，由公司登记机关责令限期登记；逾期不登记的，处以一万元以上十万元以下的罚款。

第二百六十一条 【外国公司擅自在中国境内设立分支机构的法律责任】外国公司违反本法规定,擅自在中华人民共和国境内设立分支机构的,由公司登记机关责令改正或者关闭,可以并处五万元以上二十万元以下的罚款。

第二百六十二条 【危害国家安全、社会公共利益的法律责任】利用公司名义从事危害国家安全、社会公共利益的严重违法行为的,吊销营业执照。

第二百六十三条 【民事赔偿优先原则】公司违反本法规定,应当承担民事赔偿责任和缴纳罚款、罚金的,其财产不足以支付时,先承担民事赔偿责任。

第二百六十四条 【刑事责任】违反本法规定,构成犯罪的,依法追究刑事责任。

第十五章 附 则

第二百六十五条 【用语含义】本法下列用语的含义:

(一)高级管理人员,是指公司的经理、副经理、财务负责人,上市公司董事会秘书和公司章程规定的其他人员。

(二)控股股东,是指其出资额占有限责任公司资本总额超过百分之五十或者其持有的股份占股份有限公司股本总额超过百分之五十的股东;出资额或者持有股份的比例虽然低于百分之五十,但依其出资额或者持有的股份所享有的表决权已足以对股东会的决议产生重大影响的股东。

(三)实际控制人,是指通过投资关系、协议或者其他安排,能够实际支配公司行为的人。

(四)关联关系,是指公司控股股东、实际控制人、董事、监事、高级管理人员与其直接或者间接控制的企业之间的关系,以及可能导致公司利益转移的其他关系。但是,国家控股的企业之间不仅因为同受国家控股而具有关联关系。

第二百六十六条 【施行日期、出资期限及出资额的调整】本法自2024年7月1日起施行。

本法施行前已登记设立的公司，出资期限超过本法规定的期限的，除法律、行政法规或者国务院另有规定外，应当逐步调整至本法规定的期限以内；对于出资期限、出资额明显异常的，公司登记机关可以依法要求其及时调整。具体实施办法由国务院规定。

中华人民共和国合伙企业法

1. 1997年2月23日第八届全国人民代表大会常务委员会第二十四次会议通过
2. 2006年8月27日第十届全国人民代表大会常务委员会第二十三次会议修订
3. 自2007年6月1日起施行

目　录

第一章　总　　则

第二章　普通合伙企业

　第一节　合伙企业设立

　第二节　合伙企业财产

　第三节　合伙事务执行

　第四节　合伙企业与第三人关系

　第五节　入伙、退伙

　第六节　特殊的普通合伙企业

第三章　有限合伙企业

第四章　合伙企业解散、清算

第五章　法律责任

第六章　附　　则

第一章　总　　则

第一条　【立法目的】为了规范合伙企业的行为，保护合伙企业及其合伙人、债权人的合法权益，维护社会经济秩序，促进社会主义市场经济的发展,制定本法。

第二条 【定义和分类】本法所称合伙企业,是指自然人、法人和其他组织依照本法在中国境内设立的普通合伙企业和有限合伙企业。

普通合伙企业由普通合伙人组成,合伙人对合伙企业债务承担无限连带责任。本法对普通合伙人承担责任的形式有特别规定的,从其规定。

有限合伙企业由普通合伙人和有限合伙人组成,普通合伙人对合伙企业债务承担无限连带责任,有限合伙人以其认缴的出资额为限对合伙企业债务承担责任。

第三条 【普通合伙人的限制】国有独资公司、国有企业、上市公司以及公益性的事业单位、社会团体不得成为普通合伙人。

第四条 【合伙协议的订立】合伙协议依法由全体合伙人协商一致、以书面形式订立。

第五条 【合伙原则】订立合伙协议、设立合伙企业,应当遵循自愿、平等、公平、诚实信用原则。

第六条 【所得税缴纳】合伙企业的生产经营所得和其他所得,按照国家有关税收规定,由合伙人分别缴纳所得税。

第七条 【合伙企业及其合伙人的社会责任】合伙企业及其合伙人必须遵守法律、行政法规,遵守社会公德、商业道德,承担社会责任。

第八条 【法律保护】合伙企业及其合伙人的合法财产及其权益受法律保护。

第九条 【申请设立合伙企业所需文件】申请设立合伙企业,应当向企业登记机关提交登记申请书、合伙协议书、合伙人身份证明等文件。

合伙企业的经营范围中有属于法律、行政法规规定在登记前须经批准的项目的,该项经营业务应当依法经过批准,并在登记时提交批准文件。

第十条 【申请材料提交后的处理】申请人提交的登记申请材料齐全、符合法定形式,企业登记机关能够当场登记的,应予当场登记,发给营业执照。

除前款规定情形外,企业登记机关应当自受理申请之日起二十日内,作出是否登记的决定。予以登记的,发给营业执照;不予登记的,应当给予书面答复,并说明理由。

第十一条 【营业执照】合伙企业的营业执照签发日期,为合伙企业成立日期。

合伙企业领取营业执照前,合伙人不得以合伙企业名义从事合伙业务。

第十二条 【分支机构的设立】合伙企业设立分支机构,应当向分支机构所在地的企业登记机关申请登记,领取营业执照。

第十三条 【变更登记】合伙企业登记事项发生变更的,执行合伙事务的合伙人应当自作出变更决定或者发生变更事由之日起十五日内,向企业登记机关申请办理变更登记。

第二章　普通合伙企业

第一节　合伙企业设立

第十四条 【设立条件】设立合伙企业,应当具备下列条件:

(一)有二个以上合伙人。合伙人为自然人的,应当具有完全民事行为能力;

(二)有书面合伙协议;

(三)有合伙人认缴或者实际缴付的出资;

(四)有合伙企业的名称和生产经营场所;

(五)法律、行政法规规定的其他条件。

第十五条 【企业名称】合伙企业名称中应当标明"普通合伙"字样。

第十六条 【出资方式】合伙人可以用货币、实物、知识产权、土地使用权或者其他财产权利出资,也可以用劳务出资。

合伙人以实物、知识产权、土地使用权或者其他财产权利出资,需要评估作价的,可以由全体合伙人协商确定,也可以由全体合伙人委托法定评估机构评估。

合伙人以劳务出资的,其评估办法由全体合伙人协商确定,并在合伙协议中载明。

第十七条 【出资义务的履行】合伙人应当按照合伙协议约定的出资方式、数额和缴付期限,履行出资义务。

以非货币财产出资的,依照法律、行政法规的规定,需要办理财产权转移手续的,应当依法办理。

第十八条 【合伙协议内容】合伙协议应当载明下列事项:

(一)合伙企业的名称和主要经营场所的地点;

(二)合伙目的和合伙经营范围;

(三)合伙人的姓名或者名称、住所;

(四)合伙人的出资方式、数额和缴付期限;

(五)利润分配、亏损分担方式;

(六)合伙事务的执行;

(七)入伙与退伙;

(八)争议解决办法;

(九)合伙企业的解散与清算;

(十)违约责任。

第十九条 【合伙协议的生效、修改或补充】合伙协议经全体合伙人签名、盖章后生效。合伙人按照合伙协议享有权利,履行义务。

修改或者补充合伙协议,应当经全体合伙人一致同意;但是,合伙协议另有约定的除外。

合伙协议未约定或者约定不明确的事项,由合伙人协商决定;协商不成的,依照本法和其他有关法律、行政法规的规定处理。

第二节 合伙企业财产

第二十条 【财产范围】合伙人的出资、以合伙企业名义取得的收益和依法取得的其他财产,均为合伙企业的财产。

第二十一条 【禁止清算前分割合伙财产】合伙人在合伙企业清算前,不得请求分割合伙企业的财产;但是,本法另有规定的除外。

合伙人在合伙企业清算前私自转移或者处分合伙企业财产的,合伙企业不得以此对抗善意第三人。

第二十二条 【合伙财产份额的转让】除合伙协议另有约定外,合伙人向合伙人以外的人转让其在合伙企业中的全部或者部分财产份额时，须经其他合伙人一致同意。

合伙人之间转让在合伙企业中的全部或者部分财产份额时，应当通知其他合伙人。

第二十三条　【合伙人的优先购买权】合伙人向合伙人以外的人转让其在合伙企业中的财产份额的，在同等条件下，其他合伙人有优先购买权；但是，合伙协议另有约定的除外。

第二十四条　【合伙财产份额受让人的权利】合伙人以外的人依法受让合伙人在合伙企业中的财产份额的，经修改合伙协议即成为合伙企业的合伙人，依照本法和修改后的合伙协议享有权利，履行义务。

第二十五条　【合伙财产份额的出质】合伙人以其在合伙企业中的财产份额出质的，须经其他合伙人一致同意；未经其他合伙人一致同意，其行为无效，由此给善意第三人造成损失的，由行为人依法承担赔偿责任。

第三节　合伙事务执行

第二十六条　【同等执行权利及委托执行】合伙人对执行合伙事务享有同等的权利。

按照合伙协议的约定或者经全体合伙人决定，可以委托一个或者数个合伙人对外代表合伙企业，执行合伙事务。

作为合伙人的法人、其他组织执行合伙事务的，由其委派的代表执行。

第二十七条　【监督执行的权利】依照本法第二十六条第二款规定委托一个或者数个合伙人执行合伙事务的，其他合伙人不再执行合伙事务。

不执行合伙事务的合伙人有权监督执行事务合伙人执行合伙事务的情况。

第二十八条　【执行人的权利义务】由一个或者数个合伙人执行合伙事务的，执行事务合伙人应当定期向其他合伙人报告事务执行情况以及合伙企业的经营和财务状况，其执行合伙事务所产生的收益归合伙企业,所产生的费用和亏损由合伙企业承担。

合伙人为了解合伙企业的经营状况和财务状况,有权查阅合伙企业会计账簿等财务资料。

第二十九条 【执行异议;委托执行的撤销】合伙人分别执行合伙事务的,执行事务合伙人可以对其他合伙人执行的事务提出异议。提出异议时,应当暂停该项事务的执行。如果发生争议,依照本法第三十条规定作出决定。

受委托执行合伙事务的合伙人不按照合伙协议或者全体合伙人的决定执行事务的,其他合伙人可以决定撤销该委托。

第三十条 【合伙企业的表决方法】合伙人对合伙企业有关事项作出决议,按照合伙协议约定的表决办法办理。合伙协议未约定或者约定不明确的,实行合伙人一人一票并经全体合伙人过半数通过的表决办法。

本法对合伙企业的表决办法另有规定的,从其规定。

第三十一条 【应经全体合伙人同意的事项】除合伙协议另有约定外,合伙企业的下列事项应当经全体合伙人一致同意:

(一)改变合伙企业的名称;
(二)改变合伙企业的经营范围、主要经营场所的地点;
(三)处分合伙企业的不动产;
(四)转让或者处分合伙企业的知识产权和其他财产权利;
(五)以合伙企业名义为他人提供担保;
(六)聘任合伙人以外的人担任合伙企业的经营管理人员。

第三十二条 【合伙人的禁止经营行为】合伙人不得自营或者同他人合作经营与本合伙企业相竞争的业务。

除合伙协议另有约定或者经全体合伙人一致同意外,合伙人不得同本合伙企业进行交易。

合伙人不得从事损害本合伙企业利益的活动。

第三十三条 【利润分配与亏损分担】合伙企业的利润分配、亏损分担,按照合伙协议的约定办理;合伙协议未约定或者约定不明确的,由合伙人协商决定；协商不成的，由合伙人按照实缴出资比例分配、分担；无法确定出资比例的，由合伙人平均分配、分担。

合伙协议不得约定将全部利润分配给部分合伙人或者由部分合伙人承担全部亏损。

第三十四条　【合伙出资的增减】合伙人按照合伙协议的约定或者经全体合伙人决定，可以增加或者减少对合伙企业的出资。

第三十五条　【企业经营管理人员的职责】被聘任的合伙企业的经营管理人员应当在合伙企业授权范围内履行职务。

被聘任的合伙企业的经营管理人员，超越合伙企业授权范围履行职务，或者在履行职务过程中因故意或者重大过失给合伙企业造成损失的，依法承担赔偿责任。

第三十六条　【财务、会计制度】合伙企业应当依照法律、行政法规的规定建立企业财务、会计制度。

第四节　合伙企业与第三人关系

第三十七条　【内部限制不对抗善意第三人】合伙企业对合伙人执行合伙事务以及对外代表合伙企业权利的限制，不得对抗善意第三人。

第三十八条　【债务清偿】合伙企业对其债务，应先以其全部财产进行清偿。

第三十九条　【合伙人的无限连带责任】合伙企业不能清偿到期债务的，合伙人承担无限连带责任。

第四十条　【合伙人的追偿权】合伙人由于承担无限连带责任，清偿数额超过本法第三十三条第一款规定的其亏损分担比例的，有权向其他合伙人追偿。

第四十一条　【合伙人自身债务与合伙企业债务的关系】合伙人发生与合伙企业无关的债务，相关债权人不得以其债权抵销其对合伙企业的债务；也不得代位行使合伙人在合伙企业中的权利。

第四十二条　【合伙人自身债务的清偿；对合伙人财产份额的强制执行】合伙人的自有财产不足清偿其与合伙企业无关的债务的，该合伙人可以以其从合伙企业中分取的收益用于清偿；债权人也可以依法请求人民法院强制执行该合伙人在合伙企业中的财产份额用于清偿。

人民法院强制执行合伙人的财产份额时,应当通知全体合伙人,其他合伙人有优先购买权;其他合伙人未购买,又不同意将该财产份额转让给他人的,依照本法第五十一条的规定为该合伙人办理退伙结算,或者办理削减该合伙人相应财产份额的结算。

第五节 入伙、退伙

第四十三条 【新合伙人入伙的条件】新合伙人入伙,除合伙协议另有约定外,应当经全体合伙人一致同意,并依法订立书面入伙协议。

订立入伙协议时,原合伙人应当向新合伙人如实告知原合伙企业的经营状况和财务状况。

第四十四条 【新合伙人的权利义务】入伙的新合伙人与原合伙人享有同等权利,承担同等责任。入伙协议另有约定的,从其约定。

新合伙人对入伙前合伙企业的债务承担无限连带责任。

第四十五条 【约定合伙期限内的退伙】合伙协议约定合伙期限的,在合伙企业存续期间,有下列情形之一的,合伙人可以退伙:

(一)合伙协议约定的退伙事由出现;

(二)经全体合伙人一致同意;

(三)发生合伙人难以继续参加合伙的事由;

(四)其他合伙人严重违反合伙协议约定的义务。

第四十六条 【未约定合伙期限的退伙】合伙协议未约定合伙期限的,合伙人在不给合伙企业事务执行造成不利影响的情况下,可以退伙,但应当提前三十日通知其他合伙人。

第四十七条 【违法退伙的赔偿责任】合伙人违反本法第四十五条、第四十六条的规定退伙的,应当赔偿由此给合伙企业造成的损失。

第四十八条 【当然退伙情形】合伙人有下列情形之一的,当然退伙:

(一)作为合伙人的自然人死亡或者被依法宣告死亡;

(二)个人丧失偿债能力;

(三)作为合伙人的法人或者其他组织依法被吊销营业执照、责令关闭、撤销,或者被宣告破产;

(四)法律规定或者合伙协议约定合伙人必须具有相关资格而丧失该资格;

(五)合伙人在合伙企业中的全部财产份额被人民法院强制执行。

合伙人被依法认定为无民事行为能力人或者限制民事行为能力人的,经其他合伙人一致同意,可以依法转为有限合伙人,普通合伙企业依法转为有限合伙企业。其他合伙人未能一致同意的,该无民事行为能力或者限制民事行为能力的合伙人退伙。

退伙事由实际发生之日为退伙生效日。

第四十九条 【除名情形】合伙人有下列情形之一的,经其他合伙人一致同意,可以决议将其除名:

(一)未履行出资义务;

(二)因故意或者重大过失给合伙企业造成损失;

(三)执行合伙事务时有不正当行为;

(四)发生合伙协议约定的事由。

对合伙人的除名决议应当书面通知被除名人。被除名人接到除名通知之日,除名生效,被除名人退伙。

被除名人对除名决议有异议的,可以自接到除名通知之日起三十日内,向人民法院起诉。

第五十条 【合伙财产份额的继承】合伙人死亡或者被依法宣告死亡的,对该合伙人在合伙企业中的财产份额享有合法继承权的继承人,按照合伙协议的约定或者经全体合伙人一致同意,从继承开始之日起,取得该合伙企业的合伙人资格。

有下列情形之一的,合伙企业应当向合伙人的继承人退还被继承合伙人的财产份额:

(一)继承人不愿意成为合伙人;

(二)法律规定或者合伙协议约定合伙人必须具有相关资格,而该继承人未取得该资格;

(三)合伙协议约定不能成为合伙人的其他情形。

合伙人的继承人为无民事行为能力人或者限制民事行为能力人的,经全体合伙人一致同意,可以依法成为有限合伙人,普通合伙企业依法转为有限合伙企业。全体合伙人未能一致同意的,合伙企业应当将被继承合伙人的财产份额退还该继承人。

第五十一条　【退伙结算】合伙人退伙,其他合伙人应当与该退伙人按照退伙时的合伙企业财产状况进行结算,退还退伙人的财产份额。退伙人对给合伙企业造成的损失负有赔偿责任的,相应扣减其应当赔偿的数额。

退伙时有未了结的合伙企业事务的,待该事务了结后进行结算。

第五十二条　【合伙财产份额的退还】退伙人在合伙企业中财产份额的退还办法,由合伙协议约定或者由全体合伙人决定,可以退还货币,也可以退还实物。

第五十三条　【退伙后的责任】退伙人对基于其退伙前的原因发生的合伙企业债务,承担无限连带责任。

第五十四条　【退伙人的亏损分担】合伙人退伙时,合伙企业财产少于合伙企业债务的,退伙人应当依照本法第三十三条第一款的规定分担亏损。

第六节　特殊的普通合伙企业

第五十五条　【定义和法律适用】以专业知识和专门技能为客户提供有偿服务的专业服务机构,可以设立为特殊的普通合伙企业。

特殊的普通合伙企业是指合伙人依照本法第五十七条的规定承担责任的普通合伙企业。

特殊的普通合伙企业适用本节规定;本节未作规定的,适用本章第一节至第五节的规定。

第五十六条　【企业名称】特殊的普通合伙企业名称中应当标明"特殊普通合伙"字样。

第五十七条　【合伙人的责任承担】一个合伙人或者数个合伙人在执业活动中因故意或者重大过失造成合伙企业债务的,应当承担无限责任或者无限连带责任,其他合伙人以其在合伙企业中的财产份额为限承担责任。

合伙人在执业活动中非因故意或者重大过失造成的合伙企业债务以及合伙企业的其他债务,由全体合伙人承担无限连带责任。

第五十八条 【个别合伙人的责任追究】合伙人执业活动中因故意或者重大过失造成的合伙企业债务,以合伙企业财产对外承担责任后,该合伙人应当按照合伙协议的约定对给合伙企业造成的损失承担赔偿责任。

第五十九条 【执业风险基金】特殊的普通合伙企业应当建立执业风险基金、办理职业保险。

执业风险基金用于偿付合伙人执业活动造成的债务。执业风险基金应当单独立户管理。具体管理办法由国务院规定。

第三章 有限合伙企业

第六十条 【法律适用】有限合伙企业及其合伙人适用本章规定;本章未作规定的,适用本法第二章第一节至第五节关于普通合伙企业及其合伙人的规定。

第六十一条 【设立的人数限制】有限合伙企业由二个以上五十个以下合伙人设立;但是,法律另有规定的除外。

有限合伙企业至少应当有一个普通合伙人。

第六十二条 【企业名称】有限合伙企业名称中应当标明"有限合伙"字样。

第六十三条 【合伙协议内容】合伙协议除符合本法第十八条的规定外,还应当载明下列事项:

(一)普通合伙人和有限合伙人的姓名或者名称、住所;
(二)执行事务合伙人应具备的条件和选择程序;
(三)执行事务合伙人权限与违约处理办法;
(四)执行事务合伙人的除名条件和更换程序;
(五)有限合伙人入伙、退伙的条件、程序以及相关责任;
(六)有限合伙人和普通合伙人相互转变程序。

第六十四条 【出资方式】有限合伙人可以用货币、实物、知识产权、土地使用权或者其他财产权利作价出资。

有限合伙人不得以劳务出资。

第六十五条 【出资义务】有限合伙人应当按照合伙协议的约定按期足额缴纳出资;未按期足额缴纳的,应当承担补缴义务,并对其他合伙人承担违约责任。

第六十六条 【登记事项】有限合伙企业登记事项中应当载明有限合伙人的姓名或者名称及认缴的出资数额。

第六十七条 【合伙事务执行】有限合伙企业由普通合伙人执行合伙事务。执行事务合伙人可以要求在合伙协议中确定执行事务的报酬及报酬提取方式。

第六十八条 【不视为执行合伙事务的行为】有限合伙人不执行合伙事务,不得对外代表有限合伙企业。

有限合伙人的下列行为,不视为执行合伙事务:

(一)参与决定普通合伙人入伙、退伙;

(二)对企业的经营管理提出建议;

(三)参与选择承办有限合伙企业审计业务的会计师事务所;

(四)获取经审计的有限合伙企业财务会计报告;

(五)对涉及自身利益的情况,查阅有限合伙企业财务会计账簿等财务资料;

(六)在有限合伙企业中的利益受到侵害时,向有责任的合伙人主张权利或者提起诉讼;

(七)执行事务合伙人怠于行使权利时,督促其行使权利或者为了本企业的利益以自己的名义提起诉讼;

(八)依法为本企业提供担保。

第六十九条 【利润分配】有限合伙企业不得将全部利润分配给部分合伙人;但是,合伙协议另有约定的除外。

第七十条 【允许自我交易】有限合伙人可以同本有限合伙企业进行交易;但是,合伙协议另有约定的除外。

第七十一条 【允许同业竞争】有限合伙人可以自营或者同他人合作经

营与本有限合伙企业相竞争的业务;但是,合伙协议另有约定的除外。

第七十二条 【允许财产份额出质】有限合伙人可以将其在有限合伙企业中的财产份额出质;但是,合伙协议另有约定的除外。

第七十三条 【允许财产份额转让】有限合伙人可以按照合伙协议的约定向合伙人以外的人转让其在有限合伙企业中的财产份额,但应当提前三十日通知其他合伙人。

第七十四条 【有限合伙人自身债务的清偿及对财产份额的强制执行】有限合伙人的自有财产不足清偿其与合伙企业无关的债务的,该合伙人可以以其从有限合伙企业中分取的收益用于清偿;债权人也可以依法请求人民法院强制执行该合伙人在有限合伙企业中的财产份额用于清偿。

人民法院强制执行有限合伙人的财产份额时,应当通知全体合伙人。在同等条件下,其他合伙人有优先购买权。

第七十五条 【企业解散及类型变通】有限合伙企业仅剩有限合伙人的,应当解散;有限合伙企业仅剩普通合伙人的,转为普通合伙企业。

第七十六条 【有限合伙人的责任承担】第三人有理由相信有限合伙人为普通合伙人并与其交易的,该有限合伙人对该笔交易承担与普通合伙人同样的责任。

有限合伙人未经授权以有限合伙企业名义与他人进行交易,给有限合伙企业或者其他合伙人造成损失的,该有限合伙人应当承担赔偿责任。

第七十七条 【新入伙的有限合伙人对入伙前企业债务的承担】新入伙的有限合伙人对入伙前有限合伙企业的债务,以其认缴的出资额为限承担责任。

第七十八条 【当然退伙】有限合伙人有本法第四十八条第一款第一项、第三项至第五项所列情形之一的,当然退伙。

第七十九条 【不得要求退伙的情形】作为有限合伙人的自然人在有限合伙企业存续期间丧失民事行为能力的,其他合伙人不得因此要求其退伙。

第八十条　【有限合伙人资格的继承】作为有限合伙人的自然人死亡、被依法宣告死亡或者作为有限合伙人的法人及其他组织终止时,其继承人或者权利承受人可以依法取得该有限合伙人在有限合伙企业中的资格。

第八十一条　【退伙后的责任承担】有限合伙人退伙后,对基于其退伙前的原因发生的有限合伙企业债务,以其退伙时从有限合伙企业中取回的财产承担责任。

第八十二条　【普通合伙人与有限合伙人互相转变的条件】除合伙协议另有约定外,普通合伙人转变为有限合伙人,或者有限合伙人转变为普通合伙人,应当经全体合伙人一致同意。

第八十三条　【有限合伙人转变为普通合伙人的责任承担】有限合伙人转变为普通合伙人的,对其作为有限合伙人期间有限合伙企业发生的债务承担无限连带责任。

第八十四条　【普通合伙人转变为有限合伙人的责任承担】普通合伙人转变为有限合伙人的,对其作为普通合伙人期间合伙企业发生的债务承担无限连带责任。

第四章　合伙企业解散、清算

第八十五条　【解散情形】合伙企业有下列情形之一的,应当解散:

(一)合伙期限届满,合伙人决定不再经营;

(二)合伙协议约定的解散事由出现;

(三)全体合伙人决定解散;

(四)合伙人已不具备法定人数满三十天;

(五)合伙协议约定的合伙目的已经实现或者无法实现;

(六)依法被吊销营业执照、责令关闭或者被撤销;

(七)法律、行政法规规定的其他原因。

第八十六条　【清算人的确定】合伙企业解散,应当由清算人进行清算。

清算人由全体合伙人担任;经全体合伙人过半数同意,可以自合伙企业解散事由出现后十五日内指定一个或者数个合伙人,或者委托第三人,担任清算人。

自合伙企业解散事由出现之日起十五日内未确定清算人的,合伙人或者其他利害关系人可以申请人民法院指定清算人。

第八十七条 【清算人职权】清算人在清算期间执行下列事务:

(一)清理合伙企业财产,分别编制资产负债表和财产清单;

(二)处理与清算有关的合伙企业未了结事务;

(三)清缴所欠税款;

(四)清理债权、债务;

(五)处理合伙企业清偿债务后的剩余财产;

(六)代表合伙企业参加诉讼或者仲裁活动。

第八十八条 【债权申报】清算人自被确定之日起十日内将合伙企业解散事项通知债权人,并于六十日内在报纸上公告。债权人应当自接到通知书之日起三十日内,未接到通知书的自公告之日起四十五日内,向清算人申报债权。

债权人申报债权,应当说明债权的有关事项,并提供证明材料。清算人应当对债权进行登记。

清算期间,合伙企业存续,但不得开展与清算无关的经营活动。

第八十九条 【财产分配】合伙企业财产在支付清算费用和职工工资、社会保险费用、法定补偿金以及缴纳所欠税款、清偿债务后的剩余财产,依照本法第三十三条第一款的规定进行分配。

第九十条 【清算报告】清算结束,清算人应当编制清算报告,经全体合伙人签名、盖章后,在十五日内向企业登记机关报送清算报告,申请办理合伙企业注销登记。

第九十一条 【企业注销后原普通合伙人的责任】合伙企业注销后,原普通合伙人对合伙企业存续期间的债务仍应承担无限连带责任。

第九十二条 【企业破产】合伙企业不能清偿到期债务的,债权人可以依法向人民法院提出破产清算申请,也可以要求普通合伙人清偿。

合伙企业依法被宣告破产的,普通合伙人对合伙企业债务仍应承担无限连带责任。

第五章　法律责任

第九十三条　【提交虚假文件或骗取登记的法律责任】违反本法规定,提交虚假文件或者采取其他欺骗手段,取得合伙企业登记的,由企业登记机关责令改正,处以五千元以上五万元以下的罚款;情节严重的,撤销企业登记,并处以五万元以上二十万元以下的罚款。

第九十四条　【未在其名称中标明合伙类别的法律责任】违反本法规定,合伙企业未在其名称中标明"普通合伙"、"特殊普通合伙"或者"有限合伙"字样的,由企业登记机关责令限期改正,处以二千元以上一万元以下的罚款。

第九十五条　【未领取营业执照或未办理变更登记的法律责任】违反本法规定,未领取营业执照,而以合伙企业或者合伙企业分支机构名义从事合伙业务的,由企业登记机关责令停止,处以五千元以上五万元以下的罚款。

合伙企业登记事项发生变更时,未依照本法规定办理变更登记的,由企业登记机关责令限期登记;逾期不登记的,处以二千元以上二万元以下的罚款。

合伙企业登记事项发生变更,执行合伙事务的合伙人未按期申请办理变更登记的,应当赔偿由此给合伙企业、其他合伙人或者善意第三人造成的损失。

第九十六条　【合伙人或从业人员滥用职权的赔偿责任】合伙人执行合伙事务,或者合伙企业从业人员利用职务上的便利,将应当归合伙企业的利益据为己有的,或者采取其他手段侵占合伙企业财产的,应当将该利益和财产退还合伙企业;给合伙企业或者其他合伙人造成损失的,依法承担赔偿责任。

第九十七条　【合伙人擅自处理须经全体合伙人一致同意始得执行的事务的赔偿责任】合伙人对本法规定或者合伙协议约定必须经全体合伙人一致同意始得执行的事务擅自处理,给合伙企业或者其他合伙人造成损失的,依法承担赔偿责任。

第九十八条　【不具有事务执行权的合伙人擅自执行合伙事务的赔偿责

任】不具有事务执行权的合伙人擅自执行合伙事务,给合伙企业或者其他合伙人造成损失的,依法承担赔偿责任。

第九十九条 【合伙人同业竞争的后果和赔偿责任】合伙人违反本法规定或者合伙协议的约定,从事与本合伙企业相竞争的业务或者与本合伙企业进行交易的,该收益归合伙企业所有;给合伙企业或者其他合伙人造成损失的,依法承担赔偿责任。

第一百条 【清算人不报送或报送虚假、有重大遗漏清算报告的法律责任】清算人未依照本法规定向企业登记机关报送清算报告,或者报送清算报告隐瞒重要事实,或者有重大遗漏的,由企业登记机关责令改正。由此产生的费用和损失,由清算人承担和赔偿。

第一百零一条 【清算人滥用职权的赔偿责任】清算人执行清算事务,牟取非法收入或者侵占合伙企业财产的,应当将该收入和侵占的财产退还合伙企业;给合伙企业或者其他合伙人造成损失的,依法承担赔偿责任。

第一百零二条 【清算人损害债权人利益的赔偿责任】清算人违反本法规定,隐匿、转移合伙企业财产,对资产负债表或者财产清单作虚假记载,或者在未清偿债务前分配财产,损害债权人利益的,依法承担赔偿责任。

第一百零三条 【合伙人违反合伙协议的违约责任;履行合伙协议发生争议的解决途径】合伙人违反合伙协议的,应当依法承担违约责任。

合伙人履行合伙协议发生争议的,合伙人可以通过协商或者调解解决。不愿通过协商、调解解决或者协商、调解不成的,可以按照合伙协议约定的仲裁条款或者事后达成的书面仲裁协议,向仲裁机构申请仲裁。合伙协议中未订立仲裁条款,事后又没有达成书面仲裁协议的,可以向人民法院起诉。

第一百零四条 【行政管理人员的行政责任】有关行政管理机关的工作人员违反本法规定,滥用职权、徇私舞弊、收受贿赂、侵害合伙企业合法权益的,依法给予行政处分。

第一百零五条 【刑事责任】违反本法规定,构成犯罪的,依法追究刑事责任。

第一百零六条 【民事赔偿优先】违反本法规定,应当承担民事赔偿责任和缴纳罚款、罚金,其财产不足以同时支付的,先承担民事赔偿责任。

第六章 附 则

第一百零七条 【合伙制非企业专业服务机构的法律适用】非企业专业服务机构依据有关法律采取合伙制的,其合伙人承担责任的形式可以适用本法关于特殊的普通合伙企业合伙人承担责任的规定。

第一百零八条 【外国企业或个人在中国设立合伙企业的管理办法】外国企业或者个人在中国境内设立合伙企业的管理办法由国务院规定。

第一百零九条 【施行日期】本法自2007年6月1日起施行。

中华人民共和国个人独资企业法

1. 1999年8月30日第九届全国人民代表大会常务委员会第十一次会议通过
2. 1999年8月30日中华人民共和国主席令第20号公布
3. 自2000年1月1日起施行

目 录

第一章 总 则
第二章 个人独资企业的设立
第三章 个人独资企业的投资人及事务管理
第四章 个人独资企业的解散和清算
第五章 法律责任
第六章 附 则

第一章 总 则

第一条 【立法目的】为了规范个人独资企业的行为,保护个人独资企业投资人和债权人的合法权益,维护社会经济秩序,促进社会主义市场经济的发展,根据宪法,制定本法。

第二条 【定义】本法所称个人独资企业,是指依照本法在中国境内设立,由一个自然人投资,财产为投资人个人所有,投资人以其个人财产对企业债务承担无限责任的经营实体。

第三条 【住所】个人独资企业以其主要办事机构所在地为住所。

第四条 【依法经营】个人独资企业从事经营活动必须遵守法律、行政法规,遵守诚实信用原则,不得损害社会公共利益。

个人独资企业应当依法履行纳税义务。

第五条 【权益保护】国家依法保护个人独资企业的财产和其他合法权益。

第六条 【依法招聘职工、建立工会】个人独资企业应当依法招用职工。职工的合法权益受法律保护。

个人独资企业职工依法建立工会,工会依法开展活动。

第七条 【党的活动】在个人独资企业中的中国共产党党员依照中国共产党章程进行活动。

第二章 个人独资企业的设立

第八条 【设立条件】设立个人独资企业应当具备下列条件:

(一)投资人为一个自然人;

(二)有合法的企业名称;

(三)有投资人申报的出资;

(四)有固定的生产经营场所和必要的生产经营条件;

(五)有必要的从业人员。

第九条 【申请程序】申请设立个人独资企业,应当由投资人或者其委托的代理人向个人独资企业所在地的登记机关提交设立申请书、投资人身份证明、生产经营场所使用证明等文件。委托代理人申请设立登记时,应当出具投资人的委托书和代理人的合法证明。

个人独资企业不得从事法律、行政法规禁止经营的业务;从事法律、行政法规规定须报经有关部门审批的业务,应当在申请设立登记时提交有关部门的批准文件。

第十条 【申请书内容】个人独资企业设立申请书应当载明下列事项：

（一）企业的名称和住所；

（二）投资人的姓名和居所；

（三）投资人的出资额和出资方式；

（四）经营范围。

第十一条 【名称】个人独资企业的名称应当与其责任形式及从事的营业相符合。

第十二条 【登记】登记机关应当在收到设立申请文件之日起十五日内，对符合本法规定条件的，予以登记，发给营业执照；对不符合本法规定条件的，不予登记，并应当给予书面答复，说明理由。

第十三条 【执照签发】个人独资企业的营业执照的签发日期，为个人独资企业成立日期。

在领取个人独资企业营业执照前，投资人不得以个人独资企业名义从事经营活动。

第十四条 【分支机构的设立】个人独资企业设立分支机构，应当由投资人或者其委托的代理人向分支机构所在地的登记机关申请登记，领取营业执照。

分支机构经核准登记后，应将登记情况报该分支机构隶属的个人独资企业的登记机关备案。

分支机构的民事责任由设立该分支机构的个人独资企业承担。

第十五条 【变更登记】个人独资企业存续期间登记事项发生变更的，应当在作出变更决定之日起的十五日内依法向登记机关申请办理变更登记。

第三章　个人独资企业的投资人及事务管理

第十六条 【禁止设立】法律、行政法规禁止从事营利性活动的人，不得作为投资人申请设立个人独资企业。

第十七条 【财产权】个人独资企业投资人对本企业的财产依法享有所有权，其有关权利可以依法进行转让或继承。

第十八条 【无限责任】个人独资企业投资人在申请企业设立登记时明确以其家庭共有财产作为个人出资的,应当依法以家庭共有财产对企业债务承担无限责任。

第十九条 【管理】个人独资企业投资人可以自行管理企业事务,也可以委托或者聘用其他具有民事行为能力的人负责企业的事务管理。

投资人委托或者聘用他人管理个人独资企业事务,应当与受托人或者被聘用的人签订书面合同,明确委托的具体内容和授予的权利范围。

受托人或者被聘用的人员应当履行诚信、勤勉义务,按照与投资人签订的合同负责个人独资企业的事务管理。

投资人对受托人或者被聘用的人员职权的限制,不得对抗善意第三人。

第二十条 【管理人员的禁止行为】投资人委托或者聘用的管理个人独资企业事务的人员不得有下列行为:

(一)利用职务上的便利,索取或者收受贿赂;

(二)利用职务或者工作上的便利侵占企业财产;

(三)挪用企业的资金归个人使用或者借贷给他人;

(四)擅自将企业资金以个人名义或者以他人名义开立帐户储存;

(五)擅自以企业财产提供担保;

(六)未经投资人同意,从事与本企业相竞争的业务;

(七)未经投资人同意,同本企业订立合同或者进行交易;

(八)未经投资人同意,擅自将企业商标或者其他知识产权转让给他人使用;

(九)泄露本企业的商业秘密;

(十)法律、行政法规禁止的其他行为。

第二十一条 【财务】个人独资企业应当依法设置会计帐簿,进行会计核算。

第二十二条 【职工权益保护】个人独资企业招用职工的,应当依法与职工签订劳动合同,保障职工的劳动安全,按时、足额发放职工工资。

第二十三条 【职工保险】个人独资企业应当按照国家规定参加社会保险,为职工缴纳社会保险费。

第二十四条 【企业权利】个人独资企业可以依法申请贷款、取得土地使用权,并享有法律、行政法规规定的其他权利。

第二十五条 【禁止摊派】任何单位和个人不得违反法律、行政法规的规定,以任何方式强制个人独资企业提供财力、物力、人力;对于违法强制提供财力、物力、人力的行为,个人独资企业有权拒绝。

第四章 个人独资企业的解散和清算

第二十六条 【解散情形】个人独资企业有下列情形之一时,应当解散:

(一)投资人决定解散;

(二)投资人死亡或者被宣告死亡,无继承人或者继承人决定放弃继承;

(三)被依法吊销营业执照;

(四)法律、行政法规规定的其他情形。

第二十七条 【解散程序】个人独资企业解散,由投资人自行清算或者由债权人申请人民法院指定清算人进行清算。

投资人自行清算的,应当在清算前十五日内书面通知债权人,无法通知的,应当予以公告。债权人应当在接到通知之日起三十日内,未接到通知的应当在公告之日起六十日内,向投资人申报其债权。

第二十八条 【解散后的责任】个人独资企业解散后,原投资人对个人独资企业存续期间的债务仍应承担偿还责任,但债权人在五年内未向债务人提出偿债请求的,该责任消灭。

第二十九条 【债务清偿】个人独资企业解散的,财产应当按照下列顺序清偿:

(一)所欠职工工资和社会保险费用;

(二)所欠税款;

(三)其他债务。

第三十条 【清算期内的禁止行为】清算期间,个人独资企业不得开展与清算目的无关的经营活动。在按前条规定清偿债务前，投资人不得转移、隐匿财产。

第三十一条 【个人其他财产清偿】个人独资企业财产不足以清偿债务的，投资人应当以其个人的其他财产予以清偿。

第三十二条 【注销登记】个人独资企业清算结束后，投资人或者人民法院指定的清算人应当编制清算报告，并于十五日内到登记机关办理注销登记。

第五章 法律责任

第三十三条 【欺骗登记】违反本法规定，提交虚假文件或采取其他欺骗手段，取得企业登记的，责令改正，处以五千元以下的罚款；情节严重的，并处吊销营业执照。

第三十四条 【擅自更名责任】违反本法规定，个人独资企业使用的名称与其在登记机关登记的名称不相符合的，责令限期改正，处以二千元以下的罚款。

第三十五条 【涂改、出租、转让执照责任】涂改、出租、转让营业执照的，责令改正，没收违法所得，处以三千元以下的罚款；情节严重的，吊销营业执照。

伪造营业执照的，责令停业，没收违法所得，处以五千元以下的罚款。构成犯罪的，依法追究刑事责任。

第三十六条 【不开业或停业责任】个人独资企业成立后无正当理由超过六个月未开业的，或者开业后自行停业连续六个月以上的，吊销营业执照。

第三十七条 【未登记或变更登记责任】违反本法规定，未领取营业执照，以个人独资企业名义从事经营活动的，责令停止经营活动，处以三千元以下的罚款。

个人独资企业登记事项发生变更时，未按本法规定办理有关变更登记的，责令限期办理变更登记；逾期不办理的，处以二千元以下的罚款。

第三十八条 【管理人责任】投资人委托或者聘用的人员管理个人独资

企业事务时违反双方订立的合同,给投资人造成损害的,承担民事赔偿责任。

第三十九条 【企业侵犯职工利益责任】个人独资企业违反本法规定,侵犯职工合法权益,未保障职工劳动安全,不缴纳社会保险费用的,按照有关法律、行政法规予以处罚,并追究有关责任人员的责任。

第四十条 【管理人侵犯财产责任】投资人委托或者聘用的人员违反本法第二十条规定,侵犯个人独资企业财产权益的,责令退还侵占的财产;给企业造成损失的,依法承担赔偿责任;有违法所得的,没收违法所得;构成犯罪的,依法追究刑事责任。

第四十一条 【摊派责任】违反法律、行政法规的规定强制个人独资企业提供财力、物力、人力的,按照有关法律、行政法规予以处罚,并追究有关责任人员的责任。

第四十二条 【企业逃避债务责任】个人独资企业及其投资人在清算前或清算期间隐匿或转移财产,逃避债务的,依法追回其财产,并按照有关规定予以处罚;构成犯罪的,依法追究刑事责任。

第四十三条 【责任顺序】投资人违反本法规定,应当承担民事赔偿责任和缴纳罚款、罚金,其财产不足以支付的,或者被判处没收财产的,应当先承担民事赔偿责任。

第四十四条 【登记机关责任】登记机关对不符合本法规定条件的个人独资企业予以登记,或者对符合本法规定条件的企业不予登记的,对直接责任人员依法给予行政处分;构成犯罪的,依法追究刑事责任。

第四十五条 【登记机关上级主管人员责任】登记机关的上级部门的有关主管人员强令登记机关对不符合本法规定条件的企业予以登记,或者对符合本法规定条件的企业不予登记的,或者对登记机关的违法登记行为进行包庇的,对直接责任人员依法给予行政处分;构成犯罪的,依法追究刑事责任。

第四十六条 【不予登记的救济】登记机关对符合法定条件的申请不予登记或者超过法定时限不予答复的,当事人可依法申请行政复议或提起行政诉讼。

第六章 附 则

第四十七条 【适用范围】外商独资企业不适用本法。

第四十八条 【施行日期】本法自2000年1月1日起施行。

中华人民共和国中小企业促进法

1. 2002年6月29日第九届全国人民代表大会常务委员会第二十八次会议通过
2. 2017年9月1日第十二届全国人民代表大会常务委员会第二十九次会议修订
3. 自2018年1月1日起施行

目 录

第一章　总　　则
第二章　财税支持
第三章　融资促进
第四章　创业扶持
第五章　创新支持
第六章　市场开拓
第七章　服务措施
第八章　权益保护
第九章　监督检查
第十章　附　则

第一章 总 则

第一条 【立法目的】为了改善中小企业经营环境,保障中小企业公平参与市场竞争,维护中小企业合法权益,支持中小企业创业创新,促进中小企业健康发展,扩大城乡就业,发挥中小企业在国民经济和社会发展中的重要作用,制定本法。

第二条 【中小企业定义及划分标准的制定】本法所称中小企业,是指在中华人民共和国境内依法设立的,人员规模、经营规模相对较小的企业,包括中型企业、小型企业和微型企业。

中型企业、小型企业和微型企业划分标准由国务院负责中小企业促进工作综合管理的部门会同国务院有关部门,根据企业从业人员、营业收入、资产总额等指标,结合行业特点制定,报国务院批准。

第三条 【促进中小企业发展的战略、原则和方针】国家将促进中小企业发展作为长期发展战略,坚持各类企业权利平等、机会平等、规则平等,对中小企业特别是其中的小型微型企业实行积极扶持、加强引导、完善服务、依法规范、保障权益的方针,为中小企业创立和发展创造有利的环境。

第四条 【中小企业的守法及相关义务】中小企业应当依法经营,遵守国家劳动用工、安全生产、职业卫生、社会保障、资源环境、质量标准、知识产权、财政税收等方面的法律、法规,遵循诚信原则,规范内部管理,提高经营管理水平;不得损害劳动者合法权益,不得损害社会公共利益。

第五条 【中小企业促进工作的管理体制】国务院制定促进中小企业发展政策,建立中小企业促进工作协调机制,统筹全国中小企业促进工作。

国务院负责中小企业促进工作综合管理的部门组织实施促进中小企业发展政策,对中小企业促进工作进行宏观指导、综合协调和监督检查。

国务院有关部门根据国家促进中小企业发展政策,在各自职责范围内负责中小企业促进工作。

县级以上地方各级人民政府根据实际情况建立中小企业促进工作协调机制,明确相应的负责中小企业促进工作综合管理的部门,负责本行政区域内的中小企业促进工作。

第六条 【中小企业统计监测】国家建立中小企业统计监测制度。统计部门应当加强对中小企业的统计调查和监测分析,定期发布有关信息。

第七条 【中小企业信用制度建设】国家推进中小企业信用制度建设,建立社会化的信用信息征集与评价体系,实现中小企业信用信息查询、交流和共享的社会化。

第二章 财税支持

第八条 【中小企业发展专项资金的设立】中央财政应当在本级预算中设立中小企业科目,安排中小企业发展专项资金。

县级以上地方各级人民政府应当根据实际情况,在本级财政预算中安排中小企业发展专项资金。

第九条 【中小企业发展专项资金的使用和管理】中小企业发展专项资金通过资助、购买服务、奖励等方式,重点用于支持中小企业公共服务体系和融资服务体系建设。

中小企业发展专项资金向小型微型企业倾斜,资金管理使用坚持公开、透明的原则,实行预算绩效管理。

第十条 【设立中小企业发展基金】国家设立中小企业发展基金。国家中小企业发展基金应当遵循政策性导向和市场化运作原则,主要用于引导和带动社会资金支持初创期中小企业,促进创业创新。

县级以上地方各级人民政府可以设立中小企业发展基金。

中小企业发展基金的设立和使用管理办法由国务院规定。

第十一条 【对小型微型企业的税收优惠】国家实行有利于小型微型企业发展的税收政策,对符合条件的小型微型企业按照规定实行缓征、减征、免征企业所得税、增值税等措施,简化税收征管程序,减轻小型微型企业税收负担。

第十二条 【对小型微型企业的行政事业性收费优惠】国家对小型微型企业行政事业性收费实行减免等优惠政策,减轻小型微型企业负担。

第三章 融资促进

第十三条 【金融机构服务中小企业实体经济】金融机构应当发挥服务实体经济的功能,高效、公平地服务中小企业。

第十四条 【中国人民银行的职责】中国人民银行应当综合运用货币政策工具,鼓励和引导金融机构加大对小型微型企业的信贷支持,改善小型微型企业融资环境。

第十五条 【国务院银行业监督管理机构的职责】国务院银行业监督管理机构对金融机构开展小型微型企业金融服务应当制定差异化监管政策,采取合理提高小型微型企业不良贷款容忍度等措施,引导金融机构增加小型微型企业融资规模和比重,提高金融服务水平。

第十六条 【各类金融机构的职责】国家鼓励各类金融机构开发和提供适合中小企业特点的金融产品和服务。

国家政策性金融机构应当在其业务经营范围内,采取多种形式,为中小企业提供金融服务。

第十七条 【普惠金融的有关要求】国家推进和支持普惠金融体系建设,推动中小银行、非存款类放贷机构和互联网金融有序健康发展,引导银行业金融机构向县域和乡镇等小型微型企业金融服务薄弱地区延伸网点和业务。

国有大型商业银行应当设立普惠金融机构,为小型微型企业提供金融服务。国家推动其他银行业金融机构设立小型微型企业金融服务专营机构。

地区性中小银行应当积极为其所在地的小型微型企业提供金融服务,促进实体经济发展。

第十八条 【中小企业直接融资】国家健全多层次资本市场体系,多渠道推动股权融资,发展并规范债券市场,促进中小企业利用多种方式直接融资。

第十九条 【担保融资】国家完善担保融资制度,支持金融机构为中小企业提供以应收账款、知识产权、存货、机器设备等为担保品的担保融资。

第二十条 【应收账款融资】中小企业以应收账款申请担保融资时,其应收账款的付款方,应当及时确认债权债务关系,支持中小企业融资。

国家鼓励中小企业及付款方通过应收账款融资服务平台确认债

权债务关系,提高融资效率,降低融资成本。

第二十一条 【信用担保融资】县级以上人民政府应当建立中小企业政策性信用担保体系,鼓励各类担保机构为中小企业融资提供信用担保。

第二十二条 【保险产品融资】国家推动保险机构开展中小企业贷款保证保险和信用保险业务,开发适应中小企业分散风险、补偿损失需求的保险产品。

第二十三条 【征信业务和第三方评级服务】国家支持征信机构发展针对中小企业融资的征信产品和服务,依法向政府有关部门、公用事业单位和商业机构采集信息。

国家鼓励第三方评级机构开展中小企业评级服务。

第四章 创业扶持

第二十四条 【法律政策咨询和公共信息服务】县级以上人民政府及其有关部门应当通过政府网站、宣传资料等形式,为创业人员免费提供工商、财税、金融、环境保护、安全生产、劳动用工、社会保障等方面的法律政策咨询和公共信息服务。

第二十五条 【特殊群体创业优惠政策】高等学校毕业生、退役军人和失业人员、残疾人员等创办小型微型企业,按照国家规定享受税收优惠和收费减免。

第二十六条 【支持社会资金投资中小企业】国家采取措施支持社会资金参与投资中小企业。创业投资企业和个人投资者投资初创期科技创新企业的,按照国家规定享受税收优惠。

第二十七条 【优化创业审批】国家改善企业创业环境,优化审批流程,实现中小企业行政许可便捷,降低中小企业设立成本。

第二十八条 【支持创业基地、孵化基地建设】国家鼓励建设和创办小型微型企业创业基地、孵化基地,为小型微型企业提供生产经营场地和服务。

第二十九条 【提供生产经营场所】地方各级人民政府应当根据中小企业发展的需要,在城乡规划中安排必要的用地和设施,为中小企业获得生产经营场所提供便利。

国家支持利用闲置的商业用房、工业厂房、企业库房和物流设施等,为创业者提供低成本生产经营场所。

第三十条 【鼓励网络平台向中小企业开放】国家鼓励互联网平台向中小企业开放技术、开发、营销、推广等资源,加强资源共享与合作,为中小企业创业提供服务。

第三十一条 【中小企业市场退出便利化】国家简化中小企业注销登记程序,实现中小企业市场退出便利化。

第五章 创 新 支 持

第三十二条 【创新鼓励和优惠政策】国家鼓励中小企业按照市场需求,推进技术、产品、管理模式、商业模式等创新。

中小企业的固定资产由于技术进步等原因,确需加速折旧的,可以依法缩短折旧年限或者采取加速折旧方法。

国家完善中小企业研究开发费用加计扣除政策,支持中小企业技术创新。

第三十三条 【鼓励应用现代技术手段】国家支持中小企业在研发设计、生产制造、运营管理等环节应用互联网、云计算、大数据、人工智能等现代技术手段,创新生产方式,提高生产经营效率。

第三十四条 【鼓励中小企业参与科研、军民融合和标准制定】国家鼓励中小企业参与产业关键共性技术研究开发和利用财政资金设立的科研项目实施。

国家推动军民融合深度发展,支持中小企业参与国防科研和生产活动。

国家支持中小企业及中小企业的有关行业组织参与标准的制定。

第三十五条 【提高中小企业知识产权创造、运用、保护和管理能力】国家鼓励中小企业研究开发拥有自主知识产权的技术和产品,规范内部知识产权管理,提升保护和运用知识产权的能力;鼓励中小企业投保知识产权保险;减轻中小企业申请和维持知识产权的费用等负担。

第三十六条 【鼓励各类创新服务机构提供服务】县级以上人民政府有

关部门应当在规划、用地、财政等方面提供支持,推动建立和发展各类创新服务机构。

国家鼓励各类创新服务机构为中小企业提供技术信息、研发设计与应用、质量标准、实验试验、检验检测、技术转让、技术培训等服务,促进科技成果转化,推动企业技术、产品升级。

第三十七条 【引进和培养创新人才】县级以上人民政府有关部门应当拓宽渠道,采取补贴、培训等措施,引导高等学校毕业生到中小企业就业,帮助中小企业引进创新人才。

国家鼓励科研机构、高等学校和大型企业等创造条件向中小企业开放试验设施,开展技术研发与合作,帮助中小企业开发新产品,培养专业人才。

国家鼓励科研机构、高等学校支持本单位的科技人员以兼职、挂职、参与项目合作等形式到中小企业从事产学研合作和科技成果转化活动,并按照国家有关规定取得相应报酬。

第六章 市 场 开 拓

第三十八条 【完善市场体系】国家完善市场体系,实行统一的市场准入和市场监管制度,反对垄断和不正当竞争,营造中小企业公平参与竞争的市场环境。

第三十九条 【大中小企业融通发展】国家支持大型企业与中小企业建立以市场配置资源为基础的、稳定的原材料供应、生产、销售、服务外包、技术开发和技术改造等方面的协作关系,带动和促进中小企业发展。

第四十条 【政府采购支持】国务院有关部门应当制定中小企业政府采购的相关优惠政策,通过制定采购需求标准、预留采购份额、价格评审优惠、优先采购等措施,提高中小企业在政府采购中的份额。

向中小企业预留的采购份额应当占本部门年度政府采购项目预算总额的百分之三十以上;其中,预留给小型微型企业的比例不低于百分之六十。中小企业无法提供的商品和服务除外。

政府采购不得在企业股权结构、经营年限、经营规模和财务指标等方面对中小企业实行差别待遇或者歧视待遇。

政府采购部门应当在政府采购监督管理部门指定的媒体上及时向社会公开发布采购信息,为中小企业获得政府采购合同提供指导和服务。

第四十一条　【推动对外经济技术合作与交流】县级以上人民政府有关部门应当在法律咨询、知识产权保护、技术性贸易措施、产品认证等方面为中小企业产品和服务出口提供指导和帮助,推动对外经济技术合作与交流。

国家有关政策性金融机构应当通过开展进出口信贷、出口信用保险等业务,支持中小企业开拓境外市场。

第四十二条　【开拓国际市场】县级以上人民政府有关部门应当为中小企业提供用汇、人员出入境等方面的便利,支持中小企业到境外投资,开拓国际市场。

第七章　服务措施

第四十三条　【中小企业公共服务体系】国家建立健全社会化的中小企业公共服务体系,为中小企业提供服务。

第四十四条　【中小企业公共服务机构】县级以上地方各级人民政府应当根据实际需要建立和完善中小企业公共服务机构,为中小企业提供公益性服务。

第四十五条　【政策信息互联网发布平台】县级以上人民政府负责中小企业促进工作综合管理的部门应当建立跨部门的政策信息互联网发布平台,及时汇集涉及中小企业的法律法规、创业、创新、金融、市场、权益保护等各类政府服务信息,为中小企业提供便捷无偿服务。

第四十六条　【鼓励各类服务机构为中小企业提供服务】国家鼓励各类服务机构为中小企业提供创业培训与辅导、知识产权保护、管理咨询、信息咨询、信用服务、市场营销、项目开发、投资融资、财会税务、产权交易、技术支持、人才引进、对外合作、展览展销、法律咨询等服务。

第四十七条　【中小企业经营管理人员培训】县级以上人民政府负责中小企业促进工作综合管理的部门应当安排资金,有计划地组织实施中小企业经营管理人员培训。

第四十八条 【中小企业人才培养】国家支持有关机构、高等学校开展针对中小企业经营管理及生产技术等方面的人员培训,提高企业营销、管理和技术水平。

国家支持高等学校、职业教育院校和各类职业技能培训机构与中小企业合作共建实习实践基地,支持职业教育院校教师和中小企业技术人才双向交流,创新中小企业人才培养模式。

第四十九条 【发挥行业组织作用】中小企业的有关行业组织应当依法维护会员的合法权益,反映会员诉求,加强自律管理,为中小企业创业创新、开拓市场等提供服务。

第八章 权 益 保 护

第五十条 【合法权益受保护】国家保护中小企业及其出资人的财产权和其他合法权益。任何单位和个人不得侵犯中小企业财产及其合法收益。

第五十一条 【听取意见、建议和受理投诉、举报】县级以上人民政府负责中小企业促进工作综合管理的部门应当建立专门渠道,听取中小企业对政府相关管理工作的意见和建议,并及时向有关部门反馈,督促改进。

县级以上地方各级人民政府有关部门和有关行业组织应当公布联系方式,受理中小企业的投诉、举报,并在规定的时间内予以调查、处理。

第五十二条 【政府依法履职】地方各级人民政府应当依法实施行政许可,依法开展管理工作,不得实施没有法律、法规依据的检查,不得强制或者变相强制中小企业参加考核、评比、表彰、培训等活动。

第五十三条 【大型企业等不得拖欠中小企业资金】国家机关、事业单位和大型企业不得违约拖欠中小企业的货物、工程、服务款项。

中小企业有权要求拖欠方支付拖欠款并要求对拖欠造成的损失进行赔偿。

第五十四条 【禁止乱收费、乱罚款、乱摊派】任何单位不得违反法律、法规向中小企业收取费用,不得实施没有法律、法规依据的罚款,不得向中小企业摊派财物。中小企业对违反上述规定的行为有权拒绝和举报、控告。

第五十五条　【涉企行政事业性收费实行目录清单制度】国家建立和实施涉企行政事业性收费目录清单制度,收费目录清单及其实施情况向社会公开,接受社会监督。

任何单位不得对中小企业执行目录清单之外的行政事业性收费,不得对中小企业擅自提高收费标准、扩大收费范围;严禁以各种方式强制中小企业赞助捐赠、订购报刊、加入社团、接受指定服务;严禁行业组织依靠代行政府职能或者利用行政资源擅自设立收费项目、提高收费标准。

第五十六条　【随机抽查和合并、联合检查】县级以上地方各级人民政府有关部门对中小企业实施监督检查应当依法进行,建立随机抽查机制。同一部门对中小企业实施的多项监督检查能够合并进行的,应当合并进行;不同部门对中小企业实施的多项监督检查能够合并完成的,由本级人民政府组织有关部门实施合并或者联合检查。

第九章　监督检查

第五十七条　【工作监督检查】县级以上人民政府定期组织对中小企业促进工作情况的监督检查;对违反本法的行为及时予以纠正,并对直接负责的主管人员和其他直接责任人员依法给予处分。

第五十八条　【中小企业发展环境评估】国务院负责中小企业促进工作综合管理的部门应当委托第三方机构定期开展中小企业发展环境评估,并向社会公布。

地方各级人民政府可以根据实际情况委托第三方机构开展中小企业发展环境评估。

第五十九条　【监督中小企业发展专项资金和基金】县级以上人民政府应当定期组织开展对中小企业发展专项资金、中小企业发展基金使用效果的企业评价、社会评价和资金使用动态评估,并将评价和评估情况及时向社会公布,接受社会监督。

县级以上人民政府有关部门在各自职责范围内,对中小企业发展专项资金、中小企业发展基金的管理和使用情况进行监督,对截留、挤占、挪用、侵占、贪污中小企业发展专项资金、中小企业发展基金等行为依法进行查处,并对直接负责的主管人员和其他直接责任人员依法给予处分;构成犯罪的,依法追究刑事责任。

第六十条 【侵权行为的监督检查】县级以上地方各级人民政府有关部门在各自职责范围内,对强制或者变相强制中小企业参加考核、评比、表彰、培训等活动的行为,违法向中小企业收费、罚款、摊派财物的行为,以及其他侵犯中小企业合法权益的行为进行查处,并对直接负责的主管人员和其他直接责任人员依法给予处分。

第十章 附 则

第六十一条 【施行日期】本法自2018年1月1日起施行。

促进个体工商户发展条例

1. 2022年10月1日国务院令第755号公布
2. 自2022年11月1日起施行

第一条 为了鼓励、支持和引导个体经济健康发展,维护个体工商户合法权益,稳定和扩大城乡就业,充分发挥个体工商户在国民经济和社会发展中的重要作用,制定本条例。

第二条 有经营能力的公民在中华人民共和国境内从事工商业经营,依法登记为个体工商户的,适用本条例。

第三条 促进个体工商户发展工作坚持中国共产党的领导,发挥党组织在个体工商户发展中的引领作用和党员先锋模范作用。

　　个体工商户中的党组织和党员按照中国共产党章程的规定开展党的活动。

第四条 个体经济是社会主义市场经济的重要组成部分,个体工商户是重要的市场主体,在繁荣经济、增加就业、推动创业创新、方便群众生活等方面发挥着重要作用。

国家持续深化简政放权、放管结合、优化服务改革,优化营商环境,积极扶持、加强引导、依法规范,为个体工商户健康发展创造有利条件。

第五条 国家对个体工商户实行市场平等准入、公平待遇的原则。

第六条 个体工商户可以个人经营,也可以家庭经营。个体工商户的财产权、经营自主权等合法权益受法律保护,任何单位和个人不得侵害或者非法干预。

第七条 国务院建立促进个体工商户发展部际联席会议制度,研究并推进实施促进个体工商户发展的重大政策措施,统筹协调促进个体工商户发展工作中的重大事项。

国务院市场监督管理部门会同有关部门加强对促进个体工商户发展工作的宏观指导、综合协调和监督检查。

第八条 国务院发展改革、财政、人力资源社会保障、住房城乡建设、商务、金融、税务、市场监督管理等有关部门在各自职责范围内研究制定税费支持、创业扶持、职业技能培训、社会保障、金融服务、登记注册、权益保护等方面的政策措施,做好促进个体工商户发展工作。

第九条 县级以上地方人民政府应当将促进个体工商户发展纳入本级国民经济和社会发展规划,结合本行政区域个体工商户发展情况制定具体措施并组织实施,为个体工商户发展提供支持。

第十条 国家加强个体工商户发展状况监测分析,定期开展抽样调查、监测统计和活跃度分析,强化个体工商户发展信息的归集、共享和运用。

第十一条 市场主体登记机关应当为个体工商户提供依法合规、规范统一、公开透明、便捷高效的登记服务。

第十二条 国务院市场监督管理部门应当根据个体工商户发展特点,改革完善个体工商户年度报告制度,简化内容、优化流程,提供简易便捷的年度报告服务。

第十三条 个体工商户可以自愿变更经营者或者转型为企业。变更经营者的,可以直接向市场主体登记机关申请办理变更登记。涉及有关行政许可的,行政许可部门应当简化手续,依法为个体工商户提供便利。

个体工商户变更经营者或者转型为企业的,应当结清依法应缴纳的税款等,对原有债权债务作出妥善处理,不得损害他人的合法权益。

第十四条 国家加强个体工商户公共服务平台体系建设,为个体工商户提供法律政策、市场供求、招聘用工、创业培训、金融支持等信息服务。

第十五条 依法成立的个体劳动者协会在市场监督管理部门指导下,充分发挥桥梁纽带作用,推动个体工商户党的建设,为个体工商户提供服务,维护个体工商户合法权益,引导个体工商户诚信自律。

个体工商户自愿加入个体劳动者协会。

第十六条 政府及其有关部门在制定相关政策措施时,应当充分听取个体工商户以及相关行业组织的意见,不得违反规定在资质许可、项目申报、政府采购、招标投标等方面对个体工商户制定或者实施歧视性政策措施。

第十七条 县级以上地方人民政府应当结合本行政区域实际情况,根据个体工商户的行业类型、经营规模、经营特点等,对个体工商户实施分型分类培育和精准帮扶。

第十八条 县级以上地方人民政府应当采取有效措施,为个体工商户增加经营场所供给,降低经营场所使用成本。

第十九条 国家鼓励和引导创业投资机构和社会资金支持个体工商户发展。

县级以上地方人民政府应当充分发挥各类资金作用,为个体工商户在创业创新、贷款融资、职业技能培训等方面提供资金支持。

第二十条 国家实行有利于个体工商户发展的财税政策。

县级以上地方人民政府及其有关部门应当严格落实相关财税支持政策,确保精准、及时惠及个体工商户。

第二十一条 国家推动建立和完善个体工商户信用评价体系,鼓励金融机构开发和提供适合个体工商户发展特点的金融产品和服务,扩大个体工商户贷款规模和覆盖面,提高贷款精准性和便利度。

第二十二条　县级以上地方人民政府应当支持个体工商户参加社会保险,对符合条件的个体工商户给予相应的支持。

第二十三条　县级以上地方人民政府应当完善创业扶持政策,支持个体工商户参加职业技能培训,鼓励各类公共就业服务机构为个体工商户提供招聘用工服务。

第二十四条　县级以上地方人民政府应当结合城乡社区服务体系建设,支持个体工商户在社区从事与居民日常生活密切相关的经营活动,满足居民日常生活消费需求。

第二十五条　国家引导和支持个体工商户加快数字化发展、实现线上线下一体化经营。

平台经营者应当在入驻条件、服务规则、收费标准等方面,为个体工商户线上经营提供支持,不得利用服务协议、平台规则、数据算法、技术等手段,对平台内个体工商户进行不合理限制、附加不合理条件或者收取不合理费用。

第二十六条　国家加大对个体工商户的字号、商标、专利、商业秘密等权利的保护力度。

国家鼓励和支持个体工商户提升知识产权的创造运用水平、增强市场竞争力。

第二十七条　县级以上地方人民政府制定实施城乡建设规划及城市和交通管理、市容环境治理、产业升级等相关政策措施,应当充分考虑个体工商户经营需要和实际困难,实施引导帮扶。

第二十八条　各级人民政府对因自然灾害、事故灾难、公共卫生事件、社会安全事件等原因造成经营困难的个体工商户,结合实际情况及时采取纾困帮扶措施。

第二十九条　政府及其有关部门按照国家有关规定,对个体工商户先进典型进行表彰奖励,不断提升个体工商户经营者的荣誉感。

第三十条　任何单位和个人不得违反法律法规和国家有关规定向个体

工商户收费或者变相收费，不得擅自扩大收费范围或者提高收费标准，不得向个体工商户集资、摊派，不得强行要求个体工商户提供赞助或者接受有偿服务。

任何单位和个人不得诱导、强迫劳动者登记注册为个体工商户。

第三十一条 机关、企业事业单位不得要求个体工商户接受不合理的付款期限、方式、条件和违约责任等交易条件，不得违约拖欠个体工商户账款，不得通过强制个体工商户接受商业汇票等非现金支付方式变相拖欠账款。

第三十二条 县级以上地方人民政府应当提升个体工商户发展质量，不得将个体工商户数量增长率、年度报告率等作为绩效考核评价指标。

第三十三条 个体工商户对违反本条例规定、侵害自身合法权益的行为，有权向有关部门投诉、举报。

县级以上地方人民政府及其有关部门应当畅通投诉、举报途径，并依法及时处理。

第三十四条 个体工商户应当依法经营、诚实守信，自觉履行劳动用工、安全生产、食品安全、职业卫生、环境保护、公平竞争等方面的法定义务。

对涉及公共安全和人民群众生命健康等重点领域，有关行政部门应当加强监督管理，维护良好市场秩序。

第三十五条 个体工商户开展经营活动违反有关法律规定的，有关行政部门应当按照教育和惩戒相结合、过罚相当的原则，依法予以处理。

第三十六条 政府及其有关部门的工作人员在促进个体工商户发展工作中不履行或者不正确履行职责，损害个体工商户合法权益，造成严重后果的，依法依规给予处分；构成犯罪的，依法追究刑事责任。

第三十七条 香港特别行政区、澳门特别行政区永久性居民中的中国公民，台湾地区居民可以按照国家有关规定，申请登记为个体工商户。

第三十八条 省、自治区、直辖市可以结合本行政区域实际情况，制定促进个体工商户发展的具体办法。

第三十九条 本条例自 2022 年 11 月 1 日起施行。《个体工商户条例》同时废止。

优化营商环境条例

1. 2019年10月22日国务院令第722号公布
2. 自2020年1月1日起施行

第一章 总 则

第一条 为了持续优化营商环境,不断解放和发展社会生产力,加快建设现代化经济体系,推动高质量发展,制定本条例。

第二条 本条例所称营商环境,是指企业等市场主体在市场经济活动中所涉及的体制机制性因素和条件。

第三条 国家持续深化简政放权、放管结合、优化服务改革,最大限度减少政府对市场资源的直接配置,最大限度减少政府对市场活动的直接干预,加强和规范事中事后监管,着力提升政务服务能力和水平,切实降低制度性交易成本,更大激发市场活力和社会创造力,增强发展动力。

各级人民政府及其部门应当坚持政务公开透明,以公开为常态、不公开为例外,全面推进决策、执行、管理、服务、结果公开。

第四条 优化营商环境应当坚持市场化、法治化、国际化原则,以市场主体需求为导向,以深刻转变政府职能为核心,创新体制机制、强化协同联动、完善法治保障,对标国际先进水平,为各类市场主体投资兴业营造稳定、公平、透明、可预期的良好环境。

第五条 国家加快建立统一开放、竞争有序的现代市场体系,依法促进各类生产要素自由流动,保障各类市场主体公平参与市场竞争。

第六条 国家鼓励、支持、引导非公有制经济发展,激发非公有制经济活力和创造力。

国家进一步扩大对外开放,积极促进外商投资,平等对待内资企业、外商投资企业等各类市场主体。

第七条　各级人民政府应当加强对优化营商环境工作的组织领导,完善优化营商环境的政策措施,建立健全统筹推进、督促落实优化营商环境工作的相关机制,及时协调、解决优化营商环境工作中的重大问题。

县级以上人民政府有关部门应当按照职责分工,做好优化营商环境的相关工作。县级以上地方人民政府根据实际情况,可以明确优化营商环境工作的主管部门。

国家鼓励和支持各地区、各部门结合实际情况,在法治框架内积极探索原创性、差异化的优化营商环境具体措施;对探索中出现失误或者偏差,符合规定条件的,可以予以免责或者减轻责任。

第八条　国家建立和完善以市场主体和社会公众满意度为导向的营商环境评价体系,发挥营商环境评价对优化营商环境的引领和督促作用。

开展营商环境评价,不得影响各地区、各部门正常工作,不得影响市场主体正常生产经营活动或者增加市场主体负担。

任何单位不得利用营商环境评价谋取利益。

第九条　市场主体应当遵守法律法规,恪守社会公德和商业道德,诚实守信、公平竞争,履行安全、质量、劳动者权益保护、消费者权益保护等方面的法定义务,在国际经贸活动中遵循国际通行规则。

第二章　市场主体保护

第十条　国家坚持权利平等、机会平等、规则平等,保障各种所有制经济平等受到法律保护。

第十一条　市场主体依法享有经营自主权。对依法应当由市场主体自主决策的各类事项,任何单位和个人不得干预。

第十二条　国家保障各类市场主体依法平等使用资金、技术、人力资源、土地使用权及其他自然资源等各类生产要素和公共服务资源。

各类市场主体依法平等适用国家支持发展的政策。政府及其有关部门在政府资金安排、土地供应、税费减免、资质许可、标准制定、项目申报、职称评定、人力资源政策等方面,应当依法平等对待各类市场主体,不得制定或者实施歧视性政策措施。

第十三条 招标投标和政府采购应当公开透明、公平公正,依法平等对待各类所有制和不同地区的市场主体,不得以不合理条件或者产品产地来源等进行限制或者排斥。

政府有关部门应当加强招标投标和政府采购监管,依法纠正和查处违法违规行为。

第十四条 国家依法保护市场主体的财产权和其他合法权益,保护企业经营者人身和财产安全。

严禁违反法定权限、条件、程序对市场主体的财产和企业经营者个人财产实施查封、冻结和扣押等行政强制措施;依法确需实施前述行政强制措施的,应当限定在所必需的范围内。

禁止在法律、法规规定之外要求市场主体提供财力、物力或者人力的摊派行为。市场主体有权拒绝任何形式的摊派。

第十五条 国家建立知识产权侵权惩罚性赔偿制度,推动建立知识产权快速协同保护机制,健全知识产权纠纷多元化解决机制和知识产权维权援助机制,加大对知识产权的保护力度。

国家持续深化商标注册、专利申请便利化改革,提高商标注册、专利申请审查效率。

第十六条 国家加大中小投资者权益保护力度,完善中小投资者权益保护机制,保障中小投资者的知情权、参与权,提升中小投资者维护合法权益的便利度。

第十七条 除法律、法规另有规定外,市场主体有权自主决定加入或者退出行业协会商会等社会组织,任何单位和个人不得干预。

除法律、法规另有规定外,任何单位和个人不得强制或者变相强制市场主体参加评比、达标、表彰、培训、考核、考试以及类似活动,不得借前述活动向市场主体收费或者变相收费。

第十八条 国家推动建立全国统一的市场主体维权服务平台,为市场主体提供高效、便捷的维权服务。

第三章　市　场　环　境

第十九条 国家持续深化商事制度改革,统一企业登记业务规范,统一数据标准和平台服务接口,采用统一社会信用代码进行登记管理。

国家推进"证照分离"改革,持续精简涉企经营许可事项,依法采取直接取消审批、审批改为备案、实行告知承诺、优化审批服务等方式,对所有涉企经营许可事项进行分类管理,为企业取得营业执照后开展相关经营活动提供便利。除法律、行政法规规定的特定领域外,涉企经营许可事项不得作为企业登记的前置条件。

政府有关部门应当按照国家有关规定,简化企业从申请设立到具备一般性经营条件所需办理的手续。在国家规定的企业开办时限内,各地区应当确定并公开具体办理时间。

企业申请办理住所等相关变更登记的,有关部门应当依法及时办理,不得限制。除法律、法规、规章另有规定外,企业迁移后其持有的有效许可证件不再重复办理。

第二十条　国家持续放宽市场准入,并实行全国统一的市场准入负面清单制度。市场准入负面清单以外的领域,各类市场主体均可以依法平等进入。

各地区、各部门不得另行制定市场准入性质的负面清单。

第二十一条　政府有关部门应当加大反垄断和反不正当竞争执法力度,有效预防和制止市场经济活动中的垄断行为、不正当竞争行为以及滥用行政权力排除、限制竞争的行为,营造公平竞争的市场环境。

第二十二条　国家建立健全统一开放、竞争有序的人力资源市场体系,打破城乡、地区、行业分割和身份、性别等歧视,促进人力资源有序社会性流动和合理配置。

第二十三条　政府及其有关部门应当完善政策措施、强化创新服务,鼓励和支持市场主体拓展创新空间,持续推进产品、技术、商业模式、管理等创新,充分发挥市场主体在推动科技成果转化中的作用。

第二十四条　政府及其有关部门应当严格落实国家各项减税降费政策,及时研究解决政策落实中的具体问题,确保减税降费政策全面、及时惠及市场主体。

第二十五条　设立政府性基金、涉企行政事业性收费、涉企保证金,应当有法律、行政法规依据或者经国务院批准。对政府性基金、涉企行政事业性收费、涉企保证金以及实行政府定价的经营服务性收费，实行目录清单管理并向社会公开，目录清单之外的前述收费和保证金一律不得执行。推广以金融机构保函替代现金缴纳涉企保证金。

第二十六条　国家鼓励和支持金融机构加大对民营企业、中小企业的支持力度，降低民营企业、中小企业综合融资成本。

金融监督管理部门应当完善对商业银行等金融机构的监管考核和激励机制，鼓励、引导其增加对民营企业、中小企业的信贷投放，并合理增加中长期贷款和信用贷款支持，提高贷款审批效率。

商业银行等金融机构在授信中不得设置不合理条件，不得对民营企业、中小企业设置歧视性要求。商业银行等金融机构应当按照国家有关规定规范收费行为，不得违规向服务对象收取不合理费用。商业银行应当向社会公开开设企业账户的服务标准、资费标准和办理时限。

第二十七条　国家促进多层次资本市场规范健康发展，拓宽市场主体融资渠道，支持符合条件的民营企业、中小企业依法发行股票、债券以及其他融资工具，扩大直接融资规模。

第二十八条　供水、供电、供气、供热等公用企事业单位应当向社会公开服务标准、资费标准等信息，为市场主体提供安全、便捷、稳定和价格合理的服务，不得强迫市场主体接受不合理的服务条件，不得以任何名义收取不合理费用。各地区应当优化报装流程，在国家规定的报装办理时限内确定并公开具体办理时间。

政府有关部门应当加强对公用企事业单位运营的监督管理。

第二十九条　行业协会商会应当依照法律、法规和章程，加强行业自律，及时反映行业诉求，为市场主体提供信息咨询、宣传培训、市场拓展、权益保护、纠纷处理等方面的服务。

国家依法严格规范行业协会商会的收费、评比、认证等行为。

第三十条　国家加强社会信用体系建设，持续推进政务诚信、商务诚信、社会诚信和司法公信建设，提高全社会诚信意识和信用水平，维护信用信息安全,严格保护商业秘密和个人隐私。

第三十一条　地方各级人民政府及其有关部门应当履行向市场主体依法作出的政策承诺以及依法订立的各类合同,不得以行政区划调整、政府换届、机构或者职能调整以及相关责任人更替等为由违约毁约。因国家利益、社会公共利益需要改变政策承诺、合同约定的,应当依照法定权限和程序进行,并依法对市场主体因此受到的损失予以补偿。

第三十二条　国家机关、事业单位不得违约拖欠市场主体的货物、工程、服务等账款,大型企业不得利用优势地位拖欠中小企业账款。

县级以上人民政府及其有关部门应当加大对国家机关、事业单位拖欠市场主体账款的清理力度,并通过加强预算管理、严格责任追究等措施,建立防范和治理国家机关、事业单位拖欠市场主体账款的长效机制。

第三十三条　政府有关部门应当优化市场主体注销办理流程,精简申请材料、压缩办理时间、降低注销成本。对设立后未开展生产经营活动或者无债权债务的市场主体,可以按照简易程序办理注销。对有债权债务的市场主体,在债权债务依法解决后及时办理注销。

县级以上地方人民政府应当根据需要建立企业破产工作协调机制,协调解决企业破产过程中涉及的有关问题。

第四章　政务服务

第三十四条　政府及其有关部门应当进一步增强服务意识,切实转变工作作风,为市场主体提供规范、便利、高效的政务服务。

第三十五条　政府及其有关部门应当推进政务服务标准化,按照减环节、减材料、减时限的要求,编制并向社会公开政务服务事项(包括行政权力事项和公共服务事项,下同)标准化工作流程和办事指南,细化量化政务服务标准,压缩自由裁量权,推进同一事项实行无差别受理、同标准办理。没有法律、法规、规章依据,不得增设政务服务事项的办理条件和环节。

第三十六条　政府及其有关部门办理政务服务事项,应当根据实际情况,推行当场办结、一次办结、限时办结等制度,实现集中办理、就近办理、网上办理、异地可办。需要市场主体补正有关材料、手续的,应当一次性告知需要补正的内容;需要进行现场踏勘、现场核查、技术审查、听证论证的,应当及时安排、限时办结。

法律、法规、规章以及国家有关规定对政务服务事项办理时限有规定的,应当在规定的时限内尽快办结;没有规定的,应当按照合理、高效的原则确定办理时限并按时办结。各地区可以在国家规定的政务服务事项办理时限内进一步压减时间,并应当向社会公开;超过办理时间的,办理单位应当公开说明理由。

地方各级人民政府已设立政务服务大厅的,本行政区域内各类政务服务事项一般应当进驻政务服务大厅统一办理。对政务服务大厅中部门分设的服务窗口,应当创造条件整合为综合窗口,提供一站式服务。

第三十七条　国家加快建设全国一体化在线政务服务平台(以下称一体化在线平台),推动政务服务事项在全国范围内实现"一网通办"。除法律、法规另有规定或者涉及国家秘密等情形外,政务服务事项应当按照国务院确定的步骤,纳入一体化在线平台办理。

国家依托一体化在线平台,推动政务信息系统整合,优化政务流程,促进政务服务跨地区、跨部门、跨层级数据共享和业务协同。政府及其有关部门应当按照国家有关规定,提供数据共享服务,及时将有关政务服务数据上传至一体化在线平台,加强共享数据使用全过程管理,确保共享数据安全。

国家建立电子证照共享服务系统,实现电子证照跨地区、跨部门共享和全国范围内互信互认。各地区、各部门应当加强电子证照的推广应用。

各地区、各部门应当推动政务服务大厅与政务服务平台全面对接融合。市场主体有权自主选择政务服务办理渠道,行政机关不得限定办理渠道。

第三十八条　政府及其有关部门应当通过政府网站、一体化在线平台,集中公布涉及市场主体的法律、法规、规章、行政规范性文件和各类政策措施,并通过多种途径和方式加强宣传解读。

第三十九条　国家严格控制新设行政许可。新设行政许可应当按照行政许可法和国务院的规定严格设定标准,并进行合法性、必要性和合理性审查论证。对通过事中事后监管或者市场机制能够解决以及行政许可法和国务院规定不得设立行政许可的事项,一律不得设立行政许可,严禁以备案、登记、注册、目录、规划、年检、年报、监制、认定、认证、审定以及其他任何形式变相设定或者实施行政许可。

法律、行政法规和国务院决定对相关管理事项已作出规定,但未采取行政许可管理方式的,地方不得就该事项设定行政许可。对相关管理事项尚未制定法律、行政法规的,地方可以依法就该事项设定行政许可。

第四十条　国家实行行政许可清单管理制度,适时调整行政许可清单并向社会公布,清单之外不得违法实施行政许可。

国家大力精简已有行政许可。对已取消的行政许可,行政机关不得继续实施或者变相实施,不得转由行业协会商会或者其他组织实施。

对实行行政许可管理的事项,行政机关应当通过整合实施、下放审批层级等多种方式,优化审批服务,提高审批效率,减轻市场主体负担。符合相关条件和要求的,可以按照有关规定采取告知承诺的方式办理。

第四十一条　县级以上地方人民政府应当深化投资审批制度改革,根据项目性质、投资规模等分类规范投资审批程序,精简审批要件,简化技术审查事项,强化项目决策与用地、规划等建设条件落实的协同,实行与相关审批在线并联办理。

第四十二条　设区的市级以上地方人民政府应当按照国家有关规定,优化工程建设项目(不包括特殊工程和交通、水利、能源等领域的重大工程)审批流程,推行并联审批、多图联审、联合竣工验收等方式,简化审批手续,提高审批效能。

在依法设立的开发区、新区和其他有条件的区域,按照国家有关规定推行区域评估,由设区的市级以上地方人民政府组织对一定区域内压覆重要矿产资源、地质灾害危险性等事项进行统一评估,不再对区域内的市场主体单独提出评估要求。区域评估的费用不得由市场主体承担。

第四十三条 作为办理行政审批条件的中介服务事项(以下称法定行政审批中介服务)应当有法律、法规或者国务院决定依据;没有依据的,不得作为办理行政审批的条件。中介服务机构应当明确办理法定行政审批中介服务的条件、流程、时限、收费标准,并向社会公开。

国家加快推进中介服务机构与行政机关脱钩。行政机关不得为市场主体指定或者变相指定中介服务机构;除法定行政审批中介服务外,不得强制或者变相强制市场主体接受中介服务。行政机关所属事业单位、主管的社会组织及其举办的企业不得开展与本机关所负责行政审批相关的中介服务,法律、行政法规另有规定的除外。

行政机关在行政审批过程中需要委托中介服务机构开展技术性服务的,应当通过竞争性方式选择中介服务机构,并自行承担服务费用,不得转嫁给市场主体承担。

第四十四条 证明事项应当有法律、法规或者国务院决定依据。

设定证明事项,应当坚持确有必要、从严控制的原则。对通过法定证照、法定文书、书面告知承诺、政府部门内部核查和部门间核查、网络核验、合同凭证等能够办理,能够被其他材料涵盖或者替代,以及开具单位无法调查核实的,不得设定证明事项。

政府有关部门应当公布证明事项清单,逐项列明设定依据、索要单位、开具单位、办理指南等。清单之外,政府部门、公用企事业单位和服务机构不得索要证明。各地区、各部门之间应当加强证明的互认共享,避免重复索要证明。

第四十五条 政府及其有关部门应当按照国家促进跨境贸易便利化的有关要求,依法削减进出口环节审批事项,取消不必要的监管要求,优化简化通关流程,提高通关效率,清理规范口岸收费,降低通关成本,推动口岸和国际贸易领域相关业务统一通过国际贸易"单一窗口"

办理。

第四十六条 税务机关应当精简办税资料和流程,简并申报缴税次数,公开涉税事项办理时限,压减办税时间,加大推广使用电子发票的力度,逐步实现全程网上办税,持续优化纳税服务。

第四十七条 不动产登记机构应当按照国家有关规定,加强部门协作,实行不动产登记、交易和缴税一窗受理、并行办理,压缩办理时间,降低办理成本。在国家规定的不动产登记时限内,各地区应当确定并公开具体办理时间。

国家推动建立统一的动产和权利担保登记公示系统,逐步实现市场主体在一个平台上办理动产和权利担保登记。纳入统一登记公示系统的动产和权利范围另行规定。

第四十八条 政府及其有关部门应当按照构建亲清新型政商关系的要求,建立畅通有效的政企沟通机制,采取多种方式及时听取市场主体的反映和诉求,了解市场主体生产经营中遇到的困难和问题,并依法帮助其解决。

建立政企沟通机制,应当充分尊重市场主体意愿,增强针对性和有效性,不得干扰市场主体正常生产经营活动,不得增加市场主体负担。

第四十九条 政府及其有关部门应当建立便利、畅通的渠道,受理有关营商环境的投诉和举报。

第五十条 新闻媒体应当及时、准确宣传优化营商环境的措施和成效,为优化营商环境创造良好舆论氛围。

国家鼓励对营商环境进行舆论监督,但禁止捏造虚假信息或者歪曲事实进行不实报道。

第五章 监管执法

第五十一条 政府有关部门应当严格按照法律法规和职责,落实监管责任,明确监管对象和范围、厘清监管事权,依法对市场主体进行监管,实现监管全覆盖。

第五十二条 国家健全公开透明的监管规则和标准体系。国务院有关部门应当分领域制定全国统一、简明易行的监管规则和标准,并向社会公开。

第五十三条　政府及其有关部门应当按照国家关于加快构建以信用为基础的新型监管机制的要求,创新和完善信用监管,强化信用监管的支撑保障,加强信用监管的组织实施,不断提升信用监管效能。

第五十四条　国家推行"双随机、一公开"监管,除直接涉及公共安全和人民群众生命健康等特殊行业、重点领域外,市场监管领域的行政检查应当通过随机抽取检查对象、随机选派执法检查人员、抽查事项及查处结果及时向社会公开的方式进行。针对同一检查对象的多个检查事项,应当尽可能合并或者纳入跨部门联合抽查范围。

对直接涉及公共安全和人民群众生命健康等特殊行业、重点领域,依法依规实行全覆盖的重点监管,并严格规范重点监管的程序;对通过投诉举报、转办交办、数据监测等发现的问题,应当有针对性地进行检查并依法依规处理。

第五十五条　政府及其有关部门应当按照鼓励创新的原则,对新技术、新产业、新业态、新模式等实行包容审慎监管,针对其性质、特点分类制定和实行相应的监管规则和标准,留足发展空间,同时确保质量和安全,不得简单化予以禁止或者不予监管。

第五十六条　政府及其有关部门应当充分运用互联网、大数据等技术手段,依托国家统一建立的在线监管系统,加强监管信息归集共享和关联整合,推行以远程监管、移动监管、预警防控为特征的非现场监管,提升监管的精准化、智能化水平。

第五十七条　国家建立健全跨部门、跨区域行政执法联动响应和协作机制,实现违法线索互联、监管标准互通、处理结果互认。

国家统筹配置行政执法职能和执法资源,在相关领域推行综合行政执法,整合精简执法队伍,减少执法主体和执法层级,提高基层执法能力。

第五十八条　行政执法机关应当按照国家有关规定,全面落实行政执法公示、行政执法全过程记录和重大行政执法决定法制审核制度,实现行政执法信息及时准确公示、行政执法全过程留痕和可回溯管理、重大行政执法决定法制审核全覆盖。

第五十九条　行政执法中应当推广运用说服教育、劝导示范、行政指导等非强制性手段,依法慎重实施行政强制。采用非强制性手段能够达到行政管理目的的,不得实施行政强制;违法行为情节轻微或者社会危害较小的,可以不实施行政强制;确需实施行政强制的,应当尽可能减少对市场主体正常生产经营活动的影响。

开展清理整顿、专项整治等活动,应当严格依法进行,除涉及人民群众生命安全、发生重特大事故或者举办国家重大活动,并报经有权机关批准外,不得在相关区域采取要求相关行业、领域的市场主体普遍停产、停业的措施。

禁止将罚没收入与行政执法机关利益挂钩。

第六十条　国家健全行政执法自由裁量基准制度,合理确定裁量范围、种类和幅度,规范行政执法自由裁量权的行使。

第六章　法治保障

第六十一条　国家根据优化营商环境需要,依照法定权限和程序及时制定或者修改、废止有关法律、法规、规章、行政规范性文件。

优化营商环境的改革措施涉及调整实施现行法律、行政法规等有关规定的,依照法定程序经有权机关授权后,可以先行先试。

第六十二条　制定与市场主体生产经营活动密切相关的行政法规、规章、行政规范性文件,应当按照国务院的规定,充分听取市场主体、行业协会商会的意见。

除依法需要保密外,制定与市场主体生产经营活动密切相关的行政法规、规章、行政规范性文件,应当通过报纸、网络等向社会公开征求意见,并建立健全意见采纳情况反馈机制。向社会公开征求意见的期限一般不少于30日。

第六十三条　制定与市场主体生产经营活动密切相关的行政法规、规章、行政规范性文件,应当按照国务院的规定进行公平竞争审查。

制定涉及市场主体权利义务的行政规范性文件,应当按照国务院的规定进行合法性审核。

市场主体认为地方性法规同行政法规相抵触,或者认为规章同法律、行政法规相抵触的,可以向国务院书面提出审查建议,由有关机关按照规定程序处理。

第六十四条　没有法律、法规或者国务院决定和命令依据的,行政规范性文件不得减损市场主体合法权益或者增加其义务,不得设置市场准入和退出条件,不得干预市场主体正常生产经营活动。

涉及市场主体权利义务的行政规范性文件应当按照法定要求和程序予以公布,未经公布的不得作为行政管理依据。

第六十五条　制定与市场主体生产经营活动密切相关的行政法规、规章、行政规范性文件,应当结合实际,确定是否为市场主体留出必要的适应调整期。

政府及其有关部门应当统筹协调、合理把握规章、行政规范性文件等的出台节奏,全面评估政策效果,避免因政策叠加或者相互不协调对市场主体正常生产经营活动造成不利影响。

第六十六条　国家完善调解、仲裁、行政裁决、行政复议、诉讼等有机衔接、相互协调的多元化纠纷解决机制,为市场主体提供高效、便捷的纠纷解决途径。

第六十七条　国家加强法治宣传教育,落实国家机关普法责任制,提高国家工作人员依法履职能力,引导市场主体合法经营、依法维护自身合法权益,不断增强全社会的法治意识,为营造法治化营商环境提供基础性支撑。

第六十八条　政府及其有关部门应当整合律师、公证、司法鉴定、调解、仲裁等公共法律服务资源,加快推进公共法律服务体系建设,全面提升公共法律服务能力和水平,为优化营商环境提供全方位法律服务。

第六十九条　政府和有关部门及其工作人员有下列情形之一的,依法依规追究责任:

(一)违法干预应当由市场主体自主决策的事项;

(二)制定或者实施政策措施不依法平等对待各类市场主体;

（三）违反法定权限、条件、程序对市场主体的财产和企业经营者个人财产实施查封、冻结和扣押等行政强制措施；

（四）在法律、法规规定之外要求市场主体提供财力、物力或者人力；

（五）没有法律、法规依据，强制或者变相强制市场主体参加评比、达标、表彰、培训、考核、考试以及类似活动，或者借前述活动向市场主体收费或者变相收费；

（六）违法设立或者在目录清单之外执行政府性基金、涉企行政事业性收费、涉企保证金；

（七）不履行向市场主体依法作出的政策承诺以及依法订立的各类合同，或者违约拖欠市场主体的货物、工程、服务等账款；

（八）变相设定或者实施行政许可，继续实施或者变相实施已取消的行政许可，或者转由行业协会商会或者其他组织实施已取消的行政许可；

（九）为市场主体指定或者变相指定中介服务机构，或者违法强制市场主体接受中介服务；

（十）制定与市场主体生产经营活动密切相关的行政法规、规章、行政规范性文件时，不按照规定听取市场主体、行业协会商会的意见；

（十一）其他不履行优化营商环境职责或者损害营商环境的情形。

第七十条 公用企事业单位有下列情形之一的，由有关部门责令改正，依法追究法律责任：

（一）不向社会公开服务标准、资费标准、办理时限等信息；

（二）强迫市场主体接受不合理的服务条件；

（三）向市场主体收取不合理费用。

第七十一条 行业协会商会、中介服务机构有下列情形之一的，由有关部门责令改正，依法追究法律责任：

（一）违法开展收费、评比、认证等行为；

(二)违法干预市场主体加入或者退出行业协会商会等社会组织；

(三)没有法律、法规依据,强制或者变相强制市场主体参加评比、达标、表彰、培训、考核、考试以及类似活动,或者借前述活动向市场主体收费或者变相收费；

(四)不向社会公开办理法定行政审批中介服务的条件、流程、时限、收费标准；

(五)违法强制或者变相强制市场主体接受中介服务。

第七章　附　　则

第七十二条　本条例自2020年1月1日起施行。

二、公平竞争

中华人民共和国反不正当竞争法

1. 1993年9月2日第八届全国人民代表大会常务委员会第三次会议通过
2. 2017年11月4日第十二届全国人民代表大会常务委员会第三十次会议修订
3. 根据2019年4月23日第十三届全国人民代表大会常务委员会第十次会议《关于修改〈中华人民共和国建筑法〉等八部法律的决定》修正

目 录

第一章 总 则
第二章 不正当竞争行为
第三章 对涉嫌不正当竞争行为的调查
第四章 法律责任
第五章 附 则

第一章 总 则

第一条 【立法目的】为了促进社会主义市场经济健康发展,鼓励和保护公平竞争,制止不正当竞争行为,保护经营者和消费者的合法权益,制定本法。

第二条 【原则与概念】经营者在生产经营活动中,应当遵循自愿、平等、公平、诚信的原则,遵守法律和商业道德。

本法所称的不正当竞争行为,是指经营者在生产经营活动中,违反本法规定,扰乱市场竞争秩序,损害其他经营者或者消费者的合法权益的行为。

本法所称的经营者,是指从事商品生产、经营或者提供服务(以下所称商品包括服务)的自然人、法人和非法人组织。

第三条 【各级政府职责】各级人民政府应当采取措施,制止不正当竞争行为,为公平竞争创造良好的环境和条件。

国务院建立反不正当竞争工作协调机制,研究决定反不正当竞争重大政策,协调处理维护市场竞争秩序的重大问题。

第四条 【政府部门职责】县级以上人民政府履行工商行政管理职责的部门对不正当竞争行为进行查处;法律、行政法规规定由其他部门查处的,依照其规定。

第五条 【监督、自律】国家鼓励、支持和保护一切组织和个人对不正当竞争行为进行社会监督。

国家机关及其工作人员不得支持、包庇不正当竞争行为。

行业组织应当加强行业自律,引导、规范会员依法竞争,维护市场竞争秩序。

第二章 不正当竞争行为

第六条 【禁止实施混淆行为】经营者不得实施下列混淆行为,引人误认为是他人商品或者与他人存在特定联系:

(一)擅自使用与他人有一定影响的商品名称、包装、装潢等相同或者近似的标识;

(二)擅自使用他人有一定影响的企业名称(包括简称、字号等)、社会组织名称(包括简称等)、姓名(包括笔名、艺名、译名等);

(三)擅自使用他人有一定影响的域名主体部分、网站名称、网页等;

(四)其他足以引人误认为是他人商品或者与他人存在特定联系的混淆行为。

第七条 【禁止贿赂方式经营】经营者不得采用财物或者其他手段贿赂下列单位或者个人,以谋取交易机会或者竞争优势:

(一)交易相对方的工作人员;

(二)受交易相对方委托办理相关事务的单位或者个人;

(三)利用职权或者影响力影响交易的单位或者个人。

经营者在交易活动中,可以以明示方式向交易相对方支付折扣,或者向中间人支付佣金。经营者向交易相对方支付折扣、向中间人支付佣金的,应当如实入账。接受折扣、佣金的经营者也应当如实入账。

经营者的工作人员进行贿赂的,应当认定为经营者的行为;但是,经营者有证据证明该工作人员的行为与为经营者谋取交易机会或者竞争优势无关的除外。

第八条 【禁止虚假或引人误解的商业宣传】经营者不得对其商品的性能、功能、质量、销售状况、用户评价、曾获荣誉等作虚假或者引人误解的商业宣传,欺骗、误导消费者。

经营者不得通过组织虚假交易等方式,帮助其他经营者进行虚假或者引人误解的商业宣传。

第九条 【禁止实施侵犯商业秘密的行为】经营者不得实施下列侵犯商业秘密的行为:

(一)以盗窃、贿赂、欺诈、胁迫、电子侵入或者其他不正当手段获取权利人的商业秘密;

(二)披露、使用或者允许他人使用以前项手段获取的权利人的商业秘密;

(三)违反保密义务或者违反权利人有关保守商业秘密的要求,披露、使用或者允许他人使用其所掌握的商业秘密;

(四)教唆、引诱、帮助他人违反保密义务或者违反权利人有关保守商业秘密的要求,获取、披露、使用或者允许他人使用权利人的商业秘密。

经营者以外的其他自然人、法人和非法人组织实施前款所列违法行为的,视为侵犯商业秘密。

第三人明知或者应知商业秘密权利人的员工、前员工或者其他单位、个人实施本条第一款所列违法行为,仍获取、披露、使用或者允许他人使用该商业秘密的,视为侵犯商业秘密。

本法所称的商业秘密,是指不为公众所知悉、具有商业价值并经权利人采取相应保密措施的技术信息、经营信息等商业信息。

第十条 【有奖销售的禁止情形】经营者进行有奖销售不得存在下列情形：

（一）所设奖的种类、兑奖条件、奖金金额或者奖品等有奖销售信息不明确，影响兑奖；

（二）采用谎称有奖或者故意让内定人员中奖的欺骗方式进行有奖销售；

（三）抽奖式的有奖销售，最高奖的金额超过五万元。

第十一条 【禁止损害商誉】经营者不得编造、传播虚假信息或者误导性信息，损害竞争对手的商业信誉、商品声誉。

第十二条 【网络生产经营规范】经营者利用网络从事生产经营活动，应当遵守本法的各项规定。

经营者不得利用技术手段，通过影响用户选择或者其他方式，实施下列妨碍、破坏其他经营者合法提供的网络产品或者服务正常运行的行为：

（一）未经其他经营者同意，在其合法提供的网络产品或者服务中，插入链接、强制进行目标跳转；

（二）误导、欺骗、强迫用户修改、关闭、卸载其他经营者合法提供的网络产品或者服务；

（三）恶意对其他经营者合法提供的网络产品或者服务实施不兼容；

（四）其他妨碍、破坏其他经营者合法提供的网络产品或者服务正常运行的行为。

第三章　对涉嫌不正当竞争行为的调查

第十三条 【监督机关职权】监督检查部门调查涉嫌不正当竞争行为，可以采取下列措施：

（一）进入涉嫌不正当竞争行为的经营场所进行检查；

（二）询问被调查的经营者、利害关系人及其他有关单位、个人，要求其说明有关情况或者提供与被调查行为有关的其他资料；

(三)查询、复制与涉嫌不正当竞争行为有关的协议、账簿、单据、文件、记录、业务函电和其他资料;

(四)查封、扣押与涉嫌不正当竞争行为有关的财物;

(五)查询涉嫌不正当竞争行为的经营者的银行账户。

采取前款规定的措施,应当向监督检查部门主要负责人书面报告,并经批准。采取前款第四项、第五项规定的措施,应当向设区的市级以上人民政府监督检查部门主要负责人书面报告,并经批准。

监督检查部门调查涉嫌不正当竞争行为,应当遵守《中华人民共和国行政强制法》和其他有关法律、行政法规的规定,并应当将查处结果及时向社会公开。

第十四条 【被调查者的协作义务】监督检查部门调查涉嫌不正当竞争行为,被调查的经营者、利害关系人及其他有关单位、个人应当如实提供有关资料或者情况。

第十五条 【保密义务】监督检查部门及其工作人员对调查过程中知悉的商业秘密负有保密义务。

第十六条 【举报】对涉嫌不正当竞争行为,任何单位和个人有权向监督检查部门举报,监督检查部门接到举报后应当依法及时处理。

监督检查部门应当向社会公开受理举报的电话、信箱或者电子邮件地址,并为举报人保密。对实名举报并提供相关事实和证据的,监督检查部门应当将处理结果告知举报人。

第四章 法 律 责 任

第十七条 【民事责任及赔偿范围】经营者违反本法规定,给他人造成损害的,应当依法承担民事责任。

经营者的合法权益受到不正当竞争行为损害的,可以向人民法院提起诉讼。

因不正当竞争行为受到损害的经营者的赔偿数额,按照其因被侵权所受到的实际损失确定;实际损失难以计算的,按照侵权人因侵权所获得的利益确定。经营者恶意实施侵犯商业秘密行为,情节严重的,可以在按照上述方法确定数额的一倍以上五倍以下确定赔偿数额。赔偿数额还应当包括经营者为制止侵权行为所支付的合理开支。

经营者违反本法第六条、第九条规定，权利人因被侵权所受到的实际损失、侵权人因侵权所获得的利益难以确定的，由人民法院根据侵权行为的情节判决给予权利人五百万元以下的赔偿。

第十八条　【实施混淆行为的责任】经营者违反本法第六条规定实施混淆行为的，由监督检查部门责令停止违法行为，没收违法商品。违法经营额五万元以上的，可以并处违法经营额五倍以下的罚款；没有违法经营额或者违法经营额不足五万元的，可以并处二十五万元以下的罚款。情节严重的，吊销营业执照。

经营者登记的企业名称违反本法第六条规定的，应当及时办理名称变更登记；名称变更前，由原企业登记机关以统一社会信用代码代替其名称。

第十九条　【贿赂责任】经营者违反本法第七条规定贿赂他人的，由监督检查部门没收违法所得，处十万元以上三百万元以下的罚款。情节严重的，吊销营业执照。

第二十条　【涉虚假或引人误解宣传的责任】经营者违反本法第八条规定对其商品作虚假或者引人误解的商业宣传，或者通过组织虚假交易等方式帮助其他经营者进行虚假或者引人误解的商业宣传的，由监督检查部门责令停止违法行为，处二十万元以上一百万元以下的罚款；情节严重的，处一百万元以上二百万元以下的罚款，可以吊销营业执照。

经营者违反本法第八条规定，属于发布虚假广告的，依照《中华人民共和国广告法》的规定处罚。

第二十一条　【侵犯商业秘密的责任】经营者以及其他自然人、法人和非法人组织违反本法第九条规定侵犯商业秘密的，由监督检查部门责令停止违法行为，没收违法所得，处十万元以上一百万元以下的罚款；情节严重的，处五十万元以上五百万元以下的罚款。

第二十二条　【违法有奖销售的责任】经营者违反本法第十条规定进行有奖销售的，由监督检查部门责令停止违法行为，处五万元以上五十万元以下的罚款。

第二十三条 【违法损害竞争对手商誉的责任】经营者违反本法第十一条规定损害竞争对手商业信誉、商品声誉的,由监督检查部门责令停止违法行为、消除影响,处十万元以上五十万元以下的罚款;情节严重的,处五十万元以上三百万元以下的罚款。

第二十四条 【妨碍、破坏网络产品或服务正常运行的责任】经营者违反本法第十二条规定妨碍、破坏其他经营者合法提供的网络产品或者服务正常运行的,由监督检查部门责令停止违法行为,处十万元以上五十万元以下的罚款;情节严重的,处五十万元以上三百万元以下的罚款。

第二十五条 【从轻或减轻、免予处罚】经营者违反本法规定从事不正当竞争,有主动消除或者减轻违法行为危害后果等法定情形的,依法从轻或者减轻行政处罚;违法行为轻微并及时纠正,没有造成危害后果的,不予行政处罚。

第二十六条 【信用记录公示】经营者违反本法规定从事不正当竞争,受到行政处罚的,由监督检查部门记入信用记录,并依照有关法律、行政法规的规定予以公示。

第二十七条 【民事责任优先承担】经营者违反本法规定,应当承担民事责任、行政责任和刑事责任,其财产不足以支付的,优先用于承担民事责任。

第二十八条 【拒绝、阻碍调查的责任】妨害监督检查部门依照本法履行职责,拒绝、阻碍调查的,由监督检查部门责令改正,对个人可以处五千元以下的罚款,对单位可以处五万元以下的罚款,并可以由公安机关依法给予治安管理处罚。

第二十九条 【行政复议或诉讼】当事人对监督检查部门作出的决定不服的,可以依法申请行政复议或者提起行政诉讼。

第三十条 【渎职处分】监督检查部门的工作人员滥用职权、玩忽职守、徇私舞弊或者泄露调查过程中知悉的商业秘密的,依法给予处分。

第三十一条 【刑事责任】违反本法规定,构成犯罪的,依法追究刑事责任。

第三十二条 【不存在侵犯商业秘密的证据提供】在侵犯商业秘密的民事审判程序中,商业秘密权利人提供初步证据,证明其已经对所主张的商业秘密采取保密措施,且合理表明商业秘密被侵犯,涉嫌侵权人应当证明权利人所主张的商业秘密不属于本法规定的商业秘密。

商业秘密权利人提供初步证据合理表明商业秘密被侵犯,且提供以下证据之一的,涉嫌侵权人应当证明其不存在侵犯商业秘密的行为:

(一)有证据表明涉嫌侵权人有渠道或者机会获取商业秘密,且其使用的信息与该商业秘密实质上相同;

(二)有证据表明商业秘密已经被涉嫌侵权人披露、使用或者有被披露、使用的风险;

(三)有其他证据表明商业秘密被涉嫌侵权人侵犯。

第五章 附 则

第三十三条 【施行日期】本法自 2018 年 1 月 1 日起施行。

公平竞争审查条例

1. 2024 年 6 月 6 日国务院令第 783 号公布
2. 自 2024 年 8 月 1 日起施行

第一章 总 则

第一条 为了规范公平竞争审查工作,促进市场公平竞争,优化营商环境,建设全国统一大市场,根据《中华人民共和国反垄断法》等法律,制定本条例。

第二条 起草涉及经营者经济活动的法律、行政法规、地方性法规、规章、规范性文件以及具体政策措施(以下统称政策措施),行政机关和法律、法规授权的具有管理公共事务职能的组织(以下统称起草单位)应当依照本条例规定开展公平竞争审查。

第三条　公平竞争审查工作坚持中国共产党的领导,贯彻党和国家路线方针政策和决策部署。

国家加强公平竞争审查工作,保障各类经营者依法平等使用生产要素、公平参与市场竞争。

第四条　国务院建立公平竞争审查协调机制,统筹、协调和指导全国公平竞争审查工作,研究解决公平竞争审查工作中的重大问题,评估全国公平竞争审查工作情况。

第五条　县级以上地方人民政府应当建立健全公平竞争审查工作机制,保障公平竞争审查工作力量,并将公平竞争审查工作经费纳入本级政府预算。

第六条　国务院市场监督管理部门负责指导实施公平竞争审查制度,督促有关部门和地方开展公平竞争审查工作。

县级以上地方人民政府市场监督管理部门负责在本行政区域组织实施公平竞争审查制度。

第七条　县级以上人民政府将公平竞争审查工作情况纳入法治政府建设、优化营商环境等考核评价内容。

第二章　审查标准

第八条　起草单位起草的政策措施,不得含有下列限制或者变相限制市场准入和退出的内容:

(一)对市场准入负面清单以外的行业、领域、业务等违法设置审批程序;

(二)违法设置或者授予特许经营权;

(三)限定经营、购买或者使用特定经营者提供的商品或者服务(以下统称商品);

(四)设置不合理或者歧视性的准入、退出条件;

(五)其他限制或者变相限制市场准入和退出的内容。

第九条　起草单位起草的政策措施,不得含有下列限制商品、要素自由流动的内容:

（一）限制外地或者进口商品、要素进入本地市场，或者阻碍本地经营者迁出，商品、要素输出；

（二）排斥、限制、强制或者变相强制外地经营者在本地投资经营或者设立分支机构；

（三）排斥、限制或者变相限制外地经营者参加本地政府采购、招标投标；

（四）对外地或者进口商品、要素设置歧视性收费项目、收费标准、价格或者补贴；

（五）在资质标准、监管执法等方面对外地经营者在本地投资经营设置歧视性要求；

（六）其他限制商品、要素自由流动的内容。

第十条　起草单位起草的政策措施，没有法律、行政法规依据或者未经国务院批准，不得含有下列影响生产经营成本的内容：

（一）给予特定经营者税收优惠；

（二）给予特定经营者选择性、差异化的财政奖励或者补贴；

（三）给予特定经营者要素获取、行政事业性收费、政府性基金、社会保险费等方面的优惠；

（四）其他影响生产经营成本的内容。

第十一条　起草单位起草的政策措施，不得含有下列影响生产经营行为的内容：

（一）强制或者变相强制经营者实施垄断行为，或者为经营者实施垄断行为提供便利条件；

（二）超越法定权限制定政府指导价、政府定价，为特定经营者提供优惠价格；

（三）违法干预实行市场调节价的商品、要素的价格水平；

（四）其他影响生产经营行为的内容。

第十二条　起草单位起草的政策措施，具有或者可能具有排除、限制竞争效果，但符合下列情形之一，且没有对公平竞争影响更小的替代方案，并能够确定合理的实施期限或者终止条件的，可以出台：

（一）为维护国家安全和发展利益的；

（二）为促进科学技术进步、增强国家自主创新能力的；

（三）为实现节约能源、保护环境、救灾救助等社会公共利益的；

（四）法律、行政法规规定的其他情形。

第三章 审查机制

第十三条 拟由部门出台的政策措施，由起草单位在起草阶段开展公平竞争审查。

拟由多个部门联合出台的政策措施，由牵头起草单位在起草阶段开展公平竞争审查。

第十四条 拟由县级以上人民政府出台或者提请本级人民代表大会及其常务委员会审议的政策措施，由本级人民政府市场监督管理部门会同起草单位在起草阶段开展公平竞争审查。起草单位应当开展初审，并将政策措施草案和初审意见送市场监督管理部门审查。

第十五条 国家鼓励有条件的地区探索建立跨区域、跨部门的公平竞争审查工作机制。

第十六条 开展公平竞争审查，应当听取有关经营者、行业协会商会等利害关系人关于公平竞争影响的意见。涉及社会公众利益的，应当听取社会公众意见。

第十七条 开展公平竞争审查，应当按照本条例规定的审查标准，在评估对公平竞争影响后，作出审查结论。

适用本条例第十二条规定的，应当在审查结论中详细说明。

第十八条 政策措施未经公平竞争审查，或者经公平竞争审查认为违反本条例第八条至第十一条规定且不符合第十二条规定情形的，不得出台。

第十九条 有关部门和单位、个人对在公平竞争审查过程中知悉的国家秘密、商业秘密和个人隐私，应当依法予以保密。

第四章 监督保障

第二十条 国务院市场监督管理部门强化公平竞争审查工作监督保障，

建立健全公平竞争审查抽查、举报处理、督查等机制。

第二十一条　市场监督管理部门建立健全公平竞争审查抽查机制，组织对有关政策措施开展抽查，经核查发现违反本条例规定的，应当督促起草单位进行整改。

市场监督管理部门应当向本级人民政府报告抽查情况，抽查结果可以向社会公开。

第二十二条　对违反本条例规定的政策措施，任何单位和个人可以向市场监督管理部门举报。市场监督管理部门接到举报后，应当及时处理或者转送有关部门处理。

市场监督管理部门应当向社会公开受理举报的电话、信箱或者电子邮件地址。

第二十三条　国务院定期对县级以上地方人民政府公平竞争审查工作机制建设情况、公平竞争审查工作开展情况、举报处理情况等开展督查。国务院市场监督管理部门负责具体实施。

第二十四条　起草单位未依照本条例规定开展公平竞争审查，经市场监督管理部门督促，逾期仍未整改的，上一级市场监督管理部门可以对其负责人进行约谈。

第二十五条　未依照本条例规定开展公平竞争审查，造成严重不良影响的，对起草单位直接负责的主管人员和其他直接责任人员依法给予处分。

第五章　附　则

第二十六条　国务院市场监督管理部门根据本条例制定公平竞争审查的具体实施办法。

第二十七条　本条例自 2024 年 8 月 1 日起施行。

公平竞争审查条例实施办法

1. 2025年2月24日市场监管总局第3次局务会议通过
2. 2025年2月28日市场监管总局令第99号公布
3. 自2025年4月20日起施行

第一章 总 则

第一条 为了保障公平竞争审查制度实施，根据《中华人民共和国反垄断法》、《公平竞争审查条例》（以下简称条例），制定本办法。

第二条 行政机关和法律、法规授权的具有管理公共事务职能的组织（以下统称起草单位）起草涉及经营者经济活动的政策措施，应当依法开展公平竞争审查。

前款所称涉及经营者经济活动的政策措施，包括市场准入和退出、产业发展、招商引资、政府采购、招标投标、资质标准、监管执法等方面涉及经营者依法平等使用生产要素、公平参与市场竞争的法律、行政法规、地方性法规、规章、规范性文件以及具体政策措施。

前款所称具体政策措施，是指除法律、行政法规、地方性法规、规章、规范性文件外其他涉及经营者经济活动的政策措施，包括政策性文件、标准、技术规范、与经营者签订的行政协议以及备忘录等。

第三条 国家市场监督管理总局负责指导实施公平竞争审查制度，督促有关部门和地方开展公平竞争审查工作，依法履行以下职责：

（一）指导全国公平竞争审查制度实施，推动解决制度实施中的重大问题；

（二）对拟由国务院出台或者提请全国人民代表大会及其常务委员会审议的政策措施，会同起草单位开展公平竞争审查；

（三）建立健全公平竞争审查抽查、举报处理、督查机制，在全国范围内组织开展相关工作；

（四）承担全国公平竞争审查制度实施情况评估工作；

（五）指导、督促公平竞争审查制度实施的其他事项。

第四条　县级以上地方市场监督管理部门负责在本行政区域内组织实施公平竞争审查制度，督促有关部门开展公平竞争审查工作，并接受上级市场监督管理部门的指导和监督。

第五条　起草单位应当严格落实公平竞争审查责任，建立健全公平竞争审查机制，明确承担公平竞争审查工作的机构，加强公平竞争审查能力建设，强化公平竞争审查工作保障。

第六条　市场监督管理部门应当加强公平竞争审查业务培训指导和普法宣传，推动提高公平竞争审查能力和水平。

第七条　市场监督管理部门应当做好公平竞争审查数据统计和开发利用等相关工作，加强公平竞争审查信息化建设。

第八条　在县级以上人民政府法治政府建设、优化营商环境等考核评价过程中，市场监督管理部门应当配合做好涉及公平竞争审查工作情况的考核评价，推动公平竞争审查制度全面落实。

第二章　审 查 标 准

第一节　关于限制市场准入和退出的审查标准

第九条　起草涉及经营者经济活动的政策措施，不得含有下列对市场准入负面清单以外的行业、领域、业务等违法设置市场准入审批程序的内容：

（一）在全国统一的市场准入负面清单之外违规制定市场准入性质的负面清单；

（二）在全国统一的市场准入负面清单之外违规设立准入许可，或者以备案、证明、目录、计划、规划、认证等方式，要求经营主体经申请获批后方可从事投资经营活动；

（三）违法增加市场准入审批环节和程序，或者设置具有行政审批性质的前置备案程序；

（四）违规增设市场禁入措施，或者限制经营主体资质、所有制形式、股权比例、经营范围、经营业态、商业模式等方面的市场准入许可管理措施；

（五）违规采取临时性市场准入管理措施；

（六）其他对市场准入负面清单以外的行业、领域、业务等违法设置审批程序的内容。

第十条 起草涉及经营者经济活动的政策措施，不得含有下列违法设置或者授予政府特许经营权的内容：

（一）没有法律、行政法规依据或者未经国务院批准，设置特许经营权或者以特许经营名义增设行政许可事项；

（二）未通过招标、谈判等公平竞争方式选择政府特许经营者；

（三）违法约定或者未经法定程序变更特许经营期限；

（四）其他违法设置或者授予政府特许经营权的内容。

第十一条 起草涉及经营者经济活动的政策措施，不得含有下列限定经营、购买或者使用特定经营者提供的商品或者服务（以下统称商品）的内容：

（一）以明确要求、暗示等方式，限定或者变相限定经营、购买、使用特定经营者提供的商品；

（二）通过限定经营者所有制形式、注册地、组织形式，或者设定其他不合理条件，限定或者变相限定经营、购买、使用特定经营者提供的商品；

（三）通过设置不合理的项目库、名录库、备选库、资格库等方式，限定或者变相限定经营、购买、使用特定经营者提供的商品；

（四）通过实施奖励性或者惩罚性措施，限定或者变相限定经营、购买、使用特定经营者提供的商品；

（五）其他限定经营、购买或者使用特定经营者提供的商品的内容。

第十二条 起草涉及经营者经济活动的政策措施，不得含有下列设置不合理或者歧视性的准入、退出条件的内容：

（一）设置明显不必要或者超出实际需要的准入条件；

（二）根据经营者所有制形式、注册地、组织形式、规模等设置歧视性的市场准入、退出条件；

（三）在经营者注销、破产、挂牌转让等方面违法设置市场退出障碍；

（四）其他设置不合理或者歧视性的准入、退出条件的内容。

第二节　关于限制商品、要素自由流动的审查标准

第十三条　起草涉及经营者经济活动的政策措施，不得含有下列限制外地或者进口商品、要素进入本地市场，或者阻碍本地经营者迁出，商品、要素输出的内容：

（一）对外地或者进口商品规定与本地同类商品不同的技术要求、检验标准，更多的检验频次等歧视性措施，或者要求重复检验、重复认证；

（二）通过设置关卡或者其他手段，阻碍外地和进口商品、要素进入本地市场或者本地商品、要素对外输出；

（三）违法设置审批程序或者其他不合理条件妨碍经营者变更注册地址、减少注册资本，或者对经营者在本地经营年限提出要求；

（四）其他限制外地或者进口商品、要素进入本地市场，或者阻碍本地经营者迁出，商品、要素输出的内容。

第十四条　起草涉及经营者经济活动的政策措施，不得含有下列排斥、限制、强制或者变相强制外地经营者在本地投资经营或者设立分支机构的内容：

（一）强制、拒绝或者阻碍外地经营者在本地投资经营或者设立分支机构；

（二）对外地经营者在本地投资的规模、方式、产值、税收，以及设立分支机构的商业模式、组织形式等进行不合理限制或者提出不合理要求；

（三）将在本地投资或者设立分支机构作为参与本地政府采购、招标投标、开展生产经营的必要条件；

（四）其他排斥、限制、强制或者变相强制外地经营者在本地投资经营或者设立分支机构的内容。

第十五条 起草涉及经营者经济活动的政策措施，不得含有下列排斥、限制或者变相限制外地经营者参加本地政府采购、招标投标的内容：

（一）禁止外地经营者参与本地政府采购、招标投标活动；

（二）直接或者变相要求优先采购在本地登记注册的经营者提供的商品；

（三）将经营者取得业绩和奖项荣誉的区域、缴纳税收社保的区域、投标（响应）产品的产地、注册地址、与本地经营者组成联合体等作为投标（响应）条件、加分条件、中标（成交、入围）条件或者评标条款；

（四）将经营者在本地区业绩、成立年限、所获得的奖项荣誉、在本地缴纳税收社保等用于评价企业信用等级，或者根据商品、要素产地等因素设置差异化信用得分，影响外地经营者参加本地政府采购、招标投标；

（五）根据经营者投标（响应）产品的产地设置差异性评审标准；

（六）设置不合理的公示时间、响应时间、要求现场报名或者现场购买采购文件、招标文件等，影响外地经营者参加本地政府采购、招标投标；

（七）其他排斥、限制或者变相限制外地经营者参加本地政府采购、招标投标的内容。

第十六条 起草涉及经营者经济活动的政策措施，不得含有下列对外地或者进口商品、要素设置歧视性收费项目、收费标准、价格或者补贴的内容：

（一）对外地或者进口商品、要素设置歧视性的收费项目或者收费标准；

（二）对外地或者进口商品、要素实行歧视性的价格；

（三）对外地或者进口商品、要素实行歧视性的补贴政策；

（四）其他对外地或者进口商品、要素设置歧视性收费项目、收费标准、价格或者补贴的内容。

第十七条 起草涉及经营者经济活动的政策措施，不得含有下列在资质标准、监管执法等方面对外地经营者在本地投资经营设置歧视性要求的内容：

（一）对外地经营者在本地投资经营规定歧视性的资质、标准等要求；

（二）对外地经营者实施歧视性的监管执法标准，增加执法检查项目或者提高执法检查频次等；

（三）在投资经营规模、方式和税费水平等方面对外地经营者规定歧视性要求；

（四）其他在资质标准、监管执法等方面对外地经营者在本地投资经营设置歧视性要求的内容。

第三节　关于影响生产经营成本的审查标准

第十八条　起草涉及经营者经济活动的政策措施，没有法律、行政法规依据或者未经国务院批准，不得含有下列给予特定经营者税收优惠的内容：

（一）减轻或者免除特定经营者的税收缴纳义务；

（二）通过违法转换经营者组织形式等方式，变相支持特定经营者少缴或者不缴税款；

（三）通过对特定产业园区实行核定征收等方式，变相支持特定经营者少缴或者不缴税款；

（四）其他没有法律、行政法规依据或者未经国务院批准，给予特定经营者税收优惠的内容。

第十九条　起草涉及经营者经济活动的政策措施，没有法律、行政法规依据或者未经国务院批准，不得含有下列给予特定经营者选择性、差异化的财政奖励或者补贴的内容：

（一）以直接确定受益经营者或者设置不明确、不合理入选条件的名录库、企业库等方式，实施财政奖励或者补贴；

（二）根据经营者的所有制形式、组织形式等实施财政奖励或者补贴；

（三）以外地经营者将注册地迁移至本地、在本地纳税、纳入本地

统计等为条件,实施财政奖励或者补贴;

(四)采取列收列支或者违法违规采取先征后返、即征即退等形式,对特定经营者进行返还,或者给予特定经营者财政奖励或者补贴、减免自然资源有偿使用收入等优惠政策;

(五)其他没有法律、行政法规依据或者未经国务院批准,给予特定经营者选择性、差异化的财政奖励或者补贴的内容。

第二十条 起草涉及经营者经济活动的政策措施,没有法律、行政法规依据或者未经国务院批准,不得含有下列给予特定经营者要素获取、行政事业性收费、政府性基金、社会保险费等方面优惠的内容:

(一)以直接确定受益经营者,或者设置无客观明确条件的方式在要素获取方面给予优惠政策;

(二)减免、缓征或者停征行政事业性收费、政府性基金;

(三)减免或者缓征社会保险费用;

(四)其他没有法律、行政法规依据或者未经国务院批准给予特定经营者要素获取、行政事业性收费、政府性基金、社会保险费等方面优惠的内容。

第四节 关于影响生产经营行为的审查标准

第二十一条 起草涉及经营者经济活动的政策措施,不得含有下列强制或者变相强制经营者实施垄断行为,或者为经营者实施垄断行为提供便利条件的内容:

(一)以行政命令、行政指导等方式,强制、组织或者引导经营者实施垄断行为;

(二)通过组织签订协议、备忘录等方式,强制或者变相强制经营者实施垄断行为;

(三)对实行市场调节价的商品、要素,违法公开披露或者要求经营者公开披露拟定价格、成本、生产销售数量、生产销售计划、经销商和终端客户信息等生产经营敏感信息;

(四)其他强制或者变相强制经营者实施垄断行为,或者为经营者实施垄断行为提供便利条件的内容。

第二十二条　起草涉及经营者经济活动的政策措施,不得含有下列超越法定权限制定政府指导价、政府定价,为特定经营者提供优惠价格,影响生产经营行为的内容:

（一）对实行政府指导价的商品、要素进行政府定价,违法提供优惠价格;

（二）对不属于本级政府定价目录范围内的商品、要素制定政府指导价、政府定价,违法提供优惠价格;

（三）不执行政府指导价或者政府定价,违法提供优惠价格;

（四）其他超越法定权限制定政府指导价、政府定价,为特定经营者提供优惠价格,影响生产经营行为的内容。

第二十三条　起草涉及经营者经济活动的政策措施,不得含有下列违法干预实行市场调节价的商品、要素价格水平的内容:

（一）对实行市场调节价的商品、要素制定建议价,影响公平竞争;

（二）通过违法干预手续费、保费、折扣等方式干预实行市场调节价的商品、要素价格水平,影响公平竞争;

（三）其他违法干预实行市场调节价的商品、要素的价格水平的内容。

第五节　关于审查标准的其他规定

第二十四条　起草涉及经营者经济活动的政策措施,不得含有其他限制或者变相限制市场准入和退出、限制商品要素自由流动、影响生产经营成本、影响生产经营行为等影响市场公平竞争的内容。

第二十五条　经公平竞争审查具有或者可能具有排除、限制竞争效果的政策措施,符合下列情形之一,且没有对公平竞争影响更小的替代方案,并能够确定合理的实施期限或者终止条件的,可以出台:

（一）为维护国家安全和发展利益的;

（二）为促进科学技术进步、增强国家自主创新能力的;

（三）为实现节约能源、保护环境、救灾救助等社会公共利益的;

（四）法律、行政法规规定或者经国务院批准的其他情形。

本条所称没有对公平竞争影响更小的替代方案,是指政策措施对实现有关政策目的确有必要,且对照审查标准评估竞争效果后,对公平竞争的不利影响范围最小、程度最轻的方案。

本条所称合理的实施期限应当是为实现政策目的所需的最短期限,终止条件应当明确、具体。在期限届满或者终止条件满足后,有关政策措施应当及时停止实施。

第三章 审查机制和审查程序

第二十六条 起草单位在起草阶段对政策措施开展公平竞争审查,应当严格遵守公平竞争审查程序,准确适用公平竞争审查标准,科学评估公平竞争影响,依法客观作出公平竞争审查结论。

第二十七条 公平竞争审查应当在政策措施内容基本完备后开展。审查后政策措施内容发生重大变化的,应当重新开展公平竞争审查。

第二十八条 起草单位开展公平竞争审查,应当依法听取利害关系人关于公平竞争影响的意见。涉及社会公众利益的,应当通过政府部门网站、政务新媒体等便于社会公众知晓的方式听取社会公众意见。听取关于公平竞争影响的意见可以与其他征求意见程序一并进行。

对需要保密或者有正当理由需要限定知悉范围的政策措施,由起草单位按照相关法律法规规定处理,并在审查结论中说明有关情况。

本条所称利害关系人,包括参与相关市场竞争的经营者、上下游经营者、行业协会商会以及可能受政策措施影响的其他经营者。

第二十九条 起草单位应当在评估有关政策措施的公平竞争影响后,书面作出是否符合公平竞争审查标准的明确审查结论。

适用条例第十二条规定的,起草单位还应当在审查结论中说明下列内容:

(一)政策措施具有或者可能具有的排除、限制竞争效果;

(二)适用条例第十二条规定的具体情形;

(三)政策措施对公平竞争不利影响最小的理由;

(四)政策措施实施期限或者终止条件的合理性;

(五)其他需要说明的内容。

第三十条　拟由县级以上人民政府出台或者提请本级人民代表大会及其常务委员会审议的政策措施，由本级人民政府市场监督管理部门会同起草单位在起草阶段开展公平竞争审查。

本条所称拟由县级以上人民政府出台的政策措施，包括拟由县级以上人民政府及其办公厅（室）出台或者转发本级政府部门起草的政策措施。

本条所称提请本级人民代表大会及其常务委员会审议的政策措施，包括提请审议的法律、地方性法规草案等。

第三十一条　起草单位应当在向本级人民政府报送政策措施草案前，提请同级市场监督管理部门开展公平竞争审查，并提供下列材料：

（一）政策措施草案；

（二）政策措施起草说明；

（三）公平竞争审查初审意见；

（四）其他需要提供的材料。

起草单位提供的政策措施起草说明应当包含政策措施制定依据、听取公平竞争影响意见及采纳情况等内容。

起草单位应当严格依照条例和本办法规定的审查标准开展公平竞争审查，形成初审意见。

起草单位提供的材料不完备或者政策措施尚未按照条例要求征求有关方面意见的，市场监督管理部门可以要求在一定期限内补正；未及时补正的，予以退回处理。

第三十二条　起草单位不得以送市场监督管理部门会签、征求意见等代替公平竞争审查。

第三十三条　市场监督管理部门应当根据起草单位提供的材料对政策措施开展公平竞争审查，书面作出审查结论。

第三十四条　涉及经营者经济活动的政策措施未经公平竞争审查，或者经审查认为违反条例规定的，不得出台。

第三十五条　市场监督管理部门、起草单位可以根据职责，委托第三方机构，对政策措施可能产生的竞争影响、实施后的竞争效果和本地区公平竞争审查制度实施情况等开展评估,为决策提供参考。

第三十六条 有关部门和单位、个人在公平竞争审查过程中知悉的国家秘密、商业秘密和个人隐私,应当依法予以保密。

第四章 监督保障

第三十七条 对违反条例规定的政策措施,任何单位和个人可以向市场监督管理部门举报。举报人应当对举报内容的真实性负责。起草单位及其工作人员应当依法保障举报人的合法权益。

各级市场监督管理部门负责处理对本级人民政府相关单位及下一级人民政府政策措施的举报;上级市场监督管理部门认为有必要的,可以直接处理属于下级市场监督管理部门职责范围的举报。

市场监督管理部门收到反映法律、行政法规、地方性法规涉嫌影响市场公平竞争的,应当依法依规移交有关单位处理。收到反映尚未出台的政策措施涉嫌违反条例规定的,可以转送起草单位处理。

第三十八条 市场监督管理部门收到举报材料后,应当及时审核举报材料是否属于反映涉嫌违反公平竞争审查制度的情形,以及举报材料是否完整、明确。

举报材料不完整、不明确的,市场监督管理部门可以要求举报人在七个工作日内补正。举报人逾期未补正或者补正后仍然无法判断举报材料指向的,市场监督管理部门不予核查。

有处理权限的市场监督管理部门应当自收到符合规定的举报材料之日起六十日内进行核查并作出核查结论。举报事项情况复杂的,经市场监督管理部门负责人批准,可以根据需要适当延长期限。

第三十九条 市场监督管理部门组织对有关政策措施开展抽查。

抽查可以在一定区域范围内进行,或者针对具体的行业、领域实施。对发现或者举报反映违反条例规定问题集中的地区或者行业、领域,市场监督管理部门应当开展重点抽查。

对实行垂直管理的单位及其派出机构起草的有关政策措施开展抽查,由实行垂直管理单位的同级或者上级人民政府市场监督管理部门负责。

市场监督管理部门应当向本级人民政府及上一级市场监督管理部门报告抽查情况,并可以向社会公开抽查结果。

第四十条 对通过举报处理、抽查等方式发现的涉嫌违反条例规定的政策措施,市场监督管理部门应当组织开展核查。核查认定有关政策措施违反条例规定的,市场监督管理部门应当督促有关起草单位进行整改。

各级地方市场监督管理部门在工作中发现实行垂直管理的单位派出机构涉嫌违反条例规定的,应当逐级报送实行垂直管理单位的同级或者上级人民政府市场监督管理部门核查。

第四十一条 国家市场监督管理总局应当按照条例有关规定实施公平竞争审查督查,并将督查情况报送国务院。对督查中发现的问题,督查对象应当按要求整改。

第四十二条 起草单位未按照条例规定开展公平竞争审查,经市场监督管理部门督促,逾期未整改或者整改不到位的,上一级市场监督管理部门可以对其负责人进行约谈,指出问题,听取意见,要求其提出整改措施。

市场监督管理部门可以将约谈情况通报起草单位的有关上级机关,也可以邀请有关上级机关共同实施约谈。

第四十三条 市场监督管理部门在公平竞争审查工作中发现存在行业、领域、区域性问题或者风险的,可以书面提醒敦促有关行业主管部门或者地方人民政府进行整改和预防。

第四十四条 市场监督管理部门在公平竞争审查工作中发现起草单位存在涉嫌滥用行政权力排除、限制竞争行为的,应当按照《中华人民共和国反垄断法》等有关规定,移交有管辖权的反垄断执法机构依法调查处理。

第四十五条 起草单位存在下列情形之一、造成严重不良影响的,市场监督管理部门可以向有权机关提出对直接负责的主管人员和其他直接责任人员依法给予处分的建议:

(一)违反公平竞争审查制度出台政策措施的;

（二）拒绝、阻碍市场监督管理部门依法开展公平竞争审查有关监督工作的；

（三）对公平竞争审查监督发现问题，经市场监督管理部门约谈后仍不整改的；

（四）其他违反公平竞争审查制度，造成严重不良影响的。

第五章 附 则

第四十六条 本办法所称特定经营者，是指在政策措施中直接或者变相确定的某个或者某部分经营者，但通过公平合理、客观明确且非排他性条件确定的除外。

第四十七条 本办法所称法律、法规授权的具有管理公共事务职能的组织，包括依据法律法规，被授予特定管理公共事务权力和职责的事业单位、基层自治组织、专业技术机构、行业协会等非行政机关组织。

第四十八条 本办法自2025年4月20日起施行。

公平竞争审查举报处理工作规则

2024年10月13日市场监管总局公告2024年第45号公布

第一条 为了做好公平竞争审查举报处理工作，强化公平竞争审查工作监督保障，根据《中华人民共和国反垄断法》《公平竞争审查条例》等有关规定，制定本规则。

第二条 对涉嫌违反《公平竞争审查条例》规定的政策措施，任何单位和个人可以向市场监督管理部门举报。

前款所称违反《公平竞争审查条例》规定，包括以下情形：

（一）有关政策措施未履行公平竞争审查程序，或者履行公平竞争审查程序不规范；

（二）有关政策措施存在违反公平竞争审查标准的内容；

（三）其他违反《公平竞争审查条例》的情形。

第三条 国家市场监督管理总局主管全国公平竞争审查举报处理工作，监督指导地方市场监督管理部门公平竞争审查举报处理工作。

县级以上地方市场监督管理部门负责本行政区域内的公平竞争审查举报处理工作，并对下级市场监督管理部门公平竞争审查举报处理工作进行监督指导。

第四条 市场监督管理部门处理公平竞争审查举报，应当遵循依法、公正、高效的原则。

第五条 县级以上市场监督管理部门负责处理对本级人民政府相关单位及下一级人民政府政策措施的举报。

上级市场监督管理部门认为有必要的，可以直接处理属于下级市场监督管理部门处理权限的公平竞争审查举报。

第六条 收到举报的市场监督管理部门不具备处理权限的，应当告知举报人直接向有处理权限的市场监督管理部门提出。

第七条 市场监督管理部门应当向社会公开举报电话、信箱或者电子邮件地址。

第八条 举报人应当对举报内容的真实性负责。举报内容一般包括：

（一）举报人的基本情况；

（二）政策措施的起草单位；

（三）政策措施涉嫌违反《公平竞争审查条例》的具体情形和理由；

（四）是否就同一事实已向其他机关举报，或者就依据该政策措施作出的具体行政行为已申请行政复议或者向人民法院提起行政诉讼。

举报人采取非书面方式举报的，市场监督管理部门工作人员应当记录。

第九条 市场监督管理部门收到举报材料后应当做好登记，准确记录举报材料反映的主要事项、举报人、签收日期等信息。

第十条 市场监督管理部门收到举报后，应当及时对举报反映的政策措施是否违反《公平竞争审查条例》规定组织开展核查。

反映法律、行政法规、地方性法规涉嫌存在影响市场公平竞争问题的,市场监督管理部门应当根据有关法律法规规定移交有关单位处理。

反映尚未出台的政策措施涉嫌违反《公平竞争审查条例》规定的,市场监督管理部门可以转送有关起草单位处理。

第十一条 举报具有下列情形之一的,市场监督管理部门不予处理:

(一)不属于本规则第二条规定情形的;

(二)举报已核查处理结束,举报人以同一事实或者理由重复举报的;

(三)对有关具体行政行为及所依据的政策措施已申请行政复议或者向人民法院提起行政诉讼已经受理或者处理的;

(四)举报材料不完整、不明确,经市场监督管理部门要求未在七个工作日内补正或者补正后仍然无法判断举报材料指向的;

(五)不予处理举报的其他情形。

第十二条 市场监督管理部门开展核查,可以要求起草单位、牵头起草单位或者制定机关提供以下材料:

(一)政策措施文本及起草说明;

(二)政策措施征求意见情况;

(三)公平竞争审查结论;

(四)关于政策措施是否存在违反《公平竞争审查条例》规定情况的说明;

(五)其他为开展核查需要提供的材料。

第十三条 经核查存在下列情形的,属于未履行或者不规范履行公平竞争审查程序:

(一)政策措施属于公平竞争审查范围,但未开展公平竞争审查的;

(二)有关单位主张已经开展公平竞争审查,但未提供佐证材料的;

（三）适用《公平竞争审查条例》第十二条规定，但未在审查结论中详细说明的；

（四）政策措施属于《公平竞争审查条例》第十四条规定的情形，但未送交市场监督管理部门开展公平竞争审查的；

（五）未按照《公平竞争审查条例》第十六条规定听取有关方面意见的，法律另有规定的除外；

（六）未作出公平竞争审查结论，或者结论不明确的；

（七）其他违反公平竞争审查程序的情形。

第十四条 经核查存在下列情形的，属于违反公平竞争审查标准：

（一）政策措施中含有《公平竞争审查条例》第八条至第十一条规定的禁止性内容且不符合第十二条规定的；

（二）适用《公平竞争审查条例》第十二条规定的政策措施，经核查后发现不符合《公平竞争审查条例》第十二条第（一）至（四）项规定的适用情形的；

（三）适用《公平竞争审查条例》第十二条规定的政策措施，经核查后发现文件出台时存在其他对公平竞争影响更小的替代方案的；

（四）适用《公平竞争审查条例》第十二条规定的政策措施，没有确定合理的实施期限或者终止条件，或者在实施期限到期或者满足终止条件后未及时停止实施的；

（五）其他违反公平竞争审查标准的情形。

第十五条 核查过程中，市场监督管理部门可以听取有关部门、经营者、行业协会商会对有关政策措施公平竞争影响的意见。

第十六条 市场监督管理部门应当自收到完备的举报材料之日起六十日内结束核查；举报事项情况复杂的，经市场监督管理部门负责人批准，可以适当延长。

第十七条 经组织核查，属于下列情形之一的，市场监督管理部门可以结束核查：

（一）有关政策措施不违反《公平竞争审查条例》规定的；

（二）在核查期间有关单位主动修改、废止有关政策措施的；

（三）有关政策措施已经失效或者废止的。

第十八条 经核查发现有关单位违反《公平竞争审查条例》规定的，市场监督管理部门可以制发《提醒敦促函》，督促有关单位整改。《提醒敦促函》主要包括收到举报和组织核查的有关情况、整改要求和书面反馈整改情况的时间要求等内容。

市场监督管理部门可以提出以下整改要求：

（一）有关单位未履行或者履行公平竞争审查程序不规范的，要求开展公平竞争审查或者补正程序等；

（二）政策措施存在违反公平竞争审查标准内容的，要求按照相关程序予以修订或者废止；

（三）核查发现有关单位存在公平竞争审查制度和机制不完善等情形的，要求健全完善有关制度机制。

《提醒敦促函》可以抄送有关单位的上级机关。

第十九条 有关单位违反《公平竞争审查条例》规定，经市场监督管理部门督促，逾期仍未提供核查材料或者整改的，上一级市场监督管理部门可以对其负责人进行约谈。

市场监督管理部门根据工作实际，可以联合有关单位的上级机关共同开展约谈。

约谈应当指出违反《公平竞争审查条例》规定的有关问题，并提出明确整改要求。约谈情况可以向社会公开。

第二十条 未依照《公平竞争审查条例》规定开展公平竞争审查，造成严重不良影响的，市场监督管理部门可以向有关上级机关提出对有关单位直接负责的主管人员和其他直接责任人员依法给予处分的建议。

市场监督管理部门在工作中发现有关单位及其工作人员涉嫌违纪违法的，可以将有关问题线索按规定移送相应纪检监察机关。

第二十一条 市场监督管理部门经核查认为有关政策措施的制定依据涉嫌违反《公平竞争审查条例》规定的，应当逐级报告有处理权限的上级市场监督管理部门，由其按照本规则开展核查。

第二十二条 举报线索涉嫌滥用行政权力排除、限制竞争的，及时按照

《中华人民共和国反垄断法》等有关规定,移交有管辖权的反垄断执法机构调查处理。

第二十三条 对于实名举报,市场监督管理部门可以根据举报人的书面请求,依法向其反馈举报处理情况。

第二十四条 鼓励社会公众和新闻媒体对违反《公平竞争审查条例》规定的行为依法进行社会监督和舆论监督。

第二十五条 市场监督管理部门应当做好本行政区域公平竞争审查举报信息的统计分析,有针对性加强公平竞争审查工作。

第二十六条 对公平竞争审查举报处理工作中获悉的国家秘密、商业秘密和个人隐私,市场监督管理部门、有关单位、个人应当依法予以保密。

第二十七条 本规则自 2024 年 10 月 13 日起实施。

招标投标领域公平竞争审查规则

1. 2024 年 1 月 31 日国家发展改革委第 8 次委务会通过
2. 2024 年 3 月 25 日国家发展改革委、工业和信息化部、住房城乡建设部、交通运输部、水利部、农业农村部、商务部、市场监管总局令第 16 号公布
3. 自 2024 年 5 月 1 日起施行

第一章 总 则

第一条 为加强和规范招标投标领域公平竞争审查,维护公平竞争市场秩序,根据《中华人民共和国招标投标法》《中华人民共和国招标投标法实施条例》等有关规定,制定本规则。

第二条 招标投标领域公平竞争审查工作,适用本规则。

第三条 本规则所称公平竞争审查,是指行政机关和法律、法规授权的具有管理公共事务职能的组织(以下统称政策制定机关)对拟制定的招标投标领域涉及经营主体经济活动的规章、行政规范性文件、其他

政策性文件以及具体政策措施（以下统称政策措施）是否存在排除、限制竞争情形进行审查评估的活动。

除法律、行政法规或者国务院规定的公平竞争审查例外情形，未经公平竞争审查或者经审查存在排除、限制竞争情形的，不得出台有关政策措施。

第四条 政策制定机关履行公平竞争审查职责。政策制定机关应当确定专门机构具体负责政策措施的公平竞争审查工作。

多个部门联合制定政策措施的，由牵头部门组织开展公平竞争审查，各参与部门对职责范围内的政策措施负责。

第二章 审查标准

第五条 政策制定机关应当尊重和保障招标人组织招标、选择招标代理机构、编制资格预审文件和招标文件的自主权，不得制定以下政策措施：

（一）为招标人指定招标代理机构或者违法限定招标人选择招标代理机构的方式；

（二）为招标人指定投标资格、技术、商务条件；

（三）为招标人指定特定类型的资格审查方法或者评标方法；

（四）为招标人指定具体的资格审查标准或者评标标准；

（五）为招标人指定评标委员会成员；

（六）对于已经纳入统一的公共资源交易平台体系的电子交易系统，限制招标人自主选择；

（七）强制招标人或者招标代理机构选择电子认证服务；

（八）为招标人或者招标代理机构指定特定交易工具；

（九）为招标人指定承包商（供应商）预选库、资格库或者备选名录等；

（十）要求招标人依照本地区创新产品名单、优先采购产品名单等地方性扶持政策开展招标投标活动；

（十一）以其他不合理条件限制招标人自主权的政策措施。

第六条 政策制定机关应当落实全国统一的市场准入条件，对经营主体

参与投标活动,不得制定以下政策措施:

(一)对市场准入负面清单以外的行业、领域、业务,要求经营主体在参与投标活动前取得行政许可;

(二)要求经营主体在本地区设立分支机构、缴纳税收社保或者与本地区经营主体组成联合体;

(三)要求经营主体取得本地区业绩或者奖项;

(四)要求经营主体取得培训合格证、上岗证等特定地区或者特定行业组织颁发的相关证书;

(五)要求经营主体取得特定行业组织成员身份;

(六)以其他不合理条件限制经营主体参与投标的政策措施。

第七条 政策制定机关制定标准招标文件(示范文本)和标准资格预审文件(示范文本),应当平等对待不同地区、所有制形式的经营主体,不得在标准招标文件(示范文本)和标准资格预审文件(示范文本)中设置以下内容:

(一)根据经营主体取得业绩的区域设置差异性得分;

(二)根据经营主体的所有制形式设置差异性得分;

(三)根据经营主体投标产品的产地设置差异性得分;

(四)根据经营主体的规模、注册地址、注册资金、市场占有率、负债率、净资产规模等设置差异性得分;

(五)根据联合体成员单位的注册地址、所有制形式等设置差异性得分;

(六)其他排除或者限制竞争的内容。

第八条 政策制定机关制定定标相关政策措施,应当尊重和保障招标人定标权,落实招标人定标主体责任,不得制定以下政策措施:

(一)为招标人指定定标方法;

(二)为招标人指定定标单位或者定标人员;

(三)将定标权交由招标人或者其授权的评标委员会以外的其他单位或者人员行使;

(四)规定直接以抽签、摇号、抓阄等方式确定合格投标人、中标候选人或者中标人；

（五）以其他不合理条件限制招标人定标权的政策措施。

第九条　政策制定机关可以通过组织开展信用评价引导经营主体诚信守法参与招标投标活动，并可以通过制定实施相应政策措施鼓励经营主体应用信用评价结果，但应当平等对待不同地区、所有制形式的经营主体，依法保障经营主体自主权，不得制定以下政策措施：

（一）在信用信息记录、归集、共享等方面对不同地区或者所有制形式的经营主体作出区别规定；

（二）对不同地区或者所有制形式经营主体的资质、资格、业绩等采用不同信用评价标准；

（三）根据经营主体的所在地区或者所有制形式采取差异化的信用监管措施；

（四）没有法定依据，限制经营主体参考使用信用评价结果的自主权；

（五）其他排除限制竞争或者损害经营主体合法权益的政策措施。

第十条　政策制定机关制定涉及招标投标交易监管和服务的政策措施，应当平等保障各类经营主体参与，不得在交易流程上制定以下政策措施：

（一）规定招标投标交易服务机构行使审批、备案、监管、处罚等具有行政管理性质的职能；

（二）强制非公共资源交易项目进入公共资源交易平台交易；

（三）对能够通过告知承诺和事后核验核实真伪的事项，强制投标人在投标环节提供原件；

（四）在获取招标文件、开标环节违法要求投标人的法定代表人、技术负责人、项目负责人或者其他特定人员到场；

（五）其他不当限制经营主体参与招标投标的政策措施。

第十一条　政策制定机关制定涉及保证金的政策措施，不得设置以下不合理限制：

（一）限制招标人依法收取保证金；

（二）要求经营主体缴纳除投标保证金、履约保证金、工程质量保证金、农民工工资保证金以外的其他保证金；

（三）限定经营主体缴纳保证金的形式；

（四）要求经营主体从特定机构开具保函（保险）；

（五）在招标文件之外设定保证金退还的前置条件；

（六）其他涉及保证金的不合理限制措施。

第三章 审查机制

第十二条 政策制定机关应当建立本机关公平竞争审查工作机制，明确公平竞争审查负责机构、审查标准和审查流程，规范公平竞争审查行为。

第十三条 政策措施应当在提请审议或者报批前完成公平竞争审查。

政策制定机关应当作出符合或者不符合审查标准的书面审查结论。适用有关法律、行政法规或者国务院规定的公平竞争审查例外情形的，应当在审查结论中说明理由。

第十四条 政策制定机关在对政策措施开展公平竞争审查过程中，应当以适当方式听取有关经营主体、行业协会商会等意见；除依法保密外，应当向社会公开征求意见。

在起草政策措施的其他环节已经向社会公开征求意见或者征求过有关方面意见的，可以不再专门就公平竞争审查征求意见。

第十五条 政策制定机关可以委托第三方机构对拟出台政策措施的公平竞争影响、已出台政策措施的竞争效果和本地区招标投标公平竞争审查制度总体实施情况、市场竞争状况等开展评估。

第四章 监督管理

第十六条 地方各级招标投标指导协调部门会同招标投标行政监督部门，应当定期组织开展政策措施评估，发现违反公平竞争审查有关规定的，应当及时纠正。

第十七条 公民、法人或者其他组织认为政策措施妨碍公平竞争的，有权向政策制定机关及其上一级机关反映。

地方各级招标投标指导协调部门、招标投标行政监督部门应当建立招标投标市场壁垒线索征集机制,动态清理废止各类有违公平竞争的政策措施。

第十八条 公民、法人或者其他组织认为资格预审文件、招标文件存在排斥、限制潜在投标人不合理条件的,有权依照《招标投标法》及其实施条例相关规定提出异议和投诉。招标投标行政监督部门、招标人应当按照规定程序处理。

第十九条 政策制定机关未进行公平竞争审查或者违反审查标准出台政策措施的,由上级机关责令改正;拒不改正或者不及时改正的,对直接负责的主管人员和其他相关责任人员依照《中华人民共和国公职人员政务处分法》第三十九条、《中华人民共和国公务员法》第六十一条等有关规定依法给予处分。

第五章 附 则

第二十条 政策制定机关作为招标人编制招标公告、资格预审文件和招标文件,以及公共资源交易平台运行服务机构制定招标投标交易服务文件,应当参照本规则开展公平竞争审查。

第二十一条 本规则由国家发展改革委会同有关部门负责解释。

第二十二条 本规则自2024年5月1日起施行。

网络反不正当竞争暂行规定

1. 2024年5月6日国家市场监督管理总局令第91号公布
2. 自2024年9月1日起施行

第一章 总 则

第一条 为了预防和制止网络不正当竞争行为,维护公平竞争的市场秩序,鼓励创新,保护经营者和消费者的合法权益,促进数字经济规范持续健康发展,根据《中华人民共和国反不正当竞争法》(以下简称反不正当竞争法)、《中华人民共和国电子商务法》(以下简称电子商务法)等法律、行政法规,制定本规定。

第二条 鼓励和支持经营者依法开展经营活动,公平参与市场竞争。经营者通过互联网等信息网络(以下简称网络)从事生产经营活动,应当遵循自愿、平等、公平、诚信的原则,遵守法律法规规章,遵守商业道德。

经营者不得实施网络不正当竞争行为,扰乱市场竞争秩序,影响市场公平交易,损害其他经营者或者消费者的合法权益。

第三条 国家市场监督管理总局负责监督指导全国网络反不正当竞争工作,组织查处全国范围内有重大影响的网络不正当竞争案件。

县级以上地方市场监督管理部门依法对网络不正当竞争行为进行查处。

市场监督管理部门在查处违法行为过程中,应当坚持依法行政,保证严格、规范、公正、文明执法。

第四条 市场监督管理部门应当会同反不正当竞争工作协调机制各成员单位,贯彻落实网络反不正当竞争重大政策措施,研究网络反不正当竞争工作重大问题,联合查处重大案件,协同推进综合治理。

反不正当竞争工作协调机制各成员单位应当按照职责分工,依法加强金融、传媒、电信等行业管理,采取有效措施,预防和制止网络不正当竞争行为。

第五条 国家鼓励、支持和保护一切组织和个人对网络不正当竞争行为进行社会监督。对涉嫌网络不正当竞争行为,任何单位和个人有权依法向市场监督管理部门举报,市场监督管理部门接到举报后应当及时处理。

行业组织应当加强行业自律,引导、规范会员依法合规竞争。

第六条 平台经营者应当加强对平台内竞争行为的规范管理,发现平台内经营者采取不正当竞争方式、违法销售商品、提供服务,或者侵害消费者合法权益的行为,应当及时采取必要的处置措施,保存有关记录,并按规定向平台经营者住所地县级以上市场监督管理部门报告。记录保存时间自作出处置措施之日起计算,不少于三年。

第二章 网络不正当竞争行为

第七条 经营者不得利用网络实施下列混淆行为,引人误以为是他人商品(本规定所称商品包括服务)或者与他人存在特定联系:

(一)擅自使用与他人有一定影响的域名主体部分、网站名称、网页等相同或者近似的标识;

(二)擅自将他人有一定影响的商品名称、企业名称(包括简称、字号等)、社会组织名称(包括简称等)、姓名(包括笔名、艺名、译名等)作为域名主体部分等网络经营活动标识;

(三)擅自使用与他人有一定影响的应用软件、网店、客户端、小程序、公众号、游戏界面等的页面设计、名称、图标、形状等相同或者近似的标识;

(四)擅自使用他人有一定影响的网络代称、网络符号、网络简称等标识;

(五)生产销售足以引人误认为是他人商品或者与他人存在特定联系的商品;

(六)通过提供网络经营场所等便利条件,与其他经营者共同实施混淆行为;

(七)其他利用网络实施的足以引人误认为是他人商品或者与他人存在特定联系的混淆行为。

擅自将他人有一定影响的商业标识设置为搜索关键词,足以引人误认为是他人商品或者与他人存在特定联系的,属于前款规定的混淆行为。

第八条 经营者不得采取下列方式,对商品生产经营主体以及商品性能、功能、质量、来源、曾获荣誉、资格资质等作虚假或者引人误解的商业宣传,欺骗、误导消费者或者相关公众:

(一)通过网站、客户端、小程序、公众号等进行展示、演示、说明、解释、推介或者文字标注;

（二）通过直播、平台推荐、网络文案等方式，实施商业营销活动；

（三）通过热搜、热评、热转、榜单等方式，实施商业营销活动；

（四）其他虚假或者引人误解的商业宣传。

经营者不得帮助其他经营者实施前款虚假或者引人误解的商业宣传行为。

第九条 经营者不得实施下列行为，对商品生产经营主体以及商品销售状况、交易信息、经营数据、用户评价等作虚假或者引人误解的商业宣传，欺骗、误导消费者或者相关公众：

（一）虚假交易、虚假排名；

（二）虚构交易额、成交量、预约量等与经营有关的数据信息；

（三）采用谎称现货、虚构预订、虚假抢购等方式进行营销；

（四）编造用户评价，或者采用误导性展示等方式隐匿差评、将好评前置、差评后置、不显著区分不同商品的评价等；

（五）以返现、红包、卡券等方式利诱用户作出指定好评、点赞、定向投票等互动行为；

（六）虚构收藏量、点击量、关注量、点赞量、阅读量、订阅量、转发量等流量数据；

（七）虚构投票量、收听量、观看量、播放量、票房、收视率等互动数据；

（八）虚构升学率、考试通过率、就业率等教育培训效果；

（九）采用伪造口碑、炮制话题、制造虚假舆论热点、虚构网络就业者收入等方式进行营销；

（十）其他虚假或者引人误解的商业宣传行为。

经营者不得通过组织虚假交易、组织虚假排名等方式，帮助其他经营者实施前款虚假或者引人误解的商业宣传行为。

第十条 经营者不得采用财物或者其他手段，贿赂平台工作人员、对交易有影响的单位或者个人，以谋取交易机会或者在流量、排名、跟帖服务等方面的竞争优势。

前款所称的财物，包括现金、物品、网络虚拟财产以及礼券、基金、股份、债务免除等其他财产权益。

第十一条　经营者不得利用网络编造、传播虚假信息或者误导性信息，实施下列损害或者可能损害竞争对手的商业信誉、商品声誉的行为：

（一）组织、指使他人对竞争对手的商品进行恶意评价；

（二）利用或者组织、指使他人通过网络散布虚假或者误导性信息；

（三）利用网络传播含有虚假或者误导性信息的风险提示、告客户书、警告函或者举报信等；

（四）其他编造、传播虚假或者误导性信息，损害竞争对手商业信誉、商品声誉的行为。

客户端、小程序、公众号运营者以及提供跟帖评论服务的组织或者个人，不得故意与经营者共同实施前款行为。

本条所称的商业信誉，是指经营者在商业活动中的信用和名誉，包括相关公众对该经营者的资信状况、商业道德、技术水平、经济实力等方面的评价。

本条所称的商品声誉，是指商品在质量、品牌等方面的美誉度和知名度。

第十二条　经营者不得利用互联网、大数据、算法等技术手段，通过影响用户选择或者其他方式，实施流量劫持、干扰、恶意不兼容等行为，妨碍、破坏其他经营者合法提供的网络产品或者服务正常运行。

前款所称的影响用户选择，包括违背用户意愿和选择权、增加操作复杂性、破坏使用连贯性等。

判定是否构成第一款规定的不正当竞争行为，应当充分考虑是否有利于技术创新和行业发展等因素。

第十三条　未经其他经营者同意，经营者不得利用技术手段，实施下列插入链接或者强制进行目标跳转等行为，妨碍、破坏其他经营者合法提供的网络产品或者服务正常运行：

（一）在其他经营者合法提供的网络产品或者服务中，插入跳转链接、嵌入自己或者他人的产品或者服务；

（二）利用关键词联想、设置虚假操作选项等方式，设置指向自身产品或者服务的链接，欺骗或者误导用户点击；

（三）其他插入链接或者强制进行目标跳转的行为。

第十四条 经营者不得利用技术手段，误导、欺骗、强迫用户修改、关闭、卸载其他经营者合法提供的设备、功能或者其他程序等网络产品或者服务。

第十五条 经营者不得利用技术手段，恶意对其他经营者合法提供的网络产品或者服务实施不兼容。

判定经营者是否恶意对其他经营者合法提供的网络产品或者服务实施不兼容，可以综合考虑以下因素：

（一）是否知道或者应当知道不兼容行为会妨碍、破坏其他经营者合法提供的网络产品或者服务正常运行；

（二）不兼容行为是否影响其他经营者合法提供的网络产品或者服务正常运行，是否影响网络生态开放共享；

（三）不兼容行为是否针对特定对象，是否违反公平、合理、无歧视原则；

（四）不兼容行为对消费者、使用该网络产品或者服务的第三方经营者合法权益以及社会公共利益的影响；

（五）不兼容行为是否符合行业惯例、从业规范、自律公约等；

（六）不兼容行为是否导致其他经营者合法提供的网络产品或者服务成本不合理增加；

（七）是否有正当理由。

第十六条 经营者不得利用技术手段，直接、组织或者通过第三方实施以下行为，妨碍、破坏其他经营者合法提供的网络产品或者服务正常运行：

（一）故意在短期内与其他经营者发生大规模、高频次交易，或者给予好评等，使其他经营者受到搜索降权、降低信用等级、商品下架、断开链接、停止服务等处置；

（二）恶意在短期内批量拍下商品不付款；

(三)恶意批量购买后退货或者拒绝收货等。

第十七条　经营者不得针对特定经营者,拦截、屏蔽其合法提供的信息内容以及页面,妨碍、破坏其他经营者合法提供的网络产品或者服务正常运行,扰乱市场公平竞争秩序。拦截、屏蔽非法信息,频繁弹出干扰用户正常使用的信息以及不提供关闭方式的漂浮视窗等除外。

第十八条　经营者不得利用技术手段,通过影响用户选择、限流、屏蔽、搜索降权、商品下架等方式,干扰其他经营者之间的正常交易,妨碍、破坏其他经营者合法提供的网络产品或者服务的正常运行,扰乱市场公平竞争秩序。

经营者不得利用技术手段,通过限制交易对象、销售区域或者时间、参与促销推广活动等,影响其他经营者的经营选择,妨碍、破坏交易相对方合法提供的网络产品或者服务的正常运行,扰乱市场公平交易秩序。

第十九条　经营者不得利用技术手段,非法获取、使用其他经营者合法持有的数据,妨碍、破坏其他经营者合法提供的网络产品或者服务的正常运行,扰乱市场公平竞争秩序。

第二十条　经营者不得利用技术手段,对条件相同的交易相对方不合理地提供不同的交易条件,侵害交易相对方的选择权、公平交易权等,妨碍、破坏其他经营者合法提供的网络产品或者服务正常运行,扰乱市场公平交易秩序。

以下情形不属于前款规定的不正当竞争行为：

(一)根据交易相对人实际需求且符合正当的交易习惯和行业惯例,实行不同交易条件的；

(二)针对新用户在合理期限内开展的优惠活动；

(三)基于公平、合理、无歧视的规则实施的随机性交易。

第二十一条　经营者不得利用技术手段,通过下列方式,实施妨碍、破坏其他经营者合法提供的网络产品或者服务正常运行的行为：

(一)违背用户意愿下载、安装、运行应用程序；

(二)无正当理由,对其他经营者合法提供的网络产品或者服务实施拦截、拖延审查、下架，以及其他干扰下载、安装、运行、更新、传播等行为；

（三）对相关设备运行非必需的应用程序不提供卸载功能或者对应用程序卸载设置不合理障碍；

（四）无正当理由，对其他经营者合法提供的网络产品或者服务，实施搜索降权、限制服务内容、调整搜索结果的自然排序等行为；

（五）其他妨碍、破坏其他经营者合法提供的网络产品或者服务正常运行的行为。

第二十二条　经营者不得违反本规定，实施其他网络不正当竞争行为，扰乱市场竞争秩序，影响市场公平交易，损害其他经营者或者消费者合法权益。

第二十三条　具有竞争优势的平台经营者没有正当理由，不得利用技术手段，滥用后台交易数据、流量等信息优势以及管理规则，通过屏蔽第三方经营信息、不正当干扰商品展示顺序等方式，妨碍、破坏其他经营者合法提供的网络产品或者服务正常运行，扰乱市场公平竞争秩序。

第二十四条　平台经营者不得利用服务协议、交易规则等手段，对平台内经营者在平台内的交易、交易价格以及与其他经营者的交易等进行不合理限制或者附加不合理条件。主要包括以下情形：

（一）强制平台内经营者签订排他性协议；

（二）对商品的价格、销售对象、销售区域或者销售时间进行不合理的限制；

（三）不合理设定扣取保证金、削减补贴、优惠和流量资源等限制；

（四）利用服务协议、交易规则对平台内经营者的交易进行其他不合理限制或者附加不合理条件。

第二十五条　平台经营者应当在服务协议、交易规则中公平合理确定收费标准，不得违背商业道德、行业惯例，向平台内经营者收取不合理的服务费用。

第二十六条　判定构成妨碍、破坏其他经营者合法提供的网络产品或者

服务正常运行,可以综合考虑下列因素:

(一)其他经营者合法提供的网络产品或者服务是否无法正常使用;

(二)其他经营者合法提供的网络产品或者服务是否无法正常下载、安装、更新或者卸载;

(三)其他经营者合法提供的网络产品或者服务成本是否不合理增加;

(四)其他经营者合法提供的网络产品或者服务的用户或者访问量是否不合理减少;

(五)用户合法利益是否遭受损失,或者用户体验和满意度是否下降;

(六)行为频次、持续时间;

(七)行为影响的地域范围、时间范围等;

(八)是否利用其他经营者的网络产品或者服务牟取不正当利益。

第三章 监督检查

第二十七条 对网络不正当竞争案件的管辖适用《市场监督管理行政处罚程序规定》。

网络不正当竞争行为举报较为集中,或者引发严重后果或者其他不良影响的,可以由实际经营地、违法结果发生地的设区的市级以上地方市场监督管理部门管辖。

第二十八条 市场监督管理部门应当加强对网络不正当竞争行为的监测,发现违法行为的,依法予以查处。

市场监督管理部门在查办网络不正当竞争案件过程中,被调查的经营者、利害关系人及其他有关单位、个人应当如实提供有关资料或者情况,不得伪造、销毁涉案数据以及相关资料,不得妨害市场监督管理部门依法履行职责,不得拒绝、阻碍调查。

第二十九条 市场监督管理部门基于案件办理的需要,可以委托第三方专业机构对与案件相关的电子证据进行取证、固定,对财务数据进行审计。

第三十条 对于新型、疑难案件,市场监督管理部门可以委派专家观察员参与协助调查。专家观察员可以依据自身专业知识、业务技能、实践经验等,对经营者的竞争行为是否有促进创新、提高效率、保护消费者合法权益等正当理由提出建议。

第三十一条 市场监督管理部门及其工作人员、第三方专业机构、专家观察员等对参与调查过程中知悉的商业秘密负有保密义务。

市场监督管理部门的工作人员滥用职权、玩忽职守、徇私舞弊或者泄露调查过程中知悉的商业秘密的,依法给予处分。

第四章 法律责任

第三十二条 平台经营者违反本规定第六条,未按规定保存信息,或者对平台内经营者侵害消费者合法权益行为未采取必要措施的,由市场监督管理部门依照电子商务法第八十条、第八十三条的规定处罚。

第三十三条 经营者违反本规定第七条的,由市场监督管理部门依照反不正当竞争法第十八条的规定处罚。

第三十四条 经营者违反本规定第八条、第九条的,由市场监督管理部门依照反不正当竞争法第二十条的规定处罚。

第三十五条 经营者违反本规定第十条的,由市场监督管理部门依照反不正当竞争法第十九条的规定处罚。

第三十六条 经营者违反本规定第十一条的,由市场监督管理部门依照反不正当竞争法第二十三条的规定处罚。

第三十七条 经营者违反本规定第十二条至第二十三条,妨害、破坏其他经营者合法提供的网络产品或者服务正常运行的,由市场监督管理部门依照反不正当竞争法第二十四条的规定处罚。

第三十八条 平台经营者违反本规定第二十四条、第二十五条的,由市场监督管理部门依照电子商务法第八十二条的规定处罚。

第三十九条 经营者违反本规定第二十八条的,由市场监督管理部门依照反不正当竞争法第二十八条的规定处罚。

第四十条 法律、行政法规对网络不正当竞争行为的查处另有规定的,依照其规定。

经营者利用网络排除、限制竞争,构成垄断行为的,依照《中华人民共和国反垄断法》处理。

第四十一条 经营者违反本规定,有违法所得的,依照《中华人民共和国行政处罚法》第二十八条的规定,除依法应当退赔的外,应当予以没收。

第四十二条 违反本规定涉嫌构成犯罪,依法需要追究刑事责任的,市场监督管理部门应当按照有关规定及时将案件移送公安机关处理。

第五章 附 则

第四十三条 本规定自2024年9月1日起施行。

公平竞争审查制度实施细则

1. 2021年6月29日市场监管总局、国家发展改革委、财政部、商务部、司法部印发
2. 国市监反垄规〔2021〕2号

第一章 总 则

第一条 为全面落实公平竞争审查制度,健全公平竞争审查机制,规范有效开展审查工作,根据《中华人民共和国反垄断法》、《国务院关于在市场体系建设中建立公平竞争审查制度的意见》(国发〔2016〕34号,以下简称《意见》),制定本细则。

第二条 行政机关以及法律、法规授权的具有管理公共事务职能的组织(以下统称政策制定机关),在制定市场准入和退出、产业发展、招商引资、招标投标、政府采购、经营行为规范、资质标准等涉及市场主体经济活动的规章、规范性文件、其他政策性文件以及"一事一议"形式的具体政策措施(以下统称政策措施)时,应当进行公平竞争审查,评估对市场竞争的影响,防止排除、限制市场竞争。

经公平竞争审查认为不具有排除、限制竞争效果或者符合例外规定的,可以实施;具有排除、限制竞争效果且不符合例外规定的,应当不予出台或者调整至符合相关要求后出台;未经公平竞争审查的,不得出台。

第三条 涉及市场主体经济活动的行政法规、国务院制定的政策措施,以及政府部门负责起草的地方性法规、自治条例和单行条例,由起草部门在起草过程中按照本细则规定进行公平竞争审查。未经公平竞争审查的,不得提交审议。

以县级以上地方各级人民政府名义出台的政策措施,由起草部门或者本级人民政府指定的相关部门进行公平竞争审查。起草部门在审查过程中,可以会同本级市场监管部门进行公平竞争审查。未经审查的,不得提交审议。

以多个部门名义联合制定出台的政策措施,由牵头部门负责公平竞争审查,其他部门在各自职责范围内参与公平竞争审查。政策措施涉及其他部门职权的,政策制定机关在公平竞争审查中应当充分征求其意见。

第四条 市场监管总局、发展改革委、财政部、商务部会同有关部门,建立健全公平竞争审查工作部际联席会议制度,统筹协调和监督指导全国公平竞争审查工作。

县级以上地方各级人民政府负责建立健全本地区公平竞争审查工作联席会议制度(以下简称联席会议),统筹协调和监督指导本地区公平竞争审查工作,原则上由本级人民政府分管负责同志担任联席会议召集人。联席会议办公室设在市场监管部门,承担联席会议日常工作。

地方各级联席会议应当每年向本级人民政府和上一级联席会议报告本地区公平竞争审查制度实施情况,接受其指导和监督。

第二章 审查机制和程序

第五条 政策制定机关应当建立健全公平竞争内部审查机制,明确审查机构和程序,可以由政策制定机关的具体业务机构负责,也可以采取内部特定机构统一审查或者由具体业务机构初审后提交特定机构复核等方式。

第六条 政策制定机关开展公平竞争审查应当遵循审查基本流程(可参考附件1),识别相关政策措施是否属于审查对象、判断是否违反审查标准、分析是否适用例外规定。属于审查对象的,经审查后应当形成明确的书面审查结论。审查结论应当包括政策措施名称、涉及行业领域、性质类别、起草机构、审查机构、征求意见情况、审查结论、适用例外规定情况、审查机构主要负责人意见等内容(可参考附件2)。政策措施出台后,审查结论由政策制定机关存档备查。

未形成书面审查结论出台政策措施的,视为未进行公平竞争审查。

第七条 政策制定机关开展公平竞争审查,应当以适当方式征求利害关系人意见,或者通过政府部门网站、政务新媒体等便于社会公众知晓的方式公开征求意见,并在书面审查结论中说明征求意见情况。

在起草政策措施的其他环节已征求过利害关系人意见或者向社会公开征求意见的,可以不再专门就公平竞争审查问题征求意见。对出台前需要保密或者有正当理由需要限定知悉范围的政策措施,由政策制定机关按照相关法律法规处理。

利害关系人指参与相关市场竞争的经营者、上下游经营者、行业协会商会、消费者以及政策措施可能影响其公平参与市场竞争的其他市场主体。

第八条 政策制定机关进行公平竞争审查,可以咨询专家学者、法律顾问、专业机构的意见。征求上述方面意见的,应当在书面审查结论中说明有关情况。

各级联席会议办公室可以根据实际工作需要,建立公平竞争审查工作专家库,便于政策制定机关进行咨询。

第九条 政策制定机关可以就公平竞争审查中遇到的具体问题,向本级联席会议办公室提出咨询。提出咨询请求的政策制定机关,应当提供书面咨询函、政策措施文稿、起草说明、相关法律法规依据及其他相关材料。联席会议办公室应当在收到书面咨询函后及时研究回复。

对涉及重大公共利益,且在制定过程中被多个单位或者个人反映或者举报涉嫌排除、限制竞争的政策措施,本级联席会议办公室可以主动向政策制定机关提出公平竞争审查意见。

第十条 对多个部门联合制定或者涉及多个部门职责的政策措施,在公平竞争审查中出现较大争议或者部门意见难以协调一致时,政策制定机关可以提请本级联席会议协调。联席会议办公室认为确有必要的,可以根据相关工作规则召开会议进行协调。仍无法协调一致的,由政策制定机关提交上级机关决定。

第十一条 政策制定机关应当对本年度公平竞争审查工作进行总结,于次年1月15日前将书面总结报告报送本级联席会议办公室。

地方各级联席会议办公室汇总形成本级公平竞争审查工作总体情况,于次年1月20日前报送本级人民政府和上一级联席会议办公室,并以适当方式向社会公开。

第十二条 对经公平竞争审查后出台的政策措施,政策制定机关应当对其影响统一市场和公平竞争的情况进行定期评估。评估报告应当向社会公开征求意见,评估结果应当向社会公开。经评估认为妨碍统一市场和公平竞争的,应当及时废止或者修改完善。定期评估可以每三年进行一次,或者在定期清理规章、规范性文件时一并评估。

第三章 审 查 标 准

第十三条 市场准入和退出标准。

(一)不得设置不合理或者歧视性的准入和退出条件,包括但不限于:

1. 设置明显不必要或者超出实际需要的准入和退出条件,排斥或者限制经营者参与市场竞争;

2. 没有法律、行政法规或者国务院规定依据,对不同所有制、地区、组织形式的经营者实施不合理的差别化待遇,设置不平等的市场准入和退出条件;

3. 没有法律、行政法规或者国务院规定依据,以备案、登记、注册、目录、年检、年报、监制、认定、认证、认可、检验、监测、审定、指定、配号、复检、复审、换证、要求设立分支机构以及其他任何形式,设定或者变相设定市场准入障碍;

4.没有法律、行政法规或者国务院规定依据,对企业注销、破产、挂牌转让、搬迁转移等设定或者变相设定市场退出障碍;

5.以行政许可、行政检查、行政处罚、行政强制等方式,强制或者变相强制企业转让技术,设定或者变相设定市场准入和退出障碍。

(二)未经公平竞争不得授予经营者特许经营权,包括但不限于:

1.在一般竞争性领域实施特许经营或者以特许经营为名增设行政许可;

2.未明确特许经营权期限或者未经法定程序延长特许经营权期限;

3.未依法采取招标、竞争性谈判等竞争方式,直接将特许经营权授予特定经营者;

4.设置歧视性条件,使经营者无法公平参与特许经营权竞争。

(三)不得限定经营、购买、使用特定经营者提供的商品和服务,包括但不限于:

1.以明确要求、暗示、拒绝或者拖延行政审批、重复检查、不予接入平台或者网络、违法违规给予奖励补贴等方式,限定或者变相限定经营、购买、使用特定经营者提供的商品和服务;

2.在招标投标、政府采购中限定投标人所在地、所有制形式、组织形式,或者设定其他不合理的条件排斥或者限制经营者参与招标投标、政府采购活动;

3.没有法律、行政法规或者国务院规定依据,通过设置不合理的项目库、名录库、备选库、资格库等条件,排斥或限制潜在经营者提供商品和服务。

(四)不得设置没有法律、行政法规或者国务院规定依据的审批或者具有行政审批性质的事前备案程序,包括但不限于:

1.没有法律、行政法规或者国务院规定依据,增设行政审批事项,增加行政审批环节、条件和程序；

2. 没有法律、行政法规或者国务院规定依据，设置具有行政审批性质的前置性备案程序。

（五）不得对市场准入负面清单以外的行业、领域、业务等设置审批程序，主要指没有法律、行政法规或者国务院规定依据，采取禁止进入、限制市场主体资质、限制股权比例、限制经营范围和商业模式等方式，限制或者变相限制市场准入。

第十四条 商品和要素自由流动标准。

（一）不得对外地和进口商品、服务实行歧视性价格和歧视性补贴政策，包括但不限于：

1. 制定政府定价或者政府指导价时，对外地和进口同类商品、服务制定歧视性价格；

2. 对相关商品、服务进行补贴时，对外地同类商品、服务，国际经贸协定允许外的进口同类商品以及我国作出国际承诺的进口同类服务不予补贴或者给予较低补贴。

（二）不得限制外地和进口商品、服务进入本地市场或者阻碍本地商品运出、服务输出，包括但不限于：

1. 对外地商品、服务规定与本地同类商品、服务不同的技术要求、检验标准，或者采取重复检验、重复认证等歧视性技术措施；

2. 对进口商品规定与本地同类商品不同的技术要求、检验标准，或者采取重复检验、重复认证等歧视性技术措施；

3. 没有法律、行政法规或者国务院规定依据，对进口服务规定与本地同类服务不同的技术要求、检验标准，或者采取重复检验、重复认证等歧视性技术措施；

4. 设置专门针对外地和进口商品、服务的专营、专卖、审批、许可、备案，或者规定不同的条件、程序和期限等；

5. 在道路、车站、港口、航空港或者本行政区域边界设置关卡，阻碍外地和进口商品、服务进入本地市场或者本地商品运出和服务输出；

6.通过软件或者互联网设置屏蔽以及采取其他手段,阻碍外地和进口商品、服务进入本地市场或者本地商品运出和服务输出。

(三)不得排斥或者限制外地经营者参加本地招标投标活动,包括但不限于:

1.不依法及时、有效、完整地发布招标信息;

2.直接规定外地经营者不能参与本地特定的招标投标活动;

3.对外地经营者设定歧视性的资质资格要求或者评标评审标准;

4.将经营者在本地区的业绩、所获得的奖项荣誉作为投标条件、加分条件、中标条件或者用于评价企业信用等级,限制或者变相限制外地经营者参加本地招标投标活动;

5.没有法律、行政法规或者国务院规定依据,要求经营者在本地注册设立分支机构,在本地拥有一定办公面积,在本地缴纳社会保险等,限制或者变相限制外地经营者参加本地招标投标活动;

6.通过设定与招标项目的具体特点和实际需要不相适应或者与合同履行无关的资格、技术和商务条件,限制或者变相限制外地经营者参加本地招标投标活动。

(四)不得排斥、限制或者强制外地经营者在本地投资或者设立分支机构,包括但不限于:

1.直接拒绝外地经营者在本地投资或者设立分支机构;

2.没有法律、行政法规或者国务院规定依据,对外地经营者在本地投资的规模、方式以及设立分支机构的地址、模式等进行限制;

3.没有法律、行政法规或者国务院规定依据,直接强制外地经营者在本地投资或者设立分支机构;

4.没有法律、行政法规或者国务院规定依据,将在本地投资或者设立分支机构作为参与本地招标投标、享受补贴和优惠政策等的必要条件,变相强制外地经营者在本地投资或者设立分支机构。

(五)不得对外地经营者在本地的投资或者设立的分支机构实行歧视性待遇,侵害其合法权益,包括但不限于:

1.对外地经营者在本地的投资不给予与本地经营者同等的政策

待遇；

2. 对外地经营者在本地设立的分支机构在经营规模、经营方式、税费缴纳等方面规定与本地经营者不同的要求；

3. 在节能环保、安全生产、健康卫生、工程质量、市场监管等方面，对外地经营者在本地设立的分支机构规定歧视性监管标准和要求。

第十五条 影响生产经营成本标准。

（一）不得违法给予特定经营者优惠政策，包括但不限于：

1. 没有法律、行政法规或者国务院规定依据，给予特定经营者财政奖励和补贴；

2. 没有专门的税收法律、法规和国务院规定依据，给予特定经营者税收优惠政策；

3. 没有法律、行政法规或者国务院规定依据，在土地、劳动力、资本、技术、数据等要素获取方面，给予特定经营者优惠政策；

4. 没有法律、行政法规或者国务院规定依据，在环保标准、排污权限等方面给予特定经营者特殊待遇；

5. 没有法律、行政法规或者国务院规定依据，对特定经营者减免、缓征或停征行政事业性收费、政府性基金、住房公积金等。

给予特定经营者的优惠政策应当依法公开。

（二）安排财政支出一般不得与特定经营者缴纳的税收或非税收入挂钩，主要指根据特定经营者缴纳的税收或者非税收入情况，采取列收列支或者违法违规采取先征后返、即征即退等形式，对特定经营者进行返还，或者给予特定经营者财政奖励或补贴、减免土地等自然资源有偿使用收入等优惠政策。

（三）不得违法违规减免或者缓征特定经营者应当缴纳的社会保险费用，主要指没有法律、行政法规或者国务院规定依据，根据经营者规模、所有制形式、组织形式、地区等因素，减免或者缓征特定经营者需要缴纳的基本养老保险费、基本医疗保险费、失业保险费、工伤保险费、生育保险费等。

（四）不得在法律规定之外要求经营者提供或扣留经营者各类保

证金,包括但不限于:

1. 没有法律、行政法规依据或者经国务院批准,要求经营者交纳各类保证金;

2. 限定只能以现金形式交纳投标保证金或履约保证金;

3. 在经营者履行相关程序或者完成相关事项后,不依法退还经营者交纳的保证金及银行同期存款利息。

第十六条 影响生产经营行为标准。

(一)不得强制经营者从事《中华人民共和国反垄断法》禁止的垄断行为,主要指以行政命令、行政授权、行政指导等方式或者通过行业协会商会,强制、组织或者引导经营者达成垄断协议、滥用市场支配地位,以及实施具有或者可能具有排除、限制竞争效果的经营者集中等行为。

(二)不得违法披露或者违法要求经营者披露生产经营敏感信息,为经营者实施垄断行为提供便利条件。生产经营敏感信息是指除依据法律、行政法规或者国务院规定需要公开之外,生产经营者未主动公开,通过公开渠道无法采集的生产经营数据。主要包括:拟定价格、成本、营业收入、利润、生产数量、销售数量、生产销售计划、进出口数量、经销商信息、终端客户信息等。

(三)不得超越定价权限进行政府定价,包括但不限于:

1. 对实行政府指导价的商品、服务进行政府定价;

2. 对不属于本级政府定价目录范围内的商品、服务制定政府定价或者政府指导价;

3. 违反《中华人民共和国价格法》等法律法规采取价格干预措施。

(四)不得违法干预实行市场调节价的商品和服务的价格水平,包括但不限于:

1. 制定公布商品和服务的统一执行价、参考价;

2. 规定商品和服务的最高或者最低限价;

3. 干预影响商品和服务价格水平的手续费、折扣或者其他费用。

第四章　例　外　规　定

第十七条　属于下列情形之一的政策措施,虽然在一定程度上具有限制竞争的效果,但在符合规定的情况下可以出台实施：

（一）维护国家经济安全、文化安全、科技安全或者涉及国防建设的；

（二）为实现扶贫开发、救灾救助等社会保障目的；

（三）为实现节约能源资源、保护生态环境、维护公共卫生健康安全等社会公共利益的；

（四）法律、行政法规规定的其他情形。

属于前款第一项至第三项情形的,政策制定机关应当说明相关政策措施对实现政策目的不可或缺,且不会严重限制市场竞争,并明确实施期限。

第十八条　政策制定机关应当在书面审查结论中说明政策措施是否适用例外规定。认为适用例外规定的,应当对符合适用例外规定的情形和条件进行详细说明。

第十九条　政策制定机关应当逐年评估适用例外规定的政策措施的实施效果,形成书面评估报告。实施期限到期或者未达到预期效果的政策措施,应当及时停止执行或者进行调整。

第五章　第三方评估

第二十条　政策制定机关可以根据工作实际,委托具备相应评估能力的高等院校、科研院所、专业咨询公司等第三方机构,对有关政策措施进行公平竞争评估,或者对公平竞争审查有关工作进行评估。

各级联席会议办公室可以委托第三方机构,对本地公平竞争审查制度总体实施情况开展评估。

第二十一条　政策制定机关在开展公平竞争审查工作的以下阶段和环节,均可以采取第三方评估方式进行：

（一）对拟出台的政策措施进行公平竞争审查；

（二）对经公平竞争审查出台的政策措施进行定期评估；

（三）对适用例外规定出台的政策措施进行逐年评估；

（四）对公平竞争审查制度实施情况进行综合评价；

（五）与公平竞争审查工作相关的其他阶段和环节。

第二十二条　对拟出台的政策措施进行公平竞争审查时，存在以下情形之一的，应当引入第三方评估：

（一）政策制定机关拟适用例外规定的；

（二）被多个单位或者个人反映或者举报涉嫌违反公平竞争审查标准的。

第二十三条　第三方评估结果作为政策制定机关开展公平竞争审查、评价制度实施成效、制定工作推进方案的重要参考。对拟出台的政策措施进行第三方评估的，政策制定机关应当在书面审查结论中说明评估情况。最终做出的审查结论与第三方评估结果不一致的，应当在书面审查结论中说明理由。

第二十四条　第三方评估经费纳入预算管理。政策制定机关依法依规做好第三方评估经费保障。

第六章　监督与责任追究

第二十五条　政策制定机关涉嫌未进行公平竞争审查或者违反审查标准出台政策措施的，任何单位和个人可以向政策制定机关反映，也可以向政策制定机关的上级机关或者本级及以上市场监管部门举报。反映或者举报采用书面形式并提供相关事实依据的，有关部门要及时予以处理。涉嫌违反《中华人民共和国反垄断法》的，由反垄断执法机构依法调查。

第二十六条　政策制定机关未进行公平竞争审查出台政策措施的，应当及时补做审查。发现存在违反公平竞争审查标准问题的，应当按照相关程序停止执行或者调整相关政策措施。停止执行或者调整相关政策措施的，应当依照《中华人民共和国政府信息公开条例》要求向社会公开。

第二十七条　政策制定机关的上级机关经核实认定政策制定机关未进行公平竞争审查或者违反审查标准出台政策措施的，应当责令其改正；拒不改正或者不及时改正的，对直接负责的主管人员和其他直接责任人员依据《中华人民共和国公务员法》《中华人民共和国公职人员政务处分法》《行政机关公务员处分条例》等法律法规给予处分。本级以及以上市场监管部门可以向政策制定机关或者其上级机关提出整改建议;整改情况要及时向有关方面反馈。违反《中华人民共和国反垄断法》的,反垄断执法机构可以向有关上级机关提出依法处理的建议。相关处理决定和建议依法向社会公开。

第二十八条 市场监管总局负责牵头组织政策措施抽查,检查有关政策措施是否履行审查程序、审查流程是否规范、审查结论是否准确等。对市场主体反映比较强烈、问题比较集中、滥用行政权力排除限制竞争行为多发的行业和地区,进行重点抽查。抽查结果及时反馈被抽查单位,并以适当方式向社会公开。对抽查发现的排除、限制竞争问题,被抽查单位应当及时整改。

各地应当结合实际,建立本地区政策措施抽查机制。

第二十九条 县级以上地方各级人民政府建立健全公平竞争审查考核制度,对落实公平竞争审查制度成效显著的单位予以表扬激励,对工作推进不力的进行督促整改,对工作中出现问题并造成不良后果的依法依规严肃处理。

第七章 附 则

第三十条 各地区、各部门在遵循《意见》和本细则规定的基础上,可以根据本地区、本行业实际情况,制定公平竞争审查工作办法和具体措施。

第三十一条 本细则自公布之日起实施。《公平竞争审查制度实施细则(暂行)》(发改价监〔2017〕1849号)同时废止。

  附件1 公平竞争审查基本流程(略)
  附件2 公平竞争审查表(略)

三、投资融资促进

中华人民共和国商业银行法（节录）

1. 1995年5月10日第八届全国人民代表大会常务委员会第十三次会议通过
2. 根据2003年12月27日第十届全国人民代表大会常务委员会第六次会议《关于修改〈中华人民共和国商业银行法〉的决定》第一次修正
3. 根据2015年8月29日第十二届全国人民代表大会常务委员会第十六次会议《关于修改〈中华人民共和国商业银行法〉的决定》第二次修正

第四章 贷款和其他业务的基本规则

第三十四条 【贷款业务的开展】商业银行根据国民经济和社会发展的需要，在国家产业政策指导下开展贷款业务。

第三十五条 【审贷分离、分级审批】商业银行贷款，应当对借款人的借款用途、偿还能力、还款方式等情况进行严格审查。

商业银行贷款，应当实行审贷分离、分级审批的制度。

第三十六条 【贷款担保】商业银行贷款，借款人应当提供担保。商业银行应当对保证人的偿还能力，抵押物、质物的权属和价值以及实现抵押权、质权的可行性进行严格审查。

经商业银行审查、评估，确认借款人资信良好，确能偿还贷款的，可以不提供担保。

第三十七条 【贷款合同】商业银行贷款，应当与借款人订立书面合同。合同应当约定贷款种类、借款用途、金额、利率、还款期限、还款方式、违约责任和双方认为需要约定的其他事项。

第三十八条 【贷款利率】商业银行应当按照中国人民银行规定的贷款利率的上下限，确定贷款利率。

第三十九条 【资产负债比例】商业银行贷款,应当遵守下列资产负债比例管理的规定:

(一)资本充足率不得低于百分之八;

(二)流动性资产余额与流动性负债余额的比例不得低于百分之二十五;

(三)对同一借款人的贷款余额与商业银行资本余额的比例不得超过百分之十;

(四)国务院银行业监督管理机构对资产负债比例管理的其他规定。

本法施行前设立的商业银行,在本法施行后,其资产负债比例不符合前款规定的,应当在一定的期限内符合前款规定。具体办法由国务院规定。

第四十条 【关系人贷款】商业银行不得向关系人发放信用贷款;向关系人发放担保贷款的条件不得优于其他借款人同类贷款的条件。

前款所称关系人是指:

(一)商业银行的董事、监事、管理人员、信贷业务人员及其近亲属;

(二)前项所列人员投资或者担任高级管理职务的公司、企业和其他经济组织。

第四十一条 【禁止强令放贷担保】任何单位和个人不得强令商业银行发放贷款或者提供担保。商业银行有权拒绝任何单位和个人强令要求其发放贷款或者提供担保。

第四十二条 【不按期返还贷款本息的处理】借款人应当按期归还贷款的本金和利息。

借款人到期不归还担保贷款的,商业银行依法享有要求保证人归还贷款本金和利息或者就该担保物优先受偿的权利。商业银行因行使抵押权、质权而取得的不动产或者股权,应当自取得之日起二年内予以处分。

借款人到期不归还信用贷款的,应当按照合同约定承担责任。

第四十三条 【信托、证券业务的禁止】商业银行在中华人民共和国境内不得从事信托投资和证券经营业务，不得向非自用不动产投资或者向非银行金融机构和企业投资，但国家另有规定的除外。

第四十四条 【结算业务】商业银行办理票据承兑、汇兑、委托收款等结算业务，应当按照规定的期限兑现，收付入账，不得压单、压票或者违反规定退票。有关兑现、收付入账期限的规定应当公布。

第四十五条 【发行金融债券及境外借款的报批】商业银行发行金融债券或者到境外借款，应当依照法律、行政法规的规定报经批准。

第四十六条 【同业拆借】同业拆借，应当遵守中国人民银行的规定。禁止利用拆入资金发放固定资产贷款或者用于投资。

拆出资金限于交足存款准备金、留足备付金和归还中国人民银行到期贷款之后的闲置资金。拆入资金用于弥补票据结算、联行汇差头寸的不足和解决临时性周转资金的需要。

第四十七条 【禁止违规吸存、放贷】商业银行不得违反规定提高或者降低利率以及采用其他不正当手段，吸收存款，发放贷款。

第四十八条 【单位账户开立】企业事业单位可以自主选择一家商业银行的营业场所开立一个办理日常转账结算和现金收付的基本账户，不得开立两个以上基本账户。

任何单位和个人不得将单位的资金以个人名义开立账户存储。

第四十九条 【营业时间】商业银行的营业时间应当方便客户，并予以公告。商业银行应当在公告的营业时间内营业，不得擅自停止营业或者缩短营业时间。

第五十条 【手续费】商业银行办理业务，提供服务，按照规定收取手续费。收费项目和标准由国务院银行业监督管理机构、中国人民银行根据职责分工，分别会同国务院价格主管部门制定。

第五十一条 【资料保存】商业银行应当按照国家有关规定保存财务会计报表、业务合同以及其他资料。

第五十二条 【工作人员的禁止行为】商业银行的工作人员应当遵守法律、行政法规和其他各项业务管理的规定，不得有下列行为：

（一）利用职务上的便利，索取、收受贿赂或者违反国家规定收受各种名义的回扣、手续费；

（二）利用职务上的便利，贪污、挪用、侵占本行或者客户的资金；

（三）违反规定徇私向亲属、朋友发放贷款或者提供担保；

（四）在其他经济组织兼职；

（五）违反法律、行政法规和业务管理规定的其他行为。

第五十三条 【工作人员保密义务】商业银行的工作人员不得泄露其在任职期间知悉的国家秘密、商业秘密。

私募投资基金监督管理条例（节录）

1. 2023年7月3日国务院令第762号公布
2. 自2023年9月1日起施行

第三章 资金募集和投资运作

第十七条 私募基金管理人应当自行募集资金，不得委托他人募集资金，但国务院证券监督管理机构另有规定的除外。

第十八条 私募基金应当向合格投资者募集或者转让，单只私募基金的投资者累计不得超过法律规定的人数。私募基金管理人不得采取为单一融资项目设立多只私募基金等方式，突破法律规定的人数限制；不得采取将私募基金份额或者收益权进行拆分转让等方式，降低合格投资者标准。

前款所称合格投资者，是指达到规定的资产规模或者收入水平，并且具备相应的风险识别能力和风险承担能力，其认购金额不低于规定限额的单位和个人。

合格投资者的具体标准由国务院证券监督管理机构规定。

第十九条 私募基金管理人应当向投资者充分揭示投资风险，根据投资者的风险识别能力和风险承担能力匹配不同风险等级的私募基金产品。

第二十条 私募基金不得向合格投资者以外的单位和个人募集或者转让;不得向为他人代持的投资者募集或者转让;不得通过报刊、电台、电视台、互联网等大众传播媒介,电话、短信、即时通讯工具、电子邮件、传单,或者讲座、报告会、分析会等方式向不特定对象宣传推介;不得以虚假、片面、夸大等方式宣传推介;不得以私募基金托管人名义宣传推介;不得向投资者承诺投资本金不受损失或者承诺最低收益。

第二十一条 私募基金管理人运用私募基金财产进行投资的,在以私募基金管理人名义开立账户、列入所投资企业股东名册或者持有其他私募基金财产时,应当注明私募基金名称。

第二十二条 私募基金管理人应当自私募基金募集完毕之日起20个工作日内,向登记备案机构报送下列材料,办理备案:

(一)基金合同;

(二)托管协议或者保障私募基金财产安全的制度措施;

(三)私募基金财产证明文件;

(四)投资者的基本信息、认购金额、持有基金份额的数量及其受益所有人相关信息;

(五)国务院证券监督管理机构规定的其他材料。

私募基金应当具有保障基本投资能力和抗风险能力的实缴募集资金规模。登记备案机构根据私募基金的募集资金规模等情况实施分类公示,对募集的资金总额或者投资者人数达到规定标准的,应当向国务院证券监督管理机构报告。

第二十三条 国务院证券监督管理机构应当建立健全私募基金监测机制,对私募基金及其投资者份额持有情况等进行集中监测,具体办法由国务院证券监督管理机构规定。

第二十四条 私募基金财产的投资包括买卖股份有限公司股份、有限责任公司股权、债券、基金份额、其他证券及其衍生品种以及符合国务院证券监督管理机构规定的其他投资标的。

私募基金财产不得用于经营或者变相经营资金拆借、贷款等业务。私募基金管理人不得以要求地方人民政府承诺回购本金等方式变相增加政府隐性债务。

第二十五条　私募基金的投资层级应当遵守国务院金融管理部门的规定。但符合国务院证券监督管理机构规定条件，将主要基金财产投资于其他私募基金的私募基金不计入投资层级。

创业投资基金、本条例第五条第二款规定私募基金的投资层级，由国务院有关部门规定。

第二十六条　私募基金管理人应当遵循专业化管理原则，聘用具有相应从业经历的高级管理人员负责投资管理、风险控制、合规等工作。

私募基金管理人应当遵循投资者利益优先原则，建立从业人员投资申报、登记、审查、处置等管理制度，防范利益输送和利益冲突。

第二十七条　私募基金管理人不得将投资管理职责委托他人行使。

私募基金管理人委托其他机构为私募基金提供证券投资建议服务的，接受委托的机构应当为《证券投资基金法》规定的基金投资顾问机构。

第二十八条　私募基金管理人应当建立健全关联交易管理制度，不得以私募基金财产与关联方进行不正当交易或者利益输送，不得通过多层嵌套或者其他方式进行隐瞒。

私募基金管理人运用私募基金财产与自己、投资者、所管理的其他私募基金、其实际控制人控制的其他私募基金管理人管理的私募基金，或者与其有重大利害关系的其他主体进行交易的，应当履行基金合同约定的决策程序，并及时向投资者和私募基金托管人提供相关信息。

第二十九条　私募基金管理人应当按照规定聘请会计师事务所对私募基金财产进行审计，向投资者提供审计结果，并报送登记备案机构。

第三十条　私募基金管理人、私募基金托管人及其从业人员不得有下列行为：

（一）将其固有财产或者他人财产混同于私募基金财产；

（二）利用私募基金财产或者职务便利，为投资者以外的人牟取利益；

（三）侵占、挪用私募基金财产；

（四）泄露因职务便利获取的未公开信息，利用该信息从事或者明示、暗示他人从事相关的证券、期货交易活动；

（五）法律、行政法规和国务院证券监督管理机构规定禁止的其他行为。

第三十一条　私募基金管理人在资金募集、投资运作过程中，应当按照国务院证券监督管理机构的规定和基金合同约定，向投资者提供信息。

私募基金财产进行托管的，私募基金管理人应当按照国务院证券监督管理机构的规定和托管协议约定，及时向私募基金托管人提供投资者基本信息、投资标的权属变更证明材料等信息。

第三十二条　私募基金管理人、私募基金托管人及其从业人员提供、报送的信息应当真实、准确、完整，不得有下列行为：

（一）虚假记载、误导性陈述或者重大遗漏；

（二）对投资业绩进行预测；

（三）向投资者承诺投资本金不受损失或者承诺最低收益；

（四）法律、行政法规和国务院证券监督管理机构规定禁止的其他行为。

第三十三条　私募基金管理人、私募基金托管人、私募基金服务机构应当按照国务院证券监督管理机构的规定，向登记备案机构报送私募基金投资运作等信息。登记备案机构应当根据不同私募基金类型，对报送信息的内容、频次等作出规定，并汇总分析私募基金行业情况，向国务院证券监督管理机构报送私募基金行业相关信息。

登记备案机构应当加强风险预警，发现可能存在重大风险的，及时采取措施并向国务院证券监督管理机构报告。

登记备案机构应当对本条第一款规定的信息保密，除法律、行政法规另有规定外，不得对外提供。

第三十四条　因私募基金管理人无法正常履行职责或者出现重大风险

等情形,导致私募基金无法正常运作、终止的,由基金合同约定或者有关规定确定的其他专业机构,行使更换私募基金管理人、修改或者提前终止基金合同、组织私募基金清算等职权。

第四章　关于创业投资基金的特别规定

第三十五条　本条例所称创业投资基金,是指符合下列条件的私募基金:

(一)投资范围限于未上市企业,但所投资企业上市后基金所持股份的未转让部分及其配售部分除外;

(二)基金名称包含"创业投资基金"字样,或者在公司、合伙企业经营范围中包含"从事创业投资活动"字样;

(三)基金合同体现创业投资策略;

(四)不使用杠杆融资,但国家另有规定的除外;

(五)基金最低存续期限符合国家有关规定;

(六)国家规定的其他条件。

第三十六条　国家对创业投资基金给予政策支持,鼓励和引导其投资成长性、创新性创业企业,鼓励长期资金投资于创业投资基金。

国务院发展改革部门负责组织拟定促进创业投资基金发展的政策措施。国务院证券监督管理机构和国务院发展改革部门建立健全信息和支持政策共享机制,加强创业投资基金监督管理政策和发展政策的协同配合。登记备案机构应当及时向国务院证券监督管理机构和国务院发展改革部门报送与创业投资基金相关的信息。

享受国家政策支持的创业投资基金,其投资应当符合国家有关规定。

第三十七条　国务院证券监督管理机构对创业投资基金实施区别于其他私募基金的差异化监督管理:

(一)优化创业投资基金营商环境,简化登记备案手续;

(二)对合法募资、合规投资、诚信经营的创业投资基金在资金募集、投资运作、风险监测、现场检查等方面实施差异化监督管理,减少检查频次;

（三）对主要从事长期投资、价值投资、重大科技成果转化的创业投资基金在投资退出等方面提供便利。

第三十八条　登记备案机构在登记备案、事项变更等方面对创业投资基金实施区别于其他私募基金的差异化自律管理。

企业投资项目核准和备案管理条例

1. 2016 年 11 月 30 日国务院令第 673 号公布
2. 自 2017 年 2 月 1 日起施行

第一条　为了规范政府对企业投资项目的核准和备案行为，加快转变政府的投资管理职能，落实企业投资自主权，制定本条例。

第二条　本条例所称企业投资项目（以下简称项目），是指企业在中国境内投资建设的固定资产投资项目。

第三条　对关系国家安全、涉及全国重大生产力布局、战略性资源开发和重大公共利益等项目，实行核准管理。具体项目范围以及核准机关、核准权限依照政府核准的投资项目目录执行。政府核准的投资项目目录由国务院投资主管部门会同国务院有关部门提出，报国务院批准后实施，并适时调整。国务院另有规定的，依照其规定。

对前款规定以外的项目，实行备案管理。除国务院另有规定的，实行备案管理的项目按照属地原则备案，备案机关及其权限由省、自治区、直辖市和计划单列市人民政府规定。

第四条　除涉及国家秘密的项目外，项目核准、备案通过国家建立的项目在线监管平台（以下简称在线平台）办理。

核准机关、备案机关以及其他有关部门统一使用在线平台生成的项目代码办理相关手续。

国务院投资主管部门会同有关部门制定在线平台管理办法。

第五条　核准机关、备案机关应当通过在线平台列明与项目有关的产业政策,公开项目核准的办理流程、办理时限等,并为企业提供相关咨询服务。

第六条 企业办理项目核准手续,应当向核准机关提交项目申请书;由国务院核准的项目,向国务院投资主管部门提交项目申请书。项目申请书应当包括下列内容:

(一)企业基本情况;

(二)项目情况,包括项目名称、建设地点、建设规模、建设内容等;

(三)项目利用资源情况分析以及对生态环境的影响分析;

(四)项目对经济和社会的影响分析。

企业应当对项目申请书内容的真实性负责。

法律、行政法规规定办理相关手续作为项目核准前置条件的,企业应当提交已经办理相关手续的证明文件。

第七条 项目申请书由企业自主组织编制,任何单位和个人不得强制企业委托中介服务机构编制项目申请书。

核准机关应当制定并公布项目申请书示范文本,明确项目申请书编制要求。

第八条 由国务院有关部门核准的项目,企业可以通过项目所在地省、自治区、直辖市和计划单列市人民政府有关部门(以下称地方人民政府有关部门)转送项目申请书,地方人民政府有关部门应当自收到项目申请书之日起5个工作日内转送核准机关。

由国务院核准的项目,企业通过地方人民政府有关部门转送项目申请书的,地方人民政府有关部门应当在前款规定的期限内将项目申请书转送国务院投资主管部门,由国务院投资主管部门审核后报国务院核准。

第九条 核准机关应当从下列方面对项目进行审查:

(一)是否危害经济安全、社会安全、生态安全等国家安全;

(二)是否符合相关发展建设规划、技术标准和产业政策;

(三)是否合理开发并有效利用资源;

（四）是否对重大公共利益产生不利影响。

项目涉及有关部门或者项目所在地地方人民政府职责的，核准机关应当书面征求其意见，被征求意见单位应当及时书面回复。

核准机关委托中介服务机构对项目进行评估的，应当明确评估重点；除项目情况复杂的，评估时限不得超过30个工作日。评估费用由核准机关承担。

第十条　核准机关应当自受理申请之日起20个工作日内，作出是否予以核准的决定；项目情况复杂或者需要征求有关单位意见的，经本机关主要负责人批准，可以延长核准期限，但延长的期限不得超过40个工作日。核准机关委托中介服务机构对项目进行评估的，评估时间不计入核准期限。

核准机关对项目予以核准的，应当向企业出具核准文件；不予核准的，应当书面通知企业并说明理由。由国务院核准的项目，由国务院投资主管部门根据国务院的决定向企业出具核准文件或者不予核准的书面通知。

第十一条　企业拟变更已核准项目的建设地点，或者拟对建设规模、建设内容等作较大变更的，应当向核准机关提出变更申请。核准机关应当自受理申请之日起20个工作日内，作出是否同意变更的书面决定。

第十二条　项目自核准机关作出予以核准决定或者同意变更决定之日起2年内未开工建设，需要延期开工建设的，企业应当在2年期限届满的30个工作日前，向核准机关申请延期开工建设。核准机关应当自受理申请之日起20个工作日内，作出是否同意延期开工建设的决定。开工建设只能延期一次，期限最长不得超过1年。国家对项目延期开工建设另有规定的，依照其规定。

第十三条　实行备案管理的项目，企业应当在开工建设前通过在线平台将下列信息告知备案机关：

（一）企业基本情况；

（二）项目名称、建设地点、建设规模、建设内容；

(三)项目总投资额;

(四)项目符合产业政策的声明。

企业应当对备案项目信息的真实性负责。

备案机关收到本条第一款规定的全部信息即为备案;企业告知的信息不齐全的,备案机关应当指导企业补正。

企业需要备案证明的,可以要求备案机关出具或者通过在线平台自行打印。

第十四条 已备案项目信息发生较大变更的,企业应当及时告知备案机关。

第十五条 备案机关发现已备案项目属于产业政策禁止投资建设或者实行核准管理的,应当及时告知企业予以纠正或者依法办理核准手续,并通知有关部门。

第十六条 核准机关、备案机关以及依法对项目负有监督管理职责的其他有关部门应当加强事中事后监管,按照谁审批谁监管、谁主管谁监管的原则,落实监管责任,采取在线监测、现场核查等方式,加强对项目实施的监督检查。

企业应当通过在线平台如实报送项目开工建设、建设进度、竣工的基本信息。

第十七条 核准机关、备案机关以及依法对项目负有监督管理职责的其他有关部门应当建立项目信息共享机制,通过在线平台实现信息共享。

企业在项目核准、备案以及项目实施中的违法行为及其处理信息,通过国家社会信用信息平台向社会公示。

第十八条 实行核准管理的项目,企业未依照本条例规定办理核准手续开工建设或者未按照核准的建设地点、建设规模、建设内容等进行建设的,由核准机关责令停止建设或者责令停产,对企业处项目总投资额1‰以上5‰以下的罚款;对直接负责的主管人员和其他直接责任人员处2万元以上5万元以下的罚款,属于国家工作人员的,依法给予处分。

以欺骗、贿赂等不正当手段取得项目核准文件,尚未开工建设的,由核准机关撤销核准文件,处项目总投资额1‰以上5‰以下的罚款;已经开工建设的,依照前款规定予以处罚;构成犯罪的,依法追究刑事责任。

第十九条　实行备案管理的项目,企业未依照本条例规定将项目信息或者已备案项目的信息变更情况告知备案机关,或者向备案机关提供虚假信息的,由备案机关责令限期改正;逾期不改正的,处2万元以上5万元以下的罚款。

第二十条　企业投资建设产业政策禁止投资建设项目的,由县级以上人民政府投资主管部门责令停止建设或者责令停产并恢复原状,对企业处项目总投资额5‰以上10‰以下的罚款;对直接负责的主管人员和其他直接责任人员处5万元以上10万元以下的罚款,属于国家工作人员的,依法给予处分。法律、行政法规另有规定的,依照其规定。

第二十一条　核准机关、备案机关及其工作人员在项目核准、备案工作中玩忽职守、滥用职权、徇私舞弊的,对负有责任的领导人员和直接责任人员依法给予处分;构成犯罪的,依法追究刑事责任。

第二十二条　事业单位、社会团体等非企业组织在中国境内投资建设的固定资产投资项目适用本条例,但通过预算安排的固定资产投资项目除外。

第二十三条　国防科技工业企业在中国境内投资建设的固定资产投资项目核准和备案管理办法,由国务院国防科技工业管理部门根据本条例的原则另行制定。

第二十四条　本条例自2017年2月1日起施行。

企业投资项目核准和备案管理办法

1. 2017年3月8日国家发展改革委令第2号公布
2. 2023年3月23日国家发展改革委令第1号修订

第一章 总 则

第一条 为落实企业投资自主权,规范政府对企业投资项目的核准和备案行为,实现便利、高效服务和有效管理,依法保护企业合法权益,依据《行政许可法》、《企业投资项目核准和备案管理条例》等有关法律法规,制定本办法。

第二条 本办法所称企业投资项目(以下简称项目),是指企业在中国境内投资建设的固定资产投资项目,包括企业使用自己筹措资金的项目,以及使用自己筹措的资金并申请使用政府投资补助或贷款贴息等的项目。

项目申请使用政府投资补助、贷款贴息的,应在履行核准或备案手续后,提出资金申请报告。

第三条 县级以上人民政府投资主管部门对投资项目履行综合管理职责。

县级以上人民政府其他部门依照法律、法规规定,按照本级政府规定职责分工,对投资项目履行相应管理职责。

第四条 根据项目不同情况,分别实行核准管理或备案管理。

对关系国家安全、涉及全国重大生产力布局、战略性资源开发和重大公共利益等项目,实行核准管理。其他项目实行备案管理。

第五条 实行核准管理的具体项目范围以及核准机关、核准权限,由国务院颁布的《政府核准的投资项目目录》(以下简称《核准目录》)确定。法律、行政法规和国务院对项目核准的范围、权限有专门规定的,从其规定。

《核准目录》由国务院投资主管部门会同有关部门研究提出,报国务院批准后实施,并根据情况适时调整。

未经国务院批准,各部门、各地区不得擅自调整《核准目录》确定的核准范围和权限。

第六条　除国务院另有规定外,实行备案管理的项目按照属地原则备案。

各省级政府负责制定本行政区域内的项目备案管理办法,明确备案机关及其权限。

第七条　依据本办法第五条第一款规定具有项目核准权限的行政机关统称项目核准机关。《核准目录》所称国务院投资主管部门是指国家发展和改革委员会;《核准目录》规定由省级政府、地方政府核准的项目,其具体项目核准机关由省级政府确定。

项目核准机关对项目进行的核准是行政许可事项,实施行政许可所需经费应当由本级财政予以保障。

依据国务院专门规定和省级政府规定具有项目备案权限的行政机关统称项目备案机关。

第八条　项目的市场前景、经济效益、资金来源和产品技术方案等,应当依法由企业自主决策、自担风险,项目核准、备案机关及其他行政机关不得非法干预企业的投资自主权。

第九条　项目核准、备案机关及其工作人员应当依法对项目进行核准或者备案,不得擅自增减审查条件,不得超出办理时限。

第十条　项目核准、备案机关应当遵循便民、高效原则,提高办事效率,提供优质服务。

项目核准、备案机关应当制定并公开服务指南,列明项目核准的申报材料及所需附件、受理方式、审查条件、办理流程、办理时限等;列明项目备案所需信息内容、办理流程等,提高工作透明度,为企业提供指导和服务。

第十一条　县级以上地方人民政府有关部门应当依照相关法律法规和本级政府有关规定,建立健全对项目核准、备案机关的监督制度,加强对项目核准、备案行为的监督检查。

各级政府及其有关部门应当依照相关法律法规及规定对企业从事固定资产投资活动实施监督管理。

任何单位和个人都有权对项目核准、备案、建设实施过程中的违法违规行为向有关部门检举。有关部门应当及时核实、处理。

第十二条 除涉及国家秘密的项目外,项目核准、备案通过全国投资项目在线审批监管平台(以下简称在线平台)实行网上受理、办理、监管和服务,实现核准、备案过程和结果的可查询、可监督。

第十三条 项目核准、备案机关以及其他有关部门统一使用在线平台生成的项目代码办理相关手续。

项目通过在线平台申报时,生成作为该项目整个建设周期身份标识的唯一项目代码。项目的审批信息、监管(处罚)信息,以及工程实施过程中的重要信息,统一汇集至项目代码,并与社会信用体系对接,作为后续监管的基础条件。

第十四条 项目核准、备案机关及有关部门应当通过在线平台公开与项目有关的发展规划、产业政策和准入标准,公开项目核准、备案等事项的办理条件、办理流程、办理时限等。

项目核准、备案机关应根据《政府信息公开条例》有关规定将核准、备案结果予以公开,不得违法违规公开重大工程的关键信息。

第十五条 企业投资建设固定资产投资项目,应当遵守国家法律法规,符合国民经济和社会发展总体规划、专项规划、区域规划、产业政策、市场准入标准、资源开发、能耗与环境管理等要求,依法履行项目核准或者备案及其他相关手续,并依法办理城乡规划、土地(海域)使用、环境保护、能源资源利用、安全生产等相关手续,如实提供相关材料,报告相关信息。

第十六条 对项目核准、备案机关实施的项目核准、备案行为,相关利害关系人有权依法申请行政复议或者提起行政诉讼。

第二章 项目核准的申请文件

第十七条 企业办理项目核准手续,应当按照国家有关要求编制项目申请报告,取得第二十二条规定依法应当附具的有关文件后,按照本办法第二十三条规定报送。

第十八条　组织编制和报送项目申请报告的项目单位,应当对项目申请报告以及依法应当附具文件的真实性、合法性和完整性负责。

第十九条　项目申请报告应当主要包括以下内容：

（一）项目单位情况；

（二）拟建项目情况,包括项目名称、建设地点、建设规模、建设内容等；

（三）项目资源利用情况分析以及对生态环境的影响分析；

（四）项目对经济和社会的影响分析。

第二十条　项目申请报告通用文本由国务院投资主管部门会同有关部门制定,主要行业的项目申请报告示范文本由相应的项目核准机关参照项目申请报告通用文本制定,明确编制内容、深度要求等。

第二十一条　项目申请报告可以由项目单位自行编写,也可以由项目单位自主委托具有相关经验和能力的工程咨询单位编写。任何单位和个人不得强制项目单位委托中介服务机构编制项目申请报告。

项目单位或者其委托的工程咨询单位应当按照项目申请报告通用文本和行业示范文本的要求编写项目申请报告。

工程咨询单位接受委托编制有关文件,应当做到依法、独立、客观、公正,对其编制的文件负责。

第二十二条　项目单位在报送项目申请报告时,应当根据国家法律法规的规定附具以下文件：

（一）自然资源主管部门出具的用地（用海）预审与选址意见书；

（二）法律、行政法规规定需要办理的其他相关手续。

第三章　项目核准的基本程序

第二十三条　地方企业投资建设应当分别由国务院投资主管部门、国务院行业管理部门核准的项目,可以分别通过项目所在地省级政府投资主管部门、行业管理部门向国务院投资主管部门、国务院行业管理部门转送项目申请报告。属于国务院投资主管部门核准权限的项目,项目所在地省级政府规定由省级政府行业管理部门转送的,可以由省级政府投资主管部门与其联合报送。

国务院有关部门所属单位、计划单列企业集团、中央管理企业投资建设应当由国务院有关部门核准的项目,直接向相应的项目核准机关报送项目申请报告,并附行业管理部门的意见。

企业投资建设应当由国务院核准的项目,按照本条第一、二款规定向国务院投资主管部门报送项目申请报告,由国务院投资主管部门审核后报国务院核准。新建运输机场项目由相关省级政府直接向国务院、中央军委报送项目申请报告。

第二十四条 企业投资建设应当由地方政府核准的项目,应当按照地方政府的有关规定,向相应的项目核准机关报送项目申请报告。

第二十五条 项目申报材料齐全、符合法定形式的,项目核准机关应当予以受理。

申报材料不齐全或者不符合法定形式的,项目核准机关应当在收到项目申报材料之日起5个工作日内一次告知项目单位补充相关文件,或对相关内容进行调整。逾期不告知的,自收到项目申报材料之日起即为受理。

项目核准机关受理或者不予受理申报材料,都应当出具加盖本机关专用印章并注明日期的书面凭证。对于受理的申报材料,书面凭证应注明项目代码,项目单位可以根据项目代码在线查询、监督核准过程和结果。

第二十六条 项目核准机关在正式受理项目申请报告后,需要评估的,应在4个工作日内按照有关规定委托具有相应资质的工程咨询机构进行评估。项目核准机关在委托评估时,应当根据项目具体情况,提出评估重点,明确评估时限。

工程咨询机构与编制项目申请报告的工程咨询机构为同一单位、存在控股、管理关系或者负责人为同一人的,该工程咨询机构不得承担该项目的评估工作。工程咨询机构与项目单位存在控股、管理关系或者负责人为同一人的,该工程咨询机构不得承担该项目单位的项目评估工作。

除项目情况复杂的,评估时限不得超过30个工作日。接受委托的工程咨询机构应当在项目核准机关规定的时间内提出评估报告,并对评估结论承担责任。项目情况复杂的,履行批准程序后,可以延长评估时限,但延长的期限不得超过60个工作日。

项目核准机关应当将项目评估报告与核准文件一并存档备查。

评估费用由委托评估的项目核准机关承担,评估机构及其工作人员不得收取项目单位的任何费用。

第二十七条 项目涉及有关行业管理部门或者项目所在地地方政府职责的,项目核准机关应当商请有关行业管理部门或地方人民政府在7个工作日内出具书面审查意见。有关行业管理部门或地方人民政府逾期没有反馈书面审查意见的,视为同意。

第二十八条 项目建设可能对公众利益构成重大影响的,项目核准机关在作出核准决定前,应当采取适当方式征求公众意见。

相关部门对直接涉及群众切身利益的用地(用海)、环境影响、移民安置、社会稳定风险等事项已经进行实质性审查并出具了相关审批文件的,项目核准机关可不再就相关内容重复征求公众意见。

对于特别重大的项目,可以实行专家评议制度。除项目情况特别复杂外,专家评议时限原则上不得超过30个工作日。

第二十九条 项目核准机关可以根据评估意见、部门意见和公众意见等,要求项目单位对相关内容进行调整,或者对有关情况和文件做进一步澄清、补充。

第三十条 项目违反相关法律法规,或者不符合发展规划、产业政策和市场准入标准要求的,项目核准机关可以不经过委托评估、征求意见等程序,直接作出不予核准的决定。

第三十一条 项目核准机关应当在正式受理申报材料后20个工作日内作出是否予以核准的决定,或向上级项目核准机关提出审核意见。项目情况复杂或者需要征求有关单位意见的,经本行政机关主要负责人批准,可以延长核准时限,但延长的时限不得超过40个工作日,并应当将延长期限的理由告知项目单位。

项目核准机关需要委托评估或进行专家评议的，所需时间不计算在前款规定的期限内。项目核准机关应当将咨询评估或专家评议所需时间书面告知项目单位。

第三十二条 项目符合核准条件的，项目核准机关应当对项目予以核准并向项目单位出具项目核准文件。项目不符合核准条件的，项目核准机关应当出具不予核准的书面通知，并说明不予核准的理由。

属于国务院核准权限的项目，由国务院投资主管部门根据国务院的决定向项目单位出具项目核准文件或者不予核准的书面通知。

项目核准机关出具项目核准文件或者不予核准的书面通知应当抄送同级行业管理、城乡规划、国土资源、水行政管理、环境保护、节能审查等相关部门和下级机关。

第三十三条 项目核准文件和不予核准书面通知的格式文本，由国务院投资主管部门制定。

第三十四条 项目核准机关应制定内部工作规则，不断优化工作流程，提高核准工作效率。

第四章 项目核准的审查及效力

第三十五条 项目核准机关应当从以下方面对项目进行审查：

（一）是否危害经济安全、社会安全、生态安全等国家安全；

（二）是否符合相关发展建设规划、产业政策和技术标准；

（三）是否合理开发并有效利用资源；

（四）是否对重大公共利益产生不利影响。

项目核准机关应当制定审查工作细则，明确审查具体内容、审查标准、审查要点、注意事项及不当行为需要承担的后果等。

第三十六条 除本办法第二十二条要求提供的项目申请报告附送文件之外，项目单位还应在开工前依法办理其他相关手续。

第三十七条 取得项目核准文件的项目，有下列情形之一的，项目单位应当及时以书面形式向原项目核准机关提出变更申请。原项目核准机关应当自受理申请之日起20个工作日内作出是否同意变更的书面决定：

(一)建设地点发生变更的；

(二)投资规模、建设规模、建设内容发生较大变化的；

(三)项目变更可能对经济、社会、环境等产生重大不利影响的；

(四)需要对项目核准文件所规定的内容进行调整的其他重大情形。

第三十八条 项目自核准机关出具项目核准文件或同意项目变更决定2年内未开工建设，需要延期开工建设的，项目单位应当在2年期限届满的30个工作日前，向项目核准机关申请延期开工建设。项目核准机关应当自受理申请之日起20个工作日内，作出是否同意延期开工建设的决定，并出具相应文件。开工建设只能延期一次，期限最长不得超过1年。国家对项目延期开工建设另有规定的，依照其规定。

在2年期限内未开工建设也未按照规定向项目核准机关申请延期的，项目核准文件或同意项目变更决定自动失效。

第五章 项目备案

第三十九条 实行备案管理的项目，项目单位应当在开工建设前通过在线平台将相关信息告知项目备案机关，依法履行投资项目信息告知义务，并遵循诚信和规范原则。

第四十条 项目备案机关应当制定项目备案基本信息格式文本，具体包括以下内容：

(一)项目单位基本情况；

(二)项目名称、建设地点、建设规模、建设内容；

(三)项目总投资额；

(四)项目符合产业政策声明。

项目单位应当对备案项目信息的真实性、合法性和完整性负责。

第四十一条 项目备案机关收到本办法第四十条规定的全部信息即为备案。项目备案信息不完整的，备案机关应当及时以适当方式提醒和指导项目单位补正。

项目备案机关发现项目属产业政策禁止投资建设或者依法应实

行核准管理,以及不属于固定资产投资项目、依法应实施审批管理、不属于本备案机关权限等情形的,应当通过在线平台及时告知企业予以纠正或者依法申请办理相关手续。

第四十二条 项目备案相关信息通过在线平台在相关部门之间实现互通共享。

项目单位需要备案证明的,可以通过在线平台自行打印或者要求备案机关出具。

第四十三条 项目备案后,项目法人发生变化,项目建设地点、规模、内容发生重大变更,或者放弃项目建设的,项目单位应当通过在线平台及时告知项目备案机关,并修改相关信息。

第四十四条 实行备案管理的项目,项目单位在开工建设前还应当根据相关法律法规规定办理其他相关手续。

第六章 监督管理

第四十五条 上级项目核准、备案机关应当加强对下级项目核准、备案机关的指导和监督,及时纠正项目管理中存在的违法违规行为。

第四十六条 项目核准和备案机关、行业管理、城乡规划(建设)、国家安全、国土(海洋)资源、环境保护、节能审查、金融监管、安全生产监管、审计等部门,应当按照谁审批谁监管、谁主管谁监管的原则,采取在线监测、现场核查等方式,依法加强对项目的事中事后监管。

项目核准、备案机关应当根据法律法规和发展规划、产业政策、总量控制目标、技术政策、准入标准及相关环保要求等,对项目进行监管。

城乡规划、国土(海洋)资源、环境保护、节能审查、安全监管、建设、行业管理等部门,应当履行法律法规赋予的监管职责,在各自职责范围内对项目进行监管。

金融监管部门应当加强指导和监督,引导金融机构按照商业原则,依法独立审贷。

审计部门应当依法加强对国有企业投资项目、申请使用政府投资资金的项目以及其他公共工程项目的审计监督。

第四十七条　各级地方政府有关部门应按照相关法律法规及职责分工,加强对本行政区域内项目的监督检查,发现违法违规行为的,应当依法予以处理,并通过在线平台登记相关违法违规信息。

第四十八条　对不符合法定条件的项目予以核准,或者超越法定职权予以核准的,应依法予以撤销。

第四十九条　各级项目核准、备案机关的项目核准或备案信息,以及国土(海洋)资源、城乡规划、水行政管理、环境保护、节能审查、安全监管、建设、工商等部门的相关手续办理信息、审批结果信息、监管(处罚)信息,应当通过在线平台实现互通共享。

第五十条　项目单位应当通过在线平台如实报送项目开工建设、建设进度、竣工的基本信息。

　　项目开工前,项目单位应当登录在线平台报备项目开工基本信息。项目开工后,项目单位应当按年度在线报备项目建设动态进度基本信息。项目竣工验收后,项目单位应当在线报备项目竣工基本信息。

第五十一条　项目单位有下列行为之一的,相关信息列入项目异常信用记录,并纳入全国信用信息共享平台:

　　(一)应申请办理项目核准但未依法取得核准文件的;

　　(二)提供虚假项目核准或备案信息,或者未依法将项目信息告知备案机关,或者已备案项目信息变更未告知备案机关的;

　　(三)违反法律法规擅自开工建设的;

　　(四)不按照批准内容组织实施的;

　　(五)项目单位未按本办法第五十条规定报送项目开工建设、建设进度、竣工等基本信息,或者报送虚假信息的;

　　(六)其他违法违规行为。

第七章　法 律 责 任

第五十二条　项目核准、备案机关有下列情形之一的,由其上级行政机关责令改正,对负有责任的领导人员和直接责任人员由有关单位和部门依纪依法给予处分:

（一）超越法定职权予以核准或备案的；

（二）对不符合法定条件的项目予以核准的；

（三）对符合法定条件的项目不予核准的；

（四）擅自增减核准审查条件的，或者以备案名义变相审批、核准的；

（五）不在法定期限内作出核准决定的；

（六）不依法履行监管职责或者监督不力，造成严重后果的。

第五十三条　项目核准、备案机关及其工作人员，以及其他相关部门及其工作人员，在项目核准、备案以及相关审批手续办理过程中玩忽职守、滥用职权、徇私舞弊、索贿受贿的，对负有责任的领导人员和直接责任人员依法给予处分；构成犯罪的，依法追究刑事责任。

第五十四条　项目核准、备案机关，以及国土（海洋）资源、城乡规划、水行政管理、环境保护、节能审查、安全监管、建设等部门违反相关法律法规规定，未依法履行监管职责的，对直接负责的主管人员和其他直接责任人员，依法给予处分；构成犯罪的，依法追究刑事责任。

项目所在地的地方政府有关部门不履行企业投资监管职责的，对直接负责的主管人员和其他直接责任人员，依法给予处分。

第五十五条　企业以分拆项目、隐瞒有关情况或者提供虚假申报材料等不正当手段申请核准、备案的，项目核准机关不予受理或者不予核准、备案，并给予警告。

第五十六条　实行核准管理的项目，企业未依法办理核准手续开工建设或者未按照核准的建设地点、建设规模、建设内容等进行建设的，由核准机关责令停止建设或者责令停产，对企业处项目总投资额1‰以上5‰以下的罚款；对直接负责的主管人员和其他直接责任人员处2万元以上5万元以下的罚款，属于国家工作人员的，依法给予处分。项目应视情况予以拆除或者补办相关手续。

以欺骗、贿赂等不正当手段取得项目核准文件，尚未开工建设的，由核准机关撤销核准文件，处项目总投资额1‰以上5‰以下的罚款；已经开工建设的，依照前款规定予以处罚；构成犯罪的，依法追究刑事责任。

第五十七条 实行备案管理的项目,企业未依法将项目信息或者已备案项目信息变更情况告知备案机关,或者向备案机关提供虚假信息的,由备案机关责令限期改正;逾期不改正的,处2万元以上5万元以下的罚款。

第五十八条 企业投资建设产业政策禁止投资建设项目的,由县级以上人民政府投资主管部门责令停止建设或者责令停产并恢复原状,对企业处项目总投资额5‰以上10‰以下的罚款;对直接负责的主管人员和其他直接责任人员处5万元以上10万元以下的罚款,属于国家工作人员的,依法给予处分。法律、行政法规另有规定的,依照其规定。

第五十九条 项目单位在项目建设过程中不遵守国土(海洋)资源、城乡规划、环境保护、节能、安全监管、建设等方面法律法规和有关审批文件要求的,相关部门应依法予以处理。

第六十条 承担项目申请报告编写、评估任务的工程咨询评估机构及其人员、参与专家评议的专家,在编制项目申请报告、受项目核准机关委托开展评估或者参与专家评议过程中,违反从业规定,造成重大损失和恶劣影响的,依法降低或撤销工程咨询单位资格,取消主要责任人员的相关职业资格。

第八章 附 则

第六十一条 本办法所称省级政府包括各省、自治区、直辖市及计划单列市人民政府和新疆生产建设兵团。

第六十二条 外商投资项目和境外投资项目的核准和备案管理办法另行制定。

第六十三条 省级政府和国务院行业管理部门,可以按照《企业投资项目核准和备案管理条例》和本办法的规定,制订具体实施办法。

第六十四条 事业单位、社会团体等非企业组织在中国境内利用自有资金、不申请政府投资建设的固定资产投资项目,按照企业投资项目进行管理。

个人投资建设项目参照本办法的相关规定执行。

第六十五条　本办法由国家发展和改革委员会负责解释。

第六十六条　本办法自 2017 年 4 月 8 日起施行。《政府核准投资项目管理办法》(国家发展改革委令第 11 号)同时废止。

企业投资项目事中事后监管办法

1. 2018 年 1 月 4 日国家发展改革委令第 14 号公布
2. 2023 年 3 月 23 日国家发展改革委令第 1 号修订

第一章　总　　则

第一条　为加强对企业投资项目的事中事后监管,规范企业投资行为,维护公共利益和企业合法权益,依据《行政许可法》《行政处罚法》《企业投资项目核准和备案管理条例》等法律法规,制定本办法。

第二条　各级发展改革部门根据核准和备案职责,对企业在境内投资建设的固定资产项目(以下简称项目)核准和备案的事中事后监督管理,适用本办法。

第三条　项目事中事后监管是指各级发展改革部门对项目开工前是否依法取得核准批复文件或者办理备案手续,并在开工后是否按照核准批复文件或者备案内容进行建设的监督管理。

各级发展改革部门开展项目事中事后监管,应当与规划、环保、国土、建设、安全生产等主管部门的事中事后监管工作各司其职、各负其责,并加强协调配合。

第四条　各级发展改革部门对项目实施分级分类监督管理。

对已经取得核准批复文件的项目,由核准机关实施监督管理;对已经备案的项目,由备案机关实施监督管理。对项目是否依法取得核准批复文件或者办理备案手续,由项目所在地县级以上地方发展改革部门实施监督管理。

第五条　各级发展改革部门应当建立健全行政监督和监管执法程序,加强监管执法队伍建设,保障监管执法经费,依法行使监督管理职权。

第二章 对核准项目的监管

第六条 核准机关对本机关已核准的项目,应当对以下方面进行监督管理:

(一)是否通过全国投资项目在线审批监管平台(以下简称在线平台),如实、及时报送项目开工建设、建设进度、竣工等建设实施基本信息;

(二)需要变更已核准建设地点或者对已核准建设规模、建设内容等作较大变更的,是否按规定办理变更手续;

(三)需要延期开工建设的,是否按规定办理延期开工建设手续;

(四)是否按照核准的建设地点、建设规模、建设内容等进行建设。

第七条 核准机关应当根据行业特点、监管需要和简易、可操作的原则,制定、上线核准项目报送建设实施基本信息的格式文本,并对报送的建设实施基本信息进行在线监测。

第八条 核准机关对其核准的项目,应当采取抽查等方式开展项目监管,在项目开工后制定现场核查计划并进行现场核查。

第九条 已开工核准项目未如实、及时报送建设实施基本信息的,核准机关应当责令项目单位予以纠正;拒不纠正的,给予警告。

第十条 项目未按规定办理核准批复文件、项目变更批复文件或者批复文件失效后开工建设的,核准机关应当依法责令停止建设或者责令停产,并依法处以罚款。

第十一条 项目未按照核准的建设地点、建设规模、建设内容等进行建设的,核准机关应当依法责令停止建设或者责令停产,并依法处以罚款。

对于有关部门依法认定项目建设内容属于产业政策禁止投资建设的,核准机关应当依法责令停止建设或者责令停产并恢复原状,并依法处以罚款。

第十二条 县级以上地方发展改革部门发现本行政区域内的项目列入

《政府核准的投资项目目录》，但未依法办理核准批复文件、项目变更批复文件或者批复文件失效后开工建设的，应当报告对该项目有核准权限的机关，由核准机关依法责令停止建设或者责令停产，并依法处以罚款。

第三章 对备案项目的监管

第十三条 备案机关对本机关已备案的项目，应当对以下方面进行监督管理：

（一）是否通过在线平台如实、及时报送项目开工建设、建设进度、竣工等建设实施基本信息；

（二）是否属于实行核准管理的项目；

（三）是否按照备案的建设地点、建设规模、建设内容进行建设；

（四）是否属于产业政策禁止投资建设的项目。

第十四条 备案机关应当根据行业特点、监管需要和简易、可操作的原则，制定、上线备案项目报送建设实施基本信息的格式文本，并对报送的建设实施基本信息进行在线监测。

第十五条 项目自备案后2年内未开工建设或者未办理任何其他手续的，项目单位如果决定继续实施该项目，应当通过在线平台作出说明；如果不再继续实施，应当撤回已备案信息。

前款项目既未作出说明，也未撤回备案信息的，备案机关应当予以提醒。经提醒后仍未作出相应处理的，备案机关应当移除已向社会公示的备案信息，项目单位获取的备案证明文件自动失效。对其中属于故意报备不真实项目、影响投资信息准确性的，备案机关可以将项目列入异常名录，并向社会公开。

第十六条 备案机关对其备案的项目，应当根据"双随机一公开"的原则，结合投资调控实际需要，定期制定现场核查计划。对列入现场核查计划的项目，应当在项目开工后至少开展一次现场核查。列入现场核查计划的项目数量比例，由备案机关根据实际确定。

第十七条 已开工备案项目未如实、及时报送建设实施基本信息的，备案机关应当责令项目单位予以纠正；拒不纠正的，给予警告。

第十八条　项目建设与备案信息不符的,备案机关应当责令限期改正;逾期不改正的,依法处以罚款并列入失信企业名单,向社会公开。

对于有关部门依法认定项目建设内容属于产业政策禁止投资建设的,备案机关应当依法责令停止建设或者责令停产并恢复原状,并依法处以罚款。

第十九条　县级以上地方发展改革部门发现本行政区域内的已开工项目应备案但未依法备案的,应当报告对该项目有备案权限的机关,由备案机关责令其限期改正;逾期不改正的,依法处以罚款并列入失信企业名单,向社会公开。

第二十条　对本行政区域内的已开工项目,经有关部门依法认定属于产业政策禁止投资建设的,县级以上发展改革部门应当依法责令停止建设或者责令停产并恢复原状,并依法处以罚款。

第四章　监管程序和方式

第二十一条　各级发展改革部门对项目的现场核查,可以自行开展,也可以发挥工程咨询单位等机构的专业优势,以委托第三方机构的方式开展。

委托第三方机构开展现场核查的,应当建立核查机构名录,制订核查工作规范,加强对核查工作的指导和监督。委托第三方机构开展现场核查的经费由委托方承担。

第二十二条　各级发展改革部门要严格落实监管责任,采取抽查等方式开展项目监管,并依托投资项目在线审批监管平台(国家重大项目库)加强对企业投资项目的在线动态监管。

对未履行、不当履行或违法履行监管职责的,要依法依规严肃处理;涉嫌犯罪的,要移送有关机关依法处理。对严格依据抽查事项清单和相关工作要求开展监管,项目出现问题的,应结合执法检查人员工作态度、工作程序方法、客观条件等进行综合分析,该免责的依法依规免予追究相关责任。

第二十三条　各级发展改革部门应当依托在线平台,运用大数据、互联网、移动计算等信息技术手段,加强对各类信息的分析研判,提高发现问题线索的能力。

第二十四条 各级发展改革部门应当畅通投诉举报渠道,对投诉举报反映的问题线索及时予以处理。

第二十五条 各级发展改革部门对发现的涉嫌违法问题,应当按照法定权限和程序立案查处,并作出处理决定。

对发现的涉及其他部门职权的违法违纪线索,应当及时移送。涉嫌犯罪的,应当移送司法机关追究刑事责任。

第二十六条 各级发展改革部门对项目的行政处罚信息,应当通过在线平台进行归集,并通过在线平台和"信用中国"网站向社会公开。

对在项目事中事后监管中形成的项目异常名录和失信企业名单,应当通过在线平台与全国信用信息平台共享,通过"信用中国"网站向社会公开,并实施联合惩戒。

第二十七条 各级发展改革部门应当与规划、环保、国土、建设、安全生产等主管部门建立健全协同监管和联合执法机制,参加本级人民政府开展的综合执法工作,提高监管执法效率。

第二十八条 各级发展改革部门应当建立健全项目事中事后监管责任制和责任追究制,通过约谈、挂牌督办、上收核准权限等措施,督促下级发展改革部门落实工作责任。

第五章 法 律 责 任

第二十九条 本办法第九条、第十七条所称的警告,均指《行政处罚法》规定的行政处罚罚种,各级发展改革部门应当依照法定程序和要求实施。

第三十条 核准机关对未按规定办理核准手续的项目,未按照核准的建设地点、建设规模、建设内容等进行建设的项目,处以罚款的情形和幅度依照《企业投资项目核准和备案管理条例》第十八条执行。

第三十一条 备案机关对未依法备案的项目,建设与备案信息不符的项目,处以罚款的情形和幅度依照《企业投资项目核准和备案管理条例》第十九条执行。

第三十二条 对属于产业政策禁止投资建设的项目,处以罚款的情形和幅度依照《企业投资项目核准和备案管理条例》第二十条执行。

第三十三条　违反本办法规定，但能够积极配合调查、认真整改纠正、主动消除或者减轻危害后果的，可以在法定幅度内减轻处罚。

<h2 style="text-align:center">第六章　附　　则</h2>

第三十四条　外商投资项目事中事后监督管理另有规定的，从其规定。

第三十五条　事业单位、社会团体等非企业组织在境内投资建设的项目事中事后监督管理适用本办法，但通过预算安排的项目除外。

第三十六条　本办法由国家发展和改革委员会负责解释。

第三十七条　本办法自 2018 年 2 月 4 日起实施。

银行间债券市场进一步支持民营企业高质量发展行动方案

1. 2025 年 3 月 14 日中国银行间市场交易商协会发布
2. 中市协发〔2025〕42 号

　　为深入学习贯彻习近平总书记在 2 月 17 日民营企业座谈会上的重要讲话精神，贯彻落实人民银行关于金融支持民营企业高质量发展系列工作部署，交易商协会把支持民营企业发展作为各项工作的重中之重，着力优化民营企业债券融资环境，进一步为民营经济健康发展和民营企业做强做优做大提供有力支持。

一、加大产品创新服务民营企业，做好金融"五篇大文章"

　　（一）多措并举支持民营企业发行科技创新债券。创新风险分担机制，支持民营科技型企业和股权投资机构发行科技创新债券，提升金融适配性及融资便利性。

　　（二）支持民营企业聚焦绿色低碳转型发展。提升绿色债券注册便利，支持民营企业发行碳中和债、转型债券、可持续发展挂钩债券、碳资产债务融资工具等产品,满足低碳转型发展需求。

（三）大力支持民营企业盘活存量资产。加大民营企业资产担保债券支持力度,丰富担保资产和担保模式,提升资产担保降成本效果。推动银行间多层次REITs市场发展和供应链票据资产支持证券扩面增量,通过证券化方式盘活民营存量资产。

（四）积极做好服务银发经济民营企业发债。鼓励服务银发经济民营企业发债用于养老产业相关领域,以及以养老产业项目现金流为支持发行资产证券化产品,盘活企业存量资产。

（五）做好民营企业数字化转型发债支持。研究健全债券融资支持机制,鼓励民营企业发债促进数字经济及其核心产业发展,助力企业数字化转型。

二、优化民营企业债券融资环境,提升注册发行服务质效

（六）优化民营企业储架注册发行机制。民营企业享受成熟层企业(TDFI/DFI)注册流程"绿色通道"、资产支持证券多资产储架注册、同类资产豁免发行备案、简化募集资金用途披露等发行便利。进一步发挥定向发行自主协商、灵活约定特点,优化定价方式、中介机构责任等差异化安排,满足各类民营企业多元化发债融资需求。

（七）加大民营企业债券承销投资引导力度。定期公布金融机构参与民营企业债券承销、投资情况,纳入主承销商执业情况市场评价,鼓励其加大民营企业债券服务力度。

（八）加大首次注册民营企业支持力度。鼓励主承销商开展首次注册民营企业培育拓展行动,持续挖掘有市场、有效益、信用好、有融资需求的优质民营企业进入债券市场。通过定期推送、路演宣介推动首次注册民营企业纳入金融机构投资"白名单"。

三、完善民营企业债券估值方法,提高二级市场流动性

（九）健全民营企业债券估值方法。推动估值机构优化民营企业债券估值方法,准确反映民营企业信用状况,建立投资人、发行人意见反馈机制,加强估值机构自律管理。

（十）鼓励主承销商开展民营企业债券做市。引导主承销商积极

参与民营企业债券做市，推动纳入主承销商执业情况市场评价和做市商评价，提高民企债券二级市场流动性。

四、加大民营企业债券融资支持工具服务力度，拓宽"第二支箭"覆盖面

（十一）针对民营企业和投资人需求优化增信服务机制。通过担保增信、凭证创设等多种方式，一企一策制定增信服务方案，降低直接融资成本，更好发挥信用增进对民营企业的融资促进功能。

（十二）持续加强支持工具带动作用。积极争取各类金融机构、增信担保公司等多方协同联动，发挥政策合力，引导更多投资人参与投资民营企业债券。

五、营造支持民营企业良好氛围，加强"会员之家"惠民服务

（十三）发挥协会自律组织桥梁纽带作用。鼓励引导民营企业完善公司治理，优化债务结构。针对民营企业融资堵点难点问题加强市场调研，发挥桥梁作用会同相关部门，共同推动解决民营企业债券融资难问题。

（十四）为民营企业债券发行搭建专业服务平台。组织线上线下路演，便利民营企业与投资人深度交流互动，汇集投融资双方意向，服务民营企业债券发行。

关于进一步加大债务融资工具支持力度促进民营经济健康发展的通知

1. 2023年8月30日中国银行间市场交易商协会发布
2. 中市协发〔2023〕146号

各市场成员：

党中央始终高度重视民营经济，习近平总书记多次指出，要毫不动摇鼓励、支持、引导非公有制经济发展。为深入贯彻落实党中央、国务院关于坚持两个"毫不动摇"、促进民营经济发展壮大的决策部署，在人民银行正确领导下,交易商协会认真贯彻落实《中共中央 国务院关于促进民营经济发展壮大的意见》政策要求,把支持民营企业发展作为工作的重中之重。按照人民银行等金融管理部门与全国工商联8月30日共同召开的金融支持民营企业发展工作推进会有关精神,着力优化民营企业融资环境,积极营造支持民营企业发展壮大的良好氛围,助力民营经济平稳健康发展。

一、落实"第二支箭"扩容增量工作部署,提振市场信心

(一)继续加大"第二支箭"服务力度,更好支持民营企业发展。支持符合条件的产业类及地产民营企业、科技创新公司以及采用中小企业集合票据的科技公司在债券市场融资,继续扩大民营企业债券融资支持工具覆盖面,惠及更多中低信用等级民营企业发行主体。

(二)继续丰富和创新"第二支箭"工具箱,提升增信力度。运用信用风险缓释凭证(CRMW)、信用联结票据(CLN)、担保增信、交易型增信等多种方式,积极为民营企业发债融资提供增信支持。加强与地方政府担保机构、人民银行分支机构及地方政府等部门的工作联动、信息共享,健全风险分担机制,提升风险处置合力,促进增信支持模式的可持续性。

二、拓宽民营企业"绿色通道",提高融资服务便利

(三)主动跨前服务,加强精准对接。一是"跨前一步"开展"预沟通"。在注册发行文件准备阶段、发行阶段、存续期年报及重大事项披露等环节,设置民营企业"预沟通"机制,将注册发行服务前置业务办理前,提升服务质效。二是"一对一"设置"服务专员"。专人对接民营企业实现服务直达,主动了解企业融资诉求,做好上门宣介和培训工作。

(四)优化注册机制,提高服务质效。一是支持民营企业储架式注册发行。采用主承销商团便利机制,可结合实际需求确定主承销商团成员及家数。二是民营企业注册全流程采用"快速通道"。实行

"申报即受理",将受理工作合并至预评环节①,首轮反馈5个工作日内完成,后续反馈2个工作日内完成,预评完成后,及时安排上会,提升工作效率。三是支持民营企业使用"常发行计划",优化信息披露制式要求,减少重复披露内容,提高企业融资效率。

(五)提升发行便利,满足融资需求。一是拓宽民营企业发行时限要求。在当前最晚18时截标规范基础上②,民营企业可根据实际情况,申请将最晚截标时间延长至当日20时。二是优化发行金额动态调整机制。民营企业采用发行金额动态调整的,可在簿记建档结束后,按照投资集中度限制等监管规则要求,结合申购情况自主决定发行金额,发行金额无需在簿记建档截止时间前1小时披露。

(六)丰富主动债务管理工具箱,促进优化负债结构。支持民营企业根据自身债务管理需要,开展现金要约收购、二级市场收购,在符合信息披露、公允定价、公平交易等规范基础上,以市场化方式购回本企业发行的债务融资工具,促进优化负债结构,提振市场信心,改善融资环境。

三、加强民营企业创新产品支持力度,激发市场活力

(七)支持绿色低碳转型,助力可持续发展。一是支持民营企业发行中长期绿色债务融资工具、碳中和债,引导募集资金向绿色低碳领域配置。二是支持民营企业注册发行可持续发展挂钩债券(SLB)、转型债券,进一步满足高碳行业转型资金需求。

(八)拓宽科技企业融资渠道,支持战略新兴产业发展。一是支持专精特新"小巨人"等民营科技型企业注册发行科创票据,募集资金用于信息技术、生物技术、新能源、高端装备等战略新兴产业,支持民营科技型企业发展。二是鼓励发行混合型科创票据,通过设置合理期限、设计浮动利率、挂钩投资收益等实现股债联动,为民营科技型企业提供股性资金支持。三是鼓励民营企业发行股债结合类产品,支

---

① 系统填报修改意见除外,因在受理阶段修改更便利。
② 《关于进一步加强银行间债券市场发行业务规范有关事项的通知》(中市协发〔2023〕102号)。

持募集资金用于并购、权益出资等股债结合类用途,满足企业合理股权资金需求。

（九）丰富证券化融资模式,支持盘活存量资产。一是鼓励以支持民营和中小微企业融资所形成的应收账款、融资租赁债权、不动产、微小企业贷款等作为基础资产发行资产支持票据(ABN)、资产支持商业票据(ABCP)、不动产信托资产支持票据(类REITs)等证券化产品,提升民营企业融资可得性。二是支持科技型民营企业以知识产权质押贷款、许可使用费、融资租赁及供应链等多种模式开展证券化融资,为民营企业提供多元化金融服务。三是鼓励民营企业注册发行资产担保债务融资工具(CB),充分发挥资产和主体"双重增信"机制,盘活不动产、土地使用权等存量资产。四是鼓励以上海票据交易所供应链票据作为基础资产发行资产证券化产品,盘活票据资产,引导债券市场资金加大对民营企业支持力度,扎实推进保供稳链工作。

四、加大市场宣传力度,增进各方交流互信

（十）加强宣传鼓励,激发市场活力。按期在协会官网公布各类金融机构承销、投资民营企业债券情况,激发金融机构服务民营企业债券特别是中长期限债券融资的内生动力,鼓励金融机构优化内部绩效考核、尽职免责等激励考评机制。

（十一）释放积极信号,引导市场参与。发挥债券市场公开透明、预期引导性强的优势,加强典型案例宣传,释放积极明确信号,引导市场机构积极参与"第二支箭"债券和信用风险缓释工具投资。

（十二）积极搭台唱戏,增进各方交流。通过官网、公众号以及媒体等多渠道开展服务民营企业宣传,重点强化政策效果、产品模式和市场反应等内容的舆论引导。组织开展恳谈会、联合路演等交流活动,为民营企业搭建对话沟通和共建共享的平台,增进投资人对民营企业的了解。

本通知自发布之日起实施。

特此通知。

四、科 技 创 新

中华人民共和国科学技术进步法（节录）

1. 1993年7月2日第八届全国人民代表大会常务委员会第二次会议通过
2. 2007年12月29日第十届全国人民代表大会常务委员会第三十一次会议第一次修订
3. 2021年12月24日第十三届全国人民代表大会常务委员会第三十二次会议第二次修订
4. 自2022年1月1日起施行

第四章　企业科技创新

第三十九条　【发挥企业在技术创新中的主体作用】国家建立以企业为主体，以市场为导向，企业同科学技术研究开发机构、高等学校紧密合作的技术创新体系，引导和扶持企业技术创新活动，支持企业牵头国家科技攻关任务，发挥企业在技术创新中的主体作用，推动企业成为技术创新决策、科研投入、组织科研和成果转化的主体，促进各类创新要素向企业集聚，提高企业技术创新能力。

国家培育具有影响力和竞争力的科技领军企业，充分发挥科技领军企业的创新带动作用。

第四十条　【鼓励企业开发技术创新活动】国家鼓励企业开展下列活动：

（一）设立内部科学技术研究开发机构；

（二）同其他企业或者科学技术研究开发机构、高等学校开展合作研究，联合建立科学技术研究开发机构和平台，设立科技企业孵化机构和创新创业平台，或者以委托等方式开展科学技术研究开发；

（三）培养、吸引和使用科学技术人员；

（四）同科学技术研究开发机构、高等学校、职业院校或者培训机构联合培养专业技术人才和高技能人才，吸引高等学校毕业生到企业工作；

（五）设立博士后工作站或者流动站；

（六）结合技术创新和职工技能培训，开展科学技术普及活动，设立向公众开放的普及科学技术的场馆或者设施。

第四十一条 【加强原始创新】国家鼓励企业加强原始创新，开展技术合作与交流，增加研究开发和技术创新的投入，自主确立研究开发课题，开展技术创新活动。

国家鼓励企业对引进技术进行消化、吸收和再创新。

企业开发新技术、新产品、新工艺发生的研究开发费用可以按照国家有关规定，税前列支并加计扣除，企业科学技术研究开发仪器、设备可以加速折旧。

第四十二条 【促进科技创新与企业创业】国家完善多层次资本市场，建立健全促进科技创新的机制，支持符合条件的科技型企业利用资本市场推动自身发展。

国家加强引导和政策扶持，多渠道拓宽创业投资资金来源，对企业的创业发展给予支持。

国家完善科技型企业上市融资制度，畅通科技型企业国内上市融资渠道，发挥资本市场服务科技创新的融资功能。

第四十三条 【税收优惠】下列企业按照国家有关规定享受税收优惠：

（一）从事高新技术产品研究开发、生产的企业；

（二）科技型中小企业；

（三）投资初创科技型企业的创业投资企业；

（四）法律、行政法规规定的与科学技术进步有关的其他企业。

第四十四条 【支持公共研发平台等建设和运营】国家对公共研究开发平台和科学技术中介、创新创业服务机构的建设和运营给予支持。

公共研究开发平台和科学技术中介、创新创业服务机构应当为中小企业的技术创新提供服务。

第四十五条　【保护知识产权】国家保护企业研究开发所取得的知识产权。企业应当不断提高知识产权质量和效益,增强自主创新能力和市场竞争能力。

第四十六条　【国企的技术创新】国有企业应当建立健全有利于技术创新的研究开发投入制度、分配制度和考核评价制度,完善激励约束机制。

国有企业负责人对企业的技术进步负责。对国有企业负责人的业绩考核,应当将企业的创新投入、创新能力建设、创新成效等情况纳入考核范围。

第四十七条　【创造公平竞争的市场环境】县级以上地方人民政府及其有关部门应当创造公平竞争的市场环境,推动企业技术进步。

国务院有关部门和省级人民政府应当通过制定产业、财政、金融、能源、环境保护和应对气候变化等政策,引导、促使企业研究开发新技术、新产品、新工艺,进行技术改造和设备更新,淘汰技术落后的设备、工艺,停止生产技术落后的产品。

第五章　科学技术研究开发机构

第四十八条　【国家统筹】国家统筹规划科学技术研究开发机构布局,建立和完善科学技术研究开发体系。

国家在事关国家安全和经济社会发展全局的重大科技创新领域建设国家实验室,建立健全以国家实验室为引领、全国重点实验室为支撑的实验室体系,完善稳定支持机制。

利用财政性资金设立的科学技术研究开发机构,应当坚持以国家战略需求为导向,提供公共科技供给和应急科技支撑。

第四十九条　【科研开发机构的设立】自然人、法人和非法人组织有权依法设立科学技术研究开发机构。境外的组织或者个人可以在中国境内依法独立设立科学技术研究开发机构,也可以与中国境内的组织或者个人联合设立科学技术研究开发机构。

从事基础研究、前沿技术研究、社会公益性技术研究的科学技术研究开发机构,可以利用财政性资金设立。利用财政性资金设立科学技术研究开发机构,应当优化配置,防止重复设置。

科学技术研究开发机构、高等学校可以设立博士后流动站或者工作站。科学技术研究开发机构可以依法在国外设立分支机构。

第五十条 【科研开发机构的权利】科学技术研究开发机构享有下列权利:

(一)依法组织或者参加学术活动;

(二)按照国家有关规定,自主确定科学技术研究开发方向和项目,自主决定经费使用、机构设置、绩效考核及薪酬分配、职称评审、科技成果转化及收益分配、岗位设置、人员聘用及合理流动等内部管理事务;

(三)与其他科学技术研究开发机构、高等学校和企业联合开展科学技术研究开发、技术咨询、技术服务等活动;

(四)获得社会捐赠和资助;

(五)法律、行政法规规定的其他权利。

第五十一条 【科研开发机构的职责】科学技术研究开发机构应当依法制定章程,按照章程规定的职能定位和业务范围开展科学技术研究开发活动;加强科研作风学风建设,建立和完善科研诚信、科技伦理管理制度,遵守科学研究活动管理规范;不得组织、参加、支持迷信活动。

利用财政性资金设立的科学技术研究开发机构开展科学技术研究开发活动,应当为国家目标和社会公共利益服务;有条件的,应当向公众开放普及科学技术的场馆或者设施,组织开展科学技术普及活动。

第五十二条 【院、所长负责制】利用财政性资金设立的科学技术研究开发机构,应当建立职责明确、评价科学、开放有序、管理规范的现代院所制度,实行院长或者所长负责制,建立科学技术委员会咨询制和职工代表大会监督制等制度,并吸收外部专家参与管理、接受社会监督;院长或者所长的聘用引入竞争机制。

第五十三条 【评估】国家完善利用财政性资金设立的科学技术研究开

发机构的评估制度,评估结果作为机构设立、支持、调整、终止的依据。

第五十四条 【科技资源开放共享】利用财政性资金设立的科学技术研究开发机构,应当建立健全科学技术资源开放共享机制,促进科学技术资源的有效利用。

国家鼓励社会力量设立的科学技术研究开发机构,在合理范围内实行科学技术资源开放共享。

第五十五条 【鼓励社会力量创办科研机构】国家鼓励企业和其他社会力量自行创办科学技术研究开发机构,保障其合法权益。

社会力量设立的科学技术研究开发机构有权按照国家有关规定,平等竞争和参与实施利用财政性资金设立的科学技术计划项目。

国家完善对社会力量设立的非营利性科学技术研究开发机构税收优惠制度。

第五十六条 【国家支持和引导】国家支持发展新型研究开发机构等新型创新主体,完善投入主体多元化、管理制度现代化、运行机制市场化、用人机制灵活化的发展模式,引导新型创新主体聚焦科学研究、技术创新和研发服务。

第六章　科学技术人员

第五十七条 【尊重和保护科技人才及其科技成果】国家营造尊重人才、爱护人才的社会环境,公正平等、竞争择优的制度环境,待遇适当、保障有力的生活环境,为科学技术人员潜心科研创造良好条件。

国家采取多种措施,提高科学技术人员的社会地位,培养和造就专门的科学技术人才,保障科学技术人员投入科技创新和研究开发活动,充分发挥科学技术人员的作用。禁止以任何方式和手段不公正对待科学技术人员及其科技成果。

第五十八条 【加快战略人才建设】国家加快战略人才力量建设,优化科学技术人才队伍结构,完善战略科学家、科技领军人才等创新人才和团队的培养、发现、引进、使用、评价机制,实施人才梯队、科研条件、管理机制等配套政策。

第五十九条 【人才教育培养】国家完善创新人才教育培养机制,在基础教育中加强科学兴趣培养,在职业教育中加强技术技能人才培养,强化高等教育资源配置与科学技术领域创新人才培养的结合,加强完善战略性科学技术人才储备。

第六十条 【激励措施】各级人民政府、企业事业单位和社会组织应当采取措施,完善体现知识、技术等创新要素价值的收益分配机制,优化收入结构,建立工资稳定增长机制,提高科学技术人员的工资水平;对有突出贡献的科学技术人员给予优厚待遇和荣誉激励。

利用财政性资金设立的科学技术研究开发机构和高等学校的科学技术人员,在履行岗位职责、完成本职工作、不发生利益冲突的前提下,经所在单位同意,可以从事兼职工作获得合法收入。技术开发、技术咨询、技术服务等活动的奖酬金提取,按照科技成果转化有关规定执行。

国家鼓励科学技术研究开发机构、高等学校、企业等采取股权、期权、分红等方式激励科学技术人员。

第六十一条 【继续教育】各级人民政府和企业事业单位应当保障科学技术人员接受继续教育的权利,并为科学技术人员的合理、畅通、有序流动创造环境和条件,发挥其专长。

第六十二条 【岗位竞聘】科学技术人员可以根据其学术水平和业务能力选择工作单位、竞聘相应的岗位,取得相应的职务或者职称。

科学技术人员应当信守工作承诺,履行岗位责任,完成职务或者职称相应工作。

第六十三条 【科技人员分类评价】国家实行科学技术人员分类评价制度,对从事不同科学技术活动的人员实行不同的评价标准和方式,突出创新价值、能力、贡献导向,合理确定薪酬待遇、配置学术资源、设置评价周期,形成有利于科学技术人员潜心研究和创新的人才评价体系,激发科学技术人员创新活力。

第六十四条 【科技人员管理】科学技术行政等有关部门和企业事业单位应当完善科学技术人员管理制度,增强服务意识和保障能力,简化管理流程,避免重复性检查和评估,减轻科学技术人员项目申报、材料报送、经费报销等方面的负担,保障科学技术人员科研时间。

第六十五条 【特殊环境工作科技人员补贴】科学技术人员在艰苦、边远地区或者恶劣、危险环境中工作,所在单位应当按照国家有关规定给予补贴,提供其岗位或者工作场所应有的职业健康卫生保护和安全保障,为其接受继续教育、业务培训等提供便利条件。

第六十六条 【科技人员权利平等】青年科学技术人员、少数民族科学技术人员、女性科学技术人员等在竞聘专业技术职务、参与科学技术评价、承担科学技术研究开发项目、接受继续教育等方面享有平等权利。鼓励老年科学技术人员在科学技术进步中发挥积极作用。

各级人民政府和企业事业单位应当为青年科学技术人员成长创造环境和条件,鼓励青年科学技术人员在科技领域勇于探索、敢于尝试,充分发挥青年科学技术人员的作用。发现、培养和使用青年科学技术人员的情况,应当作为评价科学技术进步工作的重要内容。

各级人民政府和企业事业单位应当完善女性科学技术人员培养、评价和激励机制,关心孕哺期女性科学技术人员,鼓励和支持女性科学技术人员在科学技术进步中发挥更大作用。

第六十七条 【职业精神与职业道德】科学技术人员应当大力弘扬爱国、创新、求实、奉献、协同、育人的科学家精神,坚守工匠精神,在各类科学技术活动中遵守学术和伦理规范,恪守职业道德,诚实守信;不得在科学技术活动中弄虚作假,不得参加、支持迷信活动。

第六十八条 【鼓励探索与责任豁免原则】国家鼓励科学技术人员自由探索、勇于承担风险,营造鼓励创新、宽容失败的良好氛围。原始记录等能够证明承担探索性强、风险高的科学技术研究开发项目的科学技术人员已经履行了勤勉尽责义务仍不能完成该项目的,予以免责。

第六十九条 【科研诚信记录】科研诚信记录作为对科学技术人员聘任专业技术职务或者职称、审批科学技术人员申请科学技术研究开发项目、授予科学技术奖励等的重要依据。

第七十条 【科技协会和科技社团】科学技术人员有依法创办或者参加科学技术社会团体的权利。

科学技术协会和科学技术社会团体按照章程在促进学术交流、推进学科建设、推动科技创新、开展科学技术普及活动、培养专门人才、开展咨询服务、加强科学技术人员自律和维护科学技术人员合法权益等方面发挥作用。

科学技术协会和科学技术社会团体的合法权益受法律保护。

第七章 区域科技创新

第七十一条 【国家统筹】国家统筹科学技术资源区域空间布局,推动中央科学技术资源与地方发展需求紧密衔接,采取多种方式支持区域科技创新。

第七十二条 【地方政府提供创新环境】县级以上地方人民政府应当支持科学技术研究和应用,为促进科技成果转化创造条件,为推动区域创新发展提供良好的创新环境。

第七十三条 【科学技术计划】县级以上人民政府及其有关部门制定的与产业发展相关的科学技术计划,应当体现产业发展的需求。

县级以上人民政府及其有关部门确定科学技术计划项目,应当鼓励企业平等竞争和参与实施;对符合产业发展需求、具有明确市场应用前景的项目,应当鼓励企业联合科学技术研究开发机构、高等学校共同实施。

地方重大科学技术计划实施应当与国家科学技术重大任务部署相衔接。

第七十四条 【建立、引导和扶持科技园区】国务院可以根据需要批准建立国家高新技术产业开发区、国家自主创新示范区等科技园区,并对科技园区的建设、发展给予引导和扶持,使其形成特色和优势,发挥集聚和示范带动效应。

第七十五条 【国家鼓励、支持地方科技创新发展】国家鼓励有条件的县级以上地方人民政府根据国家发展战略和地方发展需要,建设重大科技创新基地与平台,培育创新创业载体,打造区域科技创新高地。

国家支持有条件的地方建设科技创新中心和综合性科学中心,发挥辐射带动、深化创新改革和参与全球科技合作作用。

第七十六条 【区域科技创新合作机制和协同互助机制】国家建立区域科技创新合作机制和协同互助机制,鼓励地方各级人民政府及其有关部门开展跨区域创新合作,促进各类创新要素合理流动和高效集聚。

第七十七条 【区域创新平台的依托作用】国家重大战略区域可以依托区域创新平台,构建利益分享机制,促进人才、技术、资金等要素自由流动,推动科学仪器设备、科技基础设施、科学工程和科技信息资源等开放共享,提高科技成果区域转化效率。

第七十八条 【因地制宜】国家鼓励地方积极探索区域科技创新模式,尊重区域科技创新集聚规律,因地制宜选择具有区域特色的科技创新发展路径。

中华人民共和国促进科技成果转化法(节录)

1. 1996年5月15日第八届全国人民代表大会常务委员会第十九次会议通过
2. 根据2015年8月29日第十二届全国人民代表大会常务委员会第十六次会议《关于修改〈中华人民共和国促进科技成果转化法〉的决定》修正

第二章 组织实施

第九条 【政府计划和实施】国务院和地方各级人民政府应当将科技成果的转化纳入国民经济和社会发展计划,并组织协调实施有关科技成果的转化。

第十条 【设立、实施科技项目】利用财政资金设立应用类科技项目和其他相关科技项目,有关行政部门、管理机构应当改进和完善科研组织管理方式,在制定相关科技规划、计划和编制项目指南时应当听取相关行业、企业的意见;在组织实施应用类科技项目时,应当明确项目承担者的科技成果转化义务,加强知识产权管理,并将科技成果转化和知识产权创造、运用作为立项和验收的重要内容和依据。

第十一条 【科技报告制度和科技成果信息系统】国家建立、完善科技报告制度和科技成果信息系统,向社会公布科技项目实施情况以及科技成果和相关知识产权信息,提供科技成果信息查询、筛选等公益服务。公布有关信息不得泄露国家秘密和商业秘密。对不予公布的信息,有关部门应当及时告知相关科技项目承担者。

利用财政资金设立的科技项目的承担者应当按照规定及时提交相关科技报告,并将科技成果和相关知识产权信息汇交到科技成果信息系统。

国家鼓励利用非财政资金设立的科技项目的承担者提交相关科技报告,将科技成果和相关知识产权信息汇交到科技成果信息系统,县级以上人民政府负责相关工作的部门应当为其提供方便。

第十二条 【予以支持的转化项目】对下列科技成果转化项目,国家通过政府采购、研究开发资助、发布产业技术指导目录、示范推广等方式予以支持:

(一)能够显著提高产业技术水平、经济效益或者能够形成促进社会经济健康发展的新产业的;

(二)能够显著提高国家安全能力和公共安全水平的;

(三)能够合理开发和利用资源、节约能源、降低消耗以及防治环境污染、保护生态、提高应对气候变化和防灾减灾能力的;

(四)能够改善民生和提高公共健康水平的;

(五)能够促进现代农业或者农村经济发展的;

(六)能够加快民族地区、边远地区、贫困地区社会经济发展的。

第十三条 【政策措施】国家通过制定政策措施,提倡和鼓励采用先进技术、工艺和装备,不断改进、限制使用或者淘汰落后技术、工艺和装备。

第十四条 【加强标准制定和建立军民科技成果转化体系】国家加强标准制定工作,对新技术、新工艺、新材料、新产品依法及时制定国家标准、行业标准,积极参与国际标准的制定,推动先进适用技术推广和应用。

国家建立有效的军民科技成果相互转化体系,完善国防科技协同创新体制机制。军品科研生产应当依法优先采用先进适用的民用标准,推动军用、民用技术相互转移、转化。

第十五条 【重点科技成果转化项目】各级人民政府组织实施的重点科技成果转化项目,可以由有关部门组织采用公开招标的方式实施转化。有关部门应当对中标单位提供招标时确定的资助或者其他条件。

第十六条 【转化方式】科技成果持有者可以采用下列方式进行科技成果转化:

(一)自行投资实施转化;

(二)向他人转让该科技成果;

(三)许可他人使用该科技成果;

(四)以该科技成果作为合作条件,与他人共同实施转化;

(五)以该科技成果作价投资,折算股份或者出资比例;

(六)其他协商确定的方式。

第十七条 【鼓励转移和加强转化管理】国家鼓励研究开发机构、高等院校采取转让、许可或者作价投资等方式,向企业或者其他组织转移科技成果。

国家设立的研究开发机构、高等院校应当加强对科技成果转化的管理、组织和协调,促进科技成果转化队伍建设,优化科技成果转化流程,通过本单位负责技术转移工作的机构或者委托独立的科技成果转化服务机构开展技术转移。

第十八条 【自主决定转化方式】国家设立的研究开发机构、高等院校对其持有的科技成果,可以自主决定转让、许可或者作价投资,但应当通过协议定价、在技术交易市场挂牌交易、拍卖等方式确定价格。通过协议定价的,应当在本单位公示科技成果名称和拟交易价格。

第十九条 【依协议转化】国家设立的研究开发机构、高等院校所取得的职务科技成果,完成人和参加人在不变更职务科技成果权属的前提下,可以根据与本单位的协议进行该项科技成果的转化,并享有协议规定的权益。该单位对上述科技成果转化活动应当予以支持。

科技成果完成人或者课题负责人,不得阻碍职务科技成果的转化,不得将职务科技成果及其技术资料和数据占为己有,侵犯单位的合法权益。

第二十条 【绩效考核评价体系】研究开发机构、高等院校的主管部门以及财政、科学技术等相关行政部门应当建立有利于促进科技成果转化的绩效考核评价体系,将科技成果转化情况作为对相关单位及人员评价、科研资金支持的重要内容和依据之一,并对科技成果转化绩效突出的相关单位及人员加大科研资金支持。

国家设立的研究开发机构、高等院校应当建立符合科技成果转化工作特点的职称评定、岗位管理和考核评价制度,完善收入分配激励约束机制。

第二十一条 【科技成果转化情况年度报告】国家设立的研究开发机构、高等院校应当向其主管部门提交科技成果转化情况年度报告,说明本单位依法取得的科技成果数量、实施转化情况以及相关收入分配情况,该主管部门应当按照规定将科技成果转化情况年度报告报送财政、科学技术等相关行政部门。

第二十二条 【企业征集、征寻】企业为采用新技术、新工艺、新材料和生产新产品,可以自行发布信息或者委托科技中介服务机构征集其所需的科技成果,或者征寻科技成果转化的合作者。

县级以上地方各级人民政府科学技术行政部门和其他有关部门应当根据职责分工,为企业获取所需的科技成果提供帮助和支持。

第二十三条 【企业实施转化】企业依法有权独立或者与境内外企业、事业单位和其他合作者联合实施科技成果转化。

企业可以通过公平竞争,独立或者与其他单位联合承担政府组织实施的科技研究开发和科技成果转化项目。

第二十四条 【发挥企业主导作用】对利用财政资金设立的具有市场应用前景、产业目标明确的科技项目,政府有关部门、管理机构应当发挥企业在研究开发方向选择、项目实施和成果应用中的主导作用,鼓励企业、研究开发机构、高等院校及其他组织共同实施。

第二十五条 【研究开发机构、高等院校与企业的联合】国家鼓励研究开发机构、高等院校与企业相结合,联合实施科技成果转化。

研究开发机构、高等院校可以参与政府有关部门或者企业实施科技成果转化的招标投标活动。

第二十六条 【产学研合作】国家鼓励企业与研究开发机构、高等院校及其他组织采取联合建立研究开发平台、技术转移机构或者技术创新联盟等产学研合作方式，共同开展研究开发、成果应用与推广、标准研究与制定等活动。

合作各方应当签订协议，依法约定合作的组织形式、任务分工、资金投入、知识产权归属、权益分配、风险分担和违约责任等事项。

第二十七条 【科技人员交流】国家鼓励研究开发机构、高等院校与企业及其他组织开展科技人员交流，根据专业特点、行业领域技术发展需要，聘请企业及其他组织的科技人员兼职从事教学和科研工作，支持本单位的科技人员到企业及其他组织从事科技成果转化活动。

第二十八条 【人才培养】国家支持企业与研究开发机构、高等院校、职业院校及培训机构联合建立学生实习实践培训基地和研究生科研实践工作机构，共同培养专业技术人才和高技能人才。

第二十九条 【农业科技成果转化】国家鼓励农业科研机构、农业试验示范单位独立或者与其他单位合作实施农业科技成果转化。

第三十条 【科技中介服务机构】国家培育和发展技术市场，鼓励创办科技中介服务机构，为技术交易提供交易场所、信息平台以及信息检索、加工与分析、评估、经纪等服务。

科技中介服务机构提供服务，应当遵循公正、客观的原则，不得提供虚假的信息和证明，对其在服务过程中知悉的国家秘密和当事人的商业秘密负有保密义务。

第三十一条 【公共研究开发平台】国家支持根据产业和区域发展需要建设公共研究开发平台，为科技成果转化提供技术集成、共性技术研究开发、中间试验和工业性试验、科技成果系统化和工程化开发、技术推广与示范等服务。

第三十二条 【科技企业孵化机构】国家支持科技企业孵化器、大学科技园等科技企业孵化机构发展，为初创期科技型中小企业提供孵化场地、创业辅导、研究开发与管理咨询等服务。

第三章 保 障 措 施

第三十三条 【财政经费的用途】科技成果转化财政经费,主要用于科技成果转化的引导资金、贷款贴息、补助资金和风险投资以及其他促进科技成果转化的资金用途。

第三十四条 【税收优惠】国家依照有关税收法律、行政法规规定对科技成果转化活动实行税收优惠。

第三十五条 【金融支持】国家鼓励银行业金融机构在组织形式、管理机制、金融产品和服务等方面进行创新,鼓励开展知识产权质押贷款、股权质押贷款等贷款业务,为科技成果转化提供金融支持。

国家鼓励政策性金融机构采取措施,加大对科技成果转化的金融支持。

第三十六条 【保险】国家鼓励保险机构开发符合科技成果转化特点的保险品种,为科技成果转化提供保险服务。

第三十七条 【融资】国家完善多层次资本市场,支持企业通过股权交易、依法发行股票和债券等直接融资方式为科技成果转化项目进行融资。

第三十八条 【投资】国家鼓励创业投资机构投资科技成果转化项目。

国家设立的创业投资引导基金,应当引导和支持创业投资机构投资初创期科技型中小企业。

第三十九条 【基金】国家鼓励设立科技成果转化基金或者风险基金,其资金来源由国家、地方、企业、事业单位以及其他组织或者个人提供,用于支持高投入、高风险、高产出的科技成果的转化,加速重大科技成果的产业化。

科技成果转化基金和风险基金的设立及其资金使用,依照国家有关规定执行。

第四章 技 术 权 益

第四十条 【权益界定】科技成果完成单位与其他单位合作进行科技成果转化的,应当依法由合同约定该科技成果有关权益的归属。合同未

作约定的,按照下列原则办理:

（一）在合作转化中无新的发明创造的,该科技成果的权益,归该科技成果完成单位;

（二）在合作转化中产生新的发明创造的,该新发明创造的权益归合作各方共有;

（三）对合作转化中产生的科技成果,各方都有实施该项科技成果的权利,转让该科技成果应经合作各方同意。

第四十一条 【技术保密】科技成果完成单位与其他单位合作进行科技成果转化的,合作各方应当就保守技术秘密达成协议;当事人不得违反协议或者违反权利人有关保守技术秘密的要求,披露、允许他人使用该技术。

第四十二条 【保密制度】企业、事业单位应当建立健全技术秘密保护制度,保护本单位的技术秘密。职工应当遵守本单位的技术秘密保护制度。

企业、事业单位可以与参加科技成果转化的有关人员签订在职期间或者离职、离休、退休后一定期限内保守本单位技术秘密的协议;有关人员不得违反协议约定,泄露本单位的技术秘密和从事与原单位相同的科技成果转化活动。

职工不得将职务科技成果擅自转让或者变相转让。

第四十三条 【收入分配】国家设立的研究开发机构、高等院校转化科技成果所获得的收入全部留归本单位,在对完成、转化职务科技成果做出重要贡献的人员给予奖励和报酬后,主要用于科学技术研究开发与成果转化等相关工作。

第四十四条 【奖励和报酬】职务科技成果转化后,由科技成果完成单位对完成、转化该项科技成果做出重要贡献的人员给予奖励和报酬。

科技成果完成单位可以规定或者与科技人员约定奖励和报酬的方式、数额和时限。单位制定相关规定,应当充分听取本单位科技人员的意见,并在本单位公开相关规定。

第四十五条 【奖励和报酬的标准】科技成果完成单位未规定、也未与科技人员约定奖励和报酬的方式和数额的，按照下列标准对完成、转化职务科技成果做出重要贡献的人员给予奖励和报酬：

（一）将该项职务科技成果转让、许可给他人实施的，从该项科技成果转让净收入或者许可净收入中提取不低于百分之五十的比例；

（二）利用该项职务科技成果作价投资的，从该项科技成果形成的股份或者出资比例中提取不低于百分之五十的比例；

（三）将该项职务科技成果自行实施或者与他人合作实施的，应当在实施转化成功投产后连续三至五年，每年从实施该项科技成果的营业利润中提取不低于百分之五的比例。

国家设立的研究开发机构、高等院校规定或者与科技人员约定奖励和报酬的方式和数额应当符合前款第一项至第三项规定的标准。

国有企业、事业单位依照本法规定对完成、转化职务科技成果做出重要贡献的人员给予奖励和报酬的支出计入当年本单位工资总额，但不受当年本单位工资总额限制、不纳入本单位工资总额基数。

国家科学技术奖励条例

1. 1999年5月23日国务院令第265号发布
2. 根据2003年12月20日国务院令第396号《关于修改〈国家科学技术奖励条例〉的决定》第一次修订
3. 根据2013年7月18日国务院令第638号《关于废止和修改部分行政法规的决定》第二次修订
4. 2020年10月7日国务院令第731号第三次修订
5. 根据2024年5月26日国务院令第782号《关于修改〈国家科学技术奖励条例〉的决定》第四次修订

第一章　总　　则

第一条　为了奖励在科学技术进步活动中做出突出贡献的个人、组织，调动科学技术工作者的积极性和创造性,建设创新型国家和世界科技强国,根据《中华人民共和国科学技术进步法》,制定本条例。

第二条 国家设立下列国家科学技术奖:

(一)国家最高科学技术奖;

(二)国家自然科学奖;

(三)国家技术发明奖;

(四)国家科学技术进步奖;

(五)中华人民共和国国际科学技术合作奖。

第三条 国家科学技术奖应当坚持国家战略导向,与国家重大战略需要和中长期科技发展规划紧密结合。国家加大对自然科学基础研究和应用基础研究的奖励。国家自然科学奖应当注重前瞻性、理论性,国家技术发明奖应当注重原创性、实用性,国家科学技术进步奖应当注重创新性、效益性。

第四条 国家科学技术奖励工作坚持党中央集中统一领导,实施创新驱动发展战略,贯彻尊重劳动、尊重知识、尊重人才、尊重创造的方针,培育和践行社会主义核心价值观。

国家科学技术奖励工作重大事项,应当按照有关规定报党中央。

第五条 国家维护国家科学技术奖的公正性、严肃性、权威性和荣誉性,将国家科学技术奖授予追求真理、潜心研究、学有所长、研有所专、敢于超越、勇攀高峰的科技工作者。

国家科学技术奖的提名、评审和授予,不受任何组织或者个人干涉。

第六条 国务院科学技术行政部门负责国家科学技术奖的相关办法制定和评审活动的组织工作。对涉及国家安全的项目,应当采取严格的保密措施。

国家科学技术奖励应当实施绩效管理。

第七条 国家设立国家科学技术奖励委员会。国家科学技术奖励委员会聘请有关方面的专家、学者等组成评审委员会和监督委员会,负责国家科学技术奖的评审和监督工作。

国家科学技术奖励委员会的组成人员人选由国务院科学技术行政部门提出,报党中央、国务院批准。

第二章 国家科学技术奖的设置

第八条 国家最高科学技术奖授予下列中国公民:

(一)在当代科学技术前沿取得重大突破或者在科学技术发展中有卓越建树的;

(二)在科学技术创新、科学技术成果转化和高技术产业化中,创造巨大经济效益、社会效益、生态环境效益或者对维护国家安全做出巨大贡献的。

国家最高科学技术奖不分等级,每次授予人数不超过2名。

第九条 国家自然科学奖授予在基础研究和应用基础研究中阐明自然现象、特征和规律,做出重大科学发现的个人。

前款所称重大科学发现,应当具备下列条件:

(一)前人尚未发现或者尚未阐明;

(二)具有重大科学价值;

(三)得到国内外自然科学界公认。

第十条 国家技术发明奖授予运用科学技术知识做出产品、工艺、材料、器件及其系统等重大技术发明的个人。

前款所称重大技术发明,应当具备下列条件:

(一)前人尚未发明或者尚未公开;

(二)具有先进性、创造性、实用性;

(三)经实施,创造显著经济效益、社会效益、生态环境效益或者对维护国家安全做出显著贡献,且具有良好的应用前景。

第十一条 国家科学技术进步奖授予完成和应用推广创新性科学技术成果,为推动科学技术进步和经济社会发展做出突出贡献的个人、组织。

前款所称创新性科学技术成果,应当具备下列条件:

(一)技术创新性突出,技术经济指标先进;

(二)经应用推广,创造显著经济效益、社会效益、生态环境效益

或者对维护国家安全做出显著贡献;
　　(三)在推动行业科学技术进步等方面有重大贡献。
第十二条　国家自然科学奖、国家技术发明奖、国家科学技术进步奖分为一等奖、二等奖2个等级;对做出特别重大的科学发现、技术发明或者创新性科学技术成果的,可以授予特等奖。
第十三条　中华人民共和国国际科学技术合作奖授予对中国科学技术事业做出重要贡献的下列外国人或者外国组织:
　　(一)同中国的公民或者组织合作研究、开发,取得重大科学技术成果的;
　　(二)向中国的公民或者组织传授先进科学技术、培养人才,成效特别显著的;
　　(三)为促进中国与外国的国际科学技术交流与合作,做出重要贡献的。
　　中华人民共和国国际科学技术合作奖不分等级。

第三章　国家科学技术奖的提名、评审和授予

第十四条　国家科学技术奖实行提名制度,不受理自荐。候选者由下列单位或者个人提名:
　　(一)符合国务院科学技术行政部门规定的资格条件的专家、学者、组织机构;
　　(二)中央和国家机关有关部门,中央军事委员会科学技术部门,省、自治区、直辖市、计划单列市人民政府。
　　香港特别行政区、澳门特别行政区、台湾地区的有关个人、组织的提名资格条件,由国务院科学技术行政部门规定。
　　中华人民共和国驻外使馆、领馆可以提名中华人民共和国国际科学技术合作奖的候选者。
第十五条　提名者应当严格按照提名办法提名,提供提名材料,对材料的真实性和准确性负责,并按照规定承担相应责任。
　　提名办法由国务院科学技术行政部门制定。
第十六条　在科学技术活动中有下列情形之一的,相关个人、组织不得

被提名或者授予国家科学技术奖：

（一）危害国家安全、损害社会公共利益、危害人体健康、违反伦理道德的；

（二）有科研不端行为，按照国家有关规定被禁止参与国家科学技术奖励活动的；

（三）有国务院科学技术行政部门规定的其他情形的。

第十七条　国务院科学技术行政部门应当建立覆盖各学科、各领域的评审专家库，并及时更新。评审专家应当精通所从事学科、领域的专业知识，具有较高的学术水平和良好的科学道德。

第十八条　评审活动应当坚持公开、公平、公正的原则。评审专家与候选者有重大利害关系，可能影响评审公平、公正的，应当回避。

评审委员会的评审委员和参与评审活动的评审专家应当遵守评审工作纪律，不得有利用评审委员、评审专家身份牟取利益或者与其他评审委员、评审专家串通表决等可能影响评审公平、公正的行为。

评审办法由国务院科学技术行政部门制定。

第十九条　评审委员会设立评审组进行初评，评审组负责提出初评建议并提交评审委员会。

参与初评的评审专家从评审专家库中抽取产生。

第二十条　评审委员会根据相关办法对初评建议进行评审，并向国家科学技术奖励委员会提出各奖种获奖者和奖励等级的建议。

监督委员会根据相关办法对提名、评审和异议处理工作全程进行监督，并向国家科学技术奖励委员会报告监督情况。

国家科学技术奖励委员会根据评审委员会的建议和监督委员会的报告，作出各奖种获奖者和奖励等级的决议。

第二十一条　国务院科学技术行政部门对国家科学技术奖励委员会作出的各奖种获奖者和奖励等级的决议进行审核，报党中央、国务院批准。

第二十二条　国家最高科学技术奖报请国家主席签署并颁发奖章、证书和奖金。

国家自然科学奖、国家技术发明奖、国家科学技术进步奖颁发证书和奖金。

中华人民共和国国际科学技术合作奖颁发奖章和证书。

第二十三条 国家科学技术奖提名和评审的办法、奖励总数、奖励结果等信息应当向社会公布,接受社会监督。

涉及国家安全的保密项目,应当严格遵守国家保密法律法规的有关规定,加强项目内容的保密管理,在适当范围内公布。

第二十四条 国家科学技术奖励工作实行科研诚信审核制度。国务院科学技术行政部门负责建立提名专家、学者、组织机构和评审委员、评审专家、候选者的科研诚信严重失信行为数据库。

禁止任何个人、组织进行可能影响国家科学技术奖提名和评审公平、公正的活动。

第二十五条 国家最高科学技术奖的奖金数额由国务院科学技术行政部门会同财政部门提出,报党中央、国务院批准。

国家自然科学奖、国家技术发明奖、国家科学技术进步奖的奖金数额由国务院科学技术行政部门会同财政部门规定。

国家科学技术奖的奖励经费列入中央预算。

第二十六条 宣传国家科学技术奖获奖者的突出贡献和创新精神,应当遵守法律法规的规定,做到安全、保密、适度、严谨。

第二十七条 禁止使用国家科学技术奖名义牟取不正当利益。

第四章 法 律 责 任

第二十八条 候选者进行可能影响国家科学技术奖提名和评审公平、公正的活动的,由国务院科学技术行政部门给予通报批评,取消其参评资格,并由所在单位或者有关部门依法给予处分。

其他个人或者组织进行可能影响国家科学技术奖提名和评审公平、公正的活动的,由国务院科学技术行政部门给予通报批评;相关候选者有责任的,取消其参评资格。

第二十九条 评审委员、评审专家违反国家科学技术奖评审工作纪律的,由国务院科学技术行政部门取消其评审委员、评审专家资格,并由所在单位或者有关部门依法给予处分。

第三十条　获奖者剽窃、侵占他人的发现、发明或者其他科学技术成果的,或者以其他不正当手段骗取国家科学技术奖的,由国务院科学技术行政部门报党中央、国务院批准后撤销奖励,追回奖章、证书和奖金,并由所在单位或者有关部门依法给予处分。

第三十一条　提名专家、学者、组织机构提供虚假数据、材料,协助他人骗取国家科学技术奖的,由国务院科学技术行政部门给予通报批评;情节严重的,暂停或者取消其提名资格,并由所在单位或者有关部门依法给予处分。

第三十二条　违反本条例第二十七条规定的,由有关部门依照相关法律、行政法规的规定予以查处。

第三十三条　对违反本条例规定,有科研诚信严重失信行为的个人、组织,记入科研诚信严重失信行为数据库,并共享至全国信用信息共享平台,按照国家有关规定实施联合惩戒。

第三十四条　国家科学技术奖的候选者、获奖者、评审委员、评审专家和提名专家、学者涉嫌违反其他法律、行政法规的,国务院科学技术行政部门应当通报有关部门依法予以处理。

第三十五条　参与国家科学技术奖评审组织工作的人员在评审活动中滥用职权、玩忽职守、徇私舞弊的,依法给予处分;构成犯罪的,依法追究刑事责任。

第五章　附　　则

第三十六条　有关部门根据国家安全领域的特殊情况,可以设立部级科学技术奖;省、自治区、直辖市、计划单列市人民政府可以设立一项省级科学技术奖。具体办法由设奖部门或者地方人民政府制定,并报国务院科学技术行政部门及有关单位备案。

　　设立省部级科学技术奖,应当按照精简原则,严格控制奖励数量,提高奖励质量,优化奖励程序。其他国家机关、群众团体,以及参照公务员法管理的事业单位,不得设立科学技术奖。

第三十七条　国家鼓励社会力量设立科学技术奖。社会力量设立科学技术奖的,在奖励活动中不得收取任何费用。

国务院科学技术行政部门应当对社会力量设立科学技术奖的有关活动进行指导服务和监督管理,并制定具体办法。

第三十八条　本条例自2020年12月1日起施行。

科学数据管理办法

1. 2018年3月17日国务院办公厅印发
2. 国办发〔2018〕17号

第一章　总　　则

第一条　为进一步加强和规范科学数据管理,保障科学数据安全,提高开放共享水平,更好支撑国家科技创新、经济社会发展和国家安全,根据《中华人民共和国科学技术进步法》、《中华人民共和国促进科技成果转化法》和《政务信息资源共享管理暂行办法》等规定,制定本办法。

第二条　本办法所称科学数据主要包括在自然科学、工程技术科学等领域,通过基础研究、应用研究、试验开发等产生的数据,以及通过观测监测、考察调查、检验检测等方式取得并用于科学研究活动的原始数据及其衍生数据。

第三条　政府预算资金支持开展的科学数据采集生产、加工整理、开放共享和管理使用等活动适用本办法。

任何单位和个人在中华人民共和国境内从事科学数据相关活动,符合本办法规定情形的,按照本办法执行。

第四条　科学数据管理遵循分级管理、安全可控、充分利用的原则,明确责任主体,加强能力建设,促进开放共享。

第五条　任何单位和个人从事科学数据采集生产、使用、管理活动应当遵守国家有关法律法规及部门规章,不得利用科学数据从事危害国家安全、社会公共利益和他人合法权益的活动。

第二章 职　责

第六条　科学数据管理工作实行国家统筹、各部门与各地区分工负责的体制。

第七条　国务院科学技术行政部门牵头负责全国科学数据的宏观管理与综合协调，主要职责是：

（一）组织研究制定国家科学数据管理政策和标准规范；

（二）协调推动科学数据规范管理、开放共享及评价考核工作；

（三）统筹推进国家科学数据中心建设和发展；

（四）负责国家科学数据网络管理平台建设和数据维护。

第八条　国务院相关部门、省级人民政府相关部门（以下统称主管部门）在科学数据管理方面的主要职责是：

（一）负责建立健全本部门（本地区）科学数据管理政策和规章制度，宣传贯彻落实国家科学数据管理政策；

（二）指导所属法人单位加强和规范科学数据管理；

（三）按照国家有关规定做好或者授权有关单位做好科学数据定密工作；

（四）统筹规划和建设本部门（本地区）科学数据中心，推动科学数据开放共享；

（五）建立完善有效的激励机制，组织开展本部门（本地区）所属法人单位科学数据工作的评价考核。

第九条　有关科研院所、高等院校和企业等法人单位（以下统称法人单位）是科学数据管理的责任主体，主要职责是：

（一）贯彻落实国家和部门（地方）科学数据管理政策，建立健全本单位科学数据相关管理制度；

（二）按照有关标准规范进行科学数据采集生产、加工整理和长期保存，确保数据质量；

（三）按照有关规定做好科学数据保密和安全管理工作；

（四）建立科学数据管理系统，公布科学数据开放目录并及时更

新,积极开展科学数据共享服务;

(五)负责科学数据管理运行所需软硬件设施等条件、资金和人员保障。

第十条 科学数据中心是促进科学数据开放共享的重要载体,由主管部门委托有条件的法人单位建立,主要职责是:

(一)承担相关领域科学数据的整合汇交工作;

(二)负责科学数据的分级分类、加工整理和分析挖掘;

(三)保障科学数据安全,依法依规推动科学数据开放共享;

(四)加强国内外科学数据方面交流与合作。

第三章 采集、汇交与保存

第十一条 法人单位及科学数据生产者要按照相关标准规范组织开展科学数据采集生产和加工整理,形成便于使用的数据库或数据集。

法人单位应建立科学数据质量控制体系,保证数据的准确性和可用性。

第十二条 主管部门应建立科学数据汇交制度,在国家统一政务网络和数据共享交换平台的基础上开展本部门(本地区)的科学数据汇交工作。

第十三条 政府预算资金资助的各级科技计划(专项、基金等)项目所形成的科学数据,应由项目牵头单位汇交到相关科学数据中心。接收数据的科学数据中心应出具汇交凭证。

各级科技计划(专项、基金等)管理部门应建立先汇交科学数据、再验收科技计划(专项、基金等)项目的机制;项目/课题验收后产生的科学数据也应进行汇交。

第十四条 主管部门和法人单位应建立健全国内外学术论文数据汇交的管理制度。

利用政府预算资金资助形成的科学数据撰写并在国外学术期刊发表论文时需对外提交相应科学数据的,论文作者应在论文发表前将科学数据上交至所在单位统一管理。

第十五条 社会资金资助形成的涉及国家秘密、国家安全和社会公共利益的科学数据必须按照有关规定予以汇交。

鼓励社会资金资助形成的其他科学数据向相关科学数据中心汇交。

第十六条 法人单位应建立科学数据保存制度,配备数据存储、管理、服务和安全等必要设施,保障科学数据完整性和安全性。

第十七条 法人单位应加强科学数据人才队伍建设,在岗位设置、绩效收入、职称评定等方面建立激励机制。

第十八条 国务院科学技术行政部门应加强统筹布局,在条件好、资源优势明显的科学数据中心基础上,优化整合形成国家科学数据中心。

第四章 共享与利用

第十九条 政府预算资金资助形成的科学数据应当按照开放为常态、不开放为例外的原则,由主管部门组织编制科学数据资源目录,有关目录和数据应及时接入国家数据共享交换平台,面向社会和相关部门开放共享,畅通科学数据军民共享渠道。国家法律法规有特殊规定的除外。

第二十条 法人单位要对科学数据进行分级分类,明确科学数据的密级和保密期限、开放条件、开放对象和审核程序等,按要求公布科学数据开放目录,通过在线下载、离线共享或定制服务等方式向社会开放共享。

第二十一条 法人单位应根据需求,对科学数据进行分析挖掘,形成有价值的科学数据产品,开展增值服务。鼓励社会组织和企业开展市场化增值服务。

第二十二条 主管部门和法人单位应积极推动科学数据出版和传播工作,支持科研人员整理发表产权清晰、准确完整、共享价值高的科学数据。

第二十三条 科学数据使用者应遵守知识产权相关规定,在论文发表、专利申请、专著出版等工作中注明所使用和参考引用的科学数据。

第二十四条 对于政府决策、公共安全、国防建设、环境保护、防灾减灾、公益性科学研究等需要使用科学数据的,法人单位应当无偿提供;确需收费的，应按照规定程序和非营利原则制定合理的收费标准，向社会公布并接受监督。

对于因经营性活动需要使用科学数据的，当事人双方应当签订有偿服务合同，明确双方的权利和义务。

国家法律法规有特殊规定的，遵从其规定。

第五章 保密与安全

第二十五条 涉及国家秘密、国家安全、社会公共利益、商业秘密和个人隐私的科学数据，不得对外开放共享；确需对外开放的，要对利用目的、用户资质、保密条件等进行审查，并严格控制知悉范围。

第二十六条 涉及国家秘密的科学数据的采集生产、加工整理、管理和使用，按照国家有关保密规定执行。主管部门和法人单位应建立健全涉及国家秘密的科学数据管理与使用制度，对制作、审核、登记、拷贝、传输、销毁等环节进行严格管理。

对外交往与合作中需要提供涉及国家秘密的科学数据的，法人单位应明确提出利用数据的类别、范围及用途，按照保密管理规定程序报主管部门批准。经主管部门批准后，法人单位按规定办理相关手续并与用户签订保密协议。

第二十七条 主管部门和法人单位应加强科学数据全生命周期安全管理，制定科学数据安全保护措施；加强数据下载的认证、授权等防护管理，防止数据被恶意使用。

对于需对外公布的科学数据开放目录或需对外提供的科学数据，主管部门和法人单位应建立相应的安全保密审查制度。

第二十八条 法人单位和科学数据中心应按照国家网络安全管理规定，建立网络安全保障体系，采用安全可靠的产品和服务，完善数据管控、属性管理、身份识别、行为追溯、黑名单等管理措施，健全防篡改、防泄露、防攻击、防病毒等安全防护体系。

第二十九条 科学数据中心应建立应急管理和容灾备份机制，按照要求建立应急管理系统，对重要的科学数据进行异地备份。

第六章 附 则

第三十条 主管部门和法人单位应建立完善科学数据管理和开放共享工作评价考核制度。

第三十一条 对于伪造数据、侵犯知识产权、不按规定汇交数据等行为,主管部门可视情节轻重对相关单位和责任人给予责令整改、通报批评、处分等处理或依法给予行政处罚。

对违反国家有关法律法规的单位和个人,依法追究相应责任。

第三十二条 主管部门可参照本办法,制定具体实施细则。涉及国防领域的科学数据管理制度,由有关部门另行规定。

第三十三条 本办法自印发之日起施行。

国家技术创新项目招标投标管理办法

1. 2002 年 10 月 29 日国家经济贸易委员会令第 40 号公布
2. 自 2002 年 12 月 1 日起施行

第一条 为规范国家技术创新项目招标投标工作,保证项目实施质量,提高投资效益,依据《中华人民共和国招标投标法》等有关法律法规,制定本办法。

第二条 本办法所称国家技术创新项目招标投标,是指运用招标投标方式为重大国家技术创新项目选择、确定项目承担单位的活动。

第三条 国家技术创新项目招标投标工作应当遵循公开、公平、公正的原则。任何单位和个人不得以任何方式非法干预国家技术创新项目的招标投标工作。

第四条 国家经济贸易委员会(以下简称国家经贸委)负责国家技术创新项目招标投标管理工作,各省、自治区、直辖市、计划单列市及新疆生产建设兵团经贸委(经委)负责本地区的技术创新项目招标投标管理工作。

第五条　国家经贸委根据国家产业技术政策,围绕国民经济发展急需解决的产业共性、关键性和前瞻性的重大技术问题在国家技术创新项目和装备研制项目选项范围内确定招标项目。

第六条　国家技术创新项目的招标工作应当委托国家有关部门认可资格的招标机构进行。

第七条　招标分为公开招标和邀请招标。公开招标,是指以招标公告方式邀请不特定的法人或其他组织投标。邀请招标,是指以投标邀请书的方式邀请特定的法人或其他组织投标。

有下列情形之一的,可以进行邀请招标:

(一)项目内容涉及项目单位知识产权和商业秘密的;

(二)涉及国家安全、秘密,不宜公开招标的;

(三)投标人数有限,不宜公开招标的;

(四)国家规定其他可以进行邀请招标的。

第八条　采取公开招标方式的,招标机构应当根据国家经贸委出具的《招标委托书》,在《中国招标》周刊、中国技术创新信息网等媒体上发布招标公告。

招标公告应当载明下列事项:

(一)招标项目名称;

(二)招标项目的性质和主要实施目标;

(三)对拟投标企业资格要求;

(四)招标机构的名称、地址及联系方式;

(五)获取招标文件的办法;

(六)投标及开标的时间和地点。

从招标公告发出之日起到开标之日止,一般为45个工作日。

第九条　采取邀请招标形式的,应当向3个以上具备承担招标项目能力、资信良好的企业发出投标邀请书。邀请书应载明第八条第二款规定的事项。

第十条　招标机构应当参照《国家技术创新计划项目立项建议书》编制招标文件,并组织有关专家或机构进行审查,招标文件经国家经贸委审定后发出。对专业性强的国家技术创新项目,招标机构应当对有投标意向的企业进行资格预审后发出招标文件。

招标文件应当载明下列事项:

(一)投标邀请;

(二)投标人所应具备的技术条件、资格和业绩;

(三)项目名称;

(四)项目实施的内容和目标;

(五)国家经贸委对项目实施提供的政策支持和资金;

(六)中标方对项目应当承担的义务和责任;

(七)项目进度、时间要求;

(八)投标文件的格式、内容要求;

(九)提交投标文件的方式、地点和截止日期。

第十一条 根据招标项目的实际需要,招标可以分两个阶段进行:第一阶段招标主要是取得招标者对招标项目的技术经济指标、技术方案和标底的建议;第二阶段招标按本办法第二十、第二十一、第二十二条规定确定中标人。

第十二条 国家经贸委与招标机构综合考虑有关因素,共同商定标底。

第十三条 招标机构对招标文件所作的澄清或修改应当在投标截止日期 15 日以前,以书面形式通知所有招标文件收受人。该澄清或修改的内容为招标文件的组成部分。

第十四条 国家经贸委决定撤销招标委托,终止招标活动的,应当以书面形式向社会公开说明;因招标机构的原因取消招标,导致招标终止的,招标机构应当以书面形式报国家经贸委批准,并向社会公开说明。

第十五条 投标人应当是具有法人资格、在国内注册的企业或其他组织。投标人参加投标应当具备下列条件:

(一)与招标文件要求相适应的技术条件;

(二)招标文件要求的资格和相应业绩;

(三)良好的资信情况;

(四)法律法规规定的其他条件。

第十六条　符合招标公告要求的投标人,均可参加投标。鼓励企业或高等院校、科研院所联合投标。

第十七条　投标人应履行招标文件的各项规定,严格按照招标文件编写投标文件,并在规定期限内向招标机构提交投标文件。

投标人在招标文件要求提交投标文件的截止时间前,可以补充、修改或者撤回已提交的投标文件,并书面通知招标机构。补充、修改的内容为招标文件的组成部分。

第十八条　开标由招标机构主持,邀请所有投标人参加,并公开进行。

第十九条　评标委员会应当由国家经贸委和招标机构的代表及技术、经济、法律等方面的专家组成,人数不少于9人,人选须经国家经贸委审定。技术、经济、法律等方面的外聘专家人数不得少于评标委员会成员总数的三分之一。

与投标人有利害关系的人不得进入相关项目的评标委员会;已经进入的应当更换。

评标委员会成员不得泄露与评标有关的情况,不得与投标人串通,损害国家利益或他人的合法权益。

第二十条　评标委员会应当按照招标文件确定的评标标准和办法确定2至3个拟中标方,形成评标报告提交国家经贸委。

第二十一条　国家经贸委接到评标报告后7个工作日内,审查评标报告和定标结论,确定中标方,并通知招标机构。

第二十二条　招标机构接到国家经贸委确定中标方的通知后3个工作日内,向中标人发出《中标通知书》,同时向落标的投标方发出《落标通知书》。

第二十三条　经招标投标确定的国家技术创新项目承担单位,应当以招标文件和评标报告为依据,由国家经贸委委托项目主持单位与承担单位签订项目目标责任书。经招标确定的国家技术创新项目纳入国家技术创新计划管理,享受相关政策。未按招标文件和评标报告签订项目目标责任书的,国家经贸委依照国家有关法律法规进行处理。

第二十四条　招标项目的实施管理、资金使用、鉴定验收、项目调整等按

《国家技术创新计划管理办法》和《新产品新技术鉴定验收管理办法》的有关规定执行。

第二十五条 各省、自治区、直辖市、计划单列市及新疆生产建设兵团经贸委(经委)可依据本办法制定本地区的技术创新项目招标投标管理办法。

第二十六条 本办法由国家经贸委负责解释。

第二十七条 本办法自2002年12月1日起施行。

五、规 范 经 营

中华人民共和国企业所得税法

1. 2007年3月16日第十届全国人民代表大会第五次会议通过
2. 根据2017年2月24日第十二届全国人民代表大会常务委员会第二十六次会议《关于修改〈中华人民共和国企业所得税法〉的决定》第一次修正
3. 根据2018年12月29日第十三届全国人民代表大会常务委员会第七次会议《关于修改〈中华人民共和国电力法〉等四部法律的决定》第二次修正

目 录

第一章 总 则
第二章 应纳税所得额
第三章 应纳税额
第四章 税收优惠
第五章 源泉扣缴
第六章 特别纳税调整
第七章 征收管理
第八章 附 则

第一章 总 则

第一条 【纳税对象】在中华人民共和国境内,企业和其他取得收入的组织(以下统称企业)为企业所得税的纳税人,依照本法的规定缴纳企业所得税。

个人独资企业、合伙企业不适用本法。

第二条 【企业的分类及其定义】企业分为居民企业和非居民企业。

本法所称居民企业,是指依法在中国境内成立,或者依照外国(地区)法律成立但实际管理机构在中国境内的企业。

本法所称非居民企业,是指依照外国(地区)法律成立且实际管理机构不在中国境内,但在中国境内设立机构、场所的,或者在中国境内未设立机构、场所,但有来源于中国境内所得的企业。

第三条 【缴纳范围】居民企业应当就其来源于中国境内、境外的所得缴纳企业所得税。

非居民企业在中国境内设立机构、场所的,应当就其所设机构、场所取得的来源于中国境内的所得,以及发生在中国境外但与其所设机构、场所有实际联系的所得,缴纳企业所得税。

非居民企业在中国境内未设立机构、场所的,或者虽设立机构、场所但取得的所得与其所设机构、场所没有实际联系的,应当就其来源于中国境内的所得缴纳企业所得税。

第四条 【税率】企业所得税的税率为25%。

非居民企业取得本法第三条第三款规定的所得,适用税率为20%。

第二章 应纳税所得额

第五条 【应纳税所得额】企业每一纳税年度的收入总额,减除不征税收入、免税收入、各项扣除以及允许弥补的以前年度亏损后的余额,为应纳税所得额。

第六条 【收入总额】企业以货币形式和非货币形式从各种来源取得的收入,为收入总额。包括:

(一)销售货物收入;

(二)提供劳务收入;

(三)转让财产收入;

(四)股息、红利等权益性投资收益;

(五)利息收入;

(六)租金收入;

(七)特许权使用费收入;

(八)接受捐赠收入;

(九)其他收入。

第七条 【不征税收入】收入总额中的下列收入为不征税收入:

(一)财政拨款;

(二)依法收取并纳入财政管理的行政事业性收费、政府性基金;

(三)国务院规定的其他不征税收入。

第八条 【企业合理支出的扣除标准】企业实际发生的与取得收入有关的、合理的支出,包括成本、费用、税金、损失和其他支出,准予在计算应纳税所得额时扣除。

第九条 【企业公益性捐赠支出扣除的标准】企业发生的公益性捐赠支出,在年度利润总额12%以内的部分,准予在计算应纳税所得额时扣除;超过年度利润总额12%的部分,准予结转以后三年内在计算应纳税所得额时扣除。

第十条 【不得扣除的支出范围】在计算应纳税所得额时,下列支出不得扣除:

(一)向投资者支付的股息、红利等权益性投资收益款项;

(二)企业所得税税款;

(三)税收滞纳金;

(四)罚金、罚款和被没收财物的损失;

(五)本法第九条规定以外的捐赠支出;

(六)赞助支出;

(七)未经核定的准备金支出;

(八)与取得收入无关的其他支出。

第十一条 【固定资产折旧扣除规范】在计算应纳税所得额时,企业按照规定计算的固定资产折旧,准予扣除。

下列固定资产不得计算折旧扣除:

(一)房屋、建筑物以外未投入使用的固定资产;

(二)以经营租赁方式租入的固定资产;

(三)以融资租赁方式租出的固定资产;

（四）已足额提取折旧仍继续使用的固定资产；

（五）与经营活动无关的固定资产；

（六）单独估价作为固定资产入账的土地；

（七）其他不得计算折旧扣除的固定资产。

第十二条 【无形资产摊销费用的扣除规范】在计算应纳税所得额时，企业按照规定计算的无形资产摊销费用，准予扣除。

下列无形资产不得计算摊销费用扣除：

（一）自行开发的支出已在计算应纳税所得额时扣除的无形资产；

（二）自创商誉；

（三）与经营活动无关的无形资产；

（四）其他不得计算摊销费用扣除的无形资产。

第十三条 【长期待摊费用的扣除规范】在计算应纳税所得额时，企业发生的下列支出作为长期待摊费用，按照规定摊销的，准予扣除：

（一）已足额提取折旧的固定资产的改建支出；

（二）租入固定资产的改建支出；

（三）固定资产的大修理支出；

（四）其他应当作为长期待摊费用的支出。

第十四条 【投资资产成本扣除规范】企业对外投资期间，投资资产的成本在计算应纳税所得额时不得扣除。

第十五条 【存货扣除规范】企业使用或者销售存货，按照规定计算的存货成本，准予在计算应纳税所得额时扣除。

第十六条 【转让资产的净值扣除规范】企业转让资产，该项资产的净值，准予在计算应纳税所得额时扣除。

第十七条 【境外亏损不得抵减境内盈利】企业在汇总计算缴纳企业所得税时，其境外营业机构的亏损不得抵减境内营业机构的盈利。

第十八条 【结转年限】企业纳税年度发生的亏损，准予向以后年度结转，用以后年度的所得弥补，但结转年限最长不得超过五年。

第十九条 【非居民企业应纳税所得额计算方法】非居民企业取得本法

第三条第三款规定的所得,按照下列方法计算其应纳税所得额:

（一）股息、红利等权益性投资收益和利息、租金、特许权使用费所得,以收入全额为应纳税所得额;

（二）转让财产所得,以收入全额减除财产净值后的余额为应纳税所得额;

（三）其他所得,参照前两项规定的方法计算应纳税所得额。

第二十条　【立法委任】本章规定的收入、扣除的具体范围、标准和资产的税务处理的具体办法,由国务院财政、税务主管部门规定。

第二十一条　【计算规定的适用】在计算应纳税所得额时,企业财务、会计处理办法与税收法律、行政法规的规定不一致的,应当依照税收法律、行政法规的规定计算。

第三章　应纳税额

第二十二条　【应纳税额】企业的应纳税所得额乘以适用税率,减除依照本法关于税收优惠的规定减免和抵免的税额后的余额,为应纳税额。

第二十三条　【应纳税额的抵免、抵补】企业取得的下列所得已在境外缴纳的所得税税额,可以从其当期应纳税额中抵免,抵免限额为该项所得依照本法规定计算的应纳税额;超过抵免限额的部分,可以在以后五个年度内,用每年度抵免限额抵免当年应抵税额后的余额进行抵补:

（一）居民企业来源于中国境外的应税所得;

（二）非居民企业在中国境内设立机构、场所,取得发生在中国境外但与该机构、场所有实际联系的应税所得。

第二十四条　【境外税额的抵免】居民企业从其直接或者间接控制的外国企业分得的来源于中国境外的股息、红利等权益性投资收益,外国企业在境外实际缴纳的所得税税额中属于该项所得负担的部分,可以作为该居民企业的可抵免境外所得税税额,在本法第二十三条规定的抵免限额内抵免。

第四章　税　收　优　惠

第二十五条　【税收优惠】国家对重点扶持和鼓励发展的产业和项目,给予企业所得税优惠。

第二十六条　【免税收入】企业的下列收入为免税收入:

(一)国债利息收入;

(二)符合条件的居民企业之间的股息、红利等权益性投资收益;

(三)在中国境内设立机构、场所的非居民企业从居民企业取得与该机构、场所有实际联系的股息、红利等权益性投资收益;

(四)符合条件的非营利组织的收入。

第二十七条　【企业所得税的免减征范围】企业的下列所得,可以免征、减征企业所得税:

(一)从事农、林、牧、渔业项目的所得;

(二)从事国家重点扶持的公共基础设施项目投资经营的所得;

(三)从事符合条件的环境保护、节能节水项目的所得;

(四)符合条件的技术转让所得;

(五)本法第三条第三款规定的所得。

第二十八条　【小型微利企业税收优惠】符合条件的小型微利企业,减按20%的税率征收企业所得税。

国家需要重点扶持的高新技术企业,减按15%的税率征收企业所得税。

第二十九条　【自治地方减免税的规定】民族自治地方的自治机关对本民族自治地方的企业应缴纳的企业所得税中属于地方分享的部分,可以决定减征或者免征。自治州、自治县决定减征或者免征的,须报省、自治区、直辖市人民政府批准。

第三十条　【对新产品开发费用及福利企业的税收优惠】企业的下列支出,可以在计算应纳税所得额时加计扣除:

(一)开发新技术、新产品、新工艺发生的研究开发费用;

(二)安置残疾人员及国家鼓励安置的其他就业人员所支付的工资。

第三十一条 【创业投资企业税收优惠】创业投资企业从事国家需要重点扶持和鼓励的创业投资,可以按投资额的一定比例抵扣应纳税所得额。

第三十二条 【加速折旧】企业的固定资产由于技术进步等原因,确需加速折旧的,可以缩短折旧年限或者采取加速折旧的方法。

第三十三条 【资源综合利用企业的税收优惠】企业综合利用资源,生产符合国家产业政策规定的产品所取得的收入,可以在计算应纳税所得额时减计收入。

第三十四条 【企业投资环保等方面的税收优惠】企业购置用于环境保护、节能节水、安全生产等专用设备的投资额,可以按一定比例实行税额抵免。

第三十五条 【税收优惠办法的制定】本法规定的税收优惠的具体办法,由国务院规定。

第三十六条 【专项优惠政策】根据国民经济和社会发展的需要,或者由于突发事件等原因对企业经营活动产生重大影响的,国务院可以制定企业所得税专项优惠政策,报全国人民代表大会常务委员会备案。

第五章　源泉扣缴

第三十七条 【源泉扣缴】对非居民企业取得本法第三条第三款规定的所得应缴纳的所得税,实行源泉扣缴,以支付人为扣缴义务人。税款由扣缴义务人在每次支付或者到期应支付时,从支付或者到期应支付的款项中扣缴。

第三十八条 【扣缴义务人】对非居民企业在中国境内取得工程作业和劳务所得应缴纳的所得税,税务机关可以指定工程价款或者劳务费的支付人为扣缴义务人。

第三十九条 【税款追缴】依照本法第三十七条、第三十八条规定应当扣缴的所得税,扣缴义务人未依法扣缴或者无法履行扣缴义务的,由纳税人在所得发生地缴纳。纳税人未依法缴纳的,税务机关可以从该纳税人在中国境内其他收入项目的支付人应付的款项中,追缴该纳税人的应纳税款。

第四十条 【代扣的期限】扣缴义务人每次代扣的税款,应当自代扣之日起七日内缴入国库,并向所在地的税务机关报送扣缴企业所得税报告表。

第六章 特别纳税调整

第四十一条 【特别纳税调整】企业与其关联方之间的业务往来,不符合独立交易原则而减少企业或者其关联方应纳税收入或者所得额的,税务机关有权按照合理方法调整。

企业与其关联方共同开发、受让无形资产,或者共同提供、接受劳务发生的成本,在计算应纳税所得额时应当按照独立交易原则进行分摊。

第四十二条 【预约定价安排】企业可以向税务机关提出与其关联方之间业务往来的定价原则和计算方法,税务机关与企业协商、确认后,达成预约定价安排。

第四十三条 【报送纳税申报表应提供相关资料】企业向税务机关报送年度企业所得税纳税申报表时,应当就其与关联方之间的业务往来,附送年度关联业务往来报告表。

税务机关在进行关联业务调查时,企业及其关联方,以及与关联业务调查有关的其他企业,应当按照规定提供相关资料。

第四十四条 【税务机关核定权】企业不提供与其关联方之间业务往来资料,或者提供虚假、不完整资料,未能真实反映其关联业务往来情况的,税务机关有权依法核定其应纳税所得额。

第四十五条 【居民企业利润计入】由居民企业,或者由居民企业和中国居民控制的设立在实际税负明显低于本法第四条第一款规定税率水平的国家(地区)的企业,并非由于合理的经营需要而对利润不作分配或者减少分配的,上述利润中应归属于该居民企业的部分,应当计入该居民企业的当期收入。

第四十六条 【投资支出扣除规范】企业从其关联方接受的债权性投资与权益性投资的比例超过规定标准而发生的利息支出,不得在计算应纳税所得额时扣除。

第四十七条　【税务机关的调整权利】企业实施其他不具有合理商业目的的安排而减少其应纳税收入或者所得额的,税务机关有权按照合理方法调整。

第四十八条　【补征税款加收利息】税务机关依照本章规定作出纳税调整,需要补征税款的,应当补征税款,并按照国务院规定加收利息。

第七章　征收管理

第四十九条　【其他法律规定】企业所得税的征收管理除本法规定外,依照《中华人民共和国税收征收管理法》的规定执行。

第五十条　【居民企业纳税地点】除税收法律、行政法规另有规定外,居民企业以企业登记注册地为纳税地点;但登记注册地在境外的,以实际管理机构所在地为纳税地点。

居民企业在中国境内设立不具有法人资格的营业机构的,应当汇总计算并缴纳企业所得税。

第五十一条　【非居民企业纳税地点】非居民企业取得本法第三条第二款规定的所得,以机构、场所所在地为纳税地点。非居民企业在中国境内设立两个或者两个以上机构、场所,符合国务院税务主管部门规定条件的,可以选择由其主要机构、场所汇总缴纳企业所得税。

非居民企业取得本法第三条第三款规定的所得,以扣缴义务人所在地为纳税地点。

第五十二条　【禁止合并缴纳企业所得税】除国务院另有规定外,企业之间不得合并缴纳企业所得税。

第五十三条　【纳税年度计算】企业所得税按纳税年度计算。纳税年度自公历1月1日起至12月31日止。

企业在一个纳税年度中间开业,或者终止经营活动,使该纳税年度的实际经营期不足十二个月的,应当以其实际经营期为一个纳税年度。

企业依法清算时,应当以清算期间作为一个纳税年度。

第五十四条　【预缴和清缴】企业所得税分月或者分季预缴。

企业应当自月份或者季度终了之日起十五日内,向税务机关报送预缴企业所得税纳税申报表,预缴税款。

企业应当自年度终了之日起五个月内,向税务机关报送年度企业所得税纳税申报表,并汇算清缴,结清应缴应退税款。

企业在报送企业所得税纳税申报表时,应当按照规定附送财务会计报告和其他有关资料。

第五十五条 【清缴日期】企业在年度中间终止经营活动的,应当自实际经营终止之日起六十日内,向税务机关办理当期企业所得税汇算清缴。

企业应当在办理注销登记前,就其清算所得向税务机关申报并依法缴纳企业所得税。

第五十六条 【计算依据】依照本法缴纳的企业所得税,以人民币计算。所得以人民币以外的货币计算的,应当折合成人民币计算并缴纳税款。

第八章 附 则

第五十七条 【优惠政策】本法公布前已经批准设立的企业,依照当时的税收法律、行政法规规定,享受低税率优惠的,按照国务院规定,可以在本法施行后五年内,逐步过渡到本法规定的税率;享受定期减免税优惠的,按照国务院规定,可以在本法施行后继续享受到期满为止,但因未获利而尚未享受优惠的,优惠期限从本法施行年度起计算。

法律设置的发展对外经济合作和技术交流的特定地区内,以及国务院已规定执行上述地区特殊政策的地区内新设立的国家需要重点扶持的高新技术企业,可以享受过渡性税收优惠,具体办法由国务院规定。

国家已确定的其他鼓励类企业,可以按照国务院规定享受减免税优惠。

第五十八条 【税收协定】中华人民共和国政府同外国政府订立的有关税收的协定与本法有不同规定的,依照协定的规定办理。

第五十九条 【立法委任】国务院根据本法制定实施条例。

第六十条 【施行日期与旧法废止】本法自 2008 年 1 月 1 日起施行。

1991年4月9日第七届全国人民代表大会第四次会议通过的《中华人民共和国外商投资企业和外国企业所得税法》和1993年12月13日国务院发布的《中华人民共和国企业所得税暂行条例》同时废止。

中华人民共和国企业所得税法实施条例

1. 2007年12月6日国务院令第215号公布
2. 根据2019年4月23日国务院令第714号《关于修改部分行政法规的决定》第一次修订
3. 根据2024年12月6日国务院令第797号《关于修改和废止部分行政法规的决定》第二次修订

第一章 总 则

第一条 根据《中华人民共和国企业所得税法》（以下简称企业所得税法）的规定，制定本条例。

第二条 企业所得税法第一条所称个人独资企业、合伙企业，是指依照中国法律、行政法规成立的个人独资企业、合伙企业。

第三条 企业所得税法第二条所称依法在中国境内成立的企业，包括依照中国法律、行政法规在中国境内成立的企业、事业单位、社会团体以及其他取得收入的组织。

企业所得税法第二条所称依照外国（地区）法律成立的企业，包括依照外国（地区）法律成立的企业和其他取得收入的组织。

第四条 企业所得税法第二条所称实际管理机构，是指对企业的生产经营、人员、账务、财产等实施实质性全面管理和控制的机构。

第五条 企业所得税法第二条第三款所称机构、场所，是指在中国境内从事生产经营活动的机构、场所，包括：

（一）管理机构、营业机构、办事机构；

（二）工厂、农场、开采自然资源的场所；

(三)提供劳务的场所;

(四)从事建筑、安装、装配、修理、勘探等工程作业的场所;

(五)其他从事生产经营活动的机构、场所。

非居民企业委托营业代理人在中国境内从事生产经营活动的,包括委托单位或者个人经常代其签订合同,或者储存、交付货物等,该营业代理人视为非居民企业在中国境内设立的机构、场所。

第六条 企业所得税法第三条所称所得,包括销售货物所得、提供劳务所得、转让财产所得、股息红利等权益性投资所得、利息所得、租金所得、特许权使用费所得、接受捐赠所得和其他所得。

第七条 企业所得税法第三条所称来源于中国境内、境外的所得,按照以下原则确定:

(一)销售货物所得,按照交易活动发生地确定;

(二)提供劳务所得,按照劳务发生地确定;

(三)转让财产所得,不动产转让所得按照不动产所在地确定,动产转让所得按照转让动产的企业或者机构、场所所在地确定,权益性投资资产转让所得按照被投资企业所在地确定;

(四)股息、红利等权益性投资所得,按照分配所得的企业所在地确定;

(五)利息所得、租金所得、特许权使用费所得,按照负担、支付所得的企业或者机构、场所所在地确定,或者按照负担、支付所得的个人的住所地确定;

(六)其他所得,由国务院财政、税务主管部门确定。

第八条 企业所得税法第三条所称实际联系,是指非居民企业在中国境内设立的机构、场所拥有据以取得所得的股权、债权,以及拥有、管理、控制据以取得所得的财产等。

第二章 应纳税所得额

第一节 一般规定

第九条 企业应纳税所得额的计算,以权责发生制为原则,属于当期的收入和费用,不论款项是否收付,均作为当期的收入和费用;不属于当期的收入和费用,即使款项已经在当期收付,均不作为当期的收入和费用。本条例和国务院财政、税务主管部门另有规定的除外。

第十条 企业所得税法第五条所称亏损,是指企业依照企业所得税法和本条例的规定将每一纳税年度的收入总额减除不征税收入、免税收入和各项扣除后小于零的数额。

第十一条 企业所得税法第五十五条所称清算所得,是指企业的全部资产可变现价值或者交易价格减除资产净值、清算费用以及相关税费等后的余额。

投资方企业从被清算企业分得的剩余资产,其中相当于从被清算企业累计未分配利润和累计盈余公积中应当分得的部分,应当确认为股息所得;剩余资产减除上述股息所得后的余额,超过或者低于投资成本的部分,应当确认为投资资产转让所得或者损失。

第二节 收 入

第十二条 企业所得税法第六条所称企业取得收入的货币形式,包括现金、存款、应收账款、应收票据、准备持有至到期的债券投资以及债务的豁免等。

企业所得税法第六条所称企业取得收入的非货币形式,包括固定资产、生物资产、无形资产、股权投资、存货、不准备持有至到期的债券投资、劳务以及有关权益等。

第十三条 企业所得税法第六条所称企业以非货币形式取得的收入,应当按照公允价值确定收入额。

前款所称公允价值,是指按照市场价格确定的价值。

第十四条 企业所得税法第六条第(一)项所称销售货物收入,是指企业销售商品、产品、原材料、包装物、低值易耗品以及其他存货取得的收入。

第十五条 企业所得税法第六条第(二)项所称提供劳务收入,是指企业从事建筑安装、修理修配、交通运输、仓储租赁、金融保险、邮电通信、咨询经纪、文化体育、科学研究、技术服务、教育培训、餐饮住宿、中介代理、卫生保健、社区服务、旅游、娱乐、加工以及其他劳务服务活动取得的收入。

第十六条 企业所得税法第六条第(三)项所称转让财产收入,是指企业转让固定资产、生物资产、无形资产、股权、债权等财产取得的收入。

第十七条 企业所得税法第六条第(四)项所称股息、红利等权益性投资收益,是指企业因权益性投资从被投资方取得的收入。

股息、红利等权益性投资收益,除国务院财政、税务主管部门另有规定外,按照被投资方作出利润分配决定的日期确认收入的实现。

第十八条 企业所得税法第六条第(五)项所称利息收入,是指企业将资金提供他人使用但不构成权益性投资,或者因他人占用本企业资金取得的收入,包括存款利息、贷款利息、债券利息、欠款利息等收入。

利息收入,按照合同约定的债务人应付利息的日期确认收入的实现。

第十九条 企业所得税法第六条第(六)项所称租金收入,是指企业提供固定资产、包装物或者其他有形资产的使用权取得的收入。

租金收入,按照合同约定的承租人应付租金的日期确认收入的实现。

第二十条 企业所得税法第六条第(七)项所称特许权使用费收入,是指企业提供专利权、非专利技术、商标权、著作权以及其他特许权的使用权取得的收入。

特许权使用费收入,按照合同约定的特许权使用人应付特许权使用费的日期确认收入的实现。

第二十一条 企业所得税法第六条第(八)项所称接受捐赠收入,是指企业接受的来自其他企业、组织或者个人无偿给予的货币性资产、非货币性资产。

接受捐赠收入,按照实际收到捐赠资产的日期确认收入的实现。

第二十二条 企业所得税法第六条第(九)项所称其他收入,是指企业取得的除企业所得税法第六条第(一)项至第(八)项规定的收入外的其他收入,包括企业资产溢余收入、逾期未退包装物押金收入、确实无法偿付的应付款项、已作坏账损失处理后又收回的应收款项、债务重组收入、补贴收入、违约金收入、汇兑收益等。

第二十三条 企业的下列生产经营业务可以分期确认收入的实现：

（一）以分期收款方式销售货物的,按照合同约定的收款日期确认收入的实现；

（二）企业受托加工制造大型机械设备、船舶、飞机,以及从事建筑、安装、装配工程业务或者提供其他劳务等,持续时间超过12个月的,按照纳税年度内完工进度或者完成的工作量确认收入的实现。

第二十四条 采取产品分成方式取得收入的,按照企业分得产品的日期确认收入的实现,其收入额按照产品的公允价值确定。

第二十五条 企业发生非货币性资产交换,以及将货物、财产、劳务用于捐赠、偿债、赞助、集资、广告、样品、职工福利或者利润分配等用途的,应当视同销售货物、转让财产或者提供劳务,但国务院财政、税务主管部门另有规定的除外。

第二十六条 企业所得税法第七条第(一)项所称财政拨款,是指各级人民政府对纳入预算管理的事业单位、社会团体等组织拨付的财政资金,但国务院和国务院财政、税务主管部门另有规定的除外。

企业所得税法第七条第(二)项所称行政事业性收费,是指依照法律法规等有关规定,按照国务院规定程序批准,在实施社会公共管理,以及在向公民、法人或者其他组织提供特定公共服务过程中,向特定对象收取并纳入财政管理的费用。

企业所得税法第七条第(二)项所称政府性基金,是指企业依照法律、行政法规等有关规定,代政府收取的具有专项用途的财政资金。

企业所得税法第七条第(三)项所称国务院规定的其他不征税收入,是指企业取得的,由国务院财政、税务主管部门规定专项用途并经国务院批准的财政性资金。

第三节 扣 除

第二十七条 企业所得税法第八条所称有关的支出,是指与取得收入直接相关的支出。

企业所得税法第八条所称合理的支出,是指符合生产经营活动常规,应当计入当期损益或者有关资产成本的必要和正常的支出。

第二十八条 企业发生的支出应当区分收益性支出和资本性支出。收益性支出在发生当期直接扣除;资本性支出应当分期扣除或者计入有关资产成本,不得在发生当期直接扣除。

企业的不征税收入用于支出所形成的费用或者财产,不得扣除或者计算对应的折旧、摊销扣除。

除企业所得税法和本条例另有规定外,企业实际发生的成本、费用、税金、损失和其他支出,不得重复扣除。

第二十九条 企业所得税法第八条所称成本,是指企业在生产经营活动中发生的销售成本、销货成本、业务支出以及其他耗费。

第三十条 企业所得税法第八条所称费用,是指企业在生产经营活动中发生的销售费用、管理费用和财务费用,已经计入成本的有关费用除外。

第三十一条 企业所得税法第八条所称税金,是指企业发生的除企业所得税和允许抵扣的增值税以外的各项税金及其附加。

第三十二条 企业所得税法第八条所称损失,是指企业在生产经营活动中发生的固定资产和存货的盘亏、毁损、报废损失,转让财产损失,呆账损失,坏账损失,自然灾害等不可抗力因素造成的损失以及其他损失。

企业发生的损失,减除责任人赔偿和保险赔款后的余额,依照国务院财政、税务主管部门的规定扣除。

企业已经作为损失处理的资产,在以后纳税年度又全部收回或者部分收回时,应当计入当期收入。

第三十三条 企业所得税法第八条所称其他支出,是指除成本、费用、税金、损失外,企业在生产经营活动中发生的与生产经营活动有关的、合理的支出。

第三十四条 企业发生的合理的工资薪金支出,准予扣除。

前款所称工资薪金,是指企业每一纳税年度支付给在本企业任职或者受雇的员工的所有现金形式或者非现金形式的劳动报酬,包括基本工资、奖金、津贴、补贴、年终加薪、加班工资，以及与员工任职或者受雇有关的其他支出。

第三十五条　企业依照国务院有关主管部门或者省级人民政府规定的范围和标准为职工缴纳的基本养老保险费、基本医疗保险费、失业保险费、工伤保险费、生育保险费等基本社会保险费和住房公积金，准予扣除。

企业为投资者或者职工支付的补充养老保险费、补充医疗保险费，在国务院财政、税务主管部门规定的范围和标准内，准予扣除。

第三十六条　除企业依照国家有关规定为特殊工种职工支付的人身安全保险费和国务院财政、税务主管部门规定可以扣除的其他商业保险费外，企业为投资者或者职工支付的商业保险费，不得扣除。

第三十七条　企业在生产经营活动中发生的合理的不需要资本化的借款费用，准予扣除。

企业为购置、建造固定资产、无形资产和经过12个月以上的建造才能达到预定可销售状态的存货发生借款的，在有关资产购置、建造期间发生的合理的借款费用，应当作为资本性支出计入有关资产的成本，并依本条例的规定扣除。

第三十八条　企业在生产经营活动中发生的下列利息支出，准予扣除：

（一）非金融企业向金融企业借款的利息支出、金融企业的各项存款利息支出和同业拆借利息支出、企业经批准发行债券的利息支出；

（二）非金融企业向非金融企业借款的利息支出，不超过按照金融企业同期同类贷款利率计算的数额的部分。

第三十九条　企业在货币交易中，以及纳税年度终了时将人民币以外的货币性资产、负债按照期末即期人民币汇率中间价折算为人民币时产生的汇兑损失，除已经计入有关资产成本以及与向所有者进行利润分配相关的部分外，准予扣除。

第四十条　企业发生的职工福利费支出，不超过工资薪金总额14%的部分，准予扣除。

第四十一条 企业拨缴的工会经费,不超过工资薪金总额2%的部分,准予扣除。

第四十二条 除国务院财政、税务主管部门另有规定外,企业发生的职工教育经费支出,不超过工资薪金总额2.5%的部分,准予扣除;超过部分,准予在以后纳税年度结转扣除。

第四十三条 企业发生的与生产经营活动有关的业务招待费支出,按照发生额的60%扣除,但最高不得超过当年销售(营业)收入的5‰。

第四十四条 企业发生的符合条件的广告费和业务宣传费支出,除国务院财政、税务主管部门另有规定外,不超过当年销售(营业)收入15%的部分,准予扣除;超过部分,准予在以后纳税年度结转扣除。

第四十五条 企业依照法律、行政法规有关规定提取的用于环境保护、生态恢复等方面的专项资金,准予扣除。上述专项资金提取后改变用途的,不得扣除。

第四十六条 企业参加财产保险,按照规定缴纳的保险费,准予扣除。

第四十七条 企业根据生产经营活动的需要租入固定资产支付的租赁费,按照以下方法扣除:

(一)以经营租赁方式租入固定资产发生的租赁费支出,按照租赁期限均匀扣除;

(二)以融资租赁方式租入固定资产发生的租赁费支出,按照规定构成融资租入固定资产价值的部分应当提取折旧费用,分期扣除。

第四十八条 企业发生的合理的劳动保护支出,准予扣除。

第四十九条 企业之间支付的管理费、企业内营业机构之间支付的租金和特许权使用费,以及非银行企业内营业机构之间支付的利息,不得扣除。

第五十条 非居民企业在中国境内设立的机构、场所,就其中国境外总机构发生的与该机构、场所生产经营有关的费用,能够提供总机构出具的费用汇集范围、定额、分配依据和方法等证明文件,并合理分摊的,准予扣除。

第五十一条 企业所得税法第九条所称公益性捐赠,是指企业通过公益性社会组织或者县级以上人民政府及其部门,用于符合法律规定的慈善活动、公益事业的捐赠。

第五十二条　本条例第五十一条所称公益性社会组织,是指同时符合下列条件的慈善组织以及其他社会组织:

(一)依法登记,具有法人资格;

(二)以发展公益事业为宗旨,且不以营利为目的;

(三)全部资产及其增值为该法人所有;

(四)收益和营运结余主要用于符合该法人设立目的的事业;

(五)终止后的剩余财产不归属任何个人或者营利组织;

(六)不经营与其设立目的无关的业务;

(七)有健全的财务会计制度;

(八)捐赠者不以任何形式参与该法人财产的分配;

(九)国务院财政、税务主管部门会同国务院民政部门等登记管理部门规定的其他条件。

第五十三条　企业当年发生以及以前年度结转的公益性捐赠支出,不超过年度利润总额12%的部分,准予扣除。

年度利润总额,是指企业依照国家统一会计制度的规定计算的年度会计利润。

第五十四条　企业所得税法第十条第(六)项所称赞助支出,是指企业发生的与生产经营活动无关的各种非广告性质支出。

第五十五条　企业所得税法第十条第(七)项所称未经核定的准备金支出,是指不符合国务院财政、税务主管部门规定的各项资产减值准备、风险准备等准备金支出。

第四节　资产的税务处理

第五十六条　企业的各项资产,包括固定资产、生物资产、无形资产、长期待摊费用、投资资产、存货等,以历史成本为计税基础。

前款所称历史成本,是指企业取得该项资产时实际发生的支出。

企业持有各项资产期间资产增值或者减值,除国务院财政、税务主管部门规定可以确认损益外,不得调整该资产的计税基础。

第五十七条 企业所得税法第十一条所称固定资产,是指企业为生产产品、提供劳务、出租或者经营管理而持有的、使用时间超过12个月的非货币性资产,包括房屋、建筑物、机器、机械、运输工具以及其他与生产经营活动有关的设备、器具、工具等。

第五十八条 固定资产按照以下方法确定计税基础:

(一)外购的固定资产,以购买价款和支付的相关税费以及直接归属于使该资产达到预定用途发生的其他支出为计税基础;

(二)自行建造的固定资产,以竣工结算前发生的支出为计税基础;

(三)融资租入的固定资产,以租赁合同约定的付款总额和承租人在签订租赁合同过程中发生的相关费用为计税基础,租赁合同未约定付款总额的,以该资产的公允价值和承租人在签订租赁合同过程中发生的相关费用为计税基础;

(四)盘盈的固定资产,以同类固定资产的重置完全价值为计税基础;

(五)通过捐赠、投资、非货币性资产交换、债务重组等方式取得的固定资产,以该资产的公允价值和支付的相关税费为计税基础;

(六)改建的固定资产,除企业所得税法第十三条第(一)项和第(二)项规定的支出外,以改建过程中发生的改建支出增加计税基础。

第五十九条 固定资产按照直线法计算的折旧,准予扣除。

企业应当自固定资产投入使用月份的次月起计算折旧;停止使用的固定资产,应当自停止使用月份的次月起停止计算折旧。

企业应当根据固定资产的性质和使用情况,合理确定固定资产的预计净残值。固定资产的预计净残值一经确定,不得变更。

第六十条 除国务院财政、税务主管部门另有规定外,固定资产计算折旧的最低年限如下:

(一)房屋、建筑物,为20年;

(二)飞机、火车、轮船、机器、机械和其他生产设备,为10年;

(三)与生产经营活动有关的器具、工具、家具等,为5年;

(四)飞机、火车、轮船以外的运输工具,为4年;

(五)电子设备,为3年。

第六十一条 从事开采石油、天然气等矿产资源的企业,在开始商业性生产前发生的费用和有关固定资产的折耗、折旧方法,由国务院财政、税务主管部门另行规定。

第六十二条 生产性生物资产按照以下方法确定计税基础:

(一)外购的生产性生物资产,以购买价款和支付的相关税费为计税基础;

(二)通过捐赠、投资、非货币性资产交换、债务重组等方式取得的生产性生物资产,以该资产的公允价值和支付的相关税费为计税基础。

前款所称生产性生物资产,是指企业为生产农产品、提供劳务或者出租等而持有的生物资产,包括经济林、薪炭林、产畜和役畜等。

第六十三条 生产性生物资产按照直线法计算的折旧,准予扣除。

企业应当自生产性生物资产投入使用月份的次月起计算折旧;停止使用的生产性生物资产,应当自停止使用月份的次月起停止计算折旧。

企业应当根据生产性生物资产的性质和使用情况,合理确定生产性生物资产的预计净残值。生产性生物资产的预计净残值一经确定,不得变更。

第六十四条 生产性生物资产计算折旧的最低年限如下:

(一)林木类生产性生物资产,为10年;

(二)畜类生产性生物资产,为3年。

第六十五条 企业所得税法第十二条所称无形资产,是指企业为生产产品、提供劳务、出租或者经营管理而持有的、没有实物形态的非货币性长期资产,包括专利权、商标权、著作权、土地使用权、非专利技术、商誉等。

第六十六条 无形资产按照以下方法确定计税基础:

(一)外购的无形资产,以购买价款和支付的相关税费以及直接归属于使该资产达到预定用途发生的其他支出为计税基础；

（二）自行开发的无形资产，以开发过程中该资产符合资本化条件后至达到预定用途前发生的支出为计税基础；

（三）通过捐赠、投资、非货币性资产交换、债务重组等方式取得的无形资产，以该资产的公允价值和支付的相关税费为计税基础。

第六十七条　无形资产按照直线法计算的摊销费用，准予扣除。

无形资产的摊销年限不得低于10年。

作为投资或者受让的无形资产，有关法律规定或者合同约定了使用年限的，可以按照规定或者约定的使用年限分期摊销。

外购商誉的支出，在企业整体转让或者清算时，准予扣除。

第六十八条　企业所得税法第十三条第（一）项和第（二）项所称固定资产的改建支出，是指改变房屋或者建筑物结构、延长使用年限等发生的支出。

企业所得税法第十三条第（一）项规定的支出，按照固定资产预计尚可使用年限分期摊销；第（二）项规定的支出，按照合同约定的剩余租赁期限分期摊销。

改建的固定资产延长使用年限的，除企业所得税法第十三条第（一）项和第（二）项规定外，应当适当延长折旧年限。

第六十九条　企业所得税法第十三条第（三）项所称固定资产的大修理支出，是指同时符合下列条件的支出：

（一）修理支出达到取得固定资产时的计税基础50%以上；

（二）修理后固定资产的使用年限延长2年以上。

企业所得税法第十三条第（三）项规定的支出，按照固定资产尚可使用年限分期摊销。

第七十条　企业所得税法第十三条第（四）项所称其他应当作为长期待摊费用的支出，自支出发生月份的次月起，分期摊销，摊销年限不得低于3年。

第七十一条　企业所得税法第十四条所称投资资产，是指企业对外进行权益性投资和债权性投资形成的资产。

企业在转让或者处置投资资产时,投资资产的成本,准予扣除。

投资资产按照以下方法确定成本:

(一)通过支付现金方式取得的投资资产,以购买价款为成本;

(二)通过支付现金以外的方式取得的投资资产,以该资产的公允价值和支付的相关税费为成本。

第七十二条 企业所得税法第十五条所称存货,是指企业持有以备出售的产品或者商品、处在生产过程中的在产品、在生产或者提供劳务过程中耗用的材料和物料等。

存货按照以下方法确定成本:

(一)通过支付现金方式取得的存货,以购买价款和支付的相关税费为成本;

(二)通过支付现金以外的方式取得的存货,以该存货的公允价值和支付的相关税费为成本;

(三)生产性生物资产收获的农产品,以产出或者采收过程中发生的材料费、人工费和分摊的间接费用等必要支出为成本。

第七十三条 企业使用或者销售的存货的成本计算方法,可以在先进先出法、加权平均法、个别计价法中选用一种。计价方法一经选用,不得随意变更。

第七十四条 企业所得税法第十六条所称资产的净值和第十九条所称财产净值,是指有关资产、财产的计税基础减除已经按照规定扣除的折旧、折耗、摊销、准备金等后的余额。

第七十五条 除国务院财政、税务主管部门另有规定外,企业在重组过程中,应当在交易发生时确认有关资产的转让所得或者损失,相关资产应当按照交易价格重新确定计税基础。

第三章 应 纳 税 额

第七十六条 企业所得税法第二十二条规定的应纳税额的计算公式为:

应纳税额=应纳税所得额×适用税率-减免税额-抵免税额

公式中的减免税额和抵免税额,是指依照企业所得税法和国务院的税收优惠规定减征、免征和抵免的应纳税额。

第七十七条 企业所得税法第二十三条所称已在境外缴纳的所得税税额，是指企业来源于中国境外的所得依照中国境外税收法律以及相关规定应当缴纳并已经实际缴纳的企业所得税性质的税款。

第七十八条 企业所得税法第二十三条所称抵免限额，是指企业来源于中国境外的所得，依照企业所得税法和本条例的规定计算的应纳税额。除国务院财政、税务主管部门另有规定外，该抵免限额应当分国（地区）不分项计算，计算公式如下：

抵免限额＝中国境内、境外所得依照企业所得税法和本条例的规定计算的应纳税总额×来源于某国（地区）的应纳税所得额÷中国境内、境外应纳税所得总额

第七十九条 企业所得税法第二十三条所称5个年度，是指从企业取得的来源于中国境外的所得，已经在中国境外缴纳的企业所得税性质的税额超过抵免限额的当年的次年起连续5个纳税年度。

第八十条 企业所得税法第二十四条所称直接控制，是指居民企业直接持有外国企业20%以上股份。

企业所得税法第二十四条所称间接控制，是指居民企业以间接持股方式持有外国企业20%以上股份，具体认定办法由国务院财政、税务主管部门另行制定。

第八十一条 企业依照企业所得税法第二十三条、第二十四条的规定抵免企业所得税税额时，应当提供中国境外税务机关出具的税款所属年度的有关纳税凭证。

第四章 税 收 优 惠

第八十二条 企业所得税法第二十六条第（一）项所称国债利息收入，是指企业持有国务院财政部门发行的国债取得的利息收入。

第八十三条 企业所得税法第二十六条第（二）项所称符合条件的居民企业之间的股息、红利等权益性投资收益，是指居民企业直接投资于其他居民企业取得的投资收益。企业所得税法第二十六条第（二）项和第（三）项所称股息、红利等权益性投资收益，不包括连续持有居民企业公开发行并上市流通的股票不足12个月取得的投资收益。

第八十四条 企业所得税法第二十六条第(四)项所称符合条件的非营利组织,是指同时符合下列条件的组织:

(一)依法履行非营利组织登记手续;

(二)从事公益性或者非营利性活动;

(三)取得的收入除用于与该组织有关的、合理的支出外,全部用于登记核定或者章程规定的公益性或者非营利性事业;

(四)财产及其孳息不用于分配;

(五)按照登记核定或者章程规定,该组织注销后的剩余财产用于公益性或者非营利性目的,或者由登记管理机关转赠给与该组织性质、宗旨相同的组织,并向社会公告;

(六)投入人对投入该组织的财产不保留或者享有任何财产权利;

(七)工作人员工资福利开支控制在规定的比例内,不变相分配该组织的财产。

前款规定的非营利组织的认定管理办法由国务院财政、税务主管部门会同国务院有关部门制定。

第八十五条 企业所得税法第二十六条第(四)项所称符合条件的非营利组织的收入,不包括非营利组织从事营利性活动取得的收入,但国务院财政、税务主管部门另有规定的除外。

第八十六条 企业所得税法第二十七条第(一)项规定的企业从事农、林、牧、渔业项目的所得,可以免征、减征企业所得税,是指:

(一)企业从事下列项目的所得,免征企业所得税:

1. 蔬菜、谷物、薯类、油料、豆类、棉花、麻类、糖料、水果、坚果的种植;

2. 农作物新品种的选育;

3. 中药材的种植;

4. 林木的培育和种植;

5. 牲畜、家禽的饲养;

6. 林产品的采集;

7.灌溉、农产品初加工、兽医、农技推广、农机作业和维修等农、林、牧、渔服务业项目；

8.远洋捕捞。

(二)企业从事下列项目的所得,减半征收企业所得税：

1.花卉、茶以及其他饮料作物和香料作物的种植；

2.海水养殖、内陆养殖。

企业从事国家限制和禁止发展的项目,不得享受本条规定的企业所得税优惠。

第八十七条 企业所得税法第二十七条第(二)项所称国家重点扶持的公共基础设施项目,是指《公共基础设施项目企业所得税优惠目录》规定的港口码头、机场、铁路、公路、城市公共交通、电力、水利等项目。

企业从事前款规定的国家重点扶持的公共基础设施项目的投资经营的所得,自项目取得第一笔生产经营收入所属纳税年度起,第一年至第三年免征企业所得税,第四年至第六年减半征收企业所得税。

企业承包经营、承包建设和内部自建自用本条规定的项目,不得享受本条规定的企业所得税优惠。

第八十八条 企业所得税法第二十七条第(三)项所称符合条件的环境保护、节能节水项目,包括公共污水处理、公共垃圾处理、沼气综合开发利用、节能减排技术改造、海水淡化等。项目的具体条件和范围由国务院财政、税务主管部门商国务院有关部门制订,报国务院批准后公布施行。

企业从事前款规定的符合条件的环境保护、节能节水项目的所得,自项目取得第一笔生产经营收入所属纳税年度起,第一年至第三年免征企业所得税,第四年至第六年减半征收企业所得税。

第八十九条 依照本条例第八十七条和第八十八条规定享受减免税优惠的项目,在减免税期限内转让的,受让方自受让之日起,可以在剩余期限内享受规定的减免税优惠；减免税期限届满后转让的,受让方不得就该项目重复享受减免税优惠。

第九十条 企业所得税法第二十七条第(四)项所称符合条件的技术转

让所得免征、减征企业所得税,是指一个纳税年度内,居民企业技术转让所得不超过500万元的部分,免征企业所得税;超过500万元的部分,减半征收企业所得税。

第九十一条　非居民企业取得企业所得税法第二十七条第(五)项规定的所得,减按10%的税率征收企业所得税。

下列所得可以免征企业所得税:

(一)外国政府向中国政府提供贷款取得的利息所得;

(二)国际金融组织向中国政府和居民企业提供优惠贷款取得的利息所得;

(三)经国务院批准的其他所得。

第九十二条　企业所得税法第二十八条第一款所称符合条件的小型微利企业,是指从事国家非限制和禁止行业,并符合下列条件的企业:

(一)工业企业,年度应纳税所得额不超过30万元,从业人数不超过100人,资产总额不超过3000万元;

(二)其他企业,年度应纳税所得额不超过30万元,从业人数不超过80人,资产总额不超过1000万元。

第九十三条　企业所得税法第二十八条第二款所称国家需要重点扶持的高新技术企业,是指拥有核心自主知识产权,并同时符合下列条件的企业:

(一)产品(服务)属于《国家重点支持的高新技术领域》规定的范围;

(二)研究开发费用占销售收入的比例不低于规定比例;

(三)高新技术产品(服务)收入占企业总收入的比例不低于规定比例;

(四)科技人员占企业职工总数的比例不低于规定比例;

(五)高新技术企业认定管理办法规定的其他条件。

《国家重点支持的高新技术领域》和高新技术企业认定管理办法由国务院工业和信息化、科技、财政、税务主管部门商国务院有关部门制订,报国务院批准后公布施行。

第九十四条 企业所得税法第二十九条所称民族自治地方,是指依照《中华人民共和国民族区域自治法》的规定,实行民族区域自治的自治区、自治州、自治县。

对民族自治地方内国家限制和禁止行业的企业,不得减征或者免征企业所得税。

第九十五条 企业所得税法第三十条第(一)项所称研究开发费用的加计扣除,是指企业为开发新技术、新产品、新工艺发生的研究开发费用,未形成无形资产计入当期损益的,在按照规定据实扣除的基础上,按照研究开发费用的50%加计扣除;形成无形资产的,按照无形资产成本的150%摊销。

第九十六条 企业所得税法第三十条第(二)项所称企业安置残疾人员所支付的工资的加计扣除,是指企业安置残疾人员的,在按照支付给残疾职工工资据实扣除的基础上,按照支付给残疾职工工资的100%加计扣除。残疾人员的范围适用《中华人民共和国残疾人保障法》的有关规定。

企业所得税法第三十条第(二)项所称企业安置国家鼓励安置的其他就业人员所支付的工资的加计扣除办法,由国务院另行规定。

第九十七条 企业所得税法第三十一条所称抵扣应纳税所得额,是指创业投资企业采取股权投资方式投资于未上市的中小高新技术企业2年以上的,可以按照其投资额的70%在股权持有满2年的当年抵扣该创业投资企业的应纳税所得额;当年不足抵扣的,可以在以后纳税年度结转抵扣。

第九十八条 企业所得税法第三十二条所称可以采取缩短折旧年限或者采取加速折旧的方法的固定资产,包括:

(一)由于技术进步,产品更新换代较快的固定资产;

(二)常年处于强震动、高腐蚀状态的固定资产。

采取缩短折旧年限方法的,最低折旧年限不得低于本条例第六十条规定折旧年限的60%;采取加速折旧方法的,可以采取双倍余额递减法或者年数总和法。

第九十九条 企业所得税法第三十三条所称减计收入,是指企业以《资源综合利用企业所得税优惠目录》规定的资源作为主要原材料,生产国家非限制和禁止并符合国家和行业相关标准的产品取得的收入,减按 90% 计入收入总额。

前款所称原材料占生产产品材料的比例不得低于《资源综合利用企业所得税优惠目录》规定的标准。

第一百条 企业所得税法第三十四条所称税额抵免,是指企业购置并实际使用《环境保护专用设备企业所得税优惠目录》、《节能节水专用设备企业所得税优惠目录》和《安全生产专用设备企业所得税优惠目录》规定的环境保护、节能节水、安全生产等专用设备的,该专用设备的投资额的 10% 可以从企业当年的应纳税额中抵免;当年不足抵免的,可以在以后 5 个纳税年度结转抵免。

享受前款规定的企业所得税优惠的企业,应当实际购置并自身实际投入使用前款规定的专用设备;企业购置上述专用设备在 5 年内转让、出租的,应当停止享受企业所得税优惠,并补缴已经抵免的企业所得税税款。

第一百零一条 本章第八十七条、第九十九条、第一百条规定的企业所得税优惠目录,由国务院财政、税务主管部门商国务院有关部门制订,报国务院批准后公布施行。

第一百零二条 企业同时从事适用不同企业所得税待遇的项目的,其优惠项目应当单独计算所得,并合理分摊企业的期间费用;没有单独计算的,不得享受企业所得税优惠。

第五章 源泉扣缴

第一百零三条 依照企业所得税法对非居民企业应当缴纳的企业所得税实行源泉扣缴的,应当依照企业所得税法第十九条的规定计算应纳税所得额。

企业所得税法第十九条所称收入全额,是指非居民企业向支付人收取的全部价款和价外费用。

第一百零四条 企业所得税法第三十七条所称支付人,是指依照有关法律规定或者合同约定对非居民企业直接负有支付相关款项义务的单位或者个人。

第一百零五条 企业所得税法第三十七条所称支付,包括现金支付、汇拨支付、转账支付和权益兑价支付等货币支付和非货币支付。

企业所得税法第三十七条所称到期应支付的款项,是指支付人按照权责发生制原则应当计入相关成本、费用的应付款项。

第一百零六条 企业所得税法第三十八条规定的可以指定扣缴义务人的情形,包括:

(一)预计工程作业或者提供劳务期限不足一个纳税年度,且有证据表明不履行纳税义务的;

(二)没有办理税务登记或者临时税务登记,且未委托中国境内的代理人履行纳税义务的;

(三)未按照规定期限办理企业所得税纳税申报或者预缴申报的。

前款规定的扣缴义务人,由县级以上税务机关指定,并同时告知扣缴义务人所扣税款的计算依据、计算方法、扣缴期限和扣缴方式。

第一百零七条 企业所得税法第三十九条所称所得发生地,是指依照本条例第七条规定的原则确定的所得发生地。在中国境内存在多处所得发生地的,由纳税人选择其中之一申报缴纳企业所得税。

第一百零八条 企业所得税法第三十九条所称该纳税人在中国境内其他收入,是指该纳税人在中国境内取得的其他各种来源的收入。

税务机关在追缴该纳税人应纳税款时,应当将追缴理由、追缴数额、缴纳期限和缴纳方式等告知该纳税人。

第六章 特别纳税调整

第一百零九条 企业所得税法第四十一条所称关联方,是指与企业有下列关联关系之一的企业、其他组织或者个人:

(一)在资金、经营、购销等方面存在直接或者间接的控制关系;

(二)直接或者间接地同为第三者控制;

(三)在利益上具有相关联的其他关系。

第一百一十条 企业所得税法第四十一条所称独立交易原则,是指没有关联关系的交易各方,按照公平成交价格和营业常规进行业务往来遵循的原则。

第一百一十一条 企业所得税法第四十一条所称合理方法,包括:

(一)可比非受控价格法,是指按照没有关联关系的交易各方进行相同或者类似业务往来的价格进行定价的方法;

(二)再销售价格法,是指按照从关联方购进商品再销售给没有关联关系的交易方的价格,减除相同或者类似业务的销售毛利进行定价的方法;

(三)成本加成法,是指按照成本加合理的费用和利润进行定价的方法;

(四)交易净利润法,是指按照没有关联关系的交易各方进行相同或者类似业务往来取得的净利润水平确定利润的方法;

(五)利润分割法,是指将企业与其关联方的合并利润或者亏损在各方之间采用合理标准进行分配的方法;

(六)其他符合独立交易原则的方法。

第一百一十二条 企业可以依照企业所得税法第四十一条第二款的规定,按照独立交易原则与其关联方分摊共同发生的成本,达成成本分摊协议。

企业与其关联方分摊成本时,应当按照成本与预期收益相配比的原则进行分摊,并在税务机关规定的期限内,按照税务机关的要求报送有关资料。

企业与其关联方分摊成本时违反本条第一款、第二款规定的,其自行分摊的成本不得在计算应纳税所得额时扣除。

第一百一十三条 企业所得税法第四十二条所称预约定价安排,是指企业就其未来年度关联交易的定价原则和计算方法,向税务机关提出申请,与税务机关按照独立交易原则协商、确认后达成的协议。

第一百一十四条 企业所得税法第四十三条所称相关资料,包括:

(一)与关联业务往来有关的价格、费用的制定标准、计算方法和说明等同期资料；

（二）关联业务往来所涉及的财产、财产使用权、劳务等的再销售（转让）价格或者最终销售（转让）价格的相关资料；

（三）与关联业务调查有关的其他企业应当提供的与被调查企业可比的产品价格、定价方式以及利润水平等资料；

（四）其他与关联业务往来有关的资料。

企业所得税法第四十三条所称与关联业务调查有关的其他企业，是指与被调查企业在生产经营内容和方式上相类似的企业。

企业应当在税务机关规定的期限内提供与关联业务往来有关的价格、费用的制定标准、计算方法和说明等资料。关联方以及与关联业务调查有关的其他企业应当在税务机关与其约定的期限内提供相关资料。

第一百一十五条　税务机关依照企业所得税法第四十四条的规定核定企业的应纳税所得额时，可以采用下列方法：

（一）参照同类或者类似企业的利润率水平核定；

（二）按照企业成本加合理的费用和利润的方法核定；

（三）按照关联企业集团整体利润的合理比例核定；

（四）按照其他合理方法核定。

企业对税务机关按照前款规定的方法核定的应纳税所得额有异议的，应当提供相关证据，经税务机关认定后，调整核定的应纳税所得额。

第一百一十六条　企业所得税法第四十五条所称中国居民，是指根据《中华人民共和国个人所得税法》的规定，就其从中国境内、境外取得的所得在中国缴纳个人所得税的个人。

第一百一十七条　企业所得税法第四十五条所称控制，包括：

（一）居民企业或者中国居民直接或者间接单一持有外国企业10%以上有表决权股份，且由其共同持有该外国企业50%以上股份；

（二）居民企业，或者居民企业和中国居民持股比例没有达到第（一）项规定的标准，但在股份、资金、经营、购销等方面对该外国企业构成实质控制。

第一百一十八条 企业所得税法第四十五条所称实际税负明显低于企业所得税法第四条第一款规定税率水平,是指低于企业所得税法第四条第一款规定税率的50%。

第一百一十九条 企业所得税法第四十六条所称债权性投资,是指企业直接或者间接从关联方获得的,需要偿还本金和支付利息或者需要以其他具有支付利息性质的方式予以补偿的融资。

企业间接从关联方获得的债权性投资,包括:

(一)关联方通过无关联第三方提供的债权性投资;

(二)无关联第三方提供的、由关联方担保且负有连带责任的债权性投资;

(三)其他间接从关联方获得的具有负债实质的债权性投资。

企业所得税法第四十六条所称权益性投资,是指企业接受的不需要偿还本金和支付利息,投资人对企业净资产拥有所有权的投资。

企业所得税法第四十六条所称标准,由国务院财政、税务主管部门另行规定。

第一百二十条 企业所得税法第四十七条所称不具有合理商业目的,是指以减少、免除或者推迟缴纳税款为主要目的。

第一百二十一条 税务机关根据税收法律、行政法规的规定,对企业作出特别纳税调整的,应当对补征的税款,自税款所属纳税年度的次年6月1日起至补缴税款之日止的期间,按日加收利息。

前款规定加收的利息,不得在计算应纳税所得额时扣除。

第一百二十二条 企业所得税法第四十八条所称利息,应当按照税款所属纳税年度中国人民银行公布的与补税期间同期的人民币贷款基准利率加5个百分点计算。

企业依照企业所得税法第四十三条和本条例的规定提供有关资料的,可以只按前款规定的人民币贷款基准利率计算利息。

第一百二十三条 企业与其关联方之间的业务往来,不符合独立交易原则,或者企业实施其他不具有合理商业目的安排的,税务机关有权在该业务发生的纳税年度起10年内,进行纳税调整。

第七章 征收管理

第一百二十四条 企业所得税法第五十条所称企业登记注册地,是指企业依照国家有关规定登记注册的住所地。

第一百二十五条 企业汇总计算并缴纳企业所得税时,应当统一核算应纳税所得额,具体办法由国务院财政、税务主管部门另行制定。

第一百二十六条 企业所得税法第五十一条所称主要机构、场所,应当同时符合下列条件:

(一)对其他各机构、场所的生产经营活动负有监督管理责任;

(二)设有完整的账簿、凭证,能够准确反映各机构、场所的收入、成本、费用和盈亏情况。

第一百二十七条 企业所得税分月或者分季预缴,由税务机关具体核定。

企业根据企业所得税法第五十四条规定分月或者分季预缴企业所得税时,应当按照月度或者季度的实际利润额预缴;按照月度或者季度的实际利润额预缴有困难的,可以按照上一纳税年度应纳税所得额的月度或者季度平均额预缴,或者按照经税务机关认可的其他方法预缴。预缴方法一经确定,该纳税年度内不得随意变更。

第一百二十八条 企业在纳税年度内无论盈利或者亏损,都应当依照企业所得税法第五十四条规定的期限,向税务机关报送预缴企业所得税纳税申报表、年度企业所得税纳税申报表、财务会计报告和税务机关规定应当报送的其他有关资料。

第一百二十九条 企业所得以人民币以外的货币计算的,预缴企业所得税时,应当按照月度或者季度最后一日的人民币汇率中间价,折合成人民币计算应纳税所得额。年度终了汇算清缴时,对已经按照月度或者季度预缴税款的,不再重新折合计算,只就该纳税年度内未缴纳企业所得税的部分,按照纳税年度最后一日的人民币汇率中间价,折合成人民币计算应纳税所得额。

经税务机关检查确认,企业少计或者多计前款规定的所得的,应当按照检查确认补税或者退税时的上一个月最后一日的人民币汇率中间价,将少计或者多计的所得折合成人民币计算应纳税所得额,再计算应补缴或者应退的税款。

第八章 附 则

第一百三十条 企业所得税法第五十七条第一款所称本法公布前已经批准设立的企业,是指企业所得税法公布前已经完成登记注册的企业。

第一百三十一条 在香港特别行政区、澳门特别行政区和台湾地区成立的企业,参照适用企业所得税法第二条第二款、第三款的有关规定。

第一百三十二条 本条例自 2008 年 1 月 1 日起施行。1991 年 6 月 30 日国务院发布的《中华人民共和国外商投资企业和外国企业所得税法实施细则》和 1994 年 2 月 4 日财政部发布的《中华人民共和国企业所得税暂行条例实施细则》同时废止。

企业名称登记管理规定

1. 1991 年 5 月 6 日国家工商行政管理局令第 7 号发布
2. 根据 2012 年 11 月 9 日国务院令第 628 号《关于修改和废止部分行政法规的决定》第一次修订
3. 2020 年 12 月 14 日国务院第 118 次常务会议修订通过
4. 2020 年 12 月 28 日国务院令第 734 号公布
5. 自 2021 年 3 月 1 日起施行

第一条 为了规范企业名称登记管理,保护企业的合法权益,维护社会经济秩序,优化营商环境,制定本规定。

第二条 县级以上人民政府市场监督管理部门(以下统称企业登记机关)负责中国境内设立企业的企业名称登记管理。

国务院市场监督管理部门主管全国企业名称登记管理工作,负责制定企业名称登记管理的具体规范。

省、自治区、直辖市人民政府市场监督管理部门负责建立本行政区域统一的企业名称申报系统和企业名称数据库,并向社会开放。

第三条 企业登记机关应当不断提升企业名称登记管理规范化、便利化水平,为企业和群众提供高效、便捷的服务。

第四条 企业只能登记一个企业名称,企业名称受法律保护。

第五条 企业名称应当使用规范汉字。民族自治地方的企业名称可以同时使用本民族自治地方通用的民族文字。

第六条 企业名称由行政区划名称、字号、行业或者经营特点、组织形式组成。跨省、自治区、直辖市经营的企业,其名称可以不含行政区划名称;跨行业综合经营的企业,其名称可以不含行业或者经营特点。

第七条 企业名称中的行政区划名称应当是企业所在地的县级以上地方行政区划名称。市辖区名称在企业名称中使用时应当同时冠以其所属的设区的市的行政区划名称。开发区、垦区等区域名称在企业名称中使用时应当与行政区划名称连用,不得单独使用。

第八条 企业名称中的字号应当由两个以上汉字组成。

县级以上地方行政区划名称、行业或者经营特点不得作为字号,另有含义的除外。

第九条 企业名称中的行业或者经营特点应当根据企业的主营业务和国民经济行业分类标准标明。国民经济行业分类标准中没有规定的,可以参照行业习惯或者专业文献等表述。

第十条 企业应当根据其组织结构或者责任形式,依法在企业名称中标明组织形式。

第十一条 企业名称不得有下列情形:

(一)损害国家尊严或者利益;

(二)损害社会公共利益或者妨碍社会公共秩序;

(三)使用或者变相使用政党、党政军机关、群团组织名称及其简称、特定称谓和部队番号;

(四)使用外国国家(地区)、国际组织名称及其通用简称、特定

称谓;

（五）含有淫秽、色情、赌博、迷信、恐怖、暴力的内容；

（六）含有民族、种族、宗教、性别歧视的内容；

（七）违背公序良俗或者可能有其他不良影响；

（八）可能使公众受骗或者产生误解；

（九）法律、行政法规以及国家规定禁止的其他情形。

第十二条 企业名称冠以"中国"、"中华"、"中央"、"全国"、"国家"等字词，应当按照有关规定从严审核，并报国务院批准。国务院市场监督管理部门负责制定具体管理办法。

企业名称中间含有"中国"、"中华"、"全国"、"国家"等字词的，该字词应当是行业限定语。

使用外国投资者字号的外商独资或者控股的外商投资企业，企业名称中可以含有"（中国）"字样。

第十三条 企业分支机构名称应当冠以其所从属企业的名称，并缀以"分公司"、"分厂"、"分店"等字词。境外企业分支机构还应当在名称中标明该企业的国籍及责任形式。

第十四条 企业集团名称应当与控股企业名称的行政区划名称、字号、行业或者经营特点一致。控股企业可以在其名称的组织形式之前使用"集团"或者"（集团）"字样。

第十五条 有投资关系或者经过授权的企业，其名称中可以含有另一个企业的名称或者其他法人、非法人组织的名称。

第十六条 企业名称由申请人自主申报。

申请人可以通过企业名称申报系统或者在企业登记机关服务窗口提交有关信息和材料，对拟定的企业名称进行查询、比对和筛选，选取符合本规定要求的企业名称。

申请人提交的信息和材料应当真实、准确、完整，并承诺因其企业名称与他人企业名称近似侵犯他人合法权益的，依法承担法律责任。

第十七条 在同一企业登记机关，申请人拟定的企业名称中的字号不得与下列同行业或者不使用行业、经营特点表述的企业名称中的字号相同：

（一）已经登记或者在保留期内的企业名称，有投资关系的除外；

（二）已经注销或者变更登记未满1年的原企业名称，有投资关系或者受让企业名称的除外；

（三）被撤销设立登记或者被撤销变更登记未满1年的原企业名称，有投资关系的除外。

第十八条 企业登记机关对通过企业名称申报系统提交完成的企业名称予以保留，保留期为2个月。设立企业依法应当报经批准或者企业经营范围中有在登记前须经批准的项目的，保留期为1年。

申请人应当在保留期届满前办理企业登记。

第十九条 企业名称转让或者授权他人使用的，相关企业应当依法通过国家企业信用信息公示系统向社会公示。

第二十条 企业登记机关在办理企业登记时，发现企业名称不符合本规定的，不予登记并书面说明理由。

企业登记机关发现已经登记的企业名称不符合本规定的，应当及时纠正。其他单位或者个人认为已经登记的企业名称不符合本规定的，可以请求企业登记机关予以纠正。

第二十一条 企业认为其他企业名称侵犯本企业名称合法权益的，可以向人民法院起诉或者请求为涉嫌侵权企业办理登记的企业登记机关处理。

企业登记机关受理申请后，可以进行调解；调解不成的，企业登记机关应当自受理之日起3个月内作出行政裁决。

第二十二条 利用企业名称实施不正当竞争等行为的，依照有关法律、行政法规的规定处理。

第二十三条 使用企业名称应当遵守法律法规，诚实守信，不得损害他人合法权益。

人民法院或者企业登记机关依法认定企业名称应当停止使用的，企业应当自收到人民法院生效的法律文书或者企业登记机关的处理决定之日起30日内办理企业名称变更登记。名称变更前，由企业登记机关以统一社会信用代码代替其名称。企业逾期未办理变更登记的,企业登记机关将其列入经营异常名录;完成变更登记后,企业登记机关将其移出经营异常名录。

第二十四条 申请人登记或者使用企业名称违反本规定的,依照企业登记相关法律、行政法规的规定予以处罚。

企业登记机关对不符合本规定的企业名称予以登记,或者对符合本规定的企业名称不予登记的,对直接负责的主管人员和其他直接责任人员,依法给予行政处分。

第二十五条 农民专业合作社和个体工商户的名称登记管理,参照本规定执行。

第二十六条 本规定自2021年3月1日起施行。

中华人民共和国市场主体登记管理条例

1. 2021年7月27日国务院令第746号公布
2. 自2022年3月1日起施行

第一章 总　　则

第一条 为了规范市场主体登记管理行为,推进法治化市场建设,维护良好市场秩序和市场主体合法权益,优化营商环境,制定本条例。

第二条 本条例所称市场主体,是指在中华人民共和国境内以营利为目的从事经营活动的下列自然人、法人及非法人组织:

(一)公司、非公司企业法人及其分支机构;

(二)个人独资企业、合伙企业及其分支机构;

(三)农民专业合作社(联合社)及其分支机构;

(四)个体工商户;

(五)外国公司分支机构;

(六)法律、行政法规规定的其他市场主体。

第三条 市场主体应当依照本条例办理登记。未经登记,不得以市场主体名义从事经营活动。法律、行政法规规定无需办理登记的除外。

市场主体登记包括设立登记、变更登记和注销登记。

第四条 市场主体登记管理应当遵循依法合规、规范统一、公开透明、便捷高效的原则。

第五条 国务院市场监督管理部门主管全国市场主体登记管理工作。

县级以上地方人民政府市场监督管理部门主管本辖区市场主体登记管理工作,加强统筹指导和监督管理。

第六条 国务院市场监督管理部门应当加强信息化建设,制定统一的市场主体登记数据和系统建设规范。

县级以上地方人民政府承担市场主体登记工作的部门(以下称登记机关)应当优化市场主体登记办理流程,提高市场主体登记效率,推行当场办结、一次办结、限时办结等制度,实现集中办理、就近办理、网上办理、异地可办,提升市场主体登记便利化程度。

第七条 国务院市场监督管理部门和国务院有关部门应当推动市场主体登记信息与其他政府信息的共享和运用,提升政府服务效能。

第二章 登 记 事 项

第八条 市场主体的一般登记事项包括:

(一)名称;

(二)主体类型;

(三)经营范围;

(四)住所或者主要经营场所;

(五)注册资本或者出资额;

(六)法定代表人、执行事务合伙人或者负责人姓名。

除前款规定外,还应当根据市场主体类型登记下列事项:

(一)有限责任公司股东、股份有限公司发起人、非公司企业法人出资人的姓名或者名称;

(二)个人独资企业的投资人姓名及居所;

(三)合伙企业的合伙人名称或者姓名、住所、承担责任方式;

(四)个体工商户的经营者姓名、住所、经营场所;

(五)法律、行政法规规定的其他事项。

第九条　市场主体的下列事项应当向登记机关办理备案:

(一)章程或者合伙协议;

(二)经营期限或者合伙期限;

(三)有限责任公司股东或者股份有限公司发起人认缴的出资数额,合伙企业合伙人认缴或者实际缴付的出资数额、缴付期限和出资方式;

(四)公司董事、监事、高级管理人员;

(五)农民专业合作社(联合社)成员;

(六)参加经营的个体工商户家庭成员姓名;

(七)市场主体登记联络员、外商投资企业法律文件送达接受人;

(八)公司、合伙企业等市场主体受益所有人相关信息;

(九)法律、行政法规规定的其他事项。

第十条　市场主体只能登记一个名称,经登记的市场主体名称受法律保护。

市场主体名称由申请人依法自主申报。

第十一条　市场主体只能登记一个住所或者主要经营场所。

电子商务平台内的自然人经营者可以根据国家有关规定,将电子商务平台提供的网络经营场所作为经营场所。

省、自治区、直辖市人民政府可以根据有关法律、行政法规的规定和本地区实际情况,自行或者授权下级人民政府对住所或者主要经营场所作出更加便利市场主体从事经营活动的具体规定。

第十二条　有下列情形之一的,不得担任公司、非公司企业法人的法定代表人:

(一)无民事行为能力或者限制民事行为能力;

(二)因贪污、贿赂、侵占财产、挪用财产或者破坏社会主义市场经济秩序被判处刑罚,执行期满未逾 5 年,或者因犯罪被剥夺政治权利,执行期满未逾 5 年;

（三）担任破产清算的公司、非公司企业法人的法定代表人、董事或者厂长、经理，对破产负有个人责任的，自破产清算完结之日起未逾3年；

（四）担任因违法被吊销营业执照、责令关闭的公司、非公司企业法人的法定代表人，并负有个人责任的，自被吊销营业执照之日起未逾3年；

（五）个人所负数额较大的债务到期未清偿；

（六）法律、行政法规规定的其他情形。

第十三条　除法律、行政法规或者国务院决定另有规定外，市场主体的注册资本或者出资额实行认缴登记制，以人民币表示。

出资方式应当符合法律、行政法规的规定。公司股东、非公司企业法人出资人、农民专业合作社（联合社）成员不得以劳务、信用、自然人姓名、商誉、特许经营权或者设定担保的财产等作价出资。

第十四条　市场主体的经营范围包括一般经营项目和许可经营项目。经营范围中属于在登记前依法须经批准的许可经营项目，市场主体应当在申请登记时提交有关批准文件。

市场主体应当按照登记机关公布的经营项目分类标准办理经营范围登记。

第三章　登　记　规　范

第十五条　市场主体实行实名登记。申请人应当配合登记机关核验身份信息。

第十六条　申请办理市场主体登记，应当提交下列材料：

（一）申请书；

（二）申请人资格文件、自然人身份证明；

（三）住所或者主要经营场所相关文件；

（四）公司、非公司企业法人、农民专业合作社（联合社）章程或者合伙企业合伙协议；

（五）法律、行政法规和国务院市场监督管理部门规定提交的其他材料。

国务院市场监督管理部门应当根据市场主体类型分别制定登记材料清单和文书格式样本,通过政府网站、登记机关服务窗口等向社会公开。

　　登记机关能够通过政务信息共享平台获取的市场主体登记相关信息,不得要求申请人重复提供。

第十七条　申请人应当对提交材料的真实性、合法性和有效性负责。

第十八条　申请人可以委托其他自然人或者中介机构代其办理市场主体登记。受委托的自然人或者中介机构代为办理登记事宜应当遵守有关规定,不得提供虚假信息和材料。

第十九条　登记机关应当对申请材料进行形式审查。对申请材料齐全、符合法定形式的予以确认并当场登记。不能当场登记的,应当在3个工作日内予以登记;情形复杂的,经登记机关负责人批准,可以再延长3个工作日。

　　申请材料不齐全或者不符合法定形式的,登记机关应当一次性告知申请人需要补正的材料。

第二十条　登记申请不符合法律、行政法规规定,或者可能危害国家安全、社会公共利益的,登记机关不予登记并说明理由。

第二十一条　申请人申请市场主体设立登记,登记机关依法予以登记的,签发营业执照。营业执照签发日期为市场主体的成立日期。

　　法律、行政法规或者国务院决定规定设立市场主体须经批准的,应当在批准文件有效期内向登记机关申请登记。

第二十二条　营业执照分为正本和副本,具有同等法律效力。

　　电子营业执照与纸质营业执照具有同等法律效力。

　　营业执照样式、电子营业执照标准由国务院市场监督管理部门统一制定。

第二十三条　市场主体设立分支机构,应当向分支机构所在地的登记机关申请登记。

第二十四条　市场主体变更登记事项,应当自作出变更决议、决定或者法定变更事项发生之日起30日内向登记机关申请变更登记。

市场主体变更登记事项属于依法须经批准的,申请人应当在批准文件有效期内向登记机关申请变更登记。

第二十五条 公司、非公司企业法人的法定代表人在任职期间发生本条例第十二条所列情形之一的,应当向登记机关申请变更登记。

第二十六条 市场主体变更经营范围,属于依法须经批准的项目的,应当自批准之日起 30 日内申请变更登记。许可证或者批准文件被吊销、撤销或者有效期届满的,应当自许可证或者批准文件被吊销、撤销或者有效期届满之日起 30 日内向登记机关申请变更登记或者办理注销登记。

第二十七条 市场主体变更住所或者主要经营场所跨登记机关辖区的,应当在迁入新的住所或者主要经营场所前,向迁入地登记机关申请变更登记。迁出地登记机关无正当理由不得拒绝移交市场主体档案等相关材料。

第二十八条 市场主体变更登记涉及营业执照记载事项的,登记机关应当及时为市场主体换发营业执照。

第二十九条 市场主体变更本条例第九条规定的备案事项的,应当自作出变更决议、决定或者法定变更事项发生之日起 30 日内向登记机关办理备案。农民专业合作社(联合社)成员发生变更的,应当自本会计年度终了之日起 90 日内向登记机关办理备案。

第三十条 因自然灾害、事故灾难、公共卫生事件、社会安全事件等原因造成经营困难的,市场主体可以自主决定在一定时期内歇业。法律、行政法规另有规定的除外。

市场主体应当在歇业前与职工依法协商劳动关系处理等有关事项。

市场主体应当在歇业前向登记机关办理备案。登记机关通过国家企业信用信息公示系统向社会公示歇业期限、法律文书送达地址等信息。

市场主体歇业的期限最长不得超过 3 年。市场主体在歇业期间开展经营活动的,视为恢复营业,市场主体应当通过国家企业信用信息公示系统向社会公示。

市场主体歇业期间,可以以法律文书送达地址代替住所或者主要经营场所。

第三十一条 市场主体因解散、被宣告破产或者其他法定事由需要终止的,应当依法向登记机关申请注销登记。经登记机关注销登记,市场主体终止。

市场主体注销依法须经批准的,应当经批准后向登记机关申请注销登记。

第三十二条 市场主体注销登记前依法应当清算的,清算组应当自成立之日起 10 日内将清算组成员、清算组负责人名单通过国家企业信用信息公示系统公告。清算组可以通过国家企业信用信息公示系统发布债权人公告。

清算组应当自清算结束之日起 30 日内向登记机关申请注销登记。市场主体申请注销登记前,应当依法办理分支机构注销登记。

第三十三条 市场主体未发生债权债务或者已将债权债务清偿完结,未发生或者已结清清偿费用、职工工资、社会保险费用、法定补偿金、应缴纳税款(滞纳金、罚款),并由全体投资人书面承诺对上述情况的真实性承担法律责任的,可以按照简易程序办理注销登记。

市场主体应当将承诺书及注销登记申请通过国家企业信用信息公示系统公示,公示期为 20 日。在公示期内无相关部门、债权人及其他利害关系人提出异议的,市场主体可以于公示期届满之日起 20 日内向登记机关申请注销登记。

个体工商户按照简易程序办理注销登记的,无需公示,由登记机关将个体工商户的注销登记申请推送至税务等有关部门,有关部门在 10 日内没有提出异议的,可以直接办理注销登记。

市场主体注销依法须经批准的,或者市场主体被吊销营业执照、责令关闭、撤销,或者被列入经营异常名录的,不适用简易注销程序。

第三十四条 人民法院裁定强制清算或者裁定宣告破产的,有关清算组、破产管理人可以持人民法院终结强制清算程序的裁定或者终结破产程序的裁定,直接向登记机关申请办理注销登记。

第四章 监督管理

第三十五条 市场主体应当按照国家有关规定公示年度报告和登记相关信息。

第三十六条 市场主体应当将营业执照置于住所或者主要经营场所的醒目位置。从事电子商务经营的市场主体应当在其首页显著位置持续公示营业执照信息或者相关链接标识。

第三十七条 任何单位和个人不得伪造、涂改、出租、出借、转让营业执照。

营业执照遗失或者毁坏的,市场主体应当通过国家企业信用信息公示系统声明作废,申请补领。

登记机关依法作出变更登记、注销登记和撤销登记决定的,市场主体应当缴回营业执照。拒不缴回或者无法缴回营业执照的,由登记机关通过国家企业信用信息公示系统公告营业执照作废。

第三十八条 登记机关应当根据市场主体的信用风险状况实施分级分类监管。

登记机关应当采取随机抽取检查对象、随机选派执法检查人员的方式,对市场主体登记事项进行监督检查,并及时向社会公开监督检查结果。

第三十九条 登记机关对市场主体涉嫌违反本条例规定的行为进行查处,可以行使下列职权:

(一)进入市场主体的经营场所实施现场检查;

(二)查阅、复制、收集与市场主体经营活动有关的合同、票据、账簿以及其他资料;

(三)向与市场主体经营活动有关的单位和个人调查了解情况;

(四)依法责令市场主体停止相关经营活动;

(五)依法查询涉嫌违法的市场主体的银行账户;

(六)法律、行政法规规定的其他职权。

登记机关行使前款第四项、第五项规定的职权的,应当经登记机关主要负责人批准。

第四十条　提交虚假材料或者采取其他欺诈手段隐瞒重要事实取得市场主体登记的,受虚假市场主体登记影响的自然人、法人和其他组织可以向登记机关提出撤销市场主体登记的申请。

登记机关受理申请后,应当及时开展调查。经调查认定存在虚假市场主体登记情形的,登记机关应当撤销市场主体登记。相关市场主体和人员无法联系或者拒不配合的,登记机关可以将相关市场主体的登记时间、登记事项等通过国家企业信用信息公示系统向社会公示,公示期为45日。相关市场主体及其利害关系人在公示期内没有提出异议的,登记机关可以撤销市场主体登记。

因虚假市场主体登记被撤销的市场主体,其直接责任人自市场主体登记被撤销之日起3年内不得再次申请市场主体登记。登记机关应当通过国家企业信用信息公示系统予以公示。

第四十一条　有下列情形之一的,登记机关可以不予撤销市场主体登记:

(一)撤销市场主体登记可能对社会公共利益造成重大损害;

(二)撤销市场主体登记后无法恢复到登记前的状态;

(三)法律、行政法规规定的其他情形。

第四十二条　登记机关或者其上级机关认定撤销市场主体登记决定错误的,可以撤销该决定,恢复原登记状态,并通过国家企业信用信息公示系统公示。

第五章　法律责任

第四十三条　未经设立登记从事经营活动的,由登记机关责令改正,没收违法所得;拒不改正的,处1万元以上10万元以下的罚款;情节严重的,依法责令关闭停业,并处10万元以上50万元以下的罚款。

第四十四条　提交虚假材料或者采取其他欺诈手段隐瞒重要事实取得市场主体登记的,由登记机关责令改正,没收违法所得,并处5万元以上20万元以下的罚款;情节严重的,处20万元以上100万元以下的罚款,吊销营业执照。

第四十五条 实行注册资本实缴登记制的市场主体虚报注册资本取得市场主体登记的,由登记机关责令改正,处虚报注册资本金额5%以上15%以下的罚款;情节严重的,吊销营业执照。

实行注册资本实缴登记制的市场主体的发起人、股东虚假出资,未交付或者未按期交付作为出资的货币或者非货币财产的,或者在市场主体成立后抽逃出资的,由登记机关责令改正,处虚假出资金额5%以上15%以下的罚款。

第四十六条 市场主体未依照本条例办理变更登记的,由登记机关责令改正;拒不改正的,处1万元以上10万元以下的罚款;情节严重的,吊销营业执照。

第四十七条 市场主体未依照本条例办理备案的,由登记机关责令改正;拒不改正的,处5万元以下的罚款。

第四十八条 市场主体未依照本条例将营业执照置于住所或者主要经营场所醒目位置的,由登记机关责令改正;拒不改正的,处3万元以下的罚款。

从事电子商务经营的市场主体未在其首页显著位置持续公示营业执照信息或者相关链接标识的,由登记机关依照《中华人民共和国电子商务法》处罚。

市场主体伪造、涂改、出租、出借、转让营业执照的,由登记机关没收违法所得,处10万元以下的罚款;情节严重的,处10万元以上50万元以下的罚款,吊销营业执照。

第四十九条 违反本条例规定的,登记机关确定罚款金额时,应当综合考虑市场主体的类型、规模、违法情节等因素。

第五十条 登记机关及其工作人员违反本条例规定未履行职责或者履行职责不当的,对直接负责的主管人员和其他直接责任人员依法给予处分。

第五十一条 违反本条例规定,构成犯罪的,依法追究刑事责任。

第五十二条 法律、行政法规对市场主体登记管理违法行为处罚另有规定的,从其规定。

第六章 附 则

第五十三条 国务院市场监督管理部门可以依照本条例制定市场主体登记和监督管理的具体办法。

第五十四条 无固定经营场所摊贩的管理办法，由省、自治区、直辖市人民政府根据当地实际情况另行规定。

第五十五条 本条例自2022年3月1日起施行。《中华人民共和国公司登记管理条例》、《中华人民共和国企业法人登记管理条例》、《中华人民共和国合伙企业登记管理办法》、《农民专业合作社登记管理条例》、《企业法人法定代表人登记管理规定》同时废止。

中华人民共和国市场主体登记管理条例实施细则

2022年3月1日国家市场监督管理总局令第52号公布施行

第一章 总 则

第一条 根据《中华人民共和国市场主体登记管理条例》（以下简称《条例》）等有关法律法规，制定本实施细则。

第二条 市场主体登记管理应当遵循依法合规、规范统一、公开透明、便捷高效的原则。

第三条 国家市场监督管理总局主管全国市场主体统一登记管理工作，制定市场主体登记管理的制度措施，推进登记全程电子化，规范登记行为，指导地方登记机关依法有序开展登记管理工作。

县级以上地方市场监督管理部门主管本辖区市场主体登记管理工作，加强对辖区内市场主体登记管理工作的统筹指导和监督管理，提升登记管理水平。

县级市场监督管理部门的派出机构可以依法承担个体工商户等市场主体的登记管理职责。

各级登记机关依法履行登记管理职责，执行全国统一的登记管理政策文件和规范要求,使用统一的登记材料、文书格式,以及省级统一的市场主体登记管理系统,优化登记办理流程,推行网上办理等便捷方式,健全数据安全管理制度,提供规范化、标准化登记管理服务。

第四条 省级以上人民政府或者其授权的国有资产监督管理机构履行出资人职责的公司,以及该公司投资设立并持有50%以上股权或者股份的公司的登记管理由省级登记机关负责;股份有限公司的登记管理由地市级以上地方登记机关负责。

除前款规定的情形外,省级市场监督管理部门依法对本辖区登记管辖作出统一规定;上级登记机关在特定情形下,可以依法将部分市场主体登记管理工作交由下级登记机关承担,或者承担下级登记机关的部分登记管理工作。

外商投资企业登记管理由国家市场监督管理总局或者其授权的地方市场监督管理部门负责。

第五条 国家市场监督管理总局应当加强信息化建设,统一登记管理业务规范、数据标准和平台服务接口,归集全国市场主体登记管理信息。

省级市场监督管理部门主管本辖区登记管理信息化建设,建立统一的市场主体登记管理系统,归集市场主体登记管理信息,规范市场主体登记注册流程,提升政务服务水平,强化部门间信息共享和业务协同,提升市场主体登记管理便利化程度。

第二章 登记事项

第六条 市场主体应当按照类型依法登记下列事项:

(一)公司:名称、类型、经营范围、住所、注册资本、法定代表人姓名、有限责任公司股东或者股份有限公司发起人姓名或者名称。

(二)非公司企业法人:名称、类型、经营范围、住所、出资额、法定代表人姓名、出资人(主管部门)名称。

(三)个人独资企业:名称、类型、经营范围、住所、出资额、投资人姓名及居所。

(四)合伙企业:名称、类型、经营范围、主要经营场所、出资额、执行事务合伙人名称或者姓名,合伙人名称或者姓名、住所、承担责任方式。执行事务合伙人是法人或者其他组织的,登记事项还应当包括其委派的代表姓名。

（五）农民专业合作社（联合社）：名称、类型、经营范围、住所、出资额、法定代表人姓名。

（六）分支机构：名称、类型、经营范围、经营场所、负责人姓名。

（七）个体工商户：组成形式、经营范围、经营场所，经营者姓名、住所。个体工商户使用名称的,登记事项还应当包括名称。

（八）法律、行政法规规定的其他事项。

第七条　市场主体应当按照类型依法备案下列事项：

（一）公司：章程、经营期限、有限责任公司股东或者股份有限公司发起人认缴的出资数额、董事、监事、高级管理人员、登记联络员、外商投资公司法律文件送达接受人。

（二）非公司企业法人：章程、经营期限、登记联络员。

（三）个人独资企业：登记联络员。

（四）合伙企业：合伙协议、合伙期限、合伙人认缴或者实际缴付的出资数额、缴付期限和出资方式、登记联络员、外商投资合伙企业法律文件送达接受人。

（五）农民专业合作社（联合社）：章程、成员、登记联络员。

（六）分支机构：登记联络员。

（七）个体工商户：家庭参加经营的家庭成员姓名、登记联络员。

（八）公司、合伙企业等市场主体受益所有人相关信息。

（九）法律、行政法规规定的其他事项。

上述备案事项由登记机关在设立登记时一并进行信息采集。

受益所有人信息管理制度由中国人民银行会同国家市场监督管理总局另行制定。

第八条　市场主体名称由申请人依法自主申报。

第九条　申请人应当依法申请登记下列市场主体类型：

（一）有限责任公司、股份有限公司；

（二）全民所有制企业、集体所有制企业、联营企业；

（三）个人独资企业；

（四）普通合伙（含特殊普通合伙）企业、有限合伙企业；

（五）农民专业合作社、农民专业合作社联合社；

（六）个人经营的个体工商户、家庭经营的个体工商户。

分支机构应当按所属市场主体类型注明分公司或者相应的分支机构。

第十条 申请人应当根据市场主体类型依法向其住所（主要经营场所、经营场所）所在地具有登记管辖权的登记机关办理登记。

第十一条 申请人申请登记市场主体法定代表人、执行事务合伙人（含委派代表），应当符合章程或者协议约定。

合伙协议未约定或者全体合伙人未决定委托执行事务合伙人的，除有限合伙人外，申请人应当将其他合伙人均登记为执行事务合伙人。

第十二条 申请人应当按照国家市场监督管理总局发布的经营范围规范目录，根据市场主体主要行业或者经营特征自主选择一般经营项目和许可经营项目，申请办理经营范围登记。

第十三条 申请人申请登记的市场主体注册资本（出资额）应当符合章程或者协议约定。

市场主体注册资本（出资额）以人民币表示。外商投资企业的注册资本（出资额）可以用可自由兑换的货币表示。

依法以境内公司股权或者债权出资的，应当权属清楚、权能完整，依法可以评估、转让，符合公司章程规定。

第三章 登 记 规 范

第十四条 申请人可以自行或者指定代表人、委托代理人办理市场主体登记、备案事项。

第十五条 申请人应当在申请材料上签名或者盖章。

申请人可以通过全国统一电子营业执照系统等电子签名工具和途径进行电子签名或者电子签章。符合法律规定的可靠电子签名、电子签章与手写签名或者盖章具有同等法律效力。

第十六条 在办理登记、备案事项时,申请人应当配合登记机关通过实名认证系统,采用人脸识别等方式对下列人员进行实名验证:

(一)法定代表人、执行事务合伙人(含委派代表)、负责人;

(二)有限责任公司股东、股份有限公司发起人、公司董事、监事及高级管理人员;

(三)个人独资企业投资人、合伙企业合伙人、农民专业合作社(联合社)成员、个体工商户经营者;

(四)市场主体登记联络员、外商投资企业法律文件送达接受人;

(五)指定的代表人或者委托代理人。

因特殊原因,当事人无法通过实名认证系统核验身份信息的,可以提交经依法公证的自然人身份证明文件,或者由本人持身份证件到现场办理。

第十七条 办理市场主体登记、备案事项,申请人可以到登记机关现场提交申请,也可以通过市场主体登记注册系统提出申请。

申请人对申请材料的真实性、合法性、有效性负责。

办理市场主体登记、备案事项,应当遵守法律法规,诚实守信,不得利用市场主体登记,牟取非法利益,扰乱市场秩序,危害国家安全、社会公共利益。

第十八条 申请材料齐全、符合法定形式的,登记机关予以确认,并当场登记,出具登记通知书,及时制发营业执照。

不予当场登记的,登记机关应当向申请人出具接收申请材料凭证,并在3个工作日内对申请材料进行审查;情形复杂的,经登记机关负责人批准,可以延长3个工作日,并书面告知申请人。

申请材料不齐全或者不符合法定形式的,登记机关应当将申请材料退还申请人,并一次性告知申请人需要补正的材料。申请人补正后,应当重新提交申请材料。

不属于市场主体登记范畴或者不属于本登记机关登记管辖范围的事项,登记机关应当告知申请人向有关行政机关申请。

第十九条 市场主体登记申请不符合法律、行政法规或者国务院决定规定,或者可能危害国家安全、社会公共利益的,登记机关不予登记,并出具不予登记通知书。

利害关系人就市场主体申请材料的真实性、合法性、有效性或者其他有关实体权利提起诉讼或者仲裁,对登记机关依法登记造成影响的,申请人应当在诉讼或者仲裁终结后,向登记机关申请办理登记。

第二十条 市场主体法定代表人依法受到任职资格限制的,在申请办理其他变更登记时,应当依法及时申请办理法定代表人变更登记。

市场主体因通过登记的住所(主要经营场所、经营场所)无法取得联系被列入经营异常名录的,在申请办理其他变更登记时,应当依法及时申请办理住所(主要经营场所、经营场所)变更登记。

第二十一条 公司或者农民专业合作社(联合社)合并、分立的,可以通过国家企业信用信息公示系统公告,公告期45日,应当于公告期届满后申请办理登记。

非公司企业法人合并、分立的,应当经出资人(主管部门)批准,自批准之日起30日内申请办理登记。

市场主体设立分支机构的,应当自决定作出之日起30日内向分支机构所在地登记机关申请办理登记。

第二十二条 法律、行政法规或者国务院决定规定市场主体申请登记、备案事项前需要审批的,在办理登记、备案时,应当在有效期内提交有关批准文件或者许可证书。有关批准文件或者许可证书未规定有效期限,自批准之日起超过90日的,申请人应当报审批机关确认其效力或者另行报批。

市场主体设立后,前款规定批准文件或者许可证书内容有变化、被吊销、撤销或者有效期届满的,应当自批准文件、许可证书重新批准之日或者被吊销、撤销、有效期届满之日起30日内申请办理变更登记或者注销登记。

第二十三条 市场主体营业执照应当载明名称、法定代表人(执行事务合伙人、个人独资企业投资人、经营者或者负责人)姓名、类型(组成形式)、注册资本(出资额)、住所(主要经营场所、经营场所)、经营范围、登记机关、成立日期、统一社会信用代码。

电子营业执照与纸质营业执照具有同等法律效力,市场主体可以凭电子营业执照开展经营活动。

市场主体在办理涉及营业执照记载事项变更登记或者申请注销登记时,需要在提交申请时一并缴回纸质营业执照正、副本。对于市场主体营业执照拒不缴回或者无法缴回的,登记机关在完成变更登记或者注销登记后,通过国家企业信用信息公示系统公告营业执照作废。

第二十四条　外国投资者在中国境内设立外商投资企业,其主体资格文件或者自然人身份证明应当经所在国家公证机关公证并经中国驻该国使(领)馆认证。中国与有关国家缔结或者共同参加的国际条约对认证另有规定的除外。

香港特别行政区、澳门特别行政区和台湾地区投资者的主体资格文件或者自然人身份证明应当按照专项规定或者协议,依法提供当地公证机构的公证文件。按照国家有关规定,无需提供公证文件的除外。

第四章　设立登记

第二十五条　申请办理设立登记,应当提交下列材料:

(一)申请书;

(二)申请人主体资格文件或者自然人身份证明;

(三)住所(主要经营场所、经营场所)相关文件;

(四)公司、非公司企业法人、农民专业合作社(联合社)章程或者合伙企业合伙协议。

第二十六条　申请办理公司设立登记,还应当提交法定代表人、董事、监事和高级管理人员的任职文件和自然人身份证明。

除前款规定的材料外,募集设立股份有限公司还应当提交依法设立的验资机构出具的验资证明;公开发行股票的,还应当提交国务院证券监督管理机构的核准或者注册文件。涉及发起人首次出资属于非货币财产的,还应当提交已办理财产权转移手续的证明文件。

第二十七条 申请设立非公司企业法人,还应当提交法定代表人的任职文件和自然人身份证明。

第二十八条 申请设立合伙企业,还应当提交下列材料:

（一）法律、行政法规规定设立特殊的普通合伙企业需要提交合伙人的职业资格文件的,提交相应材料;

（二）全体合伙人决定委托执行事务合伙人的,应当提交全体合伙人的委托书和执行事务合伙人的主体资格文件或者自然人身份证明。执行事务合伙人是法人或者其他组织的,还应当提交其委派代表的委托书和自然人身份证明。

第二十九条 申请设立农民专业合作社（联合社）,还应当提交下列材料:

（一）全体设立人签名或者盖章的设立大会纪要;

（二）法定代表人、理事的任职文件和自然人身份证明;

（三）成员名册和出资清单,以及成员主体资格文件或者自然人身份证明。

第三十条 申请办理分支机构设立登记,还应当提交负责人的任职文件和自然人身份证明。

第五章 变更登记

第三十一条 市场主体变更登记事项,应当自作出变更决议、决定或者法定变更事项发生之日起30日内申请办理变更登记。

市场主体登记事项变更涉及分支机构登记事项变更的,应当自市场主体登记事项变更登记之日起30日内申请办理分支机构变更登记。

第三十二条 申请办理变更登记,应当提交申请书,并根据市场主体类型及具体变更事项分别提交下列材料:

（一）公司变更事项涉及章程修改的,应当提交修改后的章程或者章程修正案;需要对修改章程作出决议决定的,还应当提交相关决议决定;

（二）合伙企业应当提交全体合伙人或者合伙协议约定的人员签

署的变更决定书;变更事项涉及修改合伙协议的,应当提交由全体合伙人签署或者合伙协议约定的人员签署修改或者补充的合伙协议;

(三)农民专业合作社(联合社)应当提交成员大会或者成员代表大会作出的变更决议;变更事项涉及章程修改的应当提交修改后的章程或者章程修正案。

第三十三条 市场主体更换法定代表人、执行事务合伙人(含委派代表)、负责人的变更登记申请由新任法定代表人、执行事务合伙人(含委派代表)、负责人签署。

第三十四条 市场主体变更名称,可以自主申报名称并在保留期届满前申请变更登记,也可以直接申请变更登记。

第三十五条 市场主体变更住所(主要经营场所、经营场所),应当在迁入新住所(主要经营场所、经营场所)前向迁入地登记机关申请变更登记,并提交新的住所(主要经营场所、经营场所)使用相关文件。

第三十六条 市场主体变更注册资本或者出资额的,应当办理变更登记。

公司增加注册资本,有限责任公司股东认缴新增资本的出资和股份有限公司的股东认购新股的,应当按照设立时缴纳出资和缴纳股款的规定执行。股份有限公司以公开发行新股方式或者上市公司以非公开发行新股方式增加注册资本,还应当提交国务院证券监督管理机构的核准或者注册文件。

公司减少注册资本,可以通过国家企业信用信息公示系统公告,公告期45日,应当于公告期届满后申请变更登记。法律、行政法规或者国务院决定对公司注册资本有最低限额规定的,减少后的注册资本应当不少于最低限额。

外商投资企业注册资本(出资额)币种发生变更,应当向登记机关申请变更登记。

第三十七条 公司变更类型,应当按照拟变更公司类型的设立条件,在规定的期限内申请变更登记,并提交有关材料。

非公司企业法人申请改制为公司,应当按照拟变更的公司类型设立条件,在规定期限内申请变更登记,并提交有关材料。

个体工商户申请转变为企业组织形式,应当按照拟变更的企业类型设立条件申请登记。

第三十八条 个体工商户变更经营者,应当在办理注销登记后,由新的经营者重新申请办理登记。双方经营者同时申请办理的,登记机关可以合并办理。

第三十九条 市场主体变更备案事项的,应当按照《条例》第二十九条规定办理备案。

农民专业合作社因成员发生变更,农民成员低于法定比例的,应当自事由发生之日起6个月内采取吸收新的农民成员入社等方式使农民成员达到法定比例。农民专业合作社联合社成员退社,成员数低于联合社设立法定条件的,应当自事由发生之日起6个月内采取吸收新的成员入社等方式使农民专业合作社联合社成员达到法定条件。

第六章 歇 业

第四十条 因自然灾害、事故灾难、公共卫生事件、社会安全事件等原因造成经营困难的,市场主体可以自主决定在一定时期内歇业。法律、行政法规另有规定的除外。

第四十一条 市场主体决定歇业,应当在歇业前向登记机关办理备案。登记机关通过国家企业信用信息公示系统向社会公示歇业期限、法律文书送达地址等信息。

以法律文书送达地址代替住所(主要经营场所、经营场所)的,应当提交法律文书送达地址确认书。

市场主体延长歇业期限,应当于期限届满前30日内按规定办理。

第四十二条 市场主体办理歇业备案后,自主决定开展或者已实际开展经营活动的,应当于30日内在国家企业信用信息公示系统上公示终止歇业。

市场主体恢复营业时,登记、备案事项发生变化的,应当及时办理变更登记或者备案。以法律文书送达地址代替住所(主要经营场所、经营场所)的,应当及时办理住所(主要经营场所、经营场所)变更登记。

市场主体备案的歇业期限届满,或者累计歇业满3年,视为自动恢复经营,决定不再经营的,应当及时办理注销登记。

第四十三条　歇业期间,市场主体以法律文书送达地址代替原登记的住所(主要经营场所、经营场所)的,不改变歇业市场主体的登记管辖。

第七章　注销登记

第四十四条　市场主体因解散、被宣告破产或者其他法定事由需要终止的,应当依法向登记机关申请注销登记。依法需要清算的,应当自清算结束之日起30日内申请注销登记。依法不需要清算的,应当自决定作出之日起30日内申请注销登记。市场主体申请注销后,不得从事与注销无关的生产经营活动。自登记机关予以注销登记之日起,市场主体终止。

第四十五条　市场主体注销登记前依法应当清算的,清算组应当自成立之日起10日内将清算组成员、清算组负责人名单通过国家企业信用信息公示系统公告。清算组可以通过国家企业信用信息公示系统发布债权人公告。

第四十六条　申请办理注销登记,应当提交下列材料:

(一)申请书;

(二)依法作出解散、注销的决议或者决定,或者被行政机关吊销营业执照、责令关闭、撤销的文件;

(三)清算报告、负责清理债权债务的文件或者清理债务完结的证明;

(四)税务部门出具的清税证明。

除前款规定外,人民法院指定清算人、破产管理人进行清算的,应当提交人民法院指定证明;合伙企业分支机构申请注销登记,还应当提交全体合伙人签署的注销分支机构决定书。

个体工商户申请注销登记的,无需提交第二项、第三项材料;因合并、分立而申请市场主体注销登记的,无需提交第三项材料。

第四十七条　申请办理简易注销登记,应当提交申请书和全体投资人承诺书。

第四十八条 有下列情形之一的,市场主体不得申请办理简易注销登记:

(一)在经营异常名录或者市场监督管理严重违法失信名单中的;

(二)存在股权(财产份额)被冻结、出质或者动产抵押,或者对其他市场主体存在投资的;

(三)正在被立案调查或者采取行政强制措施,正在诉讼或者仲裁程序中的;

(四)被吊销营业执照、责令关闭、撤销的;

(五)受到罚款等行政处罚尚未执行完毕的;

(六)不符合《条例》第三十三条规定的其他情形。

第四十九条 申请办理简易注销登记,市场主体应当将承诺书及注销登记申请通过国家企业信用信息公示系统公示,公示期为20日。

在公示期内无相关部门、债权人及其他利害关系人提出异议的,市场主体可以于公示期届满之日起20日内向登记机关申请注销登记。

第八章 撤销登记

第五十条 对涉嫌提交虚假材料或者采取其他欺诈手段隐瞒重要事实取得市场主体登记的行为,登记机关可以根据当事人申请或者依职权主动进行调查。

第五十一条 受虚假登记影响的自然人、法人和其他组织,可以向登记机关提出撤销市场主体登记申请。涉嫌冒用自然人身份的虚假登记,被冒用人应当配合登记机关通过线上或者线下途径核验身份信息。

涉嫌虚假登记市场主体的登记机关发生变更的,由现登记机关负责处理撤销登记,原登记机关应当协助进行调查。

第五十二条 登记机关收到申请后,应当在3个工作日内作出是否受理的决定,并书面通知申请人。

有下列情形之一的,登记机关可以不予受理:

(一)涉嫌冒用自然人身份的虚假登记,被冒用人未能通过身份信息核验的;

(二)涉嫌虚假登记的市场主体已注销的,申请撤销注销登记的除外;

(三)其他依法不予受理的情形。

第五十三条 登记机关受理申请后,应当在3个月内完成调查,并及时作出撤销或者不予撤销市场主体登记的决定。情形复杂的,经登记机关负责人批准,可以延长3个月。

在调查期间,相关市场主体和人员无法联系或者拒不配合的,登记机关可以将涉嫌虚假登记市场主体的登记时间、登记事项,以及登记机关联系方式等信息通过国家企业信用信息公示系统向社会公示,公示期45日。相关市场主体及其利害关系人在公示期内没有提出异议的,登记机关可以撤销市场主体登记。

第五十四条 有下列情形之一的,经当事人或者其他利害关系人申请,登记机关可以中止调查:

(一)有证据证明与涉嫌虚假登记相关的民事权利存在争议的;

(二)涉嫌虚假登记的市场主体正在诉讼或者仲裁程序中的;

(三)登记机关收到有关部门出具的书面意见,证明涉嫌虚假登记的市场主体或者其法定代表人、负责人存在违法案件尚未结案,或者尚未履行相关法定义务的。

第五十五条 有下列情形之一的,登记机关可以不予撤销市场主体登记:

(一)撤销市场主体登记可能对社会公共利益造成重大损害的;

(二)撤销市场主体登记后无法恢复到登记前的状态的;

(三)法律、行政法规规定的其他情形。

第五十六条 登记机关作出撤销登记决定后,应当通过国家企业信用信息公示系统向社会公示。

第五十七条 同一登记包含多个登记事项,其中部分登记事项被认定为虚假,撤销虚假的登记事项不影响市场主体存续的,登记机关可以仅撤销虚假的登记事项。

第五十八条 撤销市场主体备案事项的,参照本章规定执行。

第九章 档案管理

第五十九条 登记机关应当负责建立市场主体登记管理档案,对在登记、备案过程中形成的具有保存价值的文件依法分类,有序收集管理,推动档案电子化、影像化,提供市场主体登记管理档案查询服务。

第六十条 申请查询市场主体登记管理档案,应当按照下列要求提交材料:

(一)公安机关、国家安全机关、检察机关、审判机关、纪检监察机关、审计机关等国家机关进行查询,应当出具本部门公函及查询人员的有效证件;

(二)市场主体查询自身登记管理档案,应当出具授权委托书及查询人员的有效证件;

(三)律师查询与承办法律事务有关市场主体登记管理档案,应当出具执业证书、律师事务所证明以及相关承诺书。

除前款规定情形外,省级以上市场监督管理部门可以结合工作实际,依法对档案查询范围以及提交材料作出规定。

第六十一条 登记管理档案查询内容涉及国家秘密、商业秘密、个人信息的,应当按照有关法律法规规定办理。

第六十二条 市场主体发生住所(主要经营场所、经营场所)迁移的,登记机关应当于3个月内将所有登记管理档案移交迁入地登记机关管理。档案迁出、迁入应当记录备案。

第十章 监督管理

第六十三条 市场主体应当于每年1月1日至6月30日,通过国家企业信用信息公示系统报送上一年度年度报告,并向社会公示。

个体工商户可以通过纸质方式报送年度报告,并自主选择年度报告内容是否向社会公示。

歇业的市场主体应当按时公示年度报告。

第六十四条　市场主体应当将营业执照（含电子营业执照）置于住所（主要经营场所、经营场所）的醒目位置。

从事电子商务经营的市场主体应当在其首页显著位置持续公示营业执照信息或者其链接标识。

营业执照记载的信息发生变更时，市场主体应当于15日内完成对应信息的更新公示。市场主体被吊销营业执照的，登记机关应当将吊销情况标注于电子营业执照中。

第六十五条　登记机关应当对登记注册、行政许可、日常监管、行政执法中的相关信息进行归集，根据市场主体的信用风险状况实施分级分类监管，并强化信用风险分类结果的综合应用。

第六十六条　登记机关应当随机抽取检查对象、随机选派执法检查人员，对市场主体的登记备案事项、公示信息情况等进行抽查，并将抽查检查结果通过国家企业信用信息公示系统向社会公示。必要时可以委托会计师事务所、税务师事务所、律师事务所等专业机构开展审计、验资、咨询等相关工作，依法使用其他政府部门作出的检查、核查结果或者专业机构作出的专业结论。

第六十七条　市场主体被撤销设立登记、吊销营业执照、责令关闭，6个月内未办理清算组公告或者未申请注销登记的，登记机关可以在国家企业信用信息公示系统上对其作出特别标注并予以公示。

第十一章　法律责任

第六十八条　未经设立登记从事一般经营活动的，由登记机关责令改正，没收违法所得；拒不改正的，处1万元以上10万元以下的罚款；情节严重的，依法责令关闭停业，并处10万元以上50万元以下的罚款。

第六十九条　未经设立登记从事许可经营活动或者未依法取得许可从事经营活动的，由法律、法规或者国务院决定规定的部门予以查处；法律、法规或者国务院决定没有规定或者规定不明确的，由省、自治区、直辖市人民政府确定的部门予以查处。

第七十条　市场主体未按照法律、行政法规规定的期限公示或者报送年度报告的，由登记机关列入经营异常名录，可以处1万元以下的罚款。

第七十一条 提交虚假材料或者采取其他欺诈手段隐瞒重要事实取得市场主体登记的,由登记机关依法责令改正,没收违法所得,并处5万元以上20万元以下的罚款;情节严重的,处20万元以上100万元以下的罚款,吊销营业执照。

明知或者应当知道申请人提交虚假材料或者采取其他欺诈手段隐瞒重要事实进行市场主体登记,仍接受委托代为办理,或者协助其进行虚假登记的,由登记机关没收违法所得,处10万元以下的罚款。

虚假市场主体登记的直接责任人自市场主体登记被撤销之日起3年内不得再次申请市场主体登记。登记机关应当通过国家企业信用信息公示系统予以公示。

第七十二条 市场主体未按规定办理变更登记的,由登记机关责令改正;拒不改正的,处1万元以上10万元以下的罚款;情节严重的,吊销营业执照。

第七十三条 市场主体未按规定办理备案的,由登记机关责令改正;拒不改正的,处5万元以下的罚款。

依法应当办理受益所有人信息备案的市场主体,未办理备案的,按照前款规定处理。

第七十四条 市场主体未按照本实施细则第四十二条规定公示终止歇业的,由登记机关责令改正;拒不改正的,处3万元以下的罚款。

第七十五条 市场主体未按规定将营业执照置于住所(主要经营场所、经营场所)醒目位置的,由登记机关责令改正;拒不改正的,处3万元以下的罚款。

电子商务经营者未在首页显著位置持续公示营业执照信息或者相关链接标识的,由登记机关依照《中华人民共和国电子商务法》处罚。

市场主体伪造、涂改、出租、出借、转让营业执照的,由登记机关没收违法所得,处10万元以下的罚款;情节严重的,处10万元以上50万元以下的罚款,吊销营业执照。

第七十六条 利用市场主体登记,牟取非法利益,扰乱市场秩序,危害国家安全、社会公共利益的,法律、行政法规有规定的,依照其规定;法律、行政法规没有规定的,由登记机关处10万元以下的罚款。

第七十七条　违反本实施细则规定,登记机关确定罚款幅度时,应当综合考虑市场主体的类型、规模、违法情节等因素。

情节轻微并及时改正,没有造成危害后果的,依法不予行政处罚。初次违法且危害后果轻微并及时改正的,可以不予行政处罚。当事人有证据足以证明没有主观过错的,不予行政处罚。

第十二章　附　　则

第七十八条　本实施细则所指申请人,包括设立登记时的申请人、依法设立后的市场主体。

第七十九条　人民法院办理案件需要登记机关协助执行的,登记机关应当按照人民法院的生效法律文书和协助执行通知书,在法定职责范围内办理协助执行事项。

第八十条　国家市场监督管理总局根据法律、行政法规、国务院决定及本实施细则,制定登记注册前置审批目录、登记材料和文书格式。

第八十一条　法律、行政法规或者国务院决定对登记管理另有规定的,从其规定。

第八十二条　本实施细则自公布之日起施行。1988年11月3日原国家工商行政管理局令第1号公布的《中华人民共和国企业法人登记管理条例施行细则》,2000年1月13日原国家工商行政管理局令第94号公布的《个人独资企业登记管理办法》,2011年9月30日原国家工商行政管理总局令第56号公布的《个体工商户登记管理办法》,2014年2月20日原国家工商行政管理总局令第64号公布的《公司注册资本登记管理规定》,2015年8月27日原国家工商行政管理总局令第76号公布的《企业经营范围登记管理规定》同时废止。

企业内部控制基本规范

1. 2008年5月22日财政部、证监会、审计署、银监会、保监会印发
2. 财会〔2008〕7号

第一章 总 则

第一条 为了加强和规范企业内部控制,提高企业经营管理水平和风险防范能力,促进企业可持续发展,维护社会主义市场经济秩序和社会公众利益,根据《中华人民共和国公司法》、《中华人民共和国证券法》、《中华人民共和国会计法》和其他有关法律法规,制定本规范。

第二条 本规范适用于中华人民共和国境内设立的大中型企业。

小企业和其他单位可以参照本规范建立与实施内部控制。

大中型企业和小企业的划分标准根据国家有关规定执行。

第三条 本规范所称内部控制,是由企业董事会、监事会、经理层和全体员工实施的、旨在实现控制目标的过程。

内部控制的目标是合理保证企业经营管理合法合规、资产安全、财务报告及相关信息真实完整,提高经营效率和效果,促进企业实现发展战略。

第四条 企业建立与实施内部控制,应当遵循下列原则:

(一)全面性原则。内部控制应当贯穿决策、执行和监督全过程,覆盖企业及其所属单位的各种业务和事项。

(二)重要性原则。内部控制应当在全面控制的基础上,关注重要业务事项和高风险领域。

(三)制衡性原则。内部控制应当在治理结构、机构设置及权责分配、业务流程等方面形成相互制约、相互监督,同时兼顾运营效率。

(四)适应性原则。内部控制应当与企业经营规模、业务范围、竞争状况和风险水平等相适应,并随着情况的变化及时加以调整。

(五)成本效益原则。内部控制应当权衡实施成本与预期效益,以适当的成本实现有效控制。

第五条 企业建立与实施有效的内部控制,应当包括下列要素:

(一)内部环境。内部环境是企业实施内部控制的基础,一般包括治理结构、机构设置及权责分配、内部审计、人力资源政策、企业文化等。

(二)风险评估。风险评估是企业及时识别、系统分析经营活动中与实现内部控制目标相关的风险,合理确定风险应对策略。

(三)控制活动。控制活动是企业根据风险评估结果,采用相应的控制措施,将风险控制在可承受度之内。

(四)信息与沟通。信息与沟通是企业及时、准确地收集、传递与内部控制相关的信息,确保信息在企业内部、企业与外部之间进行有效沟通。

(五)内部监督。内部监督是企业对内部控制建立与实施情况进行监督检查,评价内部控制的有效性,发现内部控制缺陷,应当及时加以改进。

第六条 企业应当根据有关法律法规、本规范及其配套办法,制定本企业的内部控制制度并组织实施。

第七条 企业应当运用信息技术加强内部控制,建立与经营管理相适应的信息系统,促进内部控制流程与信息系统的有机结合,实现对业务和事项的自动控制,减少或消除人为操纵因素。

第八条 企业应当建立内部控制实施的激励约束机制,将各责任单位和全体员工实施内部控制的情况纳入绩效考评体系,促进内部控制的有效实施。

第九条 国务院有关部门可以根据法律法规、本规范及其配套办法,明确贯彻实施本规范的具体要求,对企业建立与实施内部控制的情况进行监督检查。

第十条 接受企业委托从事内部控制审计的会计师事务所,应当根据本规范及其配套办法和相关执业准则,对企业内部控制的有效性进行审计,出具审计报告。会计师事务所及其签字的从业人员应当对发表的内部控制审计意见负责。

为企业内部控制提供咨询的会计师事务所,不得同时为同一企业提供内部控制审计服务。

第二章 内部环境

第十一条 企业应当根据国家有关法律法规和企业章程,建立规范的公司治理结构和议事规则,明确决策、执行、监督等方面的职责权限,形成科学有效的职责分工和制衡机制。

股东(大)会享有法律法规和企业章程规定的合法权利,依法行使企业经营方针、筹资、投资、利润分配等重大事项的表决权。

董事会对股东(大)会负责,依法行使企业的经营决策权。

监事会对股东(大)会负责,监督企业董事、经理和其他高级管理人员依法履行职责。

经理层负责组织实施股东(大)会、董事会决议事项,主持企业的生产经营管理工作。

第十二条 董事会负责内部控制的建立健全和有效实施。监事会对董事会建立与实施内部控制进行监督。经理层负责组织领导企业内部控制的日常运行。

企业应当成立专门机构或者指定适当的机构具体负责组织协调内部控制的建立实施及日常工作。

第十三条 企业应当在董事会下设立审计委员会。审计委员会负责审查企业内部控制,监督内部控制的有效实施和内部控制自我评价情况,协调内部控制审计及其他相关事宜等。

审计委员会负责人应当具备相应的独立性、良好的职业操守和专业胜任能力。

第十四条 企业应当结合业务特点和内部控制要求设置内部机构,明确职责权限,将权利与责任落实到各责任单位。

企业应当通过编制内部管理手册,使全体员工掌握内部机构设置、岗位职责、业务流程等情况,明确权责分配,正确行使职权。

第十五条　企业应当加强内部审计工作,保证内部审计机构设置、人员配备和工作的独立性。

内部审计机构应当结合内部审计监督,对内部控制的有效性进行监督检查。内部审计机构对监督检查中发现的内部控制缺陷,应当按照企业内部审计工作程序进行报告;对监督检查中发现的内部控制重大缺陷,有权直接向董事会及其审计委员会、监事会报告。

第十六条　企业应当制定和实施有利于企业可持续发展的人力资源政策。人力资源政策应当包括下列内容:

(一)员工的聘用、培训、辞退与辞职。

(二)员工的薪酬、考核、晋升与奖惩。

(三)关键岗位员工的强制休假制度和定期岗位轮换制度。

(四)掌握国家秘密或重要商业秘密的员工离岗的限制性规定。

(五)有关人力资源管理的其他政策。

第十七条　企业应当将职业道德修养和专业胜任能力作为选拔和聘用员工的重要标准,切实加强员工培训和继续教育,不断提升员工素质。

第十八条　企业应当加强文化建设,培育积极向上的价值观和社会责任感,倡导诚实守信、爱岗敬业、开拓创新和团队协作精神,树立现代管理理念,强化风险意识。

董事、监事、经理及其他高级管理人员应当在企业文化建设中发挥主导作用。

企业员工应当遵守员工行为守则,认真履行岗位职责。

第十九条　企业应当加强法制教育,增强董事、监事、经理及其他高级管理人员和员工的法制观念,严格依法决策、依法办事、依法监督,建立健全法律顾问制度和重大法律纠纷案件备案制度。

第三章　风险评估

第二十条　企业应当根据设定的控制目标,全面系统持续地收集相关信息,结合实际情况,及时进行风险评估。

第二十一条　企业开展风险评估,应当准确识别与实现控制目标相关的内部风险和外部风险,确定相应的风险承受度。

风险承受度是企业能够承担的风险限度,包括整体风险承受能力和业务层面的可接受风险水平。

第二十二条 企业识别内部风险,应当关注下列因素:

(一)董事、监事、经理及其他高级管理人员的职业操守、员工专业胜任能力等人力资源因素。

(二)组织机构、经营方式、资产管理、业务流程等管理因素。

(三)研究开发、技术投入、信息技术运用等自主创新因素。

(四)财务状况、经营成果、现金流量等财务因素。

(五)营运安全、员工健康、环境保护等安全环保因素。

(六)其他有关内部风险因素。

第二十三条 企业识别外部风险,应当关注下列因素:

(一)经济形势、产业政策、融资环境、市场竞争、资源供给等经济因素。

(二)法律法规、监管要求等法律因素。

(三)安全稳定、文化传统、社会信用、教育水平、消费者行为等社会因素。

(四)技术进步、工艺改进等科学技术因素。

(五)自然灾害、环境状况等自然环境因素。

(六)其他有关外部风险因素。

第二十四条 企业应当采用定性与定量相结合的方法,按照风险发生的可能性及其影响程度等,对识别的风险进行分析和排序,确定关注重点和优先控制的风险。

企业进行风险分析,应当充分吸收专业人员,组成风险分析团队,按照严格规范的程序开展工作,确保风险分析结果的准确性。

第二十五条 企业应当根据风险分析的结果,结合风险承受度,权衡风险与收益,确定风险应对策略。

企业应当合理分析、准确掌握董事、经理及其他高级管理人员、关键岗位员工的风险偏好,采取适当的控制措施,避免因个人风险偏好给企业经营带来重大损失。

第二十六条　企业应当综合运用风险规避、风险降低、风险分担和风险承受等风险应对策略,实现对风险的有效控制。

风险规避是企业对超出风险承受度的风险,通过放弃或者停止与该风险相关的业务活动以避免和减轻损失的策略。

风险降低是企业在权衡成本效益之后,准备采取适当的控制措施降低风险或者减轻损失,将风险控制在风险承受度之内的策略。

风险分担是企业准备借助他人力量,采取业务分包、购买保险等方式和适当的控制措施,将风险控制在风险承受度之内的策略。

风险承受是企业对风险承受度之内的风险,在权衡成本效益之后,不准备采取控制措施降低风险或者减轻损失的策略。

第二十七条　企业应当结合不同发展阶段和业务拓展情况,持续收集与风险变化相关的信息,进行风险识别和风险分析,及时调整风险应对策略。

第四章　控制活动

第二十八条　企业应当结合风险评估结果,通过手工控制与自动控制、预防性控制与发现性控制相结合的方法,运用相应的控制措施,将风险控制在可承受度之内。

控制措施一般包括:不相容职务分离控制、授权审批控制、会计系统控制、财产保护控制、预算控制、运营分析控制和绩效考评控制等。

第二十九条　不相容职务分离控制要求企业全面系统地分析、梳理业务流程中所涉及的不相容职务,实施相应的分离措施,形成各司其职、各负其责、相互制约的工作机制。

第三十条　授权审批控制要求企业根据常规授权和特别授权的规定,明确各岗位办理业务和事项的权限范围、审批程序和相应责任。

企业应当编制常规授权的权限指引,规范特别授权的范围、权限、程序和责任,严格控制特别授权。常规授权是指企业在日常经营管理活动中按照既定的职责和程序进行的授权。特别授权是指企业在特殊情况、特定条件下进行的授权。

企业各级管理人员应当在授权范围内行使职权和承担责任。

企业对于重大的业务和事项,应当实行集体决策审批或者联签制度,任何个人不得单独进行决策或者擅自改变集体决策。

第三十一条 会计系统控制要求企业严格执行国家统一的会计准则制度,加强会计基础工作,明确会计凭证、会计账簿和财务会计报告的处理程序,保证会计资料真实完整。

企业应当依法设置会计机构,配备会计从业人员。从事会计工作的人员,必须取得会计从业资格证书。会计机构负责人应当具备会计师以上专业技术职务资格。

大中型企业应当设置总会计师。设置总会计师的企业,不得设置与其职权重叠的副职。

第三十二条 财产保护控制要求企业建立财产日常管理制度和定期清查制度,采取财产记录、实物保管、定期盘点、账实核对等措施,确保财产安全。

企业应当严格限制未经授权的人员接触和处置财产。

第三十三条 预算控制要求企业实施全面预算管理制度,明确各责任单位在预算管理中的职责权限,规范预算的编制、审定、下达和执行程序,强化预算约束。

第三十四条 运营分析控制要求企业建立运营情况分析制度,经理层应当综合运用生产、购销、投资、筹资、财务等方面的信息,通过因素分析、对比分析、趋势分析等方法,定期开展运营情况分析,发现存在的问题,及时查明原因并加以改进。

第三十五条 绩效考评控制要求企业建立和实施绩效考评制度,科学设置考核指标体系,对企业内部各责任单位和全体员工的业绩进行定期考核和客观评价,将考评结果作为确定员工薪酬以及职务晋升、评优、降级、调岗、辞退等的依据。

第三十六条 企业应当根据内部控制目标,结合风险应对策略,综合运用控制措施,对各种业务和事项实施有效控制。

第三十七条 企业应当建立重大风险预警机制和突发事件应急处理机制,明确风险预警标准,对可能发生的重大风险或突发事件,制定应急预案、明确责任人员、规范处置程序,确保突发事件得到及时妥善处理。

第五章 信息与沟通

第三十八条 企业应当建立信息与沟通制度,明确内部控制相关信息的收集、处理和传递程序,确保信息及时沟通,促进内部控制有效运行。

第三十九条 企业应当对收集的各种内部信息和外部信息进行合理筛选、核对、整合,提高信息的有用性。

企业可以通过财务会计资料、经营管理资料、调研报告、专项信息、内部刊物、办公网络等渠道,获取内部信息。

企业可以通过行业协会组织、社会中介机构、业务往来单位、市场调查、来信来访、网络媒体以及有关监管部门等渠道,获取外部信息。

第四十条 企业应当将内部控制相关信息在企业内部各管理级次、责任单位、业务环节之间,以及企业与外部投资者、债权人、客户、供应商、中介机构和监管部门等有关方面之间进行沟通和反馈。信息沟通过程中发现的问题,应当及时报告并加以解决。

重要信息应当及时传递给董事会、监事会和经理层。

第四十一条 企业应当利用信息技术促进信息的集成与共享,充分发挥信息技术在信息与沟通中的作用。

企业应当加强对信息系统开发与维护、访问与变更、数据输入与输出、文件储存与保管、网络安全等方面的控制,保证信息系统安全稳定运行。

第四十二条 企业应当建立反舞弊机制,坚持惩防并举、重在预防的原则,明确反舞弊工作的重点领域、关键环节和有关机构在反舞弊工作中的职责权限,规范舞弊案件的举报、调查、处理、报告和补救程序。

企业至少应当将下列情形作为反舞弊工作的重点:

(一)未经授权或者采取其他不法方式侵占、挪用企业资产,牟取不当利益。

(二)在财务会计报告和信息披露等方面存在的虚假记载、误导性陈述或者重大遗漏等。

(三)董事、监事、经理及其他高级管理人员滥用职权。

(四)相关机构或人员串通舞弊。

第四十三条 企业应当建立举报投诉制度和举报人保护制度,设置举报专线,明确举报投诉处理程序、办理时限和办结要求,确保举报、投诉成为企业有效掌握信息的重要途径。

举报投诉制度和举报人保护制度应当及时传达至全体员工。

第六章 内部监督

第四十四条 企业应当根据本规范及其配套办法,制定内部控制监督制度,明确内部审计机构(或经授权的其他监督机构)和其他内部机构在内部监督中的职责权限,规范内部监督的程序、方法和要求。

内部监督分为日常监督和专项监督。日常监督是指企业对建立与实施内部控制的情况进行常规、持续的监督检查;专项监督是指在企业发展战略、组织结构、经营活动、业务流程、关键岗位员工等发生较大调整或变化的情况下,对内部控制的某一或者某些方面进行有针对性的监督检查。

专项监督的范围和频率应当根据风险评估结果以及日常监督的有效性等予以确定。

第四十五条 企业应当制定内部控制缺陷认定标准,对监督过程中发现的内部控制缺陷,应当分析缺陷的性质和产生的原因,提出整改方案,采取适当的形式及时向董事会、监事会或者经理层报告。

内部控制缺陷包括设计缺陷和运行缺陷。企业应当跟踪内部控制缺陷整改情况,并就内部监督中发现的重大缺陷,追究相关责任单位或者责任人的责任。

第四十六条 企业应当结合内部监督情况,定期对内部控制的有效性进行自我评价,出具内部控制自我评价报告。

内部控制自我评价的方式、范围、程序和频率,由企业根据经营业务调整、经营环境变化、业务发展状况、实际风险水平等自行确定。

国家有关法律法规另有规定的,从其规定。

第四十七条 企业应当以书面或者其他适当的形式,妥善保存内部控制建立与实施过程中的相关记录或者资料,确保内部控制建立与实施过程的可验证性。

<h2 style="text-align:center">第七章 附 则</h2>

第四十八条 本规范由财政部会同国务院其他有关部门解释。

第四十九条 本规范的配套办法由财政部会同国务院其他有关部门另行制定。

第五十条 本规范自2009年7月1日起实施。

小企业内部控制规范(试行)

1. 2017年6月29日财政部印发
2. 财会〔2017〕21号

<h2 style="text-align:center">第一章 总 则</h2>

第一条 为了指导小企业建立和有效实施内部控制,提高经营管理水平和风险防范能力,促进小企业健康可持续发展,根据《中华人民共和国会计法》《中华人民共和国公司法》等法律法规及《企业内部控制基本规范》,制定本规范。

第二条 本规范适用于在中华人民共和国境内依法设立的、尚不具备执行《企业内部控制基本规范》及其配套指引条件的小企业。

小企业的划分标准按照《中小企业划型标准规定》执行。

执行《企业内部控制基本规范》及其配套指引的企业集团,其集团内属于小企业的母公司和子公司,也应当执行《企业内部控制基本规范》及其配套指引。

企业集团、母公司和子公司的定义与《企业会计准则》的规定相同。

第三条 本规范所称内部控制,是指由小企业负责人及全体员工共同实施的、旨在实现控制目标的过程。

第四条 小企业内部控制的目标是合理保证小企业经营管理合法合规、

资金资产安全和财务报告信息真实完整可靠。

第五条　小企业建立与实施内部控制,应当遵循下列原则:

(一)风险导向原则。内部控制应当以防范风险为出发点,重点关注对实现内部控制目标造成重大影响的风险领域。

(二)适应性原则。内部控制应当与企业发展阶段、经营规模、管理水平等相适应,并随着情况的变化及时加以调整。

(三)实质重于形式原则。内部控制应当注重实际效果,而不局限于特定的表现形式和实现手段。

(四)成本效益原则。内部控制应当权衡实施成本与预期效益,以合理的成本实现有效控制。

第六条　小企业建立与实施内部控制应当遵循下列总体要求:

(一)树立依法经营、诚实守信的意识,制定并实施长远发展目标和战略规划,为内部控制的持续有效运行提供良好环境。

(二)及时识别、评估与实现控制目标相关的内外部风险,并合理确定风险应对策略。

(三)根据风险评估结果,开展相应的控制活动,将风险控制在可承受范围之内。

(四)及时、准确地收集、传递与内部控制相关的信息,并确保其在企业内部、企业与外部之间的有效沟通。

(五)对内部控制的建立与实施情况进行监督检查,识别内部控制存在的问题并及时督促改进。

(六)形成建立、实施、监督及改进内部控制的管理闭环,并使其持续有效运行。

第七条　小企业主要负责人对本企业内部控制的建立健全和有效实施负责。

小企业可以指定适当的部门(岗位),具体负责组织协调和推动内部控制的建立与实施工作。

第二章　内部控制建立与实施

第八条　小企业应当围绕控制目标,以风险为导向确定内部控制建设的领域,设计科学合理的控制活动或对现有控制活动进行梳理、完善和优化,确保内部控制体系能够持续有效运行。

第九条 小企业应当依据所设定的内部控制目标和内部控制建设工作规划,有针对性地选择评估对象开展风险评估。

风险评估对象可以是整个企业或某个部门,也可以是某个业务领域、某个产品或某个具体事项。

第十条 小企业应当恰当识别与控制目标相关的内外部风险,如合规性风险、资金资产安全风险、信息安全风险、合同风险等。

第十一条 小企业应当采用适当的风险评估方法,综合考虑风险发生的可能性、风险发生后可能造成的影响程度以及可能持续的时间,对识别的风险进行分析和排序,确定重点关注和优先控制的风险。

常用的风险评估方法包括问卷调查、集体讨论、专家咨询、管理层访谈、行业标杆比较等。

第十二条 小企业开展风险评估既可以结合经营管理活动进行,也可以专门组织开展。

小企业应当定期开展系统全面的风险评估。在发生重大变化以及需要对重大事项进行决策时,小企业可以相应增加风险评估的频率。

第十三条 小企业开展风险评估,可以考虑聘请外部专家提供技术支持。

第十四条 小企业应当根据风险评估的结果,制定相应的风险应对策略,对相关风险进行管理。

风险应对策略一般包括接受、规避、降低、分担等四种策略。

小企业应当将内部控制作为降低风险的主要手段,在权衡成本效益之后,采取适当的控制措施将风险控制在本企业可承受范围之内。

第十五条 小企业建立与实施内部控制应当重点关注下列管理领域:

(一)资金管理;

(二)重要资产管理(包括核心技术);

(三)债务与担保业务管理;

(四)税费管理;

（五）成本费用管理；

（六）合同管理；

（七）重要客户和供应商管理；

（八）关键岗位人员管理；

（九）信息技术管理；

（十）其他需要关注的领域。

第十六条 小企业在建立内部控制时,应当根据控制目标,按照风险评估的结果,结合自身实际情况,制定有效的内部控制措施。

内部控制措施一般包括不相容岗位相分离控制、内部授权审批控制、会计控制、财产保护控制、单据控制等。

第十七条 不相容岗位相分离控制要求小企业根据国家有关法律法规的要求及自身实际情况,合理设置不相容岗位,确保不相容岗位由不同的人员担任,并合理划分业务和事项的申请、内部审核审批、业务执行、信息记录、内部监督等方面的责任。

因资源限制等原因无法实现不相容岗位相分离的,小企业应当采取抽查交易文档、定期资产盘点等替代性控制措施。

第十八条 内部授权审批控制要求小企业根据常规授权和特别授权的规定,明确各部门、各岗位办理业务和事项的权限范围、审批程序和相关责任。常规授权是指小企业在日常经营管理活动中按照既定的职责和程序进行的授权。特别授权是指小企业在特殊情况、特定条件下进行的授权。小企业应当严格控制特别授权。

小企业各级管理人员应当在授权范围内行使职权、办理业务。

第十九条 会计控制要求小企业严格执行国家统一的会计准则制度,加强会计基础工作,明确会计凭证、会计账簿和财务会计报告的处理程序,加强会计档案管理,保证会计资料真实完整。

小企业应当根据会计业务的需要,设置会计机构;或者在有关机构中设置会计人员并指定会计主管人员;或者委托经批准设立从事会计代理记账业务的中介机构代理记账。

小企业应当选择使用符合《中华人民共和国会计法》和国家统一

的会计制度规定的会计信息系统(电算化软件)。

第二十条　财产保护控制要求小企业建立财产日常管理和定期清查制度,采取财产记录、实物保管、定期盘点、账实核对等措施,确保财产安全完整。

第二十一条　单据控制要求小企业明确各种业务和事项所涉及的表单和票据,并按照规定填制、审核、归档和保管各类单据。

第二十二条　小企业应当根据内部控制目标,综合运用上述内部控制措施,对企业面临的各类内外部风险实施有效控制。

第二十三条　小企业在采取内部控制措施时,应当对实施控制的责任人、频率、方式、文档记录等内容做出明确规定。

有条件的小企业可以采用内部控制手册等书面形式来明确内部控制措施。

第二十四条　小企业可以利用现有的管理基础,将内部控制要求与企业管理体系进行融合,提高内部控制建立与实施工作的实效性。

第二十五条　小企业在实施内部控制的过程中,可以采用灵活适当的信息沟通方式,以实现小企业内部各管理层级、业务部门之间,以及与外部投资者、债权人、客户和供应商等有关方面之间的信息畅通。

内外部信息沟通方式主要包括发函、面谈、专题会议、电话等。

第二十六条　小企业应当通过加强人员培训等方式,提高实施内部控制的责任人的胜任能力,确保内部控制得到有效实施。

第二十七条　在发生下列情形时,小企业应当评估现行的内部控制措施是否仍然适用,并对不适用的部分及时进行更新优化:

(一)企业战略方向、业务范围、经营管理模式、股权结构发生重大变化;

(二)企业面临的风险发生重大变化;

(三)关键岗位人员胜任能力不足;

(四)其他可能对企业产生重大影响的事项。

第三章　内部控制监督

第二十八条　小企业应当结合自身实际情况和管理需要建立适当的内

部控制监督机制,对内部控制的建立与实施情况进行日常监督和定期评价。

第二十九条　小企业应当选用具备胜任能力的人员实施内部控制监督。

实施内部控制的责任人开展自我检查不能替代监督。

具备条件的小企业,可以设立内部审计部门(岗位)或通过内部审计业务外包来提高内部控制监督的独立性和质量。

第三十条　小企业开展内部控制日常监督应当重点关注下列情形:

(一)因资源限制而无法实现不相容岗位相分离;

(二)业务流程发生重大变化;

(三)开展新业务、采用新技术、设立新岗位;

(四)关键岗位人员胜任能力不足或关键岗位出现人才流失;

(五)可能违反有关法律法规;

(六)其他应通过风险评估识别的重大风险。

第三十一条　小企业对于日常监督中发现的问题,应当分析其产生的原因以及影响程度,制定整改措施,及时进行整改。

第三十二条　小企业应当至少每年开展一次全面系统的内部控制评价工作,并可以根据自身实际需要开展不定期专项评价。

第三十三条　小企业应当根据年度评价结果,结合内部控制日常监督情况,编制年度内部控制报告,并提交小企业主要负责人审阅。

内部控制报告至少应当包括内部控制评价的范围、内部控制中存在的问题、整改措施、整改责任人、整改时间表及上一年度发现问题的整改落实情况等内容。

第三十四条　有条件的小企业可以委托会计师事务所对内部控制的有效性进行审计。

第三十五条　小企业可以将内部控制监督的结果纳入绩效考核的范围,促进内部控制的有效实施。

第四章　附　　则

第三十六条　符合《中小企业划型标准规定》所规定的微型企业标准的企业参照执行本规范。

第三十七条 对于本规范中未规定的业务活动的内部控制,小企业可以参照执行《企业内部控制基本规范》及其配套指引。

第三十八条 鼓励有条件的小企业执行《企业内部控制基本规范》及其配套指引。

第三十九条 本规范由财政部负责解释。

第四十条 本规范自 2018 年 1 月 1 日起施行。

民营企业境外投资经营行为规范

1. 2017 年 12 月 6 日国家发展改革委、商务部、人民银行、外交部、全国工商联发布
2. 发改外资〔2017〕2050 号

一、总则

（一）国家支持有条件的民营企业"走出去",对民营企业"走出去"与国有企业"走出去"一视同仁。

（二）民营企业要根据自身条件和实力有序开展境外投资,参与"一带一路"建设,推进国际产能和装备制造合作,服务于供给侧结构性改革和转型升级。

（三）民营企业开展境外投资应坚持企业主体、市场运作,自主决策、自负盈亏,量力而行、审慎作为,着力提高企业创新能力、核心竞争力和国际化经营能力。

（四）民营企业在境外投资经营活动中应遵守我国和东道国（地区）的法律法规,遵守有关条约规定和其他国际惯例,依法经营、合规发展,加强境外风险防控。

（五）民营企业要以和平合作、开放包容、互学互鉴、互利共赢为指引,按照共商、共建、共享的原则,与东道国（地区）有关机构、企业开展务实合作,实现共同发展。

二、完善经营管理体系

（六）完善境外投资管理规章制度。民营企业要结合本企业实际，明确境外投资管理部门和职责，细化境外投资决策程序，建立健全境外企业设立和授权管理制度及境外投资风险管控制度。

（七）开展绩效管理。民营企业要坚持规模、质量和效益并重，完善境外经营评价、考核和激励办法，提高境外投资绩效水平。

（八）加强财务监督。民营企业要加强对境外分支机构在资金调拨、融资、股权和其他权益转让、再投资及担保等方面的监督和管理，审慎开展高杠杆投资，规范境外金融衍生品投资活动。

（九）加强人才队伍建设。民营企业要加强国际化经营人才培养，选聘境内外优秀管理人员，建立健全派出人员管理制度，对派出人员出国前开展必要教育，帮助派出人员了解当地法律法规、安全环境等知识，增强派出人员遵法守法以及安全风险防范意识和能力。

三、依法合规诚信经营

（十）履行国内申报程序。民营企业境外投资应按照相关规定，主动申请备案或核准。境外投资涉及敏感国家和地区、敏感行业的，须获核准；其他情形的，须申请备案。不得以虚假境外投资非法获取外汇、转移资产和进行洗钱等活动。

（十一）依规承诺对外融资。民营企业在境外跟踪拟使用中国金融机构信贷保险的项目，未取得有关金融机构出具的承贷、承保意向函前不得做出对外融资或保险承诺。

（十二）开展公平竞争。民营企业境外投资经营应坚持公平竞争，坚决抵制商业贿赂，不得向当地公职人员、国际组织官员和关联企业相关人员行贿。不得串通投标，不得诋毁竞争对手，不得虚假宣传业绩或采取其他不正当竞争手段。

（十三）履行合同约定。民营企业及其境外分支机构与境外相关方订立书面合同，须明确双方权利与义务，并严格按照合同履约。不得以欺诈手段订立虚假合同。

(十四)保证项目和产品质量。民营企业境外分支机构应认真执行东道国(地区)有关项目及产品质量管理的标准和规定,加强项目质量管理,严控产品质量。

(十五)保护知识产权。民营企业境外分支机构应根据东道国(地区)法律、相关条约的规定,认真开展知识的创造、运用、管理和知识产权保护工作。应根据境外业务发展需要,适时办理专利申请、商标注册、著作权登记等,明确商业秘密的保护范围、责任主体和保密措施。民营企业境外分支机构开展经营活动,应尊重其他组织和个人知识产权,依法依规获取他方技术和商标使用许可。

(十六)消费者权益保护。民营企业在境外投资经营应依法保护消费者权益,避免侵犯消费者隐私,不得有虚假广告、商业欺诈等行为。

(十七)依法纳税。民营企业境外分支机构应按照东道国(地区)法律纳税,不得偷税漏税。

(十八)维护国家利益。民营企业在境外开展投资和经营活动应有助于维护我国国家主权、安全和社会公共利益,维护我国与有关国家(地区)关系。

(十九)避免卷入别国内政。民营企业境外投资经营应避免卷入当地政治、经济利益集团的纷争,不介入当地政治派别活动。

四、切实履行社会责任

(二十)加强属地化经营。民营企业要根据实际需要确定国内派出人员,依法依规聘用东道国(地区)员工,积极为当地创造就业机会。

(二十一)尊重文化传统。民营企业派驻境外人员要努力适应东道国(地区)社会环境,尊重当地文化、宗教和风俗习惯。民营企业应积极开展中外文化交流,相互借鉴,增进理解。

(二十二)加强社会沟通。民营企业及其境外分支机构要与东道国(地区)政府保持良好关系,注意加强与当地工会组织、媒体、宗教人士、族群首领、非政府组织等社会各界的沟通与交流。

(二十三)热心公益事业。民营企业境外分支机构要坚持义利并重,积极参与当地教育、卫生、社区发展等公益事业,造福当地民众,树立服务社会的良好企业形象。

(二十四)推动技术进步。民营企业境外分支机构要加强与东道国(地区)高等院校、科研机构、有关企业等的合作,共同推动我国和东道国(地区)产业技术交流。

(二十五)完善信息披露。鼓励民营企业境外分支机构建立健全企业社会责任信息披露机制,及时披露社会责任信息和绩效,定期发布社会责任或可持续发展报告。

五、注重资源环境保护

(二十六)保护资源环境。鼓励民营企业在境外坚持资源节约、环境友好的经营方式,将资源环境保护纳入企业发展战略和生产经营计划,建立健全资源环境保护规章制度。

(二十七)开展环境影响评价。民营企业在境外项目建设前,要对拟选址建设区域开展环境监测和评估,掌握项目所在地及其周围区域的环境本底状况。

民营企业在收购境外企业前,要对目标企业开展环境尽职调查,重点评估其在历史经营活动中形成的危险废物、土壤和地下水污染等情况以及目标企业与此相关的环境债务。

民营企业境外分支机构要对其开发建设和生产经营活动开展环境影响评价,并根据环境影响评价结果,采取合理措施降低可能产生的不利影响。

(二十八)申请环保许可。民营企业境外建设和运营的项目,要依照东道国(地区)环保法律法规规定,申请项目建设相关许可。对于暂时没有环保法律的国家或地区,可借鉴国际组织或多边机构的环保标准,采取有利于东道国(地区)生态发展的环保措施。必要时可聘请第三方进行环保评估。

(二十九)制定环境事故应急预案。民营企业境外分支机构要对可能存在的环境事故风险制定应急预案,并建立与当地政府及社会公众的沟通机制。

（三十）开展清洁生产。民营企业境外分支机构要开展清洁生产，推进循环利用，对排放的主要污染物开展监测，减少生产、服务和产品使用过程中污染物的产生和排放。

（三十一）重视生态修复。对于由生产经营活动造成的生态影响，民营企业境外分支机构要根据东道国（地区）法律法规要求或者行业通行做法，做好生态修复。

六、加强境外风险防控

（三十二）加强全面风险防控。民营企业要自觉维护国家经济、产业、技术安全，境外投资经营需加强与国家利益相关风险防范。同时要加强对东道国（地区）政治经济形势、民族宗教矛盾、社会治安、恐怖主义、负面舆情民情、灾害疫情等信息的关注，项目启动前做好全面风险评估，投资经营活动中与我国驻当地使领馆、东道国（地区）政府有关部门建立经常性沟通渠道，最大限度保护企业人员和资产安全。

（三十三）防范法律风险。鼓励民营企业选聘国内外专业的法律、评估、信用评级等相关机构，严格执行重大决策、交易的合规性审核，做好境外投资业务相关的监管规则跟踪分析和合规培训，加强与东道国（地区）监管部门沟通，积极配合监管工作。

（三十四）完善安全保障。民营企业境外分支机构要强化安全风险意识，建立健全安全保障制度。根据不同的安全风险，有针对性地制定安保措施，并把安全防护费用计入投资成本，保障安保工作的人力、物力、财力投入。采用符合国际惯例的合同条款，把安全保障条款纳入项目协议或合同，明确双方安保责任。

（三十五）建立健全应急处置机制。民营企业及其境外分支机构要建立完善境外突发安全事故应急处置机制，制定安全事故应急预案，并通过定期演练不断提高应急处置能力。

（三十六）安全事故处理。境外安全事故发生后，民营企业境外分支机构应在第一时间向当地政府有关部门及我国驻当地使领馆报告,并立即采取必要有效的紧急救助措施,防止事故扩大,减少人员伤亡和财产损失。积极开展事故调查,妥善做好事故处理、赔付和善后工作。

六、服务保障

最高人民法院关于优化法治环境促进民营经济发展壮大的指导意见

1. 2023 年 9 月 25 日
2. 法发〔2023〕15 号

为深入贯彻落实《中共中央、国务院关于促进民营经济发展壮大的意见》，充分发挥人民法院职能作用，全面强化民营经济发展法治保障，持续优化民营经济发展法治环境，结合人民法院审判执行工作实际，提出如下意见。

一、总体要求

坚持以习近平新时代中国特色社会主义思想为指导，深入学习贯彻习近平法治思想，坚决贯彻落实党中央决策部署，坚持"两个毫不动摇"，围绕加快营造市场化、法治化、国际化一流营商环境，找准把握法治保障民营经济发展壮大的结合点和着力点，以高质量审判服务高质量发展。坚持全面贯彻依法平等保护原则，加强对各种所有制经济的平等保护，将确保各类市场主体享有平等的诉讼地位、诉讼权利贯彻到立案、审判、执行全过程各方面，运用法治方式促进民营经济做大做优做强。坚持能动司法理念，围绕"公正与效率"工作主题，依法稳慎审理涉民营企业案件，强化促进民营经济发展壮大的司法政策措施供给，在持续优化民营经济发展法治环境中做实为大局服务、为人民司法。

二、依法保护民营企业产权和企业家合法权益

1. 加强对民营企业产权和企业家合法财产权的保护。依法认定

财产权属,加强对民营经济主体的物权、债权、股权、知识产权等合法财产权益的保护。研究制订司法解释,依法加大对民营企业工作人员职务侵占、挪用资金、行贿受贿、背信等腐败行为的惩处力度,加大追赃挽损力度。强化涉企产权案件申诉、再审工作,健全冤错案件有效防范和依法甄别纠正机制。民营企业和企业家因国家机关及其工作人员行使职权侵害其合法权益,依据国家赔偿法申请国家赔偿的,人民法院依法予以支持。

2. 依法保障民营企业和企业家人格权。加强对民营企业名誉权和企业家人身自由、人格尊严以及个人信息、隐私权等人格权益的司法保护,充分发挥人格权侵害禁令制度功能,及时制止侵害人格权的违法行为。依法惩治故意误导公众、刻意吸引眼球的极端言论行为,推动营造有利于民营经济发展的舆论环境、法治环境。对利用互联网、自媒体、出版物等传播渠道,以侮辱、诽谤或者其他方式对民营企业和企业家进行诋毁、贬损和丑化等侵犯名誉权行为,应当依法判令侵权行为人承担相应的民事责任;因名誉权受到侵害致使企业生产、经营、销售等遭受实际损失的,应当依法判令行为人承担赔偿责任;因编造、传播虚假信息或者误导性信息扰乱企业发行的股票、债券市场交易秩序,给投资者造成损失的,应当依法判令行为人承担赔偿责任。构成犯罪的,依法追究刑事责任。

3. 严格区分经济纠纷与违法犯罪。严格落实罪刑法定、疑罪从无等刑法原则,全面贯彻宽严相济刑事政策,该严则严,当宽则宽。依法认定民营企业正当融资与非法集资、合同纠纷与合同诈骗、参与兼并重组与恶意侵占国有资产等罪与非罪的界限,严格区分经济纠纷、行政违法与刑事犯罪,坚决防止和纠正利用行政或者刑事手段干预经济纠纷,坚决防止和纠正地方保护主义,坚决防止和纠正把经济纠纷认定为刑事犯罪、把民事责任认定为刑事责任。

严格规范采取刑事强制措施的法律程序,切实保障民营企业家的诉讼权利。对被告人采取限制或剥夺人身自由的强制措施时,应当综合考虑被诉犯罪事实、被告人主观恶性、悔罪表现等情况、可能判处的刑罚和有无再危害社会的危险等因素；措施不当的，人民法院应当依法及时撤销或者变更。对涉案财产采取强制措施时，应当加强财产甄别，严格区分违法所得与合法财产、涉案人员个人财产与家庭成员财产等，对与案件无关的财物，应当依法及时解除；对于经营性涉案财物，在保证案件审理的情况下，一般应当允许有关当事人继续合理使用，最大限度减少因案件办理对企业正常办公和生产经营的影响；对于依法不应交由涉案企业保管使用的财物，查封扣押部门要采取合理的保管保值措施，防止财产价值贬损。

4.健全涉案财物追缴处置机制。对于被告人的合法财产以及与犯罪活动无关的财产及其孳息，符合返还条件的，应当及时返还。涉案财物已被用于清偿合法债务、转让或者设置其他权利负担，善意案外人通过正常的市场交易、支付了合理对价，并实际取得相应权利的，不得追缴或者没收。对于通过违法犯罪活动聚敛、获取的财产形成的投资权益，应当对该投资权益依法进行处置，不得直接追缴投入的财产。

进一步畅通权益救济渠道，被告人或案外人对查封、扣押、冻结的财物及其孳息提出权属异议的，人民法院应当听取意见，必要时可以通知案外人出庭。被告人或案外人以生效裁判侵害其合法财产权益或对是否属于赃款赃物认定错误为由提出申诉的，人民法院应当及时受理审查，确有错误的，应予纠正。

三、维护统一公平诚信的市场竞争环境

5.依法保障市场准入的统一。依法审理涉及要素配置和市场准入的各类纠纷案件，按照"非禁即入"原则依法认定合同效力，加强市场准入负面清单、涉企优惠政策目录清单等行政规范性文件的附带审查，破除区域壁垒和地方保护，遏制滥用行政权力排除、限制竞争行为，促进市场主体、要素资源、规则秩序的平等统一。

6.依法打击垄断和不正当竞争行为。完善竞争案件裁判规则，研究出台反垄断民事诉讼司法解释。依法严惩强制"二选一"、大数据杀熟、低价倾销、强制搭售等破坏公平竞争、扰乱市场秩序行为，引导

平台经济向开放、创新、赋能方向发展。依法审理虚假宣传、商业诋毁等不正当竞争纠纷案件,保障和促进民营企业品牌建设。强化商业秘密司法保护,处理好保护商业秘密与自由择业、竞业限制和人才合理流动的关系,在依法保护商业秘密的同时,维护就业创业合法权益。

7.保护民营企业创新创造。完善算法、商业方法、文化创意等知识产权司法保护规则,促进新经济新业态健康发展。加强民营企业科研人员和科创成果司法保护,依法保护民营企业及其科研人员合法权益,激发原始创新活力和创造潜能。依法运用行为保全等临时措施,积极适用举证妨碍排除规则,保障民营企业和企业家依法维权。依法严惩侵犯知识产权犯罪,正确把握民事纠纷和刑事犯罪界限,对于当事人存有一定合作基础、主观恶性不大的案件,依法稳慎确定案件性质。

8.加大知识产权保护力度。持续严厉打击商标攀附、仿冒搭车等恶意囤积和恶意抢注行为,依法保护民营企业的品牌利益和市场形象。当事人违反诚信原则,恶意取得、行使权利并主张他人侵权的,依法判决驳回其诉讼请求。被告举证证明原告滥用权利起诉损害其合法权益,请求原告赔偿合理诉讼开支的,依法予以支持。严格落实知识产权侵权惩罚性赔偿制度,坚持侵权代价与其主观恶性和行为危害性相适应,对以侵权为业、获利巨大、危害国家安全、公共利益或者人身健康等情节严重的故意侵权,依法加大赔偿力度。推动知识产权法院审理知识产权刑事案件。推动优化调整知识产权法院管辖案件类型,完善知识产权案件繁简分流机制。

9.依法遏制恶意"维权"行为。既要依法保护消费者维权行为,发挥公众和舆论监督作用,助力提升食品药品安全治理水平,又要完善对恶意中伤生产经营者、扰乱正常市场秩序行为的认定和惩处制度。对当事人一方通过私藏食品、私放过期食品、伪造或者抹去标签内容等方式恶意制造企业违法生产经营食品、药品虚假事实,恶意举报、恶意索赔、敲诈勒索等构成违法犯罪的,依法予以严惩。

10.依法严厉惩治虚假诉讼。充分利用信息技术手段,加强对虚假诉讼的甄别、审查和惩治,依法打击通过虚假诉讼逃废债、侵害民营企业和企业家合法权益的行为。当事人一方恶意利用诉讼打击竞争企业,破坏企业和企业家商誉信誉,谋取不正当利益的,依法驳回其诉讼请求;对方反诉请求损害赔偿的,依法予以支持。依法加大虚假诉讼的违法犯罪成本,对虚假诉讼的参与人,依法采取罚款、拘留等民事强制措施,构成犯罪的,依法追究刑事责任。

11. 弘扬诚实守信经营的法治文化。依法审理因"新官不理旧账"等违法失信行为引发的合同纠纷,政府机关、国有企业、事业单位因负责人、承办人变动拒绝履行生效合同义务的,应当依法判令其承担相应的违约责任,依法维护民营企业经营发展的诚信环境。综合运用债的保全制度、股东出资责任、法人人格否认以及破产撤销权等相关制度,依法惩治逃废债务行为。充分发挥司法裁判评价、指引、示范、教育功能作用,加大法治宣传力度,通过发布典型案例等方式促进提高企业家依法维权意识和能力,积极引导企业家在经营活动中遵纪守法、诚实守信、公平竞争,积极履行社会责任,大力培育和弘扬企业家精神。

12. 支持民营企业市场化重整。坚持市场化、法治化原则,完善企业重整识别机制,依托"府院联动",依法拯救陷入财务困境但有挽救价值的民营企业。引导民营企业充分利用破产重整、和解程序中的中止执行、停止计息、集中管辖等制度功能,及时保全企业财产、阻止债务膨胀,通过公平清理债务获得重生。推进破产配套制度完善,提升市场化重整效益。

13. 营造鼓励创业、宽容失败的创业氛围。不断完善保护和鼓励返乡创业的司法政策,为民营企业在全面推进乡村振兴中大显身手创造良好法治环境。采取发布典型案例、以案说法等方式引导社会公众对破产现象的正确认知,积极营造鼓励创业、宽容失败的创业氛围。完善民营企业市场退出机制,便利产能落后、经营困难、资不抵债的民营企业依法有序退出市场,助力市场要素资源的重新配置。积极推动建立专门的小微企业破产程序和个人债务集中清理制度,探索在破产程序中一体解决企业家为企业债务提供担保问题,有效化解民营企业债务链条,助力"诚实而不幸"的民营企业家东山再起,重新创业。

14.推动健全监管执法体系。监督支持行政机关强化统一市场监管执法,依法审理市场监管领域政府信息公开案件,修改完善办理政府信息公开案件司法解释,促进行政机关严格依照法定权限和程序公开市场监管规则。依法审理涉市场监管自由裁量、授权委托监管执法、跨行政区域联合执法等行政纠纷案件,监督行政机关遵守妥当性、适当性和比例原则合理行政,以过罚相当的监管措施落实教育与处罚相结合原则。加强与检察机关协作,通过审理行政公益诉讼案件、提出司法建议等方式,共同推动市场监管部门健全权责清晰、分工明确、运行顺畅的监管体系。

四、运用法治方式促进民营企业发展和治理

15.助力拓宽民营企业融资渠道降低融资成本。依法推动供应链金融健康发展,有效拓宽中小微民营企业融资渠道。对中小微民营企业结合自身财产特点设定的融资担保措施持更加包容的司法态度,依法认定生产设备等动产担保以及所有权保留、融资租赁、保理等非典型担保合同效力和物权效力;对符合法律规定的仓单、提单、汇票、应收账款、知识产权、新类型生态资源权益等权利质押以及保兑仓交易,依法认定其有效。严格落实民法典关于禁止高利放贷的规定,降低民营企业的融资成本,依法规制民间借贷市场"砍头息"、"高息转本"等乱象,金融机构和地方金融组织向企业收取的利息和费用违反监管政策的,诉讼中依法不予支持。

16.依法保障民营企业人才和用工需求。妥善审理民营企业劳动争议案件,既要鼓励人才的合理流动,也要维护民营企业的正常科研和生产秩序,依法确认民营企业为吸引人才在劳动合同中约定股权激励、年薪制等条款的法律效力。依法规范劳动者解除劳动合同的行为,加大调解力度,引导民营企业与劳动者协商共事、机制共建、效益共创、利益共享,构建和谐劳动关系。

依法保障灵活就业和新就业形态劳动者权益,依法支持劳动者依托互联网平台就业,支持用人单位依法依规灵活用工,实现平台经济良性发展与劳动者权益保护互促共进。畅通仲裁诉讼衔接程序,完善多元解纷机制,依法为新就业形态劳动者提供更加便捷、优质高效的解纷服务。

17. 推动完善民营企业治理结构。严守法人财产独立原则,规范股东行为,依法追究控股股东、实际控制人实施关联交易"掏空"企业、非经营性占用企业资金、违规担保向企业转嫁风险等滥用支配地位行为的法律责任,依法维护股东与公司之间财产相互独立、责任相互分离、产权结构明晰的现代企业产权结构。对股东之间的纠纷,在尊重公司自治的同时,积极以司法手段矫正公司治理僵局,防止内部治理失序拖垮企业生产经营,损害股东和社会利益。

以法治手段破解"代理成本"问题,依法追究民营企业董事、监事、高管违规关联交易、谋取公司商业机会、开展同业竞争等违背忠实义务行为的法律责任,细化勤勉义务的司法认定标准,推动构建企业内部处分、民事赔偿和刑事惩治等多重责任并举的立体追责体系,提高"内部人控制"的违法犯罪成本,维护股东所有权与企业经营权分离的现代企业管理制度。

18. 促进民营企业绿色低碳发展。依法保护合同能源管理节能服务企业、温室气体排放报告技术服务机构等市场主体的合法权益,保障民营企业积极参与推进碳达峰碳中和目标任务。创新惠企纾困司法举措,兼顾当事人意思自治、产业政策和碳排放强度、碳排放总量双控要求,依法明晰交易主体权责,有效化解涉产能置换纠纷案件,助力民营企业有序开展节能降碳技术改造。

19. 助力民营企业积极参与共建"一带一路"。健全"一带一路"国际商事纠纷多元化解决机制,推动最高人民法院国际商事法庭高质量发展,充分发挥国际商事专家委员会作用,进一步深化诉讼、仲裁、调解相互衔接的"一站式"国际商事争端解决机制建设,打造国际商事争端解决优选地,为民营企业"走出去"提供强有力的司法保障。

五、持续提升司法审判保障质效

20. 强化能动司法履职。落实落细抓前端治未病、双赢多赢共赢、案结事了政通人和等司法理念,努力实现涉民营企业案件办理政治效果、社会效果、法律效果有机统一,同时坚持办理与治理并重,积极融入社会治理、市场治理、企业治理,切实增强司法保障民营经济发展壮大的主动性实效性。充分发挥司法定分止争作用,增强实质性化解涉民营企业矛盾纠纷的成效,坚决防止因"程序空转"而加重民营企业诉累。及时总结涉民营企业案件暴露出来的政策落实、行业监管、公司治理等问题,推动建立健全民营企业风险评估和预警机制,积极运用府院联动等机制,充分发挥司法建议作用,促进从源头上预防和解决问题,形成促进民营经济发展壮大的工作合力。充分运用审判质量管理指标体系及配套机制,强化对涉民营企业案件审理的管理调度,持续提升司法审判保障质效。

21. 公正高效办理民刑行交叉案件。不断完善人民法院内部工作机制,统一法律适用,妥善办理涉民营企业的民商事纠纷、行政违法和刑事犯罪交叉案件。积极推动建立和完善人民法院与公安机关、检察机关之间沟通协调机制,解决多头查封、重复查封、相互掣肘等问题,促进案件公正高效办理。

依法受理刑民交叉案件,健全刑事案件线索移送工作机制。如刑事案件与民事案件非"同一事实",民事案件与刑事案件应分别审理;民事案件无需以刑事案件裁判结果为依据的,不得以刑事案件正在侦查或者尚未审结为由拖延民事诉讼;如果民事案件必须以刑事案件的审理结果为依据,在中止诉讼期间,应当加强工作交流,共同推进案件审理进展,及时有效保护民营经济主体合法权益。

22. 完善拖欠账款常态化预防和清理机制。完善党委领导、多方协作、法院主办的执行工作协调联动机制,依法督促政府机关、事业单位、国有企业及时支付民营企业款项,大型企业及时支付中小微企业款项,及时化解民营企业之间相互拖欠账款问题。严厉打击失信被执行人通过多头开户、关联交易、变更法定代表人等方式规避执行的行为,确保企业及时收回账款。

将拖欠中小微企业账款案件纳入办理拖欠农民工工资案件的快立快审快执"绿色通道",确保农民工就业比较集中的中小微企业及时回笼账款,及时发放农民工工资。与相关部门协同治理,加大对机关、事业单位拖欠民营企业账款的清理力度,符合纳入失信被执行人名单情形的,依法予以纳入,并将失信信息纳入全国信用信息共享平台。加大平安建设中相关执行工作考评力度,促推执行工作更加有力、有效,及时兑现中小微企业胜诉权益。

23.严禁超权限、超范围、超数额、超时限查封扣押冻结财产。严格规范财产保全、行为保全程序,依法审查保全申请的合法性和必要性,防止当事人恶意利用保全手段侵害企业正常生产经营。因错误实施保全措施致使当事人或者利害关系人、案外人等财产权利受到侵害的,应当依法及时解除或变更,依法支持当事人因保全措施不当提起的损害赔偿请求。

24.强化善意文明执行。依法灵活采取查封措施,有效释放被查封财产使用价值和融资功能。在能够实现保全目的的情况下,人民法院应当选择对生产经营活动影响较小的方式。对不宜查封扣押冻结的经营性涉案财物,采取强制措施可能会延误企业生产经营、甚至造成企业停工的,应严格审查执行措施的合法性和必要性。被申请人提供担保请求解除保全措施,经审查认为担保充分有效的,应当裁定准许。

在依法保障胜诉债权人权益实现的同时,最大限度减少对被执行企业权益的影响,严格区分失信与丧失履行能力,对丧失履行能力的,只能采取限制消费措施,不得纳入失信名单。决定纳入失信名单或者采取限制消费措施的,可以给予其一至三个月宽限期,对于信用良好的,应当给予其宽限期,宽限期内暂不发布其失信或者限制消费信息。加快修订相关司法解释,建立健全失信被执行人分类分级惩戒制度及信用修复机制。

25.高效率低成本实现企业合法权益。充分考虑中小微民营企业抗风险能力弱的特点,建立小额债权纠纷快速审理机制,切实提升案件审判效率。通过合理确定保全担保数额、引入保全责任险担保等方式,降低中小微民营企业诉讼保全成本。进一步规范审限管理,全面排查梳理违规延长审限、不当扣除审限的行为,切实防止因诉讼拖延影响民营企业生产经营。加强诉讼引导和释明,对当事人依法提出的调查收集、保全证据的申请,应当及时采取措施;对审理案件需要的证据,应当在充分发挥举证责任功能的基础上,依职权调查收集,切实查清案件事实,防止一些中小微民营企业在市场交易中的弱势地位转化为诉讼中的不利地位,实现实体公正与程序公正相统一。

26. 深化涉民营企业解纷机制建设。持续优化诉讼服务质效,为民营企业提供优质的网上立案、跨域立案、在线鉴定、在线保全等诉讼服务,切实为涉诉企业提供便利。尊重当事人的仲裁约定,依法认定仲裁协议效力,支持民营企业选择仲裁机制解决纠纷。完善仲裁司法审查制度,在统一、严格司法审查标准基础上,营造仲裁友好型的司法环境。坚持和发展新时代"枫桥经验",坚持把非诉讼纠纷解决机制挺在前面,充分发挥多元解纷效能,加强与相关单位协作配合,依法支持引导相关主体构建协会内和平台内的纠纷解决机制,为民营企业提供低成本、多样化、集约式纠纷解决方式。深化与工商联的沟通联系机制,畅通工商联依法反映民营企业维权诉求渠道。保障商会调解培育培优行动,优化拓展民营企业维权渠道,不断提升民营经济矛盾纠纷多元化解能力水平。

六、加强组织实施

各级人民法院要把强化民营经济法治保障作为重大政治任务,加强组织领导和推进实施,及时研究解决工作落实中的新情况新问题。最高人民法院各审判业务部门要加强条线指导,各地法院要结合本地区经济社会发展实际,细化完善保障措施,确保务实管用见效。要强化对已出台司法政策措施的督促落实,及时听取社会各方面特别是工商联、民营企业家等意见建议,以问题为导向做好整改完善工作。要认真总结人民法院保障民营经济发展的好经验好做法,做好总结、宣传、推广,为民营经济发展壮大营造更加良好的舆论和法治氛围。

国家能源局关于促进能源领域
民营经济发展若干举措的通知

1. 2025年4月23日
2. 国能发法改〔2025〕40号

各省（自治区、直辖市）能源局，有关省（自治区、直辖市）及新疆生产建设兵团发展改革委，各派出机构，各有关能源企业：

为深入贯彻落实习近平总书记在民营企业座谈会上的重要讲话精神，促进能源领域民营经济加快发展，引导民营经济在推进能源绿色低碳转型和建设新型能源体系中做大做优做强，提出以下若干举措。

一、支持民营企业提升发展动能

（一）支持投资建设能源基础设施。支持民营企业参股投资核电项目，建立健全长效工作机制。支持民营企业投资建设水电、油气储备设施、液化天然气接收站等基础设施项目，支持民营企业参与油气管网主干线或支线项目。支持民营企业参与"沙戈荒"大基地投资建设，鼓励民营企业建设光热发电、生物质能多元化利用和可再生能源供暖等项目。

（二）支持发展能源新业态新模式。加快发展虚拟电厂，有序推动发展绿电直连模式，研究出台支持智能微电网健康发展的意见，制定推动大功率充电、提升充电基础设施运营服务质量等政策，支持民营企业积极投资新型储能、虚拟电厂、充电基础设施、智能微电网等能源新技术新业态新模式。

（三）鼓励民营经济创新发展。积极支持民营企业深度参与能源领域重大科技创新，鼓励民营科技领军企业参与研究制定能源科技发展重大战略、规划、标准和政策。鼓励国家实验室等国家科技创新平台与民营企业协同攻关,实现成果开放共享。鼓励民营企业参与能源领域国家科技专项,引导民营企业与国企、其他机构协同创新,针对重点项目开展联合攻关。支持"沙戈荒"大基地根据市场需要自主应用一定规模的前沿技术光伏组件,助力民营企业技术创新。

(四)支持民营能源企业转型升级。鼓励传统民营能源企业加快数字化改造和智能化升级,支持民营企业在煤矿、电厂等智能化改造中发挥更大作用。鼓励民营企业推进风电场、光伏电站构网型技术改造,创新"人工智能+"应用场景,提高出力预测精度、运行效率和管理水平。鼓励民营企业积极培育风电、光伏设备循环利用先进技术和商业模式,提高资源利用效率。

二、推动民营企业公平参与市场

(五)不断健全市场准入制度。推进油气管网运销分离,引导民营企业更便捷进入油气市场竞争性环节。修订承装(修、试)电力设施许可证管理办法,优化许可管理,提升许可工作服务水平,推动承装(修、试)企业提质增效。制定进一步深化电力业务资质许可管理的实施意见,支持民营施工企业积极参与电网建设。研究推进电力二次系统技术监督市场化改革,促进技术监督服务市场向民营企业开放。

(六)推动完善生产要素获取机制。制定深化提升获得电力服务水平全面打造现代化用电营商环境的意见,低压办电"零投资"服务对象拓展至160千瓦及以下民营用电企业,进一步降低办电成本。电网、油气管网等提供公共服务的能源企业要及时公开相关技术标准、规范要求、输送能力、运行情况、价格标准等信息,为民营企业投资和经营决策提供公开透明的信息。探索拓宽融资渠道,推动利用超长期特别国债资金支持能源重点领域设备更新和技术改造,持续支持能源领域民营企业发行上市、再融资、并购重组和债券融资,鼓励金融机构提高绿色金融服务能力,开发更多符合能源领域民营企业特点的专项信贷产品。

(七)持续规范能源市场秩序。深入落实公平竞争审查条例,健全能源领域公平竞争审查制度。修订电网公平开放监管办法、油气管网设施公平开放监管办法,督促管网设施运营企业向符合条件的民营企业等经营主体公平、无歧视开放。依法监管整治违反市场规则、不正当竞争、行政不当干预等行为,依法查处滥用行政权力排除、限制竞争的行为,加强对发电企业利用"发售一体"优势违规抢占市场份额的行为监管,深化用户受电工程"三指定"问题纠治,为民营企业等各类经营主体公平参与市场营造良好环境。

三、提升能源政务服务水平

(八)优化能源投资审批流程。简化能源项目审批流程,鼓励地方对涉及多部门审批的能源项目,实行一窗受理、在线并联审批。对"千乡万村驭风行动"风电项目结合实际提供"一站式"服务,对同一个行政村或临近村联合开发的项目,统一办理前期手续。提高配电网特别是10千伏及以下配电网工程的核准或备案办理效率。

(九)切实保障民营企业合法权益。健全能源领域政企沟通协商制度,畅通民营企业反映问题和诉求渠道。引导民营企业依法经营,完善民营企业权益维护机制。深入落实行政处罚裁量权基准制度,考虑经营主体违法情况和可承受能力,按照"过罚相当"原则确定处罚限度。严格规范涉企行政检查,公开行政检查事项和标准,规范检查程序,限制检查频次,最大限度减少对企业生产经营活动的干扰。加强能源领域涉企收费监管,加大违规收费治理力度。完善能源行业信用评价、修复等机制,规范失信约束措施,保护经营主体合法权益。

(十)支持引导民营企业高质量"走出去"。鼓励民营企业高质量参与"一带一路"建设,稳妥开展风电、光伏、氢能、储能等绿色能源项目合作,提高企业国际竞争力。利用国内外智库资源,通过各种方式向能源企业宣介有关国家能源政策,为民营企业拓展海外市场提供帮助。

各地能源管理部门要根据本通知要求,结合本地实际,进一步细化举措,主动听取民营企业意见,积极回应企业关切,协调推动解决民营企业发展中的困难。

生态环境部门进一步促进民营经济发展的若干措施

1. 2024年9月13日
2. 环综合〔2024〕62号

为深入贯彻党中央、国务院关于促进民营经济发展壮大的决策部署，落实"两个毫不动摇"，发挥民营企业在高质量发展中的重要作用，以生态环境高水平保护增创民营经济发展新动能新优势，指导生态环境部门更好支持服务民营经济发展，现提出如下措施。

一、支持绿色发展

1. 促进绿色低碳转型。加快制修订污染物排放标准，完善重点行业企业碳排放核算、项目碳减排量核算标准和技术规范，建立产品碳足迹管理体系，引导企业绿色低碳发展。支持企业发展绿色低碳产业和绿色供应链，开展减污降碳协同创新。推动石化化工、钢铁、建材等传统产业绿色改造，提升清洁生产水平。支持企业实施清洁能源替代，鼓励有条件的企业提升大宗货物清洁化运输水平，推进内部作业车辆和机械新能源更新改造。

2. 推动大规模设备更新。坚持鼓励先进、淘汰落后，帮扶企业排查落后生产工艺设备、低效失效污染治理设施，积极支持企业对各类生产设备、大气污染治理设施、污水垃圾处理设备等设备更新和技术改造，促进产业高端化、智能化、绿色化。推动对环境保护专用设备更新给予财税、金融等政策支持。

3. 增加环境治理服务供给。推动大规模回收循环利用，支持企业提升废旧资源循环利用水平。完善产业园区环境基础设施，推动企业集聚发展和集中治污。鼓励中小型传统制造企业集中的地区，结合产业集群特点，因地制宜建设集中污染处理设施。进一步完善小微企业和社会源危险废物收集处理体系，支持企业提供第三方专业服务。

4. 加强生态环境科技支撑。深入开展科技帮扶行动,为中小微企业治理环境污染提供技术咨询。完善实用技术管理机制,基于生态环境治理需求,面向社会征集先进污染防治技术,鼓励民营企业积极申报,加快企业先进技术推广应用。依托国家生态环境科技成果转化综合服务平台,为各类市场主体提供技术咨询和推广服务。鼓励具备条件的民营企业参与生态环境重大科技计划和创新平台建设。

5. 支持发展环保产业。结合"十五五"规划编制研究实施一批生态环境保护治理重大工程,制定污染防治可行技术指南和环境工程技术规范,增强环保产业发展预期。引导环保企业延伸拓展服务范围和服务领域,促进生态环保产业、节能产业、资源循环利用产业、低碳产业一体化融合发展。配合有关部门依法依规督促机关、事业单位和大型企业履行生态环境领域项目合同。

二、优化环境准入

6. 提高行政审批服务水平。对照中央和地方层面设定的生态环境领域涉企经营许可事项,以告知书、引导单等形式告知企业生态环境保护政策、责任和要求,以及许可事项办理流程、时限、联系方式等。对企业投资建设项目中遇到的问题落实首问负责制、一次告知服务制。

7. 持续深化环评改革。落实登记表免予办理备案手续、报告表"打捆"审批、简化报告书(表)内容等"四个一批"环评改革试点政策。有序推进环评分类管理,环评文件标准化编制、智能化辅助审批试点,优化环评审批分级管理。继续实施环评审批"三本台账"和绿色通道机制,对符合生态环境保护要求的民营重大投资项目,开辟绿色通道,实施即报即受理即转评估,提高环评审批效率。

8. 优化总量指标管理。健全总量指标配置机制,优化新改扩建建设项目总量指标监督管理。在严格实施各项污染防治措施基础上,对氮氧化物、化学需氧量、挥发性有机污染物的单项新增年排放量小于0.1吨,氨氮小于0.01吨的建设项目,免予提交总量指标来源说明,由地方生态环境部门统筹总量指标替代来源,并纳入台账管理。

9. 推动环评与排污许可协同衔接。对工艺相对单一、环境影响较小、建设周期短的建设项目，在按规定办理环评审批手续后，新增产品品种但生产工艺、主要原辅材料、主要燃料未发生变化、污染物种类和排放量不增加的，不涉及重大变动的，无需重新办理环评，直接纳入排污许可管理；建设单位无法确定是否涉及重大变动的，可以报请行政审批部门核实。对符合要求的建设项目，在企业自愿的原则下，探索实施环评与排污许可"审批合一"。统筹优化环评和排污许可分类管理，部分排放量很小的污染影响类建设项目不再纳入环评管理，直接纳入排污许可管理。

10. 加强建设项目投资政策指导。对企业投资的同一建设项目，涉及生态环境领域多个行政许可事项的，要加强行政许可事项衔接；对有区域布局、规模控制等要求的，要加强统筹、提前考虑项目建成之后的经营准入许可，为项目建设、运行提供一揽子指导服务。

三、优化环境执法

11. 实行生态环境监督执法正面清单管理。对正面清单内的企业减少现场执法检查次数，综合运用新技术、新手段，按照排污许可证规定，以非现场方式为主开展执法检查，对守法企业无事不扰。规范生态环境管理第三方服务，切实提高服务质效。

12. 持续规范涉企收费和罚款。定期清理规范生态环境领域涉企收费事项，做好规范经营服务性收费、中介服务收费相关工作，推动治理变相收费、低质高价，切实减轻企业经营负担。严禁以生态环境保护名义向企业摊派。全面落实规范和监督罚款设定与实施要求，优化营商环境。

13. 减少企业填表。充分利用环境统计、排污许可、环评审批、固废管理、污染源监测等系统平台已有数据，建立数据共享机制，实现数据互联互通，推动"多表合一"，探索"最多报一次"。鼓励省级生态环境部门开展涉企报表填报减负改革试点。

14. 严禁生态环境领域"一刀切"。统筹民生保障和应急减排，实施绩效分级差异化管控，科学合理制定重污染天气应急减排清单，明确不同预警级别的应急响应措施,严格按照应急预案启动和解除重污染天气预警。不得为突击完成年度环境质量改善目标搞限产停产。严禁为应付督察等采取紧急停工停业停产等简单粗暴行为,以及"一律关停""先停再说"等敷衍应对做法。

四、加大政策支持

15. 规范环保信用评价。合理界定评价对象,坚持过惩相当,明确评价结果适用边界条件。推进依法不予处罚信息、一定期限之前的生态环境行政处罚决定,不纳入环保信用信息范围。推广环保信用承诺制度。健全企业环保信用修复制度,完善信用修复机制,引导企业"纠错复活",帮助企业"应修尽修"。

16. 强化财政金融支持。将符合条件的民营企业污染治理等项目纳入各级生态环境资金项目储备库,一视同仁给予财政资金支持。发展绿色金融,推动生态环境导向的开发(EOD)等模式创新,加快推进气候投融资试点,适时开展盈余碳排放权(配额)抵押机制建设,解决民营企业环境治理融资难、融资贵问题。

17. 落实税收优惠政策。配合税务部门落实《环境保护、节能节水项目企业所得税优惠目录(2021年版)》《资源综合利用企业所得税优惠目录(2021年版)》和《资源综合利用产品和劳务增值税优惠目录(2022年版)》以及延长从事污染防治的第三方企业减按15%的企业所得税优惠政策。对不能准确判定企业从事的项目是否属于优惠目录范围的,要及时研究、推动解决。

18. 支持参与环境权益交易。完善全国温室气体自愿减排交易市场,推动更多方法学出台,鼓励企业自主自愿开发温室气体减排项目,并通过参与全国碳排放权、全国温室气体自愿减排交易市场交易,实现减排有收益、发展可持续。鼓励各类企业通过淘汰落后和过剩产能、清洁生产、污染治理、技术改造升级等减少污染物排放,形成"富余排污权",积极参与排污权市场交易。

19. 支持创优和试点示范。鼓励民营企业创建环保绩效A级企业,并落实好相关激励政策。支持企业发挥自身优势,参与危险废物

"点对点"利用豁免、跨区域转移管理、"无废集团"建设等改革试点示范。支持民营企业在区域重大战略生态环境保护中发挥示范引领作用,生态环境部建立绿色发展典型案例展示平台,引导各类市场主体为打造美丽中国先行区作贡献。

五、健全保障措施

20.完善工作机制。健全本地区生态环境部门促进民营经济发展的工作机制,明确抓落实的牵头部门、责任分工和责任人。加强与发展改革部门、工商联等沟通联系,经常走访和听取民营企业意见建议,畅通民营企业投诉举报、反映问题、表达诉求的渠道。对民营企业反映突出的共性生态环境问题,要快速反应、紧抓快办。建立"问题收集—问题解决—结果反馈—跟踪问效"工作闭环,努力让更多民营企业有感有得。

21.加强政策指导。生态环境保护法规标准政策制修订过程中,要充分征求社会各界意见,依照国家有关规定做好合法性审查和宏观政策取向一致性评估。加强排放标准等强制性标准的制修订质量管理,标准发布前制定实施方案,为企业预留足够时间。加强生态环境法规、标准、政策等宣传解读和培训,激发企业绿色发展内生动力。

22.强化宣传推广。加强对民营企业保护生态环境先进典型的挖掘总结,及时梳理生态环境部门特别是基层一线服务民营经济发展的好做法好经验,综合运用新闻发布会、官网、报纸、"双微"等形式,加大宣传推广力度。积极回应中小微企业的关切,多措并举为企业纾困解难。持续强化舆论引导,营造支持民营企业绿色发展、健康发展的浓厚氛围。

人力资源社会保障部关于强化人社支持举措助力民营经济发展壮大的通知

1. 2023年11月30日
2. 人社部发〔2023〕61号

各省、自治区、直辖市及新疆生产建设兵团人力资源社会保障厅（局）：

民营经济是推进中国式现代化的生力军，是高质量发展的重要基础，是推动我国全面建成社会主义现代化强国、实现第二个百年奋斗目标的重要力量。为深入贯彻党中央、国务院关于促进民营经济发展壮大的决策部署，全面落实《中共中央 国务院关于促进民营经济发展壮大的意见》，始终坚持"两个毫不动摇"，促进民营经济做大做优做强，着力推动高质量发展，现将有关事项通知如下：

一、扩大民营企业技术技能人才供给

（一）加强民营企业技能人才培养。围绕制造强国、数字中国、健康中国建设，梳理急需紧缺职业（工种）信息，引导民营企业积极发挥职工培训主体作用，自行组织开展或依托技工院校等职业院校、职业技能培训机构等开展技术技能人才培训。深化产教融合、校企合作，支持民营企业与技工院校以多种方式开展合作，开设冠名班、订单班、学徒班，强化技能人才培养。鼓励具备条件的民营企业建设高技能人才培养基地，设立技能大师工作室，开展技术攻关、技能传承等工作。

（二）畅通民营企业人才评价渠道。加大"新八级工"职业技能等级制度落实力度，支持符合条件的民营企业自主开展职业技能等级认定，打破学历、资历、年龄、比例等限制，对技艺高超、业绩突出的民营企业一线职工，按照规定直接认定其相应技能等级。支持民营企业专业技术人才在劳动合同履行地、所在企业注册地设立的职称申报受理服务点，或通过人力资源服务机构等社会组织进行职称申报。建立职称评审"绿色通道"或"直通车"，民营企业高层次专业技术人才、急需紧缺人才、优秀青年人才可直接申报相应级别职称。支持民营企业参与制定职称评审标准，与企业相关的职称评审委员会、专家库要吸纳一定比例的民营企业专家。推进民营企业高技能人才与专业技术人才贯通发展，畅通技能人才成长通道。支持符合条件的民营企业备案新设博士后科研工作站。

（三）健全民营企业人才激励机制。推动民营企业建立健全体现技能价值激励导向的薪酬分配制度，突出技能人才实际贡献，合理确定技能人才工资水平。鼓励民营企业参加各级各类职业技能竞赛，对于获奖选手可按照有关规定晋升相应职业技能等级。推荐民营企业高技能人才参评中华技能大奖、全国技术能手，支持将符合条件的民营企业高层次专业技术人才、高技能人才纳入享受政府特殊津贴人员推荐选拔范围。

二、优化民营企业就业创业服务

（四）支持民营企业稳岗扩岗。综合运用财政补贴、税收优惠、就业创业等各项涉企扶持政策，持续强化倾斜支持中小微企业政策导向，健全惠企政策精准直达机制，支持民营企业稳岗扩岗，引导高校毕业生等青年群体到民营企业就业。倾斜支持就业示范效应好的民营企业，优先推荐参评全国就业与社会保障先进民营企业暨关爱员工实现双赢表彰活动。

（五）强化民营企业就业服务。各级公共就业服务机构要面向各类民营企业，提供劳动用工咨询、招聘信息发布、用工指导等均等化服务。组织开展民营企业线上线下专场招聘活动，推动招聘服务进园区、进企业。加快建设全省集中的就业信息资源库和就业信息平台，搭建供需对接平台，为民营企业提供招聘求职等一站式服务。实施重点企业用工保障，及时将专精特新、涉及重点外资项目等民营企业纳入重点企业清单，提供"一对一"和"点对点"用工服务。鼓励人力资源服务机构面向民营企业提供高级人才寻访、人力资源管理咨询等专业化服务。

（六）加大民营企业创业扶持。集聚优质创业服务资源，构建创业信息发布、业务咨询、能力培养、指导帮扶、孵化服务、融资支持、活动组织等一体化服务机制，支持高校毕业生、农民工、就业困难人员等重点群体创业。充分发挥各类创业载体作用，搭建中小企业创新创业服务平台，提供低成本、全要素、便利化的中小微企业孵化服务。组织开展创业大赛、展示交流等推进活动，发掘一批创新型企业和项目，培育一批创业主体。

三、推动民营企业构建和谐劳动关系

（七）提升协调劳动关系能力。健全政府、工会、企业代表组织共同参与的协调劳动关系三方机制，深入推进民营企业开展和谐劳动关系创建。发挥龙头企业作用，带动中小微企业聚集的产业链供应链构建和谐劳动关系。加强对民营企业的用工指导服务，依法保障职工劳动报酬、休息休假、社会保险等基本权益。建立职工工资集体协商和正常增长机制，推动企业与职工协商共事、机制共建、效益共创、利益共享，促进劳动关系和谐稳定。

（八）强化民营企业劳动争议协商调解。建立劳动争议预防预警机制，推动企业完善劳动争议内部协商解决机制，及时发现影响劳动关系和谐稳定的苗头性、倾向性问题，强化劳动争议协商和解。推动规模以上民营企业广泛设立劳动争议调解委员会，建立健全小微型企业劳动争议协商调解机制，及时化解涉民营企业劳动争议。持续推进青年仲裁员志愿者联系企业活动，将预防调解工作纳入"中小企业服务月"活动，为民营企业提供法律政策宣传咨询、劳动用工指导等服务，依法规范企业劳动用工行为。加强新就业形态劳动纠纷一站式调解，推动相关劳动争议和民事纠纷一站式化解。强化涉民营企业劳动争议仲裁办案指导，加大终局裁决和仲裁调解力度，提升仲裁终结率。

（九）优化劳动保障监察服务。主动为民营企业提供劳动保障法律服务，并融入日常执法和专项检查全过程，引导民营企业自觉守法用工。全面推进严格规范公正文明执法，全面推行"双随机、一公开"

监管,减少对企业正常生产经营活动影响,做到对守法者"无事不扰"。推行告知、提醒、劝导等执法方式,落实行政处罚法"轻微违法不处罚"和"首违不罚"规定,为民营企业发展壮大营造良好稳定预期和公平市场环境。

四、加大社会保险惠企支持力度

(十)降低民营企业用工成本。继续实施阶段性降低失业、工伤保险费率政策至2025年底,对不裁员、少裁员的民营企业实施失业保险稳岗返还政策,以单位形式参保的个体工商户参照实施。

(十一)发挥工伤保险降风险作用。以出行、外卖、即时配送、同城货运等行业的平台企业为重点,组织开展新就业形态就业人员职业伤害保障试点。积极开展面向民营企业特别是小微企业的工伤预防工作,化解民营企业工伤事故风险。

五、工作要求

(十二)加强组织领导。各地要进一步提高政治站位,始终坚持把支持和促进民营经济发展壮大作为重要政治任务,立足人社部门职能职责,完善各项政策措施,细化实化工作任务。建立常态化服务民营企业沟通交流机制,定期听取民营企业意见诉求,积极作为、靠前服务,推动促进民营经济发展壮大的各项政策举措落地见效。

(十三)便利涉企服务。各地要不断优化经办服务流程,全面推行证明事项告知承诺制,进一步清理办理事项、精简办事材料、压缩办理时限,及时制定更新服务清单、办事指南,提升民营企业享受人社政策便利度。深化涉企"一件事"集成改革,推广"直补快办""政策找企",对民营企业政策享受、员工招聘、参保缴费、档案转递等事项打包办、提速办、智慧办。

(十四)衔接公共服务。各地要进一步打破户籍、身份、档案、所有制等制约,做好人事管理、档案管理、社会保障工作衔接,促进各类人才资源向民营企业合理流动、有效配置。强化公共服务有序衔接,配合相关部门将民营企业高技能人才纳入人才引进范畴,在积分落户、购(租)房、医疗保障、子女教育等方面给予倾斜。

（十五）营造良好氛围。各地要加强政策宣传解读，面向社会公开政策清单、申办流程、补贴标准、服务机构名单，集中开展人社厅局长进企业宣讲活动。加大宣传引导力度，及时总结经验，推广创新举措，挖掘先进典型，大力弘扬企业家精神，引导广大民营经济人士争做爱国敬业、守法经营、创业创新、回报社会的典范。

中国人民银行、金融监管总局、中国证监会、国家外汇局、国家发展改革委、工业和信息化部、财政部、全国工商联关于强化金融支持举措助力民营经济发展壮大的通知

1. 2023 年 11 月 27 日
2. 银发〔2023〕233 号

为深入贯彻党的二十大精神和中央金融工作会议要求，全面落实《中共中央国务院关于促进民营经济发展壮大的意见》，坚持"两个毫不动摇"，引导金融机构树立"一视同仁"理念，持续加强民营企业金融服务，努力做到金融对民营经济的支持与民营经济对经济社会发展的贡献相适应，现就有关事宜通知如下。

一、持续加大信贷资源投入，助力民营经济发展壮大

（一）明确金融服务民营企业目标和重点。银行业金融机构要制定民营企业年度服务目标，提高服务民营企业相关业务在绩效考核中的权重，加大对民营企业的金融支持力度，逐步提升民营企业贷款占比。健全适应民营企业融资需求特点的组织架构和产品服务，加大对科技创新、"专精特新"、绿色低碳、产业基础再造工程等重点领域民营企业的支持力度，支持民营企业技术改造投资和项目建设，积极满足民营中小微企业的合理金融需求，优化信贷结构。合理提高民营企业不良贷款容忍度，建立健全民营企业贷款尽职免责机制，充分保护

基层展业人员的积极性。

（二）加大首贷、信用贷支持力度。银行业金融机构要积极开展首贷客户培育拓展行动，加强与发展改革和行业管理部门、工商联、商会协会对接合作，挖掘有市场、有效益、信用好、有融资需求的优质民营企业，制定针对性综合培育方案，提升民营企业的金融获得率。强化科技赋能，开发适合民营企业的信用类融资产品，推广"信易贷"模式，发挥国家产融合作平台作用，持续扩大信用贷款规模。

（三）积极开展产业链供应链金融服务。银行业金融机构要积极探索供应链脱核模式，支持供应链上民营中小微企业开展订单贷款、仓单质押贷款等业务。进一步完善中征应收账款融资服务平台功能，加强服务平台应用。促进供应链票据规范发展。深入实施"一链一策一批"中小微企业融资促进行动，支持重点产业链和先进制造业集群、中小企业特色产业集群内民营中小微企业融资。

（四）主动做好资金接续服务。鼓励主办银行和银团贷款牵头银行积极发挥牵头协调作用，对暂时遇到困难但产品有市场、项目有发展前景、技术有市场竞争力的民营企业，按市场化原则提前对接接续融资需求，不盲目停贷、压贷、抽贷、断贷。抓好《关于做好当前金融支持房地产市场平稳健康发展工作的通知》（银发〔2022〕254号文）等政策落实落地，保持信贷、债券等重点融资渠道稳定，合理满足民营房地产企业金融需求。

（五）切实抓好促发展和防风险。银行业金融机构要增强服务民营企业的可持续性，依法合规审慎经营。健全信用风险管控机制，加强享受优惠政策低成本资金使用管理，严格监控资金流向。加强关联交易管理，提高对关联交易的穿透识别、监测预警能力。

二、深化债券市场体系建设，畅通民营企业债券融资渠道

（六）扩大民营企业债券融资规模。支持民营企业注册发行科创票据、科创债券、股债结合类产品、绿色债券、碳中和债券、转型债券等，进一步满足科技创新、绿色低碳等领域民营企业资金需求。支持民营企业发行资产支持证券，推动盘活存量资产。优化民营企业债务融资工具注册机制,注册全流程采用"快速通道",支持储架式注册发行,提高融资服务便利度。

(七)充分发挥民营企业债券融资支持工具作用。鼓励中债信用增进投资股份有限公司、中国证券金融股份有限公司以及市场机构按照市场化、法治化原则,通过担保增信、创设信用风险缓释工具、直接投资等方式,推动民营企业债券融资支持工具扩容增量、稳定存量。

(八)加大对民营企业债券投资力度。鼓励和引导商业银行、保险公司、各类养老金、公募基金等机构投资者积极科学配置民营企业债券。支持民营企业在符合信息披露、公允定价、公平交易等规范基础上,以市场化方式购回本企业发行的债务融资工具。

(九)探索发展高收益债券市场。研究推进高收益债券市场建设,面向科技型中小企业融资需求,建设高收益债券专属平台,设计符合高收益特征的交易机制与系统,加强专业投资者培育,提高市场流动性。

三、更好发挥多层次资本市场作用,扩大优质民营企业股权融资规模

(十)支持民营企业上市融资和并购重组。推动注册制改革走深走实,大力支持民营企业发行上市和再融资。支持符合条件的民营企业赴境外上市,利用好两个市场、两种资源。继续深化并购重组市场化改革,研究优化并购重组"小额快速"审核机制,支持民营企业通过并购重组提质增效、做大做强。

(十一)强化区域性股权市场对民营企业的支持服务。推动区域性股权市场突出私募股权市场定位,稳步拓展私募基金份额转让、认股权综合服务等创新业务试点,提升私募基金、证券服务机构等参与区域性股权市场积极性。支持保险、信托等机构以及资管产品在依法合规、风险可控、商业自愿的前提下,投资民营企业重点建设项目和未上市企业股权。

(十二)发挥股权投资基金支持民营企业融资的作用。发挥政府资金引导作用,支持更多社会资本投向重点产业、关键领域民营企业。积极培育天使投资、创业投资等早期投资力量,增加对初创期民营中小微企业的投入。完善投资退出机制,优化创投基金所投企业上市解禁期与投资期限反向挂钩制度安排。切实落实国有创投机构尽职免责机制。

四、加大外汇便利化政策和服务供给,支持民营企业"走出去""引进来"

（十三）提升经常项目收支便利化水平。鼓励银行业金融机构开展跨境人民币"首办户"拓展行动。支持银行业金融机构为更多优质民营企业提供贸易外汇收支便利化服务,提升资金跨境结算效率。支持银行业金融机构统筹运用好本外币结算政策,为跨境电商等贸易新业态提供优质的贸易便利化服务。

（十四）完善跨境投融资便利化政策。优化外汇账户和资本项目资金使用管理,完善资本项目收入支付结汇便利化政策,支持符合条件的银行业金融机构开展资本项目数字化服务。扩大高新技术和"专精特新"中小企业跨境融资便利化试点范围。支持符合条件的民营企业开展跨国公司本外币一体化资金池业务试点,便利民营企业统筹境内外资金划转和使用。有序扩大外资企业境内再投资免登记试点范围,提升外资企业境内开展股权投资便利化水平和民营企业利用外资效率。支持跨境股权投资基金投向优质民营企业。

（十五）优化跨境金融外汇特色服务。鼓励银行业金融机构健全汇率风险管理服务体系和工作机制,加强政银企担保多方联动合作,减轻民营中小微企业外汇套期保值成本。持续创新跨境金融服务平台应用场景、拓展覆盖范围,为民营企业提供线上化、便利化的融资结算服务。

五、强化正向激励,提升金融机构服务民营经济的积极性

（十六）加大货币政策工具支持力度。继续实施好多种货币政策工具,支持银行业金融机构增加对重点领域民营企业的信贷投放。用好支农支小再贷款额度,将再贷款优惠利率传导到民营小微企业,降低民营小微企业融资成本。

（十七）强化财政奖补和保险保障。优化创业担保贷款政策,简化办理流程,推广线上化业务模式。发挥首台（套）重大技术装备、重点新材料首批次应用保险补偿机制作用。在风险可控前提下,稳步扩大出口信用保险覆盖面。

（十八）拓宽银行业金融机构资金来源渠道。支持银行业金融机构发行金融债券,募集资金用于发放民营企业贷款。对于支持民营企业力度较大的银行业金融机构,在符合发债条件的前提下,优先支持发行各类资本工具补充资本。

六、优化融资配套政策,增强民营经济金融承载力

（十九）完善信用激励约束机制。完善民营企业信用信息共享机制,健全中小微企业和个体工商户信用评级和评价体系。推动水电、工商、税务、政府补贴等涉企信用信息在依法合规前提下向银行业金融机构开放查询,缓解信息不对称。健全失信行为纠正后信用修复机制。

（二十）健全风险分担和补偿机制。发挥国家融资担保基金体系引领作用,稳定再担保业务规模,引导各级政府性融资担保机构合理厘定担保费率,积极培育民营企业"首保户",加大对民营小微企业的融资增信支持力度。建立国家融资担保基金风险补偿机制,鼓励有条件的地方完善政府性融资担保机构的资本补充和风险补偿机制,进一步增强政府性融资担保机构的增信分险作用。

（二十一）完善票据市场信用约束机制。支持民营企业更便利地使用票据进行融资,强化对民营企业使用票据的保护,对票据持续逾期的失信企业,限制其开展票据业务,更好防范拖欠民营企业账款。引导票据市场基础设施优化系统功能,便利企业查询票据信息披露结果,更有效地识别评估相关信用风险。

（二十二）强化应收账款确权。鼓励机关、事业单位、大型企业等应收账款付款方在中小企业提出确权请求后,及时确认债权债务关系。鼓励地方政府积极采取多种措施,加大辖区内小微企业应收账款确权力度,提高应收账款融资效率。推动核心企业、政府部门、金融机构加强与中征应收账款融资服务平台对接,通过服务平台及时确认账款,缓解核心企业、政府部门确权难和金融机构风控难问题。

（二十三）加大税收政策支持力度。落实以物抵债资产税收政策，银行业金融机构处置以物抵债资产时无法取得进项发票的，允许按现行规定适用差额征收增值税政策，按现行规定减免接收、处置环节的契税、印花税等。推动落实金融企业呆账核销管理制度，进一步支持银行业金融机构加快不良资产处置。

七、强化组织实施保障

（二十四）加强宣传解读。金融机构要积极开展宣传解读，丰富宣传形式、提高宣传频率、扩大宣传范围，主动将金融支持政策、金融产品和服务信息推送至民营企业。发展改革和行业管理部门、工商联通过培训等方式，引导民营企业依法合规诚信经营，珍惜商业信誉和信用记录，防范化解风险。

（二十五）强化工作落实。各地金融管理、发展改革、工信、财税、工商联等部门加强沟通协调，推动解决政策落实中的堵点、难点问题，强化政策督导，梳理总结典型经验，加强宣传推介，提升政策实效。进一步完善统计监测，加强政策效果评估。工商联要发挥好桥梁纽带和助手作用，建立优质民营企业名录，及时向金融机构精准推送，加强银企沟通。各金融机构要履行好主体责任，抓紧制定具体实施细则，加快政策落实落细。

市场监管部门促进民营经济发展的若干举措

1. 2023年9月15日市场监管总局印发
2. 国市监信发〔2023〕77号

为深入贯彻党中央、国务院关于促进民营经济发展壮大的决策部署，全面落实《中共中央　国务院关于促进民营经济发展壮大的意见》（以下简称《意见》），持续优化稳定公平透明可预期的发展环境，充分激发民营经济生机活力，确保《意见》提出的各项工作落到实处，现提出如下措施。

一、持续优化民营经济发展环境

1. 修订出台新版市场准入负面清单,推动各类经营主体依法平等进入清单之外的行业、领域、业务,持续破除市场准入壁垒。优化行政许可服务,大力推进许可审批工作的标准化、规范化和便利化。支持各地区探索电子营业执照在招投标平台登录、签名、在线签订合同等业务中的应用。

2. 清理规范行政审批、许可、备案等政务服务事项的前置条件和审批标准,不得将政务服务事项转为中介服务事项,没有法律法规依据不得在政务服务前要求企业自行检测、检验、认证、鉴定、公正或提供证明等。

3. 推动认证结果跨行业跨区域互通互认。深化强制性产品认证制度改革,进一步简化 CCC 认证程序。全面推进认证机构资质审批制度改革,推进认证机构批准书电子化。

4. 加强公平竞争政策供给,加快出台《公平竞争审查条例》等制度文件,健全公平竞争制度框架和政策实施机制,坚持对各类所有制企业一视同仁、平等对待。及时清理废除含有地方保护、市场分割、指定交易等妨碍统一市场和公平竞争的政策,定期推出不当干预全国统一大市场建设问题清单。未经公平竞争,不得授予经营者特许经营权,不得限定经营、购买、使用特定经营者提供的商品和服务。

5. 强化反垄断执法,严格依法开展经营者集中审查。依法制止滥用行政权力排除限制竞争行为。着力加强公平竞争倡导,凝聚全社会公平竞争共识,促进公平竞争更大合力。优化经营者集中申报标准。指导企业落实合规主体责任,提高合规意识和能力。加大对企业境外反垄断诉讼和调查应对指导,提升企业合规意识和维权能力。做好企业海外投资并购风险研究和预警,制定合规指引。

6. 深入推进企业信用风险分类管理。优化完善企业信用风险分类指标体系,推动分类结果在"双随机、一公开"监管中常态化运用,对信用风险低的 A 类企业,合理降低抽查比例和频次,不断提高分类的科学性和精准性。鼓励有条件的地区探索对个体工商户、农民专业合作社等经营主体实施信用风险分类管理。加强企业信用监管大数据分析应用,继续编制中国企业信用指数,优化企业信用指数编制方案,打造企业信用趋势"晴雨表",提升防范化解各类潜在性、苗头性、趋势性信用风险能力。

7. 强化信用约束激励。研究制定关于强化失信惩戒和守信激励的政策文件。深入开展严重违法失信行为治理专项行动。加快修订总局有关信用修复管理规范性文件,扩大信用修复范围,完善信用修复机制。发挥公示对企业的信用激励作用,对获得荣誉的企业在公示系统上予以标注公示,提升信用良好企业获得感。

8. 深入开展信用提升行动,全面推广信用承诺制度,围绕构建信用承诺、守诺核查、失信惩戒、信用修复闭环管理体系,便利经营主体以承诺方式取得许可或者修复信用。

9. 推动企业信用同盟常态化运行,遵循政府引导、企业主导、自愿加入、协同共治的原则,进一步发挥诚信企业的标杆示范作用,激励更多企业守信重信,提升市场整体信用水平。

10. 促进经营主体注册、注销便利化,全面落实简易注销、普通注销制度,完善企业注销"一网服务"平台。推动出台跨部门的歇业政策指引。进一步优化企业开办服务。促进个体工商户持续健康发展,实施个体工商户分型分类精准帮扶。优化个体工商户转企业相关政策,降低转换成本。

二、加大对民营经济政策支持力度

11. 完善信用信息归集共享公示体系,将承诺和履约信息纳入信用记录。开展经营主体信用监管标准体系建设,推动各地各部门在企业信用监管数据归集共享应用中执行使用。深入开展经营主体信用监管数据质量提升行动,以高质量的数据支撑"三个监管"。健全中小微企业和个体工商户信用评级和评价体系。

12. 为个体工商户提供更加方便便捷的年报服务。不断扩大"多报合一"范围,切实减轻企业负担。按照《保障中小企业款项支付条例》规定，做好大型企业逾期尚未支付中小企业款项的合同数量、金额的年报公示工作。

13.针对民营中小微企业和个体工商户建立支持政策"免审即享"机制，推广告知承诺制，能够通过公共数据平台获取的材料，不再要求重复提供。加强直接面向个体工商户的政策发布和解读引导。配合相关部门搭建民营企业、个体工商户用工和劳动者求职信息对接平台。

三、强化民营经济发展法治保障

14.开展反不正当竞争"守护"专项执法行动，严厉打击侵犯商业秘密、仿冒混淆等不正当竞争行为和恶意抢注商标等违法行为。

15.持续深化"双随机、一公开"监管，推动建设统一工作平台，深入推进跨部门综合监管，推行"一业一查"，避免多头执法、重复检查，减轻企业负担，提高监管效能。

16.深入推动公正文明执法行风建设。构建"预防为主、轻微免罚、重违严惩、过罚相当、事后回访"的闭环式管理模式，以行政执法服务公平竞争、保障高质量发展。鼓励开展跨行政区域联动执法。

17.持续开展涉企违规收费整治工作，减轻企业费用负担。开展涉企违规收费督检考工作，对违规收费治理情况开展"回头看"。畅通涉企违规收费投诉举报渠道，建立规范的问题线索部门共享和转办机制，综合采取市场监管、行业监管、信用监管等手段实施联合惩戒，集中曝光违规收费典型案例。

四、着力推动民营经济实现高质量发展

18.支持引导民营企业完善法人治理结构、规范股东行为、强化内部监督，实现治理规范、有效制衡、合规经营，鼓励有条件的民营企业建立完善中国特色现代企业制度。

19.支持民营企业提升标准化能力，参与国家标准制修订工作，在国家标准立项、起草、技术审查以及标准实施信息反馈、评估等过程中提出意见和建议。支持民营企业牵头设立国际性专业标准组织，积极推进标准化建设。联合全国工商联共同举办2023年民营经济标准创新大会,开展民营经济标准创新周活动,组织开展小微民营企业"标准体检"试点,推动各级工商联及所属商会积极开展民营企业标准"领跑者"和商会团体标准"领先者"活动。

20.开展民营企业质量管理体系认证提升行动,提升民营企业质量技术创新能力。持续开展"计量服务中小企业行"活动,梳理企业测量需求,为企业实施计量咨询和技术服务。支持民营企业参与产业计量测试中心建设,提升民营企业先进测量能力。

21.促进平台规则透明和行为规范,推动平台经济健康发展。持续开展网络市场监管与服务示范区创建,不断释放平台经济发展新动能。加强互联网平台常态化监管,建立健全平台企业合规推进机制,降低平台企业合规经营成本。持续推出平台企业"绿灯"投资案例,规范平台收费行为,引导平台和中小商户共赢合作,促进平台经济良性发展。

五、持续营造关心促进民营经济发展壮大社会氛围

22.加强新闻宣传。综合运用新闻发布会、集体采访等多种形式,加大政策解读力度,提高政策传播声量,推动政策效能释放;加大成效宣传力度,结合民营经济准入准营亮点数据、各地典型经验做法,强化选题策划和正面阐释引导,积极营造民营经济健康发展的舆论氛围。

国家发展改革委关于完善政府诚信履约机制优化民营经济发展环境的通知

1. 2023年8月5日
2. 发改财金〔2023〕1103号

各省、自治区、直辖市、新疆生产建设兵团社会信用体系建设牵头部门:

为深入贯彻《中共中央、国务院关于促进民营经济发展壮大的意见》关于"完善政府诚信履约机制,建立健全政务失信记录和惩戒制度"的有关要求,深入推进政府诚信建设,为民营经济发展创造良好环境,现将有关工作通知如下。

一、充分认识完善政府诚信履约机制的重要意义

政务诚信是社会信用体系重要组成部分,政府在信用建设中具有表率作用,直接影响政府形象和公信力。要以习近平新时代中国特色社会主义思想为指导,全面贯彻落实党的二十大精神,加强政府诚信履约机制建设,着力解决朝令夕改、新官不理旧账、损害市场公平交易、危害企业利益等政务失信行为,促进营商环境优化,增强民营企业投资信心,推动民营经济发展壮大。

二、建立违约失信信息源头获取和认定机制

(一)畅通违约失信投诉渠道。各省级社会信用体系建设牵头部门(以下简称"信用牵头部门")要依托本级信用网站、国务院"互联网+督查"平台、工信部门"违约拖欠中小企业款项登记(投诉)平台"、本地12345政务服务热线、营商环境投诉举报平台、信访部门等渠道建立或完善违约失信投诉专栏,受理、归集本辖区涉及政府部门(含机关和事业单位)的违约失信投诉。违约失信范围包括政府部门在政府采购、招标投标、招商引资、政府与社会资本合作、产业扶持、政府投资等领域与民营企业签订的各类协议、合同中的违约毁约行为。我委将在"信用中国"网站公示地方投诉专栏,及时调度各地受理投诉情况。支持各地探索依托本级信用信息共享平台和信用网站建立合同履约信用监管专栏,归集辖区内政府部门与民营企业签订的相关协议与合同,定期跟踪履约情况。

(二)加强违约失信行为的认定。各省级信用牵头部门要将接收归集到的违约失信投诉线索第一时间转交至被投诉主体的上级部门或主管部门开展核实认定。经核实,情况不属实的,要督促认定部门及时反馈投诉人并做好解释说明;情况属实的,要督促认定部门立即推动整改,拒不整改的,由认定部门确认为违约失信。以机构调整、人员变动等理由不履约的,均属于违约失信情形。

三、健全失信惩戒和信用修复机制

（三）全面健全政务信用记录。国家公共信用信息中心要抓紧制定相关信息归集标准。各省级信用牵头部门要加大政府信用信息归集力度，按照统一标准将经认定的违约失信信息实时共享至全国信用信息共享平台。我委将违约失信信息、各地按要求梳理的拖欠账款信息、被列入失信被执行人信息统一计入相关主体名下形成政务信用记录。各级信用牵头部门要推动将失信记录纳入相关政府部门绩效考核评价指标。我委适时将政务失信记录纳入营商环境评价和高质量发展综合绩效考核评价。

（四）充分用好发展改革系统失信惩戒措施"工具箱"。对于存在失信记录的相关主体，我委将按规定限制中央预算内资金支持、限制地方政府专项债券申请、限制各类融资项目推荐；对于存在政府失信记录的地级以上城市，我委将取消发展改革系统的评优评先和试点示范资格、加大城市信用监测扣分权重、取消社会信用体系建设示范区称号或参评资格。

（五）督促地方建立失信惩戒制度。各级信用牵头部门要参照建立政府失信惩戒机制，推动同级政府部门积极调动职能范围内各类失信惩戒措施，包括但不限于限制政府资金支持、限制申请扶持政策、取消评优评先、限制参加政府采购等，实现失信必惩。

（六）完善信用修复机制。各级信用牵头部门要协调指导辖区内失信主体信用修复工作，经认定部门确认已纠正失信行为、完成履约的，要及时修复相关失信记录，终止对其实施失信惩戒措施。

四、强化工作落实的政策保障

（七）定期开展评估通报。我委将针对违约失信投诉处置和认定效率、信用信息归集质量、失信惩戒措施落实等重点工作，通过抽查、委托第三方调查、交叉检查等多种方式开展评估，定期向省级信用牵头部门通报情况并抄送省级人民政府。各级信用牵头部门要参照建立评估通报机制。

（八）建立失信线索监测发现督办机制。我委将通过民营企业沟通交流机制、大数据监测、选取有代表性的民营企业建立监测点等方式，加大政府失信线索监测发现力度，按所属地"即发现即转交"并挂牌督办，持续跟踪办理情况。各级信用牵头部门要参照建立相应机制，通过多种渠道及时发现和处置失信行为。

（九）曝光一批典型案例。选取一批失信情形严重、多次反复失信、人民群众反映强烈的失信案例，在"信用中国"网站予以公示并通过新闻媒体向社会曝光，形成强大舆论震慑。

国家发展改革委等部门关于实施促进民营经济发展近期若干举措的通知

1. 2023年7月28日国家发展改革委、工业和信息化部、财政部、科技部、中国人民银行、税务总局、市场监管总局、金融监管总局发布
2. 发改体改〔2023〕1054号

司法部、人力资源社会保障部、自然资源部、生态环境部、住房城乡建设部、交通运输部、水利部、商务部、应急管理部、审计署、国务院国资委、中国证监会、国家知识产权局、国家能源局、全国工商联：

为深入贯彻党中央、国务院关于促进民营经济发展壮大的决策部署，全面落实《中共中央、国务院关于促进民营经济发展壮大的意见》，推动破解民营经济发展中面临的突出问题，激发民营经济发展活力，提振民营经济发展信心，现提出以下措施。

一、促进公平准入

1.在国家重大工程和补短板项目中，选取具有一定收益水平、条件相对成熟的项目，形成鼓励民间资本参与的重大项目清单。通过举办重大项目推介会、在全国投资项目在线审批监管平台上开辟专栏等方式，向民营企业集中发布项目信息，积极引导项目落地实施。各地区对照上述举措，形成鼓励民间资本参与的项目清单并加强推介。

(责任单位:国家发展改革委、工业和信息化部、全国工商联)

2.扩大基础设施领域不动产投资信托基金(REITs)发行规模,推动符合条件的民间投资项目发行基础设施REITs,进一步扩大民间投资。(责任单位:国家发展改革委、中国证监会)

3.支持民营企业参与重大科技攻关,牵头承担工业软件、云计算、人工智能、工业互联网、基因和细胞医疗、新型储能等领域的攻关任务。(责任单位:科技部、国家发展改革委、工业和信息化部)

4.提升民营企业在产业链供应链关键环节的供应能力,在全国县域范围内培育一批中小企业特色产业集群。(责任单位:工业和信息化部)

5.推动平台经济健康发展,持续推出平台企业"绿灯"投资案例。(责任单位:国家发展改革委、工业和信息化部、商务部、市场监管总局、中国人民银行)

6.支持专精特新"小巨人"企业、高新技术企业在当地的国家级知识产权保护中心进行备案,开展快速预审、快速确权、快速维权。(责任单位:国家知识产权局、工业和信息化部、科技部)

7.开展民营企业质量管理体系认证升级行动,提升民营企业质量技术创新能力。支持民营企业牵头设立国际性产业与标准组织。持续开展"计量服务中小企业行"活动,支持民营企业参与产业计量测试中心建设,提升民营企业先进测量能力。(责任单位:市场监管总局、工业和信息化部、民政部)

8.按照《助力中小微企业稳增长调结构强能力若干措施》(工信部企业函〔2023〕4号)要求,延长政府采购工程面向中小企业的预留份额提高至40%以上的政策期限至2023年底。加快合同款支付进度、运用信用担保,为中小企业参与采购活动提供便利。(责任单位:财政部、工业和信息化部)

9.开展工程建设招标投标突出问题专项治理,分类采取行政处罚、督促整改、通报案例等措施,集中解决一批民营企业反映比较强烈的地方保护、所有制歧视等问题。支持各地区探索电子营业执照在招投标平台登录、签名、在线签订合同等业务中的应用。(责任单位:国家发展改革委、市场监管总局、住房城乡建设部、交通运输部、水利部、国务院国资委)

10.修订出台新版市场准入负面清单,推动各类经营主体依法平等进入清单之外的行业、领域、业务。(责任单位:国家发展改革委、商务部、市场监管总局)

二、强化要素支持

11.在当年10月企业所得税预缴申报期和次年1—5月汇算清缴期两个时点基础上,增加当年7月预缴申报期作为可享受政策的时点,符合条件的行业企业可按规定申报享受研发费用加计扣除政策。(责任单位:税务总局、财政部)

12.持续确保出口企业正常出口退税平均办理时间在6个工作日内,将办理一类、二类出口企业正常出口退(免)税的平均时间压缩在3个工作日内政策延续实施至2024年底。更新发布国别(地区)投资税收指南,帮助民营企业更好防范跨境投资税收风险。(责任单位:税务总局)

13.延长普惠小微贷款支持工具期限至2024年底,持续加大普惠金融支持力度。引导商业银行接入"信易贷"、地方征信平台等融资信用服务平台,强化跨部门信用信息联通。扩大民营企业信用贷款规模。有效落实金融企业呆账核销管理制度。(责任单位:中国人民银行、国家发展改革委、金融监管总局)

14.将民营企业债券央地合作增信新模式扩大至全部符合发行条件的各类民营企业,尽快形成更多示范案例。(责任单位:中国证监会、国家发展改革委、财政部)

15.适应民营中小微企业用地需求,探索实行产业链供地,对产业链关联项目涉及的多宗土地实行整体供应。(责任单位:自然资源部、工业和信息化部)

16.除法律法规和相关政策规定外,在城镇规划建设用地范围内,供水供气供电企业的投资界面免费延伸至企业建筑区划红线。(责任

单位:住房城乡建设部)

17.赋予民营企业职称评审权,允许技术实力较强的规模以上民营企业单独或联合组建职称评审委员会,开展自主评审。(责任单位:人力资源社会保障部)

三、加强法治保障

18.清理废除有违平等保护各类所有制经济原则的规章、规范性文件,加强对民营经济发展的保护和支持。(责任单位:司法部)

19.根据《中华人民共和国行政处罚法》第三十三条,在城市管理、生态环保、市场监管等重点领域分别明确不予处罚具体情形。出台《关于进一步规范监督行政罚款设定和实施的指导意见》。开展行政法规和部门规章中罚款事项专项清理,清理结果对社会公布。(责任单位:司法部、生态环境部、市场监管总局、应急管理部)

四、优化涉企服务

20.全面构建亲清政商关系,支持各地区探索以不同方式服务民营企业,充分利用全国一体化政务服务平台等数字化手段提升惠企政策和服务效能,多措并举帮助民营企业解决问题困难。(责任单位:全国工商联、国家发展改革委)

21.建立涉企行政许可相关中介服务事项清单管理制度,未纳入清单的事项,一律不再作为行政审批的受理条件,今后确需新设的,依照法定程序设定并纳入清单管理。将中介服务事项纳入各级一体化政务服务平台,实现机构选择、费用支付、报告上传、服务评价等全流程线上办理,公开接受社会监督。(责任单位:工业和信息化部、市场监管总局、国家发展改革委)

22.加大对拖欠民营企业账款的清理力度,重点清理机关、事业单位、国有企业拖欠中小微企业账款。审计部门接受民营企业反映的欠款线索,加强审计监督。(责任单位:工业和信息化部、国家发展改革委、财政部、审计署、国务院国资委、市场监管总局)

23.全面落实简易注销、普通注销制度,完善企业注销"一网服务"平台。完善歇业制度配套政策措施。(责任单位:市场监管总局、人力

资源社会保障部、税务总局)

24.除依法需要保密外,涉企政策制定和修订应充分听取企业家意见建议。涉企政策调整应设置合理过渡期。(责任单位:国家发展改革委)

五、营造良好氛围

25.分级畅通涉企投诉渠道,在国务院"互联网+督查"平台开设涉企问题征集专题公告,在国家政务服务平台投诉建议系统上开设涉企问题征集专栏,各地区结合自身实际,将涉企投诉事项纳入"12345"热线等政务服务平台,建立转办整改跟踪机制。持续开展万家民营企业评营商环境工作。(责任单位:国务院办公厅、市场监管总局、国家发展改革委、全国工商联)

26.开展"打假治敲"等专项行动,依法打击蓄意炒作、造谣抹黑民营企业和民营企业家的"网络黑嘴"和"黑色产业链"。(责任单位:公安部、中国证监会、全国工商联)

27.将各地区落实支持民营经济发展情况纳入国务院年度综合督查,对发现的问题予以督促整改,对好的经验做法予以宣传推广。设立中央预算内投资促进民间投资奖励支持专项,每年向一批民间投资增速快、占比高、活力强、措施实的市县提供奖励支持。(责任单位:国务院办公厅、国家发展改革委)

28.按照国家有关规定对在民营经济发展工作中作出突出贡献的集体和个人予以表彰奖励,弘扬企业家精神,发挥先进标杆的示范引领作用。(责任单位:全国工商联、国家发展改革委、工业和信息化部)

国家发展改革委、科技部、工业和信息化部、生态环境部、银保监会、全国工商联关于营造更好发展环境　支持民营节能环保企业健康发展的实施意见

1. 2020 年 5 月 21 日
2. 发改环资〔2020〕790 号

各省、自治区、直辖市、新疆生产建设兵团发展改革委、科技厅(委)、工业和信息化委(厅)、生态环境厅、银保监局、工商联：

　　民营节能环保企业是打赢污染防治攻坚战的重要力量,在保护生态环境、建设美丽中国中发挥着重要作用。为深入贯彻习近平总书记在民营企业座谈会上的重要讲话精神,落实《中共中央 国务院关于营造更好发展环境支持民营企业改革发展的意见》,统筹推进疫情防控和经济社会发展工作,现就进一步优化节能环保领域市场营商环境,保障民营企业公平公正参与竞争,推动民营节能环保企业健康发展提出如下意见：

一、营造公平开放的市场环境

　　(一)进一步开放重点行业市场。在石油、化工、电力、天然气等重点行业和领域,进一步引入市场竞争机制,放开节能环保竞争性业务,积极推行合同能源管理和环境污染第三方治理。各地在推进污水垃圾等环境基础设施建设、园区环境污染第三方治理、医疗废物和危险废物收集处理处置、大宗固体废弃物综合利用基地建设时,要对民营节能环保企业全面开放、一视同仁,确保权利平等、机会平等、规则平等。鼓励国有企业与民营节能环保企业成立混合所有制公司,发挥各自优势,合作开展相关业务。

　　(二)持续完善招投标机制。倡导质量优先的评标原则,鼓励适

度增加技术标权重,严防恶性低价竞争。招投标活动中不得设置影响民营企业准入的限制性规定,不得设置与节能环保业务能力无关的企业规模门槛,不得设置明显超过项目需求的业绩门槛。各地不得以签署战略性合作协议等方式,为特定企业在招投标中谋取竞争优势;不得设置与企业性质挂钩的行业准入、资质标准等。

（三）积极兑现对企业各项承诺。各地要重信守诺,积极兑现依法作出的政策承诺,不得盲目向企业许诺优惠条件。继续深入推进清欠民营企业账款工作,建立工作台账,通过情况会商、问题督办、督导检查和跟踪评估等措施,逐项清偿,并确保不再增加新的拖欠。进一步促进各地、大型国有企业履行与民营节能环保企业依法订立的合同,严格按合同约定及时支付账款,不得违背民营企业意愿或在约定的付款方式之外以承兑汇票等形式延长付款期限。

（四）支持参与补短板强弱项工程建设。各地要针对新冠疫情应对中暴露出的环境基础设施短板弱项,积极支持民营节能环保企业参与医疗废弃物处理处置、污水垃圾处理等工程建设,为常态化疫情防控提供有力保障。

二、完善稳定普惠的产业支持政策

（五）鼓励参与节能环保重大工程建设。积极支持民营企业参与大气、水、土壤污染防治攻坚战,引导民营企业参与污水垃圾等环境基础设施建设、危险废物收集处理处置、城乡黑臭水体整治、产业园区绿色循环化改造、重点行业清洁生产示范、海水（苦咸水）淡化及综合利用、污水资源化利用,以及长江经济带尾矿库污染防治项目、化工等工业园区治污项目等重大生态环保工程建设。各级发展改革部门在中央预算内投资生态文明建设专项、地方政府专项债券、特别国债等项目申报、审核中,要对各种所有制企业一视同仁、公平对待,不得违规限制民营企业申报,不得附加额外的条件要求。

（六）贯彻落实好现行税收优惠政策。落实好环境保护和节能节水项目企业所得税、资源综合利用企业所得税和增值税、节能节水和环境保护专用设备企业所得税,以及合同能源管理、污染第三方治理等税收优惠政策,继续按照规定实行便利化的税收优惠办理方式,方便广大企业享受税收优惠。

(七)加大绿色金融支持力度。鼓励金融机构将环境、社会、治理要求纳入业务流程,提升对民营节能环保企业的绿色金融专业服务水平,大力发展绿色融资。积极发展绿色信贷,加强就国家重大节能环保项目的信息沟通,积极对符合条件的项目加大融资支持力度。支持符合条件的民营节能环保企业发行绿色债券,统一国内绿色债券界定标准,发布与《绿色产业指导目录(2019年版)》相一致的绿色债券支持项目目录。拓宽节能环保产业增信方式,积极探索将用能权、碳排放权、排污权、合同能源管理未来收益权、特许经营收费权等纳入融资质押担保范围。民营节能环保企业要坚持审慎经营原则,严防盲目增加杠杆率。针对民营节能环保企业资金链出现的问题,地方有关部门在依法合规的前提下,搭建交流平台,促进资管公司、投资基金、国有资本等积极参与民营节能环保企业纾困,合理化解股票质押风险。各地要按照依法合规原则,对具有核心先进技术、长期发展前景较好但遇到暂时经营性困难的民营企业积极予以救助,帮助渡过难关。

三、推动提升企业经营水平

(八)提升绿色技术创新能力。加大对民营企业绿色技术创新的支持力度,支持民营企业独立或联合承担国家重大科技专项、国家重点研发计划支持的绿色技术研发项目。混合所有制改革中,若未规定、也未与科研人员约定奖励、报酬方式和数额的,对企业的发明人或研发团队以技术转让、许可或作价投资方式转化职务绿色技术创新成果的,参照《中华人民共和国促进科技成果转化法》有关规定给予奖励和报酬。发挥国家科技成果转化引导基金的作用,遴选一批民营企业重点环保技术创新成果支持转化应用,引导各类天使投资、创业投资基金、地方创投基金等支持民营节能环保企业关键技术创新转化。支持民营节能环保企业牵头或参与建设绿色技术领域国家技术创新中心。

(九)推进商业模式创新。鼓励民营节能环保企业进一步创新合同能源管理服务模式,根据用能单位特点采用能源托管、节能量保证、融资租赁等新商业模式，推动服务内容由单一设备提供向流程性节能改造、区域能效提升扩展。以钢铁、冶金、建材、电镀、化工、印染等行业企业和园区为重点，支持民营企业开展环境污染第三方治理。积极推行按效付费机制，以环境治理效果为导向，推动环保企业服务水平提升。积极支持民营企业开展环境综合治理托管服务，参与生态环境导向开发模式创新。

（十）督促企业守法合规经营。有关部门要督促节能环保领域民营企业大力发扬遵纪守法、专注品质、追求卓越、诚信守约、履行责任、勇于担当、服务社会的优秀企业家精神，筑牢守法合规经营底线，推动企业完善内部激励约束机制，勇于承担疫情防控、灾害救助等急难险重任务，积极履行社会责任，提升企业社会形象。对节能环保企业的违法违规问题，依法追究法律责任。

四、畅通信息沟通反馈机制

（十一）强化信息沟通。有关部门要采取多种形式，了解民营节能环保企业诉求，畅通企业意见诉求渠道，重大政策出台要听取相关利益主体意见，政策实施、标准调整要留出合理的缓冲期、不搞急刹车。充分发挥行业协会、商会的作用，支持相关社会组织加强行业自律、推动信息沟通、反映企业诉求、研究重大政策。各级发展改革等有关部门要加强与行业协会、商会和企业的沟通联系，及时了解节能环保行业苗头性倾向性潜在性问题，构建亲清政商关系。

（十二）营造良好舆论氛围。各地要加强节能环保产业政策宣讲，全面宣讲国家支持节能环保产业发展的价格、财税、投资、产业等政策，帮助企业全面了解政策、用好政策、用足政策，提振民营节能环保企业信心。要加强舆论引导，积极宣传民营节能环保企业的先进技术、先进事迹、先进人物，在各类评选表彰活动中平等对待民营企业和企业家，营造民营节能环保企业发展的良好氛围。

各级发展改革部门要会同有关部门，及时对本地区节能环保产业发展状况进行分析研判、梳理总结，研究解决发展中出现的问题，帮助企业解决实际困难。要做好信息报送，新情况、新问题及时报告。

国家税务总局关于接续推出和优化"便民办税春风行动"措施促进民营经济发展壮大服务高质量发展的通知

1. 2023年8月4日
2. 税总纳服函〔2023〕211号

国家税务总局各省、自治区、直辖市和计划单列市税务局，国家税务总局驻各地特派员办事处，局内各单位：

为持续推动税务系统主题教育走深走实，认真落实《中共中央国务院关于促进民营经济发展壮大的意见》（以下简称《意见》）及7月31日国务院常务会议部署，税务总局在今年上半年已推出四批"便民办税春风行动"措施的基础上，重点围绕支持中小微企业和个体工商户发展，落实好新出台的系列减税降费政策，再推出和优化一批"便民办税春风行动"措施，助力民营经济发展壮大，促进经济运行持续好转，更好服务高质量发展。现将有关事项通知如下：

一、进一步强化政策落实

（一）制定编发支持小微企业和个体工商户发展壮大的税费优惠政策清单及相关指引。

（二）根据清单和指引，各级税务局组织开展对民营企业和个体工商户的面对面宣传解读。共性问题由总局统一及时制发问答口径并上网，确保执行统一规范。

（三）完善税费政策精准推送机制，制定并试行《税费政策精准推送工作规范》，更好实现"政策找人"，确保政策直达快享。

（四）完善追溯享受的服务措施。对需要退税的，充分尊重纳税人缴费人意愿，通过专期专项等方式及时办理。

（五）对纳税人因各种原因未在今年7月征期内及时享受研发费

用加计扣除政策的,可在8、9月份由纳税人通过变更第二季度(或6月份)企业所得税预缴申报的方式补充享受;积极会同相关部门收集编发研发项目鉴定案例,帮助符合条件的中小微企业充分准确享受研发费用加计扣除政策红利。

(六)针对小规模纳税人减免增值税优惠、小型微利企业和个体工商户所得税优惠等政策,加大自主申报、自行享受的落实力度,不断拓展适用范围。

(七)完善减税降费红利账单推送机制,优化改进系统功能,探索开展红利账单个性化、定制化推送服务。

二、进一步便利税费办理

(八)对"企业财务会计制度"等11项证明材料采用调阅复用措施,减少资料重复报送,减轻办税缴费负担。

(九)深化落实"个体工商户经营者身份证明"等12项税务证明事项告知承诺制,严控新设税务证明事项,没有法律、行政法规依据,不得要求纳税人在申请办理税务事项前自行检测、检验、认证、鉴定、公证或提供证明等。

(十)推广数字化电子发票,助力中小企业数字化转型,进一步降低中小企业制度性交易成本。

(十一)持续优化增值税、企业所得税、个人所得税等税种申报预填服务,在具备数据条件地区创新环境保护税纳税申报方式,探索智能预填,缩短填报时间。

(十二)优化中小企业跨省迁移办理流程,对符合条件的中小企业,税务机关按规定及时办理迁出手续,迁移信息同步推送至迁入地税务机关。

(十三)进一步优化银税信用信息共享方式,在保障数据安全维护纳税人合法权益的前提下,帮助更多民营企业凭借良好纳税信用通过"银税互动"获得融资支持。

三、进一步改进诉求响应

(十四)充分发挥税费服务诉求解决机制作用,税务总局、各省税务局同步建立民营企业直联点，常态化开展民营企业走访座谈，系统梳理中小企业反映强烈的问题，研究务实管用的解决措施，及时响应纳税人缴费人合理诉求。

（十五）组织税务系统延续开展中小企业服务季活动，聚焦中小企业和个体工商户所需所盼，拓展创新服务举措，推动新出台的系列减税降费政策更好落实落细。

（十六）进一步加强与工商联等部门联动，积极面向民营企业开展多领域多层次、线上线下相结合的税费专业培训辅导，积极探索对不同类型民营企业提供个性化服务，帮助处于转型升级阶段的民营企业提升合规能力。

（十七）各地税务机关协同本地商会组织设立民营企业服务站或服务顾问，深入开展普法、答疑、调解、维权等工作，及时满足企业税费咨询等服务需求。

四、进一步深化跨境服务

（十八）简并企业报告境外投资和所得信息有关报表，减少报送频次，进一步降低企业申报负担。

（十九）优化电子税务局、国际贸易"单一窗口"服务功能，推行出口退税发票及出口报关单信息"免填报"，进一步提高民营企业等各类企业办理出口退税便利度。

（二十）设立12366跨境服务咨询专线，加强跨境经营高频疑难涉税问题的收集整理，推出并不断完善"跨境纳税人疑难问题解答"，拓宽民营企业解疑释惑渠道。

（二十一）结合民营企业境外投资特点，在税务总局官网推出"海外税收案例库"，更新发布国别（地区）投资税收指南，帮助"走出去"民营企业防范税务风险，提升税法遵从能力。

（二十二）深化运用税收协定相互协商程序、预约定价安排等国际税收法律工具，更大力度地帮助民营企业等纳税人解决跨境涉税争议，提高跨境经营的税收确定性。

（二十三）依托"一带一路"税收征管合作机制，深化共建"一带一路"国际税收合作,为民营企业更好"走出去"创造良好税收环境。

五、进一步优化执法方式

(二十四)坚持依法依规征税收费,坚决不收"过头税费",拓展并畅通12366纳税缴费服务热线等投诉举报渠道,对征收"过头税费"行为发现一起严肃查处一起。

(二十五)加快推进制定区域统一的税务行政处罚裁量基准,促进区域间税收执法协同。

(二十六)对符合条件、确有困难的民营企业发生欠税,税务机关辅导其制定清欠计划,对按计划缴纳税款的,暂不采取强制执行措施。

(二十七)坚持教育与处罚相结合,进一步严格落实"首违不罚"制度,对税务行政处罚"首违不罚"事项清单中的14个事项,首次发生且危害后果轻微,在税务机关发现前主动改正或者在税务机关依法规定的期限内改正的,不予行政处罚。

(二十八)严格落实税务规范性文件公平竞争和权益性审核制度,加强相关政策措施的审核力度,切实维护中小微企业和个体工商户等民营经济纳税人合法权益,确保对各类所有制企业一视同仁、平等对待。

各级税务机关要坚持以习近平新时代中国特色社会主义思想为指导,完整、准确、全面贯彻新发展理念,坚决贯彻落实"两个毫不动摇",充分认识促进民营经济发展壮大的重要意义,充分认识做好当前税务工作对推动国民经济持续恢复和高质量发展的重要意义,切实增强使命感和责任感,把认真抓好《意见》落实、认真贯彻中央政治局会议和国务院常务会议精神作为深入推进税务系统主题教育的重要任务,紧密结合实际创造性开展工作,依法依规为纳税人缴费人解难题、办实事,主动协同高效作为、靠前贴近精细服务,着力促进民营经济做大做优做强。要结合不断创新和发展"晋江经验"的要求,不断丰富完善税务部门服务中小微企业和个体工商户的措施办法,及时总结推广各地税务机关特别是民营经济活力较强地区的好经验好做法,对行之有效的经验做法固定下来形成制度,确保党中央、国务院促进民营经济发展壮大和新出台的系列减税降费政策等决策部署在税务系统不折不扣落地见效,为服务高质量发展作出新的更大贡献。

附件:"便民办税春风行动"任务安排表(略)

国家税务总局关于实施进一步支持和服务民营经济发展若干措施的通知

1. 2018年11月16日
2. 税总发〔2018〕174号

国家税务总局各省、自治区、直辖市和计划单列市税务局,国家税务总局驻各地特派员办事处,局内各单位:

党中央、国务院高度重视民营经济发展。习近平总书记在最近召开的民营企业座谈会上发表了十分重要的讲话,对支持民营企业发展并走向更加广阔舞台作出重要指示,为税收工作更好地服务民营经济发展提出了明确要求、提供了根本遵循。近年来,税务部门认真落实党中央、国务院决策部署,在积极推动民营经济发展壮大方面发挥了应有作用。为深入贯彻落实习近平总书记重要讲话精神,切实履行好税务部门职责,现就进一步支持和服务民营经济发展提出如下措施:

一、认真落实和完善政策,促进民营企业减税降负

(一)不折不扣落实税收优惠政策。各级税务机关要坚决贯彻依法征税的组织收入原则,坚决不收"过头税",坚决落实减免税政策。对符合享受税收优惠政策条件的民营企业与其他纳税人一律平等对待,确保优惠政策落实到位。要依法依规执行好小微企业免征增值税、小型微利企业减半征收企业所得税、金融机构向小微企业提供贷款的利息收入及担保机构向中小企业提供信用担保收入免征增值税等主要惠及民营企业的优惠政策,持续加大政策落实力度,确保民营企业应享尽享。

（二）稳定社会保险费缴费方式。税务总局要积极配合有关部门研究提出降低社保费率等建议，确保总体上不增加企业负担，确保企业社保缴费实际负担有实质性下降。各级税务机关在社保费征管机制改革过程中，要确保缴费方式稳定，积极配合有关部门合理编制体现减费要求的社保费收入预算，严格按照人大审议通过的预算负责征收。对包括民营企业在内的缴费人以前年度欠费，一律不得自行组织开展集中清缴。

（三）积极研究提出减税政策建议。税务总局要配合有关部门抓紧研究提出推进增值税等实质性减税、对小微企业和科技型初创企业实施普惠性税收免除的建议，统筹提出解决税制改革和推进过程中发现问题的建议；要根据公开征求意见情况，配合有关部门抓紧对个人所得税6项专项附加扣除的政策进行完善。各省税务局要围绕进一步加大减税力度，深入组织开展调查研究，积极提出有针对性、切实可行的意见建议。

（四）加强税收政策宣传辅导。各级税务机关要充分运用纳税人学堂等载体，专门组织开展面向民营企业的政策辅导。对面上普遍适用的政策要进行系统辅导，对重要专项政策要进行专题辅导，对持续经营的民营企业要及时开展政策更新辅导，对新开办的民营企业要及时送政策上门，帮助企业及时了解、充分适用。税务总局要持续做好税收政策文件清理和税收政策视频解读，动态编写、修订和发布《税收优惠政策汇编》及分类别的税收优惠指引，并在12366纳税服务平台开辟税收优惠政策专题栏目，帮助包括民营企业在内的广大纳税人熟悉掌握、用足用好相关优惠政策。

（五）强化税收政策执行情况反馈。税务总局和各省税务局要进一步健全和落实税收政策执行情况反馈机制。各基层税务机关要充分发挥直接面对纳税人的优势，深入民营企业征询意见并及时反馈，特别是对操作性不强、获益面受限等政策，要积极研究提出简明易行好操作的改进完善建议。

二、持续优化营商环境,增进民营企业办税便利

（六）开展新一轮大调研大走访活动。结合国税地税征管体制改革,深入开展"新机构 新服务 新形象"活动。在前期工作基础上,税务总局再组织开展新一轮针对民营企业的大调研、大走访活动,深入民营企业广泛收集涉税诉求,听取意见建议并认真梳理分析,对反映较多的问题,统一出台措施进行解决,推动税收管理和服务朝着更贴近民营企业需求、更顺应民营企业关切的方向不断优化升级。

（七）精简压缩办税资料。进一步清理税务证明事项和精简涉税资料报送。2018年底前,税务总局再取消20项涉税证明事项。2019年,对民营企业等纳税人向税务机关报送的资料再精简25%以上;简并优化增值税、消费税等纳税申报表,并推进实施增值税申报"一表集成"、消费税"一键申报"。

（八）拓宽一次办结事项。各级税务机关要持续更新办税事项"最多跑一次"清单。2018年底前,实现50%以上涉税事项一次办结;2019年底前,实现70%以上涉税事项一次办结。

（九）大幅简化办税程序。探索推行纳税申报"提醒纠错制"。在税务注销等环节推行"承诺制"容缺办理,凡符合条件的民营企业等纳税人,如相关资料不全,可在其作出承诺后,即时办理相关业务。简化税务注销办理流程,税务总局配合有关部门编制和公布统一的企业注销操作指南。

（十）继续压缩办税时间。按照世界银行《营商环境报告》的纳税时间标准,在上年度已较大幅度压缩的基础上,2018年再压缩10%以上,并持续推进为民营企业等纳税人办理涉税事项的提速工作。2018年底前,实现无纸化出口退税申报覆盖所有地域和所有信用评级高、纳税记录良好的一类、二类出口企业,将审核办理出口退税的平均时间从目前13个工作日压缩至10个工作日。

（十一）积极推进电子办税和多元化缴退库。整合各地面向纳税人的网上办税服务厅,2018年底前,推出实施全国范围规范统一的优化版电子税务局,实现界面标准统一、业务标准统一、数据标准统一、

财务报表转换等关键创新事项统一的优化版电子税务局,进一步拓展"一网通办"的范围。丰富多元化缴退库方式,税务总局积极研究推动通过第三方非银行支付机构缴纳税费,为从事个体经营的民营纳税人办理缴款提供便利;尽快推进税收电子退库全联网、全覆盖,实现申报、证明办理、核准、退库等业务网上办理,提高资金退付和使用效率,增强民营企业等纳税人的资金流动性。加强税收信息系统整合优化工作,进一步提高信息系统的稳定性和办税服务质效。

(十二)大力支持民营企业"走出去"。进一步落实好与110个国家和地区签署的税收协定,积极与主要投资地国家和地区开展税收协定谈签,通过税收协定帮助"走出去"民营企业降低在投资目的地国家和地区的税收负担,提高税收争议解决质效,避免重复征税。充分运用好国际税收合作机制和平台,深入推进"一带一路"税收合作长效机制建设,为民营企业扩大在沿线国家和地区投资提供有力支持。税务总局适时更新完善《"走出去"企业税收指引》,在目前已发布81份国别税收投资指南的基础上,2018年底前,再更新和发布20份左右,基本覆盖"一带一路"重点国家和地区。各地税务机关要积极帮助"走出去"民营企业利用税收协定、国际税收合作机制维护自身合法权益,用好委托境外研发费用企业所得税加计扣除、企业境外所得税综合抵免等政策,切实减轻税收负担。

三、积极开展精准帮扶,助力民营企业纾困解难

(十三)健全与民营企业常态化沟通机制。各级税务机关要会同工商联和协会商会等部门,进一步扩展税企双方沟通渠道和平台。要经常性通过召开座谈会等方式,面对面征询民营企业意见,及时回应关切。税务总局通过12366纳税服务热线、12366纳税服务平台等渠道在全国范围组织开展民营企业需求专项调查。

(十四)建立中小企业跨区域涉税诉求受理和解决机制。在税务总局和省税务局明确专门部门,组织专门力量,集中受理和协调解决中小企业在生产经营过程中遇到的跨区域税收执法标准不统一、政策执行口径不一致等问题。

（十五）依法为经营困难的民营企业办理延期缴纳税款。各级税务机关对生产经营困难、纳税信用良好的民营企业，要进一步研究针对性、操作性强的税收帮扶措施，并积极推动纳入地方政府的统筹安排中，帮助其实现更好发展。对确有特殊困难而不能按期缴纳税款的民营企业，税务机关要通过依法办理税款延期缴纳等方式，积极帮助企业缓解资金压力。

（十六）切实保障纳税人正常经营的发票需求。根据纳税人实际经营情况，合理确定增值税发票领用数量和最高开票限额，切实保障民营企业正常生产经营所需发票，严禁在发票领用中对民营企业设置不合理限制。进一步推行电子发票。持续扩大小规模纳税人自行开具增值税专用发票范围。对民营企业增值税异常扣税凭证要依法依规进行认定和处理，除税收征管法规定的情形外，不得停供发票。

（十七）深化"银税互动"助力民营企业便利融资。各级税务机关要联合银保监部门和银行业金融机构，进一步深入开展"银税互动"活动，并由"线下"向"线上"拓展，鼓励和推动银行依托纳税信用创新信贷产品，深化税务、银行信息互通，缓解小微民营企业融资难题。

（十八）积极支持新经济、新业态、新模式发展。各级税务机关要坚持包容审慎监管的原则，积极培育民营企业新兴经济增长点，大力支持企业做大做优做强。切实执行好跨境电商零售出口"无票免税"政策，落实鼓励外贸综合服务企业发展的措施，积极支持市场采购贸易方式发展，不断研究完善适应新经济、新业态、新模式发展要求的税收政策、管理和服务措施，助力民营企业增强创新能力和核心竞争力。

四、严格规范税收执法，保障民营企业合法权益

（十九）加强税收规范性文件的公平竞争审查。制定税收规范性文件要充分评估可能产生的经济、社会等各方面综合影响，对违反公平竞争审查要求、可能不利于民营企业发展的，应调整完善或不予出台。各级税务机关在税收规范性文件清理中，对有违市场公平竞争的内容，要一律修改或废止。

（二十）进一步规范税务检查。各级税务机关在实施税务检查中，必须做到民营企业与其他企业一视同仁，坚持"无风险不检查、无审批不进户、无违法不停票"。对正常生产经营的企业要少打扰乃至不打扰，避免因为不当征税导致正常运行的企业停摆。除举报等违法线索明显的案件外，一律运用税收大数据开展评估分析发现税收风险后，采取税务检查措施。对涉税事项需要到企业实地了解核查的，必须严格履行审批程序。

（二十一）妥善处理依法征管和支持企业发展的关系。以最严格的标准防范逃避税，为守法经营的民营企业等纳税人营造公平竞争的环境。不断健全以税收风险为导向、以"双随机一公开"为基本方式的新型稽查监管机制。坚决依法打击恶意偷逃税特别是没有实际经营业务只为虚开发票的"假企业"和没有实际出口只为骗取出口退税的"假出口"。严格落实行政处罚法有关规定，对民营企业等纳税人有主动消除或者减轻违法行为危害后果等情形的，依法从轻或者减轻行政处罚；对违法行为轻微并及时纠正，没有造成危害后果的，依法不予行政处罚。

（二十二）充分保障民营企业法律救济权利。抓紧研究建立纳税人诉求和意见受理快速反应机制。税务总局在12366纳税服务热线设立专线，受理民营企业纳税人的税收法律咨询、投诉举报等。各级税务机关对民营企业反映的执法问题、提出的行政复议申请要积极依法受理、及时办理。对民营企业因经营困难一时无力缴清税款、滞纳金或无法提供担保等原因，不符合行政复议受理条件的，复议机关在依法处理的同时，要甄别情况，发现主管税务机关税收执法行为确有错误的，应及时督促其依法纠正。

（二十三）加强税收执法监督。全面推行税务行政执法公示制度、税收执法全过程记录制度、重大税收执法决定法制审核制度。统筹加大税收执法督察力度，强化执法责任追究，坚决查处税务人员简单粗暴执法、任性任意执法、选择执法、情绪执法等行为，坚决查处税务人员吃拿卡要等损害民营企业等纳税人利益的不正之风。

五、切实加强组织实施,确保各项措施落实见效

（二十四）加强党的领导。各级税务机关党委要高度重视支持和服务民营经济发展工作。党委书记是第一责任人,要亲自组织、亲自部署、亲自过问,统筹研究工作安排并认真抓好督导落实。各级税务机关党委在年度工作报告中,要专门就支持和服务民营经济发展工作情况进行报告,认真总结经验和不足,自觉接受评议和监督,促进工作不断改进、不断提高。

（二十五）细化工作落实。税务总局办公厅要加强对各项措施落实情况的督办,并纳入绩效考核;各司局要结合分管工作,明确责任分工,一项一项组织实施,对标对表加以推进,确保按时保质落实到位。各省税务局要结合自身实际,进一步细化实化支持和服务民营经济发展的具体办法,层层压实责任,一级一级抓好贯彻落实。特别是在地方党委、政府制定出台支持民营经济发展的措施时,要积极承担应尽职责,根据当地民营经济发展状况和需求,主动依法提出税收支持措施,不断创新工作方法,拓展服务手段,增强工作的针对性。

（二十六）务求实效长效。支持和服务民营经济发展是一项长期任务。各级税务机关务必常抓不懈,融入日常工作常抓常新、常抓常进。在落实已有措施的基础上,要不断谋划和推出新的举措;在取得积极效果的基础上,要不断深化和拓展新的成效;在积累有益经验的基础上,要不断完善和丰富新的制度安排,确保支持和服务民营经济发展有实招、显实效、见长效。

各级税务机关要以习近平新时代中国特色社会主义思想为指导,从讲政治的高度,坚定不移强化责任担当,不折不扣抓好工作落实,以助力民营企业发展壮大的积极成效,促进经济活力不断增强和现代化经济体系建设深入推进,为服务高质量发展作出新的贡献。工作中的经验做法和意见建议,要及时向税务总局(政策法规司)报告。

七、权益保护

中共中央、国务院关于完善产权保护制度依法保护产权的意见

1. 2016年11月4日
2. 中发〔2016〕28号

　　产权制度是社会主义市场经济的基石,保护产权是坚持社会主义基本经济制度的必然要求。有恒产者有恒心,经济主体财产权的有效保障和实现是经济社会持续健康发展的基础。改革开放以来,通过大力推进产权制度改革,我国基本形成了归属清晰、权责明确、保护严格、流转顺畅的现代产权制度和产权保护法律框架,全社会产权保护意识不断增强,保护力度不断加大。同时也要看到,我国产权保护仍然存在一些薄弱环节和问题:国有产权由于所有者和代理人关系不够清晰,存在内部人控制、关联交易等导致国有资产流失的问题;利用公权力侵害私有产权、违法查封扣押冻结民营企业财产等现象时有发生;知识产权保护不力,侵权易发多发。解决这些问题,必须加快完善产权保护制度,依法有效保护各种所有制经济组织和公民财产权,增强人民群众财产财富安全感,增强社会信心,形成良好预期,增强各类经济主体创业创新动力,维护社会公平正义,保持经济社会持续健康发展和国家长治久安。现就完善产权保护制度、依法保护产权提出以下意见。

一、总体要求

　　加强产权保护,根本之策是全面推进依法治国。要全面贯彻党的十八大和十八届三中、四中、五中、六中全会精神,深入学习贯彻习近平

总书记系列重要讲话精神,按照党中央、国务院决策部署,紧紧围绕统筹推进"五位一体"总体布局和协调推进"四个全面"战略布局,牢固树立和贯彻落实新发展理念,着力推进供给侧结构性改革,进一步完善现代产权制度,推进产权保护法治化,在事关产权保护的立法、执法、司法、守法等各方面各环节体现法治理念。要坚持以下原则:

——坚持平等保护。健全以公平为核心原则的产权保护制度,毫不动摇巩固和发展公有制经济,毫不动摇鼓励、支持、引导非公有制经济发展,公有制经济财产权不可侵犯,非公有制经济财产权同样不可侵犯。

——坚持全面保护。保护产权不仅包括保护物权、债权、股权,也包括保护知识产权及其他各种无形财产权。

——坚持依法保护。不断完善社会主义市场经济法律制度,强化法律实施,确保有法可依、有法必依。

——坚持共同参与。做到政府诚信和公众参与相结合,建设法治政府、责任政府、诚信政府,增强公民产权保护观念和契约意识,强化社会监督。

——坚持标本兼治。着眼长远,着力当下,抓紧解决产权保护方面存在的突出问题,提高产权保护精准度,加快建立产权保护长效机制,激发各类经济主体的活力和创造力。

二、加强各种所有制经济产权保护

深化国有企业和国有资产监督管理体制改革,进一步明晰国有产权所有者和代理人关系,推动实现国有企业股权多元化和公司治理现代化,健全涉及财务、采购、营销、投资等方面的内部监督制度和内控机制,强化董事会规范运作和对经理层的监督,完善国有资产交易方式,严格规范国有产权登记、转让、清算、退出等程序和交易行为,以制度化保障促进国有产权保护,防止内部人任意支配国有资产,切实防止国有资产流失。建立健全归属清晰、权责明确、监管有效的自然资源资产产权制度,完善自然资源有偿使用制度,逐步实现各类市场主体按照市场规则和市场价格依法平等使用土地等自然资源。完善农村集体产权确权和保护制度，分类建立健全集体资产清产核资、登记、保管、使用、处置制度和财务管理监督制度，规范农村产权流转交易，切实防止集体经济组织内部少数人侵占、非法处置集体资产，防止外部资本侵吞、非法控制集体资产。坚持权利平等、机会平等、规则平等，废除对非公有制经济各种形式的不合理规定，消除各种隐性壁垒，保证各种所有制经济依法平等使用生产要素、公开公平公正参与市场竞争、同等受到法律保护、共同履行社会责任。

三、完善平等保护产权的法律制度

加快推进民法典编纂工作，完善物权、合同、知识产权相关法律制度，清理有违公平的法律法规条款，将平等保护作为规范财产关系的基本原则。健全以企业组织形式和出资人承担责任方式为主的市场主体法律制度，统筹研究清理、废止按照所有制不同类型制定的市场主体法律和行政法规，开展部门规章和规范性文件专项清理，平等保护各类市场主体。加大对非公有财产的刑法保护力度。

四、妥善处理历史形成的产权案件

坚持有错必纠，抓紧甄别纠正一批社会反映强烈的产权纠纷申诉案件，剖析一批侵害产权的案例。对涉及重大财产处置的产权纠纷申诉案件、民营企业和投资人违法申诉案件依法甄别，确属事实不清、证据不足、适用法律错误的错案冤案，要依法予以纠正并赔偿当事人的损失。完善办案质量终身负责制和错案责任倒查问责制，从源头上有效预防错案冤案的发生。严格遵循法不溯及既往、罪刑法定、在新旧法之间从旧兼从轻等原则，以发展眼光客观看待和依法妥善处理改革开放以来各类企业特别是民营企业经营过程中存在的不规范问题。

五、严格规范涉案财产处置的法律程序

进一步细化涉嫌违法的企业和人员财产处置规则，依法慎重决定是否采取相关强制措施。确需采取查封、扣押、冻结等措施的，要严格按照法定程序进行，除依法需责令关闭企业的情形外，在条件允许情

况下可以为企业预留必要的流动资金和往来账户,最大限度降低对企业正常生产经营活动的不利影响。采取查封、扣押、冻结措施和处置涉案财物时,要依法严格区分个人财产和企业法人财产。对股东、企业经营管理者等自然人违法,在处置其个人财产时不任意牵连企业法人财产;对企业违法,在处置企业法人财产时不任意牵连股东、企业经营管理者个人合法财产。严格区分违法所得和合法财产,区分涉案人员个人财产和家庭成员财产,在处置违法所得时不牵连合法财产。完善涉案财物保管、鉴定、估价、拍卖、变卖制度,做到公开公正和规范高效,充分尊重和依法保护当事人及其近亲属、股东、债权人等相关方的合法权益。

六、审慎把握处理产权和经济纠纷的司法政策

充分考虑非公有制经济特点,严格区分经济纠纷与经济犯罪的界限、企业正当融资与非法集资的界限、民营企业参与国有企业兼并重组中涉及的经济纠纷与恶意侵占国有资产的界限,准确把握经济违法行为入刑标准,准确认定经济纠纷和经济犯罪的性质,防范刑事执法介入经济纠纷,防止选择性司法。对于法律界限不明、罪与非罪不清的,司法机关应严格遵循罪刑法定、疑罪从无、严禁有罪推定的原则,防止把经济纠纷当作犯罪处理。严禁党政干部干预司法活动、介入司法纠纷、插手具体案件处理。对民营企业在生产、经营、融资活动中的经济行为,除法律、行政法规明确禁止外,不以违法犯罪对待。对涉及犯罪的民营企业投资人,在当事人服刑期间依法保障其行使财产权利等民事权利。

七、完善政府守信践诺机制

大力推进法治政府和政务诚信建设,地方各级政府及有关部门要严格兑现向社会及行政相对人依法作出的政策承诺,认真履行在招商引资、政府与社会资本合作等活动中与投资主体依法签订的各类合同,不得以政府换届、领导人员更替等理由违约毁约,因违约毁约侵犯合法权益的,要承担法律和经济责任。因国家利益、公共利益或者其他法定事由需要改变政府承诺和合同约定的,要严格依照法定权限和程序进行,并对企业和投资人因此而受到的财产损失依法予以补偿。对因政府违约等导致企业和公民财产权受到损害等情形,进一步完善赔偿、投诉和救济机制,畅通投诉和救济渠道。将政务履约和守诺服务纳入政府绩效评价体系,建立政务失信记录,建立健全政府失信责任追究制度及责任倒查机制,加大对政务失信行为惩戒力度。

八、完善财产征收征用制度

完善土地、房屋等财产征收征用法律制度,合理界定征收征用适用的公共利益范围,不将公共利益扩大化,细化规范征收征用法定权限和程序。遵循及时合理补偿原则,完善国家补偿制度,进一步明确补偿的范围、形式和标准,给予被征收征用者公平合理补偿。

九、加大知识产权保护力度

加大知识产权侵权行为惩治力度,提高知识产权侵权法定赔偿上限,探索建立对专利权、著作权等知识产权侵权惩罚性赔偿制度,对情节严重的恶意侵权行为实施惩罚性赔偿,并由侵权人承担权利人为制止侵权行为所支付的合理开支,提高知识产权侵权成本。建立收集假冒产品来源地信息工作机制,将故意侵犯知识产权行为情况纳入企业和个人信用记录,进一步推进侵犯知识产权行政处罚案件信息公开。完善知识产权审判工作机制,积极发挥知识产权法院作用,推进知识产权民事、刑事、行政案件审判"三审合一",加强知识产权行政执法与刑事司法的衔接,加大知识产权司法保护力度。完善涉外知识产权执法机制,加强刑事执法国际合作,加大涉外知识产权犯罪案件侦办力度。严厉打击不正当竞争行为,加强品牌商誉保护。将知识产权保护和运用相结合,加强机制和平台建设,加快知识产权转移转化。

十、健全增加城乡居民财产性收入的各项制度

研究住宅建设用地等土地使用权到期后续期的法律安排,推动形成全社会对公民财产长久受保护的良好和稳定预期。在国有企业混合所有制改革中,依照相关规定支持有条件的混合所有制企业实行员工持股,坚持同股同权、同股同利,着力避免大股东凭借优势地位侵害中小股东权益的行为,建立员工利益和企业利益、国家利益激励相容机制。深化金融改革,推动金融创新,鼓励创造更多支持实体经济发展、使民众分享增值收益的金融产品,增加民众投资渠道。深化农村土地制度改革,坚持土地公有制性质不改变、耕地红线不突破、粮食生产能力不减弱、农民利益不受损的底线,从实际出发,因地制宜,落实承包地、宅基地、集体经营性建设用地的用益物权,赋予农民更多财产权利,增加农民财产收益。

十一、营造全社会重视和支持产权保护的良好环境

　　大力宣传党和国家平等保护各种所有制经济产权的方针政策和法律法规,使平等保护、全面保护、依法保护观念深入人心,营造公平、公正、透明、稳定的法治环境。在坚持以经济建设为中心、提倡勤劳致富、保护产权、弘扬企业家精神等方面加强舆论引导,总结宣传一批依法有效保护产权的好做法、好经验、好案例,推动形成保护产权的良好社会氛围。完善法律援助制度,健全司法救助体系,确保人民群众在产权受到侵害时获得及时有效的法律帮助。有效发挥工商业联合会、行业协会商会在保护非公有制经济和民营企业产权、维护企业合法权益方面的作用,建立对涉及产权纠纷的中小企业维权援助机制。更好发挥调解、仲裁的积极作用,完善产权纠纷多元化解机制。

　　各地区各部门要充分认识完善产权保护制度、依法保护产权的重要性和紧迫性,统一思想,形成共识和合力,狠抓工作落实。各地区要建立党委牵头,人大、政府、司法机关共同参加的产权保护协调工作机制,加强对产权保护工作的组织领导和统筹协调。各有关部门和单位要按照本意见要求,抓紧制定具体实施方案,启动基础性、标志性、关键性工作,加强协调配合,确保各项举措落到实处、见到实效。

中华人民共和国行政处罚法

1. 1996 年 3 月 17 日第八届全国人民代表大会第四次会议通过
2. 根据 2009 年 8 月 27 日第十一届全国人民代表大会常务委员会第十次会议《关于修改部分法律的决定》第一次修正
3. 根据 2017 年 9 月 1 日第十二届全国人民代表大会常务委员会第二十九次会议《关于修改〈中华人民共和国法官法〉等八部法律的决定》第二次修正
4. 2021 年 1 月 22 日第十三届全国人民代表大会常务委员会第二十五次会议修订
5. 自 2021 年 7 月 15 日起施行

目 录

第一章 总 则
第二章 行政处罚的种类和设定
第三章 行政处罚的实施机关
第四章 行政处罚的管辖和适用
第五章 行政处罚的决定
 第一节 一般规定
 第二节 简易程序
 第三节 普通程序
 第四节 听证程序
第六章 行政处罚的执行
第七章 法律责任
第八章 附 则

第一章 总 则

第一条 【立法目的】为了规范行政处罚的设定和实施,保障和监督行政机关有效实施行政管理,维护公共利益和社会秩序,保护公民、法人或者其他组织的合法权益,根据宪法,制定本法。

第二条 【行政处罚定义】行政处罚是指行政机关依法对违反行政管理秩序的公民、法人或者其他组织,以减损权益或者增加义务的方式予以惩戒的行为。

第三条 【适用范围】行政处罚的设定和实施,适用本法。

第四条 【处罚法定】公民、法人或者其他组织违反行政管理秩序的行为,应当给予行政处罚的,依照本法由法律、法规、规章规定,并由行政机关依照本法规定的程序实施。

第五条 【公正、公开原则和过罚相当原则】行政处罚遵循公正、公开的原则。

设定和实施行政处罚必须以事实为依据,与违法行为的事实、性质、情节以及社会危害程度相当。

对违法行为给予行政处罚的规定必须公布;未经公布的,不得作为行政处罚的依据。

第六条 【处罚与教育相结合原则】实施行政处罚,纠正违法行为,应当坚持处罚与教育相结合,教育公民、法人或者其他组织自觉守法。

第七条 【权利保障原则】公民、法人或者其他组织对行政机关所给予的行政处罚,享有陈述权、申辩权;对行政处罚不服,有权依法申请行政复议或者提起行政诉讼。

公民、法人或者其他组织因行政机关违法给予行政处罚受到损害的,有权依法提出赔偿要求。

第八条 【民事责任与禁止以罚代刑】公民、法人或者其他组织因违法行为受到行政处罚,其违法行为对他人造成损害的,应当依法承担民事责任。

违法行为构成犯罪,应当依法追究刑事责任的,不得以行政处罚代替刑事处罚。

第二章 行政处罚的种类和设定

第九条 【行政处罚的种类】行政处罚的种类:

(一)警告、通报批评;

(二)罚款、没收违法所得、没收非法财物;

(三)暂扣许可证件、降低资质等级、吊销许可证件;

(四)限制开展生产经营活动、责令停产停业、责令关闭、限制从业;

(五)行政拘留;

(六)法律、行政法规规定的其他行政处罚。

第十条　【法律的行政处罚设定权】法律可以设定各种行政处罚。

限制人身自由的行政处罚,只能由法律设定。

第十一条　【行政法规的行政处罚设定权】行政法规可以设定除限制人身自由以外的行政处罚。

法律对违法行为已经作出行政处罚规定,行政法规需要作出具体规定的,必须在法律规定的给予行政处罚的行为、种类和幅度的范围内规定。

法律对违法行为未作出行政处罚规定,行政法规为实施法律,可以补充设定行政处罚。拟补充设定行政处罚的,应当通过听证会、论证会等形式广泛听取意见,并向制定机关作出书面说明。行政法规报送备案时,应当说明补充设定行政处罚的情况。

第十二条　【地方性法规的行政处罚设定权】地方性法规可以设定除限制人身自由、吊销营业执照以外的行政处罚。

法律、行政法规对违法行为已经作出行政处罚规定,地方性法规需要作出具体规定的,必须在法律、行政法规规定的给予行政处罚的行为、种类和幅度的范围内规定。

法律、行政法规对违法行为未作出行政处罚规定,地方性法规为实施法律、行政法规,可以补充设定行政处罚。拟补充设定行政处罚的,应当通过听证会、论证会等形式广泛听取意见,并向制定机关作出书面说明。地方性法规报送备案时,应当说明补充设定行政处罚的情况。

第十三条　【国务院部门规章的行政处罚设定权】国务院部门规章可以在法律、行政法规规定的给予行政处罚的行为、种类和幅度的范围内作出具体规定。

尚未制定法律、行政法规的，国务院部门规章对违反行政管理秩序的行为，可以设定警告、通报批评或者一定数额罚款的行政处罚。罚款的限额由国务院规定。

第十四条　【地方政府规章的行政处罚设定权】地方政府规章可以在法律、法规规定的给予行政处罚的行为、种类和幅度的范围内作出具体规定。

尚未制定法律、法规的，地方政府规章对违反行政管理秩序的行为，可以设定警告、通报批评或者一定数额罚款的行政处罚。罚款的限额由省、自治区、直辖市人民代表大会常务委员会规定。

第十五条　【行政处罚的评估】国务院部门和省、自治区、直辖市人民政府及其有关部门应当定期组织评估行政处罚的实施情况和必要性，对不适当的行政处罚事项及种类、罚款数额等，应当提出修改或者废止的建议。

第十六条　【其他规范性文件不得设定行政处罚】除法律、法规、规章外，其他规范性文件不得设定行政处罚。

第三章　行政处罚的实施机关

第十七条　【行政处罚的实施主体】行政处罚由具有行政处罚权的行政机关在法定职权范围内实施。

第十八条　【相对集中行政处罚权】国家在城市管理、市场监管、生态环境、文化市场、交通运输、应急管理、农业等领域推行建立综合行政执法制度，相对集中行政处罚权。

国务院或者省、自治区、直辖市人民政府可以决定一个行政机关行使有关行政机关的行政处罚权。

限制人身自由的行政处罚权只能由公安机关和法律规定的其他机关行使。

第十九条　【行政处罚的授权】法律、法规授权的具有管理公共事务职能的组织可以在法定授权范围内实施行政处罚。

第二十条　【行政处罚的委托】行政机关依照法律、法规、规章的规定，可以在其法定权限内书面委托符合本法第二十一条规定条件的组织实施行政处罚。行政机关不得委托其他组织或者个人实施行政处罚。

委托书应当载明委托的具体事项、权限、期限等内容。委托行政机关和受委托组织应当将委托书向社会公布。

委托行政机关对受委托组织实施行政处罚的行为应当负责监督，并对该行为的后果承担法律责任。

受委托组织在委托范围内，以委托行政机关名义实施行政处罚；不得再委托其他组织或者个人实施行政处罚。

第二十一条　【受委托组织的条件】受委托组织必须符合以下条件：

（一）依法成立并具有管理公共事务职能；

（二）有熟悉有关法律、法规、规章和业务并取得行政执法资格的工作人员；

（三）需要进行技术检查或者技术鉴定的，应当有条件组织进行相应的技术检查或者技术鉴定。

第四章　行政处罚的管辖和适用

第二十二条　【行政处罚的地域管辖】行政处罚由违法行为发生地的行政机关管辖。法律、行政法规、部门规章另有规定的，从其规定。

第二十三条　【行政处罚的级别管辖和职能管辖】行政处罚由县级以上地方人民政府具有行政处罚权的行政机关管辖。法律、行政法规另有规定的，从其规定。

第二十四条　【下放行政处罚权的条件与情形】省、自治区、直辖市根据当地实际情况，可以决定将基层管理迫切需要的县级人民政府部门的行政处罚权交由能够有效承接的乡镇人民政府、街道办事处行使，并定期组织评估。决定应当公布。

承接行政处罚权的乡镇人民政府、街道办事处应当加强执法能力建设，按照规定范围、依照法定程序实施行政处罚。

有关地方人民政府及其部门应当加强组织协调、业务指导、执法监督，建立健全行政处罚协调配合机制，完善评议、考核制度。

第二十五条 【行政处罚的管辖归属】两个以上行政机关都有管辖权的,由最先立案的行政机关管辖。

对管辖发生争议的,应当协商解决,协商不成的,报请共同的上一级行政机关指定管辖;也可以直接由共同的上一级行政机关指定管辖。

第二十六条 【行政处罚的协助实施请求权】行政机关因实施行政处罚的需要,可以向有关机关提出协助请求。协助事项属于被请求机关职权范围内的,应当依法予以协助。

第二十七条 【行政处罚案件的移送管辖】违法行为涉嫌犯罪的,行政机关应当及时将案件移送司法机关,依法追究刑事责任。对依法不需要追究刑事责任或者免予刑事处罚,但应当给予行政处罚的,司法机关应当及时将案件移送有关行政机关。

行政处罚实施机关与司法机关之间应当加强协调配合,建立健全案件移送制度,加强证据材料移交、接收衔接,完善案件处理信息通报机制。

第二十八条 【责令改正与没收违法所得】行政机关实施行政处罚时,应当责令当事人改正或者限期改正违法行为。

当事人有违法所得,除依法应当退赔的外,应当予以没收。违法所得是指实施违法行为所取得的款项。法律、行政法规、部门规章对违法所得的计算另有规定的,从其规定。

第二十九条 【一事不再罚】对当事人的同一个违法行为,不得给予两次以上罚款的行政处罚。同一个违法行为违反多个法律规范应当给予罚款处罚的,按照罚款数额高的规定处罚。

第三十条 【未成年人的行政处罚】不满十四周岁的未成年人有违法行为的,不予行政处罚,责令监护人加以管教;已满十四周岁不满十八周岁的未成年人有违法行为的,应当从轻或者减轻行政处罚。

第三十一条 【精神状况异常及智力低下的人的行政处罚】精神病人、智力残疾人在不能辨认或者不能控制自己行为时有违法行为的,不予行政处罚,但应当责令其监护人严加看管和治疗。间歇性精神病人在精神正常时有违法行为的,应当给予行政处罚。尚未完全丧失辨认或者控制自己行为能力的精神病人、智力残疾人有违法行为的,可以从轻或者减轻行政处罚。

第三十二条 【从轻或者减轻行政处罚】当事人有下列情形之一,应当从轻或者减轻行政处罚:

(一)主动消除或者减轻违法行为危害后果的;

(二)受他人胁迫或者诱骗实施违法行为的;

(三)主动供述行政机关尚未掌握的违法行为的;

(四)配合行政机关查处违法行为有立功表现的;

(五)法律、法规、规章规定其他应当从轻或者减轻行政处罚的。

第三十三条 【免予处罚】违法行为轻微并及时改正,没有造成危害后果的,不予行政处罚。初次违法且危害后果轻微并及时改正的,可以不予行政处罚。

当事人有证据足以证明没有主观过错的,不予行政处罚。法律、行政法规另有规定的,从其规定。

对当事人的违法行为依法不予行政处罚的,行政机关应当对当事人进行教育。

第三十四条 【裁量基准的制定】行政机关可以依法制定行政处罚裁量基准,规范行使行政处罚裁量权。行政处罚裁量基准应当向社会公布。

第三十五条 【刑罚的折抵】违法行为构成犯罪,人民法院判处拘役或者有期徒刑时,行政机关已经给予当事人行政拘留的,应当依法折抵相应刑期。

违法行为构成犯罪,人民法院判处罚金时,行政机关已经给予当事人罚款的,应当折抵相应罚金;行政机关尚未给予当事人罚款的,不再给予罚款。

第三十六条 【行政处罚追责时效】违法行为在二年内未被发现的,不再给予行政处罚;涉及公民生命健康安全、金融安全且有危害后果的,上述期限延长至五年。法律另有规定的除外。

前款规定的期限,从违法行为发生之日起计算;违法行为有连续或者继续状态的,从行为终了之日起计算。

第三十七条　【从旧兼从轻原则】实施行政处罚,适用违法行为发生时的法律、法规、规章的规定。但是,作出行政处罚决定时,法律、法规、规章已被修改或者废止,且新的规定处罚较轻或者不认为是违法的,适用新的规定。

第三十八条　【无效的行政处罚】行政处罚没有依据或者实施主体不具有行政主体资格的,行政处罚无效。

违反法定程序构成重大且明显违法的,行政处罚无效。

第五章　行政处罚的决定

第一节　一般规定

第三十九条　【行政处罚公示制度】行政处罚的实施机关、立案依据、实施程序和救济渠道等信息应当公示。

第四十条　【行政处罚的前提条件】公民、法人或者其他组织违反行政管理秩序的行为,依法应当给予行政处罚的,行政机关必须查明事实;违法事实不清、证据不足的,不得给予行政处罚。

第四十一条　【电子监控设备的配置程序、内容审核、权利告知】行政机关依照法律、行政法规规定利用电子技术监控设备收集、固定违法事实的,应当经过法制和技术审核,确保电子技术监控设备符合标准、设置合理、标志明显,设置地点应当向社会公布。

电子技术监控设备记录违法事实应当真实、清晰、完整、准确。行政机关应当审核记录内容是否符合要求;未经审核或者经审核不符合要求的,不得作为行政处罚的证据。

行政机关应当及时告知当事人违法事实,并采取信息化手段或者其他措施,为当事人查询、陈述和申辩提供便利。不得限制或者变相限制当事人享有的陈述权、申辩权。

第四十二条　【对行政执法人员的执法要求】行政处罚应当由具有行政执法资格的执法人员实施。执法人员不得少于两人,法律另有规定的除外。

执法人员应当文明执法，尊重和保护当事人合法权益。

第四十三条　【行政执法人员回避制度】执法人员与案件有直接利害关系或者有其他关系可能影响公正执法的，应当回避。

当事人认为执法人员与案件有直接利害关系或者有其他关系可能影响公正执法的，有权申请回避。

当事人提出回避申请的，行政机关应当依法审查，由行政机关负责人决定。决定作出之前，不停止调查。

第四十四条　【行政机关的告知义务】行政机关在作出行政处罚决定之前，应当告知当事人拟作出的行政处罚内容及事实、理由、依据，并告知当事人依法享有的陈述、申辩、要求听证等权利。

第四十五条　【当事人的陈述权和申辩权】当事人有权进行陈述和申辩。行政机关必须充分听取当事人的意见，对当事人提出的事实、理由和证据，应当进行复核；当事人提出的事实、理由或者证据成立的，行政机关应当采纳。

行政机关不得因当事人陈述、申辩而给予更重的处罚。

第四十六条　【证据的种类及适用规则】证据包括：

（一）书证；

（二）物证；

（三）视听资料；

（四）电子数据；

（五）证人证言；

（六）当事人的陈述；

（七）鉴定意见；

（八）勘验笔录、现场笔录。

证据必须经查证属实，方可作为认定案件事实的根据。

以非法手段取得的证据，不得作为认定案件事实的根据。

第四十七条　【行政执法全过程记录制度】行政机关应当依法以文字、音像等形式，对行政处罚的启动、调查取证、审核、决定、送达、执行等进行全过程记录，归档保存。

第四十八条 【行政处罚决定信息公开】具有一定社会影响的行政处罚决定应当依法公开。

公开的行政处罚决定被依法变更、撤销、确认违法或者确认无效的，行政机关应当在三日内撤回行政处罚决定信息并公开说明理由。

第四十九条 【重大突发事件从快处理、从重处罚】发生重大传染病疫情等突发事件，为了控制、减轻和消除突发事件引起的社会危害，行政机关对违反突发事件应对措施的行为，依法快速、从重处罚。

第五十条 【保护国家秘密、商业秘密或者个人隐私义务】行政机关及其工作人员对实施行政处罚过程中知悉的国家秘密、商业秘密或者个人隐私，应当依法予以保密。

第二节 简易程序

第五十一条 【行政机关当场处罚】违法事实确凿并有法定依据，对公民处以二百元以下、对法人或者其他组织处以三千元以下罚款或者警告的行政处罚的，可以当场作出行政处罚决定。法律另有规定的，从其规定。

第五十二条 【行政机关当场处罚需履行法定手续】执法人员当场作出行政处罚决定的，应当向当事人出示执法证件，填写预定格式、编有号码的行政处罚决定书，并当场交付当事人。当事人拒绝签收的，应当在行政处罚决定书上注明。

前款规定的行政处罚决定书应当载明当事人的违法行为，行政处罚的种类和依据、罚款数额、时间、地点，申请行政复议、提起行政诉讼的途径和期限以及行政机关名称，并由执法人员签名或者盖章。

执法人员当场作出的行政处罚决定，应当报所属行政机关备案。

第五十三条 【行政机关当场处罚履行方式】对当场作出的行政处罚决定，当事人应当依照本法第六十七条至第六十九条的规定履行。

第三节 普通程序

第五十四条 【处罚前调查取证程序】除本法第五十一条规定的可以当场作出的行政处罚外，行政机关发现公民、法人或者其他组织有依法应当给予行政处罚的行为的,必须全面、客观、公正地调查,收集有关证据;必要时,依照法律、法规的规定,可以进行检查。

符合立案标准的,行政机关应当及时立案。

第五十五条 【执法人员调查中应出示证件及调查对象配合义务】执法人员在调查或者进行检查时,应当主动向当事人或者有关人员出示执法证件。当事人或者有关人员有权要求执法人员出示执法证件。执法人员不出示执法证件的,当事人或者有关人员有权拒绝接受调查或者检查。

当事人或者有关人员应当如实回答询问,并协助调查或者检查,不得拒绝或者阻挠。询问或者检查应当制作笔录。

第五十六条 【取证方法和程序】行政机关在收集证据时,可以采取抽样取证的方法;在证据可能灭失或者以后难以取得的情况下,经行政机关负责人批准,可以先行登记保存,并应当在七日内及时作出处理决定,在此期间,当事人或者有关人员不得销毁或者转移证据。

第五十七条 【处罚决定】调查终结,行政机关负责人应当对调查结果进行审查,根据不同情况,分别作出如下决定:

(一)确有应受行政处罚的违法行为的,根据情节轻重及具体情况,作出行政处罚决定;

(二)违法行为轻微,依法可以不予行政处罚的,不予行政处罚;

(三)违法事实不能成立的,不予行政处罚;

(四)违法行为涉嫌犯罪的,移送司法机关。

对情节复杂或者重大违法行为给予行政处罚,行政机关负责人应当集体讨论决定。

第五十八条 【特定事项法制审核制度】有下列情形之一,在行政机关负责人作出行政处罚的决定之前,应当由从事行政处罚决定法制审核的人员进行法制审核;未经法制审核或者审核未通过的,不得作出决定:

(一)涉及重大公共利益的;

(二)直接关系当事人或者第三人重大权益,经过听证程序的;

（三）案件情况疑难复杂、涉及多个法律关系的；

（四）法律、法规规定应当进行法制审核的其他情形。

行政机关中初次从事行政处罚决定法制审核的人员，应当通过国家统一法律职业资格考试取得法律职业资格。

第五十九条 【**行政处罚决定书的制作和内容**】行政机关依照本法第五十七条的规定给予行政处罚，应当制作行政处罚决定书。行政处罚决定书应当载明下列事项：

（一）当事人的姓名或者名称、地址；

（二）违反法律、法规、规章的事实和证据；

（三）行政处罚的种类和依据；

（四）行政处罚的履行方式和期限；

（五）申请行政复议、提起行政诉讼的途径和期限；

（六）作出行政处罚决定的行政机关名称和作出决定的日期。

行政处罚决定书必须盖有作出行政处罚决定的行政机关的印章。

第六十条 【**行政处罚期限**】行政机关应当自行政处罚案件立案之日起九十日内作出行政处罚决定。法律、法规、规章另有规定的，从其规定。

第六十一条 【**行政处罚决定书的送达**】行政处罚决定书应当在宣告后当场交付当事人；当事人不在场的，行政机关应当在七日内依照《中华人民共和国民事诉讼法》的有关规定，将行政处罚决定书送达当事人。

当事人同意并签订确认书的，行政机关可以采用传真、电子邮件等方式，将行政处罚决定书等送达当事人。

第六十二条 【**不得做出行政处罚决定的情形**】行政机关及其执法人员在作出行政处罚决定之前，未依照本法第四十四条、第四十五条的规定向当事人告知拟作出的行政处罚内容及事实、理由、依据，或者拒绝听取当事人的陈述、申辩，不得作出行政处罚决定；当事人明确放弃陈述或者申辩权利的除外。

第四节 听证程序

第六十三条 【**行政处罚听证程序的适用范围**】行政机关拟作出下列行

政处罚决定,应当告知当事人有要求听证的权利,当事人要求听证的,行政机关应当组织听证:

(一)较大数额罚款;

(二)没收较大数额违法所得、没收较大价值非法财物;

(三)降低资质等级、吊销许可证件;

(四)责令停产停业、责令关闭、限制从业;

(五)其他较重的行政处罚;

(六)法律、法规、规章规定的其他情形。

当事人不承担行政机关组织听证的费用。

第六十四条 【行政处罚的听证程序】听证应当依照以下程序组织:

(一)当事人要求听证的,应当在行政机关告知后五日内提出;

(二)行政机关应当在举行听证的七日前,通知当事人及有关人员听证的时间、地点;

(三)除涉及国家秘密、商业秘密或者个人隐私依法予以保密外,听证公开举行;

(四)听证由行政机关指定的非本案调查人员主持;当事人认为主持人与本案有直接利害关系的,有权申请回避;

(五)当事人可以亲自参加听证,也可以委托一至二人代理;

(六)当事人及其代理人无正当理由拒不出席听证或者未经许可中途退出听证的,视为放弃听证权利,行政机关终止听证;

(七)举行听证时,调查人员提出当事人违法的事实、证据和行政处罚建议,当事人进行申辩和质证;

(八)听证应当制作笔录。笔录应当交当事人或者其代理人核对无误后签字或者盖章。当事人或者其代理人拒绝签字或者盖章的,由听证主持人在笔录中注明。

第六十五条 【听证笔录及处罚决定】听证结束后,行政机关应当根据听证笔录,依照本法第五十七条的规定,作出决定。

第六章 行政处罚的执行

第六十六条 【履行期限】行政处罚决定依法作出后,当事人应当在行政处罚决定书载明的期限内,予以履行。

当事人确有经济困难,需要延期或者分期缴纳罚款的,经当事人申请和行政机关批准,可以暂缓或者分期缴纳。

第六十七条 【罚缴分离原则】作出罚款决定的行政机关应当与收缴罚款的机构分离。

除依照本法第六十八条、第六十九条的规定当场收缴的罚款外,作出行政处罚决定的行政机关及其执法人员不得自行收缴罚款。

当事人应当自收到行政处罚决定书之日起十五日内,到指定的银行或者通过电子支付系统缴纳罚款。银行应当收受罚款,并将罚款直接上缴国库。

第六十八条 【当场收缴罚款情形】依照本法第五十一条的规定当场作出行政处罚决定,有下列情形之一,执法人员可以当场收缴罚款:

(一)依法给予一百元以下罚款的;

(二)不当场收缴事后难以执行的。

第六十九条 【边远地区当场收缴罚款】在边远、水上、交通不便地区,行政机关及其执法人员依照本法第五十一条、第五十七条的规定作出罚款决定后,当事人到指定的银行或者通过电子支付系统缴纳罚款确有困难,经当事人提出,行政机关及其执法人员可以当场收缴罚款。

第七十条 【罚款收据】行政机关及其执法人员当场收缴罚款的,必须向当事人出具国务院财政部门或者省、自治区、直辖市人民政府财政部门统一制发的专用票据;不出具财政部门统一制发的专用票据的,当事人有权拒绝缴纳罚款。

第七十一条 【当场收缴罚款的上缴程序】执法人员当场收缴的罚款,应当自收缴罚款之日起二日内,交至行政机关;在水上当场收缴的罚款,应当自抵岸之日起二日内交至行政机关;行政机关应当在二日内将罚款缴付指定的银行。

第七十二条 【执行措施】当事人逾期不履行行政处罚决定的,作出行政处罚决定的行政机关可以采取下列措施:

(一)到期不缴纳罚款的,每日按罚款数额的百分之三加处罚款,加处罚款的数额不得超出罚款的数额；

（二）根据法律规定，将查封、扣押的财物拍卖、依法处理或者将冻结的存款、汇款划拨抵缴罚款；

（三）根据法律规定，采取其他行政强制执行方式；

（四）依照《中华人民共和国行政强制法》的规定申请人民法院强制执行。

行政机关批准延期、分期缴纳罚款的，申请人民法院强制执行的期限，自暂缓或者分期缴纳罚款期限结束之日起计算。

第七十三条 【复议、诉讼期间行政处罚不停止执行】当事人对行政处罚决定不服，申请行政复议或者提起行政诉讼的，行政处罚不停止执行，法律另有规定的除外。

当事人对限制人身自由的行政处罚决定不服，申请行政复议或者提起行政诉讼的，可以向作出决定的机关提出暂缓执行申请。符合法律规定情形的，应当暂缓执行。

当事人申请行政复议或者提起行政诉讼的，加处罚款的数额在行政复议或者行政诉讼期间不予计算。

第七十四条 【罚没非法财物的处理】除依法应当予以销毁的物品外，依法没收的非法财物必须按照国家规定公开拍卖或者按照国家有关规定处理。

罚款、没收的违法所得或者没收非法财物拍卖的款项，必须全部上缴国库，任何行政机关或者个人不得以任何形式截留、私分或者变相私分。

罚款、没收的违法所得或者没收非法财物拍卖的款项，不得同作出行政处罚决定的行政机关及其工作人员的考核、考评直接或者变相挂钩。除依法应当退还、退赔的外，财政部门不得以任何形式向作出行政处罚决定的行政机关返还罚款、没收的违法所得或者没收非法财物拍卖的款项。

第七十五条 【行政处罚监督制度】行政机关应当建立健全对行政处罚的监督制度。县级以上人民政府应当定期组织开展行政执法评议、考核,加强对行政处罚的监督检查,规范和保障行政处罚的实施。

行政机关实施行政处罚应当接受社会监督。公民、法人或者其他组织对行政机关实施行政处罚的行为,有权申诉或者检举;行政机关应当认真审查,发现有错误的,应当主动改正。

第七章　法律责任

第七十六条　【违法行政处罚实施人员的法律责任】行政机关实施行政处罚,有下列情形之一,由上级行政机关或者有关机关责令改正,对直接负责的主管人员和其他直接责任人员依法给予处分:

(一)没有法定的行政处罚依据的;

(二)擅自改变行政处罚种类、幅度的;

(三)违反法定的行政处罚程序的;

(四)违反本法第二十条关于委托处罚的规定的;

(五)执法人员未取得执法证件的。

行政机关对符合立案标准的案件不及时立案的,依照前款规定予以处理。

第七十七条　【违法使用单据的法律责任】行政机关对当事人进行处罚不使用罚款、没收财物单据或者使用非法定部门制发的罚款、没收财物单据的,当事人有权拒绝,并有权予以检举,由上级行政机关或者有关机关对使用的非法单据予以收缴销毁,对直接负责的主管人员和其他直接责任人员依法给予处分。

第七十八条　【违反罚缴分离的法律责任】行政机关违反本法第六十七条的规定自行收缴罚款的,财政部门违反本法第七十四条的规定向行政机关返还罚款、没收的违法所得或者拍卖款项的,由上级行政机关或者有关机关责令改正,对直接负责的主管人员和其他直接责任人员依法给予处分。

第七十九条　【截留私分罚没款的法律责任】行政机关截留、私分或者变相私分罚款、没收的违法所得或者财物的,由财政部门或者有关机关予以追缴,对直接负责的主管人员和其他直接责任人员依法给予处分;情节严重构成犯罪的,依法追究刑事责任。

执法人员利用职务上的便利,索取或者收受他人财物、将收缴罚款据为己有,构成犯罪的,依法追究刑事责任;情节轻微不构成犯罪的,依法给予处分。

第八十条　【使用、损毁查封、扣押财物的法律责任】行政机关使用或者损毁查封、扣押的财物,对当事人造成损失的,应当依法予以赔偿,对直接负责的主管人员和其他直接责任人员依法给予处分。

第八十一条　【违法行政检查和违法行政强制执行的法律责任】行政机关违法实施检查措施或者执行措施,给公民人身或者财产造成损害、给法人或者其他组织造成损失的,应当依法予以赔偿,对直接负责的主管人员和其他直接责任人员依法给予处分;情节严重构成犯罪的,依法追究刑事责任。

第八十二条　【以罚代刑的法律责任】行政机关对应当依法移交司法机关追究刑事责任的案件不移交,以行政处罚代替刑事处罚,由上级行政机关或者有关机关责令改正,对直接负责的主管人员和其他直接责任人员依法给予处分;情节严重构成犯罪的,依法追究刑事责任。

第八十三条　【执法人员不作为致损应担责】行政机关对应当予以制止和处罚的违法行为不予制止、处罚,致使公民、法人或者其他组织的合法权益、公共利益和社会秩序遭受损害的,对直接负责的主管人员和其他直接责任人员依法给予处分;情节严重构成犯罪的,依法追究刑事责任。

第八章　附　　则

第八十四条　【法的对象效力范围】外国人、无国籍人、外国组织在中华人民共和国领域内有违法行为,应当给予行政处罚的,适用本法,法律另有规定的除外。

第八十五条　【期限】本法中"二日""三日""五日""七日"的规定是指工作日,不含法定节假日。

第八十六条　【施行日期】本法自 2021 年 7 月 15 日起施行。

中华人民共和国刑法（节录）

1. 1979年7月1日第五届全国人民代表大会第二次会议通过
2. 1997年3月14日第八届全国人民代表大会第五次会议修订
3. 根据1998年12月29日第九届全国人民代表大会常务委员会第六次会议通过的《关于惩治骗购外汇、逃汇和非法买卖外汇犯罪的决定》、1999年12月25日第九届全国人民代表大会常务委员会第十三次会议通过的《中华人民共和国刑法修正案》、2001年8月31日第九届全国人民代表大会常务委员会第二十三次会议通过的《中华人民共和国刑法修正案（二）》、2001年12月29日第九届全国人民代表大会常务委员会第二十五次会议通过的《中华人民共和国刑法修正案（三）》、2002年12月28日第九届全国人民代表大会常务委员会第三十一次会议通过的《中华人民共和国刑法修正案（四）》、2005年2月28日第十届全国人民代表大会常务委员会第十四次会议通过的《中华人民共和国刑法修正案（五）》、2006年6月29日第十届全国人民代表大会常务委员会第二十二次会议通过的《中华人民共和国刑法修正案（六）》、2009年2月28日第十一届全国人民代表大会常务委员会第七次会议通过的《中华人民共和国刑法修正案（七）》、2009年8月27日第十一届全国人民代表大会常务委员会第十次会议通过的《关于修改部分法律的决定》、2011年2月25日第十一届全国人民代表大会常务委员会第十九次会议通过的《中华人民共和国刑法修正案（八）》、2015年8月29日第十二届全国人民代表大会常务委员会第十六次会议通过的《中华人民共和国刑法修正案（九）》、2017年11月4日第十二届全国人民代表大会常务委员会第三十次会议通过的《中华人民共和国刑法修正案（十）》、2020年12月26日第十三届全国人民代表大会常务委员会第二十四次会议通过的《中华人民共和国刑法修正案（十一）》和2023年12月29日第十四届全国人民代表大会常务委员会第七次会议通过的《中华人民共和国刑法修正案（十二）》修正[①]

[①] 刑法、历次刑法修正案、涉及修改刑法的决定的施行日期，分别依据各法律所规定的施行日期确定。

第一百五十八条 【虚报注册资本罪】申请公司登记使用虚假证明文件或者采取其他欺诈手段虚报注册资本,欺骗公司登记主管部门,取得公司登记,虚报注册资本数额巨大、后果严重或者有其他严重情节的,处三年以下有期徒刑或者拘役,并处或者单处虚报注册资本金额百分之一以上百分之五以下罚金。

单位犯前款罪的,对单位判处罚金,并对其直接负责的主管人员和其他直接责任人员,处三年以下有期徒刑或者拘役。

第一百五十九条 【虚假出资、抽逃出资罪】公司发起人、股东违反公司法的规定未交付货币、实物或者未转移财产权,虚假出资,或者在公司成立后又抽逃其出资,数额巨大、后果严重或者有其他严重情节的,处五年以下有期徒刑或者拘役,并处或者单处虚假出资金额或者抽逃出资金额百分之二以上百分之十以下罚金。

单位犯前款罪的,对单位判处罚金,并对其直接负责的主管人员和其他直接责任人员,处五年以下有期徒刑或者拘役。

第一百六十条 【欺诈发行证券罪】在招股说明书、认股书、公司、企业债券募集办法等发行文件中隐瞒重要事实或者编造重大虚假内容,发行股票或者公司、企业债券、存托凭证或者国务院依法认定的其他证券,数额巨大、后果严重或者有其他严重情节的,处五年以下有期徒刑或者拘役,并处或者单处罚金;数额特别巨大、后果特别严重或者有其他特别严重情节的,处五年以上有期徒刑,并处罚金。

控股股东、实际控制人组织、指使实施前款行为的,处五年以下有期徒刑或者拘役,并处或者单处非法募集资金金额百分之二十以上一倍以下罚金;数额特别巨大、后果特别严重或者有其他特别严重情节的,处五年以上有期徒刑,并处非法募集资金金额百分之二十以上一倍以下罚金。

单位犯前两款罪的,对单位判处非法募集资金金额百分之二十以上一倍以下罚金,并对其直接负责的主管人员和其他直接责任人员,依照第一款的规定处罚。

第一百六十一条 【违规披露、不披露重要信息罪】依法负有信息披露义务的公司、企业向股东和社会公众提供虚假的或者隐瞒重要事实的财务会计报告，或者对依法应当披露的其他重要信息不按照规定披露，严重损害股东或者其他人利益，或者有其他严重情节的，对其直接负责的主管人员和其他直接责任人员，处五年以下有期徒刑或者拘役，并处或者单处罚金；情节特别严重的，处五年以上十年以下有期徒刑，并处罚金。

前款规定的公司、企业的控股股东、实际控制人实施或者组织、指使实施前款行为的，或者隐瞒相关事项导致前款规定的情形发生的，依照前款的规定处罚。

犯前款罪的控股股东、实际控制人是单位的，对单位判处罚金，并对其直接负责的主管人员和其他直接责任人员，依照第一款的规定处罚。

第一百六十二条 【妨害清算罪】公司、企业进行清算时，隐匿财产，对资产负债表或者财产清单作虚伪记载或者在未清偿债务前分配公司、企业财产，严重损害债权人或者其他人利益的，对其直接负责的主管人员和其他直接责任人员，处五年以下有期徒刑或者拘役，并处或者单处二万元以上二十万元以下罚金。

第一百六十二条之一 【隐匿、故意销毁会计凭证、会计账簿、财务会计报告罪】隐匿或者故意销毁依法应当保存的会计凭证、会计帐簿、财务会计报告，情节严重的，处五年以下有期徒刑或者拘役，并处或者单处二万元以上二十万元以下罚金。

单位犯前款罪的，对单位判处罚金，并对其直接负责的主管人员和其他直接责任人员，依照前款的规定处罚。

第一百六十二条之二 【虚假破产罪】公司、企业通过隐匿财产、承担虚构的债务或者以其他方法转移、处分财产，实施虚假破产，严重损害债权人或者其他人利益的，对其直接负责的主管人员和其他直接责任人员，处五年以下有期徒刑或者拘役，并处或者单处二万元以上二十万元以下罚金。

第一百六十三条 【非国家工作人员受贿罪】公司、企业或者其他单位的工作人员,利用职务上的便利,索取他人财物或者非法收受他人财物,为他人谋取利益,数额较大的,处三年以下有期徒刑或者拘役,并处罚金;数额巨大或者有其他严重情节的,处三年以上十年以下有期徒刑,并处罚金;数额特别巨大或者有其他特别严重情节的,处十年以上有期徒刑或者无期徒刑,并处罚金。

公司、企业或者其他单位的工作人员在经济往来中,利用职务上的便利,违反国家规定,收受各种名义的回扣、手续费,归个人所有的,依照前款的规定处罚。

国有公司、企业或者其他国有单位中从事公务的人员和国有公司、企业或者其他国有单位委派到非国有公司、企业以及其他单位从事公务的人员有前两款行为的,依照本法第三百八十五条、第三百八十六条的规定定罪处罚。

第一百六十四条 【对非国家工作人员行贿罪】为谋取不正当利益,给予公司、企业或者其他单位的工作人员以财物,数额较大的,处三年以下有期徒刑或者拘役,并处罚金;数额巨大的,处三年以上十年以下有期徒刑,并处罚金。

【对外国公职人员、国际公共组织官员行贿罪】为谋取不正当商业利益,给予外国公职人员或者国际公共组织官员以财物的,依照前款的规定处罚。

单位犯前两款罪的,对单位判处罚金,并对其直接负责的主管人员和其他直接责任人员,依照第一款的规定处罚。

行贿人在被追诉前主动交待行贿行为的,可以减轻处罚或者免除处罚。

第一百六十五条 【非法经营同类营业罪】国有公司、企业的董事、监事、高级管理人员,利用职务便利,自己经营或者为他人经营与其所任职公司、企业同类的营业,获取非法利益,数额巨大的,处三年以下有期徒刑或者拘役,并处或者单处罚金;数额特别巨大的,处三年以上七年以下有期徒刑,并处罚金。

其他公司、企业的董事、监事、高级管理人员违反法律、行政法规规定,实施前款行为,致使公司、企业利益遭受重大损失的,依照前款的规定处罚。

第一百六十六条 【为亲友非法牟利罪】国有公司、企业、事业单位的工作人员,利用职务便利,有下列情形之一,致使国家利益遭受重大损失的,处三年以下有期徒刑或者拘役,并处或者单处罚金;致使国家利益遭受特别重大损失的,处三年以上七年以下有期徒刑,并处罚金:

(一)将本单位的盈利业务交由自己的亲友进行经营的;

(二)以明显高于市场的价格从自己的亲友经营管理的单位采购商品、接受服务或者以明显低于市场的价格向自己的亲友经营管理的单位销售商品、提供服务的;

(三)从自己的亲友经营管理的单位采购、接受不合格商品、服务的。

其他公司、企业的工作人员违反法律、行政法规规定,实施前款行为,致使公司、企业利益遭受重大损失的,依照前款的规定处罚。

第一百六十七条 【签订、履行合同失职被骗罪】国有公司、企业、事业单位直接负责的主管人员,在签订、履行合同过程中,因严重不负责任被诈骗,致使国家利益遭受重大损失的,处三年以下有期徒刑或者拘役;致使国家利益遭受特别重大损失的,处三年以上七年以下有期徒刑。

第一百六十八条 【国有公司、企业、事业单位人员失职罪;国有公司、企业、事业单位人员滥用职权罪】国有公司、企业的工作人员,由于严重不负责任或者滥用职权,造成国有公司、企业破产或者严重损失,致使国家利益遭受重大损失的,处三年以下有期徒刑或者拘役;致使国家利益遭受特别重大损失的,处三年以上七年以下有期徒刑。

国有事业单位的工作人员有前款行为,致使国家利益遭受重大损失的,依照前款的规定处罚。

国有公司、企业、事业单位的工作人员,徇私舞弊,犯前两款罪的,依照第一款的规定从重处罚。

第一百六十九条 【徇私舞弊低价折股、出售国有资产罪】国有公司、企业或者其上级主管部门直接负责的主管人员,徇私舞弊,将国有资产低价折股或者低价出售,致使国家利益遭受重大损失的,处三年以下有期徒刑或者拘役;致使国家利益遭受特别重大损失的,处三年以上七年以下有期徒刑。

其他公司、企业直接负责的主管人员,徇私舞弊,将公司、企业资产低价折股或者低价出售,致使公司、企业利益遭受重大损失的,依照前款的规定处罚。

第一百六十九条之一 【背信损害上市公司利益罪】上市公司的董事、监事、高级管理人员违背对公司的忠实义务,利用职务便利,操纵上市公司从事下列行为之一,致使上市公司利益遭受重大损失的,处三年以下有期徒刑或者拘役,并处或者单处罚金;致使上市公司利益遭受特别重大损失的,处三年以上七年以下有期徒刑,并处罚金:

(一)无偿向其他单位或者个人提供资金、商品、服务或者其他资产的;

(二)以明显不公平的条件,提供或者接受资金、商品、服务或者其他资产的;

(三)向明显不具有清偿能力的单位或者个人提供资金、商品、服务或者其他资产的;

(四)为明显不具有清偿能力的单位或者个人提供担保,或者无正当理由为其他单位或者个人提供担保的;

(五)无正当理由放弃债权、承担债务的;

(六)采用其他方式损害上市公司利益的。

上市公司的控股股东或者实际控制人,指使上市公司董事、监事、高级管理人员实施前款行为的,依照前款的规定处罚。

犯前款罪的上市公司的控股股东或者实际控制人是单位的,对单位判处罚金,并对其直接负责的主管人员和其他直接责任人员,依照第一款的规定处罚。

保障中小企业款项支付条例

1. 2020年7月5日国务院令第728号公布
2. 2025年3月17日国务院令第802号修订
3. 自2025年6月1日起施行

第一章　总　　则

第一条　为了促进机关、事业单位和大型企业及时支付中小企业款项，维护中小企业合法权益，优化营商环境，根据《中华人民共和国中小企业促进法》等法律，制定本条例。

第二条　机关、事业单位和大型企业采购货物、工程、服务支付中小企业款项，应当遵守本条例。

第三条　本条例所称中小企业，是指在中华人民共和国境内依法设立，依据国务院批准的中小企业划分标准确定的中型企业、小型企业和微型企业；所称大型企业，是指中小企业以外的企业。

中小企业、大型企业依合同订立时的企业规模类型确定。中小企业与机关、事业单位、大型企业订立合同时，应当主动告知其属于中小企业。

第四条　保障中小企业款项支付工作，应当贯彻落实党和国家的路线方针政策、决策部署，坚持支付主体负责、行业规范自律、政府依法监管、社会协同监督的原则，依法防范和治理拖欠中小企业款项问题。

第五条　国务院负责中小企业促进工作综合管理的部门对保障中小企业款项支付工作进行综合协调、监督检查。国务院发展改革、财政、住房城乡建设、交通运输、水利、金融管理、国有资产监管、市场监督管理等有关部门应当按照职责分工，负责保障中小企业款项支付相关工作。

省、自治区、直辖市人民政府对本行政区域内保障中小企业款项支付工作负总责，加强组织领导、统筹协调，健全制度机制。县级以上地方人民政府负责本行政区域内保障中小企业款项支付的管理工作。

县级以上地方人民政府负责中小企业促进工作综合管理的部门和发展改革、财政、住房城乡建设、交通运输、水利、金融管理、国有资产监管、市场监督管理等有关部门应当按照职责分工,负责保障中小企业款项支付相关工作。

第六条　有关行业协会商会应当按照法律法规和组织章程,加强行业自律管理,规范引导本行业大型企业履行及时支付中小企业款项义务,不得利用优势地位拖欠中小企业款项,为中小企业提供信息咨询、权益保护、纠纷处理等方面的服务,保护中小企业合法权益。

鼓励大型企业公开承诺向中小企业采购货物、工程、服务的付款期限与方式。

第七条　机关、事业单位和大型企业不得要求中小企业接受不合理的付款期限、方式、条件和违约责任等交易条件,不得拖欠中小企业的货物、工程、服务款项。

中小企业应当依法经营,诚实守信,按照合同约定提供合格的货物、工程和服务。

第二章　款项支付规定

第八条　机关、事业单位使用财政资金从中小企业采购货物、工程、服务,应当严格按照批准的预算执行,不得无预算、超预算开展采购。

政府投资项目所需资金应当按照国家有关规定确保落实到位,不得由施工单位垫资建设。

第九条　机关、事业单位从中小企业采购货物、工程、服务,应当自货物、工程、服务交付之日起30日内支付款项;合同另有约定的,从其约定,但付款期限最长不得超过60日。

大型企业从中小企业采购货物、工程、服务,应当自货物、工程、服务交付之日起60日内支付款项;合同另有约定的,从其约定,但应当按照行业规范、交易习惯合理约定付款期限并及时支付款项,不得约定以收到第三方付款作为向中小企业支付款项的条件或者按照第三方付款进度比例支付中小企业款项。

法律、行政法规或者国家有关规定对本条第一款、第二款付款期限另有规定的，从其规定。

合同约定采取履行进度结算、定期结算等结算方式的，付款期限应当自双方确认结算金额之日起算。

第十条 机关、事业单位和大型企业与中小企业约定以货物、工程、服务交付后经检验或者验收合格作为支付中小企业款项条件的，付款期限应当自检验或者验收合格之日起算。

合同双方应当在合同中约定明确、合理的检验或者验收期限，并在该期限内完成检验或者验收，法律、行政法规或者国家有关规定对检验或者验收期限另有规定的，从其规定。机关、事业单位和大型企业拖延检验或者验收的，付款期限自约定的检验或者验收期限届满之日起算。

第十一条 机关、事业单位和大型企业使用商业汇票、应收账款电子凭证等非现金支付方式支付中小企业款项的，应当在合同中作出明确、合理约定，不得强制中小企业接受商业汇票、应收账款电子凭证等非现金支付方式，不得利用商业汇票、应收账款电子凭证等非现金支付方式变相延长付款期限。

第十二条 机关、事业单位和国有大型企业不得强制要求以审计机关的审计结果作为结算依据，法律、行政法规另有规定的除外。

第十三条 除依法设立的投标保证金、履约保证金、工程质量保证金、农民工工资保证金外，工程建设中不得以任何形式收取其他保证金。保证金的收取比例、方式应当符合法律、行政法规和国家有关规定。

机关、事业单位和大型企业不得将保证金限定为现金。中小企业以金融机构出具的保函等提供保证的，机关、事业单位和大型企业应当接受。

机关、事业单位和大型企业应当依法或者按照合同约定，在保证期限届满后及时与中小企业对收取的保证金进行核算并退还。

第十四条 机关、事业单位和大型企业不得以法定代表人或者主要负责人变更，履行内部付款流程，或者在合同未作约定的情况下以等待竣工验收备案、决算审计等为由,拒绝或者迟延支付中小企业款项。

第十五条　机关、事业单位和大型企业与中小企业的交易,部分存在争议但不影响其他部分履行的,对于无争议部分应当履行及时付款义务。

第十六条　鼓励、引导、支持商业银行等金融机构增加对中小企业的信贷投放,降低中小企业综合融资成本,为中小企业以应收账款、知识产权、政府采购合同、存货、机器设备等为担保品的融资提供便利。

中小企业以应收账款融资的,机关、事业单位和大型企业应当自中小企业提出确权请求之日起30日内确认债权债务关系,支持中小企业融资。

第十七条　机关、事业单位和大型企业迟延支付中小企业款项的,应当支付逾期利息。双方对逾期利息的利率有约定的,约定利率不得低于合同订立时1年期贷款市场报价利率;未作约定的,按照每日利率万分之五支付逾期利息。

第十八条　机关、事业单位应当于每年3月31日前将上一年度逾期尚未支付中小企业款项的合同数量、金额等信息通过网站、报刊等便于公众知晓的方式公开。

大型企业应当将逾期尚未支付中小企业款项的合同数量、金额等信息纳入企业年度报告,依法通过国家企业信用信息公示系统向社会公示。

第十九条　大型企业应当将保障中小企业款项支付工作情况,纳入企业风险控制与合规管理体系,并督促其全资或者控股子公司及时支付中小企业款项。

第二十条　机关、事业单位和大型企业及其工作人员不得以任何形式对提出付款请求或者投诉的中小企业及其工作人员进行恐吓、打击报复。

第三章　监督管理

第二十一条　县级以上人民政府及其有关部门通过监督检查、函询约谈、督办通报、投诉处理等措施,加大对机关、事业单位和大型企业拖欠中小企业款项的清理力度。

第二十二条 县级以上地方人民政府部门应当每年定期将上一年度逾期尚未支付中小企业款项情况按程序报告本级人民政府。事业单位、国有大型企业应当每年定期将上一年度逾期尚未支付中小企业款项情况按程序报其主管部门或者监管部门。

县级以上地方人民政府应当每年定期听取本行政区域内保障中小企业款项支付工作汇报，加强督促指导，研究解决突出问题。

第二十三条 省级以上人民政府建立督查制度，对保障中小企业款项支付工作进行监督检查，对政策落实不到位、工作推进不力的部门和地方人民政府主要负责人进行约谈。

县级以上人民政府负责中小企业促进工作综合管理的部门对拖欠中小企业款项的机关、事业单位和大型企业，可以进行函询约谈，对情节严重的，予以督办通报，必要时可以会同拖欠单位上级机关、行业主管部门、监管部门联合进行。

第二十四条 省级以上人民政府负责中小企业促进工作综合管理的部门（以下统称受理投诉部门）应当建立便利畅通的渠道，受理对机关、事业单位和大型企业拖欠中小企业款项的投诉。

国务院负责中小企业促进工作综合管理的部门建立国家统一的拖欠中小企业款项投诉平台，加强投诉处理机制建设，与相关部门、地方人民政府信息共享、协同配合。

第二十五条 受理投诉部门应当按照"属地管理、分级负责，谁主管谁负责、谁监管谁负责"的原则，自正式受理之日起 10 个工作日内，按程序将投诉转交有关部门或者地方人民政府指定的部门（以下统称处理投诉部门）处理。

处理投诉部门应当自收到投诉材料之日起 30 日内形成处理结果，以书面形式反馈投诉人，并反馈受理投诉部门。情况复杂或者有其他特殊原因的，经部门负责人批准，可适当延长，但处理期限最长不得超过 90 日。

被投诉人应当配合处理投诉部门工作。处理投诉部门应当督促被投诉人及时反馈情况。被投诉人未及时反馈或者未按规定反馈的，处理投诉部门应当向其发出督办书；收到督办书仍拒不配合的，处理投诉部门可以约谈、通报被投诉人，并责令整改。

投诉人应当与被投诉人存在合同关系，不得虚假、恶意投诉。

受理投诉部门和处理投诉部门的工作人员，对在履行职责中获悉的国家秘密、商业秘密和个人信息负有保密义务。

第二十六条 机关、事业单位和大型企业拖欠中小企业款项依法依规被认定为失信的，受理投诉部门和有关部门按程序将有关失信情况记入相关主体信用记录。情节严重或者造成严重不良社会影响的，将相关信息纳入全国信用信息共享平台和国家企业信用信息公示系统，向社会公示；对机关、事业单位在公务消费、办公用房、经费安排等方面采取必要的限制措施，对大型企业在财政资金支持、投资项目审批、融资获取、市场准入、资质评定、评优评先等方面依法依规予以限制。

第二十七条 审计机关依法对机关、事业单位和国有大型企业支付中小企业款项情况实施审计监督。

第二十八条 国家依法开展中小企业发展环境评估和营商环境评价时，应当将保障中小企业款项支付工作情况纳入评估和评价内容。

第二十九条 国务院负责中小企业促进工作综合管理的部门依据国务院批准的中小企业划分标准，建立企业规模类型测试平台，提供中小企业规模类型自测服务。

对中小企业规模类型有争议的，可以向主张为中小企业一方所在地的县级以上地方人民政府负责中小企业促进工作综合管理的部门申请认定。人力资源社会保障、市场监督管理、统计等相关部门应当应认定部门的请求，提供必要的协助。

第三十条 国家鼓励法律服务机构为与机关、事业单位和大型企业存在支付纠纷的中小企业提供公益法律服务。

新闻媒体应当开展对保障中小企业款项支付相关法律法规政策的公益宣传，依法加强对机关、事业单位和大型企业拖欠中小企业款项行为的舆论监督。

第四章　法律责任

第三十一条　机关、事业单位违反本条例，有下列情形之一的，由其上级机关、主管部门责令改正；拒不改正的，对负有责任的领导人员和直接责任人员依法给予处分：

（一）未在规定的期限内支付中小企业货物、工程、服务款项；

（二）拖延检验、验收；

（三）强制中小企业接受商业汇票、应收账款电子凭证等非现金支付方式，或者利用商业汇票、应收账款电子凭证等非现金支付方式变相延长付款期限；

（四）没有法律、行政法规依据，要求以审计机关的审计结果作为结算依据；

（五）违法收取保证金，拒绝接受中小企业以金融机构出具的保函等提供保证，或者不及时与中小企业对保证金进行核算并退还；

（六）以法定代表人或者主要负责人变更、履行内部付款流程，或者在合同未作约定的情况下以等待竣工验收备案、决算审计等为由，拒绝或者迟延支付中小企业款项；

（七）未按照规定公开逾期尚未支付中小企业款项信息。

第三十二条　机关、事业单位有下列情形之一的，依法追究责任：

（一）使用财政资金从中小企业采购货物、工程、服务，未按照批准的预算执行；

（二）要求施工单位对政府投资项目垫资建设。

第三十三条　国有大型企业拖欠中小企业款项，造成不良后果或者影响的，对负有责任的国有企业管理人员依法给予处分。

国有大型企业没有法律、行政法规依据，要求以审计机关的审计结果作为结算依据的，由其监管部门责令改正；拒不改正的，对负有责任的国有企业管理人员依法给予处分。

第三十四条　大型企业违反本条例，未按照规定在企业年度报告中公示逾期尚未支付中小企业款项信息或者隐瞒真实情况、弄虚作假的，由市场监督管理部门依法处理。

第三十五条　机关、事业单位和大型企业及其工作人员对提出付款请求或者投诉的中小企业及其工作人员进行恐吓、打击报复，或者有其他滥用职权、玩忽职守、徇私舞弊行为的，对负有责任的领导人员和直接责任人员依法给予处分或者处罚；构成犯罪的，依法追究刑事责任。

第五章　附　　则

第三十六条　部分或者全部使用财政资金的团体组织采购货物、工程、服务支付中小企业款项，参照本条例对机关、事业单位的有关规定执行。

军队采购货物、工程、服务支付中小企业款项，按照军队的有关规定执行。

第三十七条　本条例自2025年6月1日起施行。

国务院办公厅关于建立健全涉企收费长效监管机制的指导意见

1. 2025年3月25日
2. 国办函〔2025〕30号

各省、自治区、直辖市人民政府，国务院各部委、各直属机构：

　　加强涉企收费监管是降低企业经营成本、优化营商环境的重要举措，对激发市场活力、促进经济社会高质量发展具有重要意义。为贯彻落实党中央、国务院决策部署，建立健全涉企收费长效监管机制，经国务院同意，现提出以下意见。

一、总体要求

　　以习近平新时代中国特色社会主义思想为指导，深入贯彻党的二十大和二十届二中、三中全会精神，坚持问题导向、防治并举、标本兼治，聚焦政府部门及下属单位、行政审批中介服务机构、行业协会商会、经营自然垄断环节业务的企业等涉企收费主体，着力优化营商环境，健全涉企收费监管制度，加大违规收费治理力度，强化全过程监管和协同监管，构建协同高效的长效监管机制。

二、重点任务

（一）健全涉企收费目录清单制度。行政事业性收费、政府性基金、国务院部门涉企保证金、政府定价的经营服务性收费实行目录清单管理，由国家发展改革委、工业和信息化部、财政部按职责分工制定收费目录清单并向社会公开。行业主管部门要制定本部门及下属单位综合性涉企收费目录清单，涵盖行政事业性收费、政府性基金、涉企保证金、经营服务性收费等收费项目，明确服务内容、服务标准、收费水平，实现每个部门涉企收费一张目录清单全覆盖。各省级人民政府要健全本地区涉企收费目录清单制度。各地区、各有关部门要及时更新发布收费目录清单，清单之外一律不得收费。

（二）完善涉企收费政策评估审核工作机制。发展改革、司法行政、市场监管等部门按规定开展宏观政策取向一致性评估、合法性审核、公平竞争审查等工作时，要加强对新出台涉企收费政策合法性、公平性以及社会预期影响等方面的评估审核。行业主管部门及下属单位、行政审批中介服务机构、行业协会商会等要加强涉企收费项目评估论证，严禁违规新设涉企收费项目。市场监管总局要会同有关部门研究制定涉企收费政策评估审核和论证工作指引，明确职责、依据、范围、标准、规则等；对存量涉企收费政策开展专项整治，依法依规清理违规收费政策，违法违规收费项目一律取消。

（三）加强涉企收费政策常态化宣传解读。行业主管部门要常态化更新发布本领域涉企收费政策，通过专家解读等方式加大政策宣传力度。工业和信息化部要充分发挥全国减轻企业负担相关工作机制作用，精心组织政策宣传周，定期汇编发布减轻企业负担政策。鼓励各地区、各有关部门运用大数据等手段，结合企业办理中介服务等事项，向企业精准推送收费目录指引以及有关解读说明材料，及时解疑释惑。

（四）健全涉企收费跟踪监测制度。各地区、各有关部门要加强对本地区本领域涉企收费情况的监测，发挥新闻媒体、行业协会商会等作用，及时了解涉企收费政策执行情况和企业意见建议，推动解决企业关切的问题。工业和信息化部要健全完善重点企业运行监测统计调查制度，持续发布企业负担调查评估报告。市场监管总局等部门要建立涉企收费监测点，完善相关制度。发展改革部门要探索对实行市场调节价的经营服务性收费，通过开展价格、成本调查等方式，引导有关涉企收费主体合理合规收费。

（五）健全涉企收费问题线索收集和处理机制。各地区、各有关部门要通过在门户网站设立信访专栏、公开投诉举报电话等方式，常态化收集涉企违规收费问题线索和意见建议；健全涉企违规收费投诉举报问题线索处理规定，细化完善登记、受理、转办、处理、反馈等各环节流程和要求；综合利用市场监管、行业监管、信用监管等手段，依法加大对违规收费主体的惩戒力度；重大违纪违法问题线索依法按程序移交纪检监察和司法机关。市场监管总局会同有关部门加强对违规收费行为查处工作的指导，依法曝光涉企违规收费典型案例，对群众反映强烈、危害性大、具有代表性的典型案例，要多部门联合曝光。工业和信息化部会同有关部门按规定督促整改发现的涉企违规收费问题。

（六）加强相关领域收费规范。各地区、各有关部门要进一步清理没有法律法规或国务院决定依据的中介服务事项，不得违规新增中介服务事项，不得将政务服务事项转为中介服务事项；属于政府管理职责的委托服务事项，相关费用由行政审批管理部门支付，不得转嫁给企业；清理对中介服务的不合理市场准入限制，支持和培育更多经营主体进入市场，促进公平竞争。民政部门要配合有关部门持续深化行业协会商会改革，推动健全综合监管体系，规范行业协会商会收费行为。发展改革等部门要持续规范城镇供水、供电、供气、供暖行业收费，清理取消不合理收费项目，配合有关部门推动竞争性环节市场化改革。

（七）健全相关法律法规制度。各地区、各有关部门要根据涉企收费监管工作需要，加快推动相关法律法规制定修订工作，依法加强对行政审批中介服务机构、行业协会商会、经营自然垄断环节业务的企业等收费行为的监管。推动修订《中华人民共和国价格法》，研究制定涉企收费违法违规行为处理办法及相关指南等，完善社会团体会费管理等制度。

三、加强组织保障

国家发展改革委、工业和信息化部、财政部、市场监管总局要依托相关工作机制，会同有关部门及时分析研判涉企收费形势，推动解决有关重大问题，强化涉企收费政策制定和监督检查工作协同。各有关部门要按职责分工持续完善涉企收费相关目录清单，常态化开展涉企收费跟踪监测，加大违规行为查处惩戒力度。各行业主管部门要按照"谁审批、谁监管，谁主管、谁监管"原则，严格落实涉企收费监管责任。各地区、各有关部门要加大对涉企收费监管举措及成效的宣传力度，营造全社会共同参与、协同治理的良好氛围。

关于发挥商会调解优势　推进民营经济领域纠纷多元化解机制建设的意见

1. 2019年1月14日最高人民法院、全国工商联印发
2. 法〔2019〕11号

为深入贯彻落实习近平新时代中国特色社会主义思想，运用法治手段服务保障民营经济健康发展，构建共建共治共享的社会治理格局，根据中共中央办公厅、国务院办公厅《关于完善矛盾纠纷多元化解机制的意见》《关于促进工商联所属商会改革和发展的实施意见》和最高人民法院《关于人民法院进一步深化多元化纠纷解决机制改革的意见》，现就发挥商会调解优势，加强诉调对接工作，推进民营经济领域纠纷多元

化解机制建设提出如下意见。

1. 充分认识推进民营经济领域纠纷多元化解机制建设的重要意义。深刻领会习近平总书记在民营企业座谈会上的重要讲话精神，充分发挥商会调解化解民营经济领域纠纷的制度优势。完善商会职能，提升商会服务能力，培育和发展中国特色商会调解组织；促进和引导民营企业依法经营、依法治企、依法维权，促进产权平等保护，激发和弘扬企业家精神；推动商人纠纷商会解，协同参与社会治理；优化司法资源配置，营造良好的法治营商环境，为民营经济健康发展提供司法保障。

2. 工作目标。加强商会调解组织和调解员队伍建设，健全完善商会调解制度和机制，为企业提供多元的纠纷解决渠道。进一步转变司法理念，发挥司法在商会纠纷化解中的引领、推动和保障作用，满足民营企业纠纷多元化解、快速化解和有效化解的实际需求，为民营企业创新创业营造良好法治环境。建立健全商会调解机制与诉讼程序有机衔接的纠纷化解体系，不断提升工商联法律服务能力，促进民营经济健康发展。

3. 明确商会调解范围。商会调解以民营企业的各类民商事纠纷为主，包括商会会员之间的纠纷，会员企业内部的纠纷，会员与生产经营关联方之间的纠纷，会员与其他单位或人员之间的纠纷，以及其他涉及适合商会调解的民商事纠纷。

4. 强化商会调解纠纷功能。工商联加强对所属商会的指导、引导和服务，支持商会依照法律法规及相关程序设立调解组织、规范运行，使调解成为化解民营经济领域矛盾纠纷的重要渠道。支持商会建立人民调解委员会，为企业提供基础性公益性纠纷解决服务。支持企业、商会建立劳动争议调解组织，及时化解劳动争议，维护劳动关系的和谐稳定。鼓励行业商会组织发挥自身优势，建立专业化的行业调解组织。鼓励具备条件的商会设立商事调解组织，发挥商事调解组织化解专业纠纷的重要作用。商会设立的商事调解组织应当在省级工商联和全国工商联备案。

5. 主动预防化解矛盾纠纷。各级工商联及所属商会要加强法律服务平台（中心）建设，完善维权援助机制，鼓励有条件的企业设立法务部门、公司律师或聘请法律顾问,形成协调联动的法律服务力量。通过普法宣传、典型案例等形式,主动对企业、行业纠纷进行排查、监测和预警,加强矛盾纠纷源头治理。强化行业自律和行业治理,将诚实信用、公平竞争、和合共赢等理念纳入商会章程、企业合同条款,督促自觉履行生效裁决或调解协议。

6. 规范商会调解组织运行。商会调解组织由工商联或所属商会根据需要设立,应具有规范的组织形式、固定的办公场所及调解场地、专业的调解人员和健全的调解工作制度。商会调解组织应当吸纳符合条件的优秀企业家、商会人员、法律顾问、行业专家、律师、工会代表以及其他社会人士担任调解员。对外公布商会调解组织和调解员名册、调解程序以及调解规则。规范纠纷流程管理,完善调解与诉讼衔接程序,建立纠纷受理、调解、履行、回访以及档案管理、信息报送、考核评估等制度,注重保护当事人隐私和商业秘密,切实维护双方当事人权益,不断增强商会调解的规范性和公信力。全国工商联法律维权服务中心加强纠纷调解职能,推动横向联通、纵向联动,共同推动商会调解工作。

7. 完善诉调对接机制。人民法院吸纳符合条件的商会调解组织或者调解员加入特邀调解组织名册或者特邀调解员名册。名册实行动态更新和维护,并向当事人提供完整、准确的调解组织和调解员信息,供当事人选择。落实委派调解和委托调解机制,加强与商会调解组织对接工作,探索设立驻人民法院调解室。加强诉讼与非诉讼解决方式的有机衔接,引导当事人优先选择商会调解组织解决纠纷。

8. 强化司法保障作用。经调解达成的调解协议,具有法律约束力,当事人应当按照约定履行。能够即时履行的,调解组织应当督促当事人即时履行。当事人申请司法确认的,人民法院应当及时审查,依法确认调解协议的效力。人民法院在立案登记后委托商会调解组织进行调解达成协议的,当事人申请出具调解书或者撤回起诉的,人民法院应当依法审查并制作民事调解书或者裁定书。对调解不成的纠纷,依法导入诉讼程序,切实维护当事人的诉权。

9. 建立信息共享机制。人民法院与工商联建立联席会议机制,加强工作沟通交流。完善信息互通和数据共享，建立相关信息和纠纷处理的工作台账，通过挖掘分析数据，研判纠纷类型特点、规律和问题，为更好地推进商会调解、做好纠纷预防提供数据支撑。

10. 强化指导培训。完善商会调解员培训机制，制定调解员职业道德规范，通过调解培训、座谈研讨、观摩庭审、法律讲座等方式，不断提高调解员职业修养、法律素养、专业知识和调解技能；加强调解员队伍建设，推动建立调解员资格认定和考核评估机制，完善调解员管理。

11. 完善经费保障。积极争取党委政府支持，将调解经费作为法律服务内容列入财政预算，推动将商会调解作为社会管理性服务内容纳入政府购买服务指导性目录。拓宽商会调解经费来源，通过商会会费、社会捐赠资助或设立基金等方式，提高经费保障水平。落实特邀调解制度，通过"以案定补"等方式向参与委派委托调解的调解员发放补贴，对表现突出的商会调解组织、调解员给予奖励。

12. 探索创新发展。借助"网上工商联"建设，整合工商联及所属商会的调解资源，建立各类调解组织、调解员数据库、纠纷化解信息库，构建相互贯通、资源共享、安全可靠的矛盾纠纷化解信息系统。创新开展在线解决纠纷，完善在线调解程序。支持地方各级工商联及其所属商会参与"一带一路"国际商事争端预防与解决机制建设，为民营企业走出去提供服务和保障。

13. 加强宣传引导。各级人民法院、工商联及所属商会应当充分运用各种传媒手段，宣传调解优势，总结推广商会调解典型案例和先进经验，引导企业防范风险，理性维权。

14. 加强组织领导。各级人民法院和工商联要大力支持商会调解工作，将其作为保障民营经济健康发展的重要举措，作为构建社会矛盾纠纷多元化解格局的重要内容，结合当地实际，把握政策精神，抓好贯彻落实。各高级人民法院和省级工商联及所属商会要对辖区内商会调解组织的工作加强指导，建立完善联络沟通机制，工作中遇到的情况和问题，及时层报最高人民法院和全国工商联。

附:典型案例

最高人民法院发布6个企业名誉权司法保护典型案例[①]

案例 1 自媒体运营者发布"黑稿"损害企业名誉,应承担侵权责任
——某房地产经纪公司与杨某某网络侵权责任纠纷案

【基本案情】

杨某某系房地产领域自媒体账号运营者。在某房地产经纪公司与某房地产开发商签订分销代理合同的前一日,杨某某在其运营的自媒体账号中发布评论文章,在没有事实依据的情况下,就某房地产经纪公司分销代理行为评价为"搅乱市场""打劫同行"等,同时使用"诈骗""捣乱""强盗""抢劫""无赖"等侮辱性词汇评价,引发较多社会关注和传播。某房地产经纪公司认为,杨某某在其关键经营节点发布文章恶意诋毁,相关内容给自己品牌信誉造成了严重负面影响。某房地产经纪公司诉至法院,请求判令杨某某赔礼道歉并赔偿损失。

【裁判结果】

审理法院认为,杨某某发布的评论文章内容严重失实,含有大量侮辱性言语,已超出合理评论的范围。该评论文章经广泛传播,足以使公众对某房地产经纪公司的经营行为形成负面评价,影响企业品牌信誉。杨某某作为房地产领域自媒体运营者,对其发布的文章会被关注房地产行业的用户阅知应当是明知的,其未对所发表文章的真实性负责,存在

[①] 《依法保护企业名誉权 构建法治化营商环境最高法发布企业名誉权司法保护典型案例》,载最高人民法院官网2025年2月17日,https://www.court.gov.cn/zixun/xiangqing/455051.html。

主观过错,应承担法律责任。而且,杨某某发布案涉文章的时间恰在某房地产经纪公司签订分销代理合同的前一日,内容直指某房地产经纪公司的经营行为,影响合同签订及履行的目的明显。杨某某的行为不仅侵害企业名誉权,也对正常的市场秩序产生不良影响。最终判决:杨某某赔礼道歉并赔偿损失。

【典型意义】

企业名誉是社会对其商业信誉、经营能力等多方面因素的综合评价。良好的名誉是企业长时间合法诚信经营沉淀而成的宝贵财富,也是企业生存发展和壮大的社会信用基础。自媒体传播具有成本低、速度快、范围广等特点,如果自媒体运营者针对企业发布严重失实的负面评论,将很容易损害企业树之不易的形象,玷污企业名誉。对此行为,如不依法判令承担责任,不仅有损企业权益和企业家信心,而且容易滋生"黑稿产业链",破坏公平有序的市场秩序。本案中,人民法院认定自媒体运营者损害企业名誉,构成侵权,有利于严厉惩戒恶意中伤企业名誉的行为,引导自媒体规范运营,构建健康清朗的网络空间。

案例2 为博取流量散布不实消息影响企业正常经营,应承担侵害名誉权责任
——某饮品公司与某传媒公司名誉权纠纷案

【基本案情】

某传媒公司是行业领先的深度信息资讯平台,在向某饮品公司人员询问该公司是否裁员的信息时,得到"暂时没有"的反馈。但该传媒公司随即在数个社交平台公众号发布文章,标题含有"独家""传某饮品公司裁员20%"等表述,文章近半内容描述该饮品公司裁员及经营困境。该文章被多家媒体转发,导致上述不实信息广泛传播。某饮品公司认为某传媒公司侵害其名誉权,诉至法院,请求某传媒公司赔礼道歉并赔偿损失。

【裁判结果】

审理法院认为,某饮品公司作为民事主体享有名誉权。对该公司人

员状况、经营状况的报道和评价,往往会造成公众对公司、品牌的社会评价变化。本案中,某传媒公司未经认真调查核实即发布文章传播某饮品公司裁员的不实信息,客观上对该公司的名誉造成了负面评价,侵害了某饮品公司的名誉权,应当承担赔偿责任。最终判决:某传媒公司向某饮品公司赔礼道歉并赔偿损失。

【典型意义】

网络媒体报道企业新闻应依法依规,确保客观真实。商业网络媒体对拟报道的事件也负有认真调查核实的义务。对企业经营状况的不实报道会影响社会公众对企业的评价,进而对企业生产经营造成不利影响。实践中,有些网络媒体为吸引"眼球"、博取流量,在未认真调查核实的情况下发布关于企业的不实信息,制造热点、创造话题,客观上容易侵害企业名誉权。本案中,人民法院判令某传媒公司承担名誉权侵权责任,既维护了某饮品公司的合法权益,又有利于规范网络媒体行为。

案例3 企业征信机构错误关联信息影响企业名誉,应承担侵权责任
——丙公司与甲公司、乙公司网络侵权责任纠纷案

【基本案情】

甲公司、乙公司系企业征信机构,共同经营企业征信平台。丙公司在该征信平台中发现,案外人"卢某"犯合同诈骗罪、单位行贿罪、侵占罪、挪用资金罪,其犯罪信息被关联到同名的丙公司董事长卢某的信息中。而且,与丙公司及其董事长卢某无关的多家吊销未注销的企业信息也被关联到丙公司。丙公司认为,甲公司、乙公司的行为侵害了其名誉权,对其正常商业及融资活动造成严重负面影响。丙公司诉至法院,请求判令甲公司、乙公司删除、更正错误信息,赔礼道歉并赔偿损失。

【裁判结果】

审理法院认为,甲公司、乙公司在其运营的企业征信平台中展示了丙公司及其董事长卢某的信息,还包括同名的案外人"卢某"被认定为犯罪的信息及多家吊销未注销的企业信息。以上信息对外发布,将使不

特定公众对丙公司的经营行为产生质疑，客观上降低其社会评价。甲公司、乙公司对于上述错误关联的信息未尽到与其能力相匹配的注意义务，已构成对丙公司名誉权的侵害。综合考量甲公司、乙公司的过错程度、侵权行为方式、案涉信息的影响范围等因素，丙公司应承担相应的侵权责任。最终判决：甲公司、乙公司向丙公司发布致歉声明并赔偿损失。

【典型意义】

实践中，企业征信平台在强化市场主体信用、维护交易安全、强化社会监督等方面具有积极作用。但是，征信平台运用算法进行大数据加工利用，在收集、加工、使用、公开相关信息时，应保证信息的真实、准确，避免错误和虚假信息误导公众、侵害企业名誉，对企业经营活动造成不良影响。本案中，人民法院认定经营征信平台的企业征信机构应对数据利用的错误结果承担相应责任，有利于督促该类机构审慎处理相关信息，及时做好信息更新与服务跟进，确保数据来源合法、内容准确，在拓展自身业态的同时不损害其它市场主体合法权益。

案例4　针对企业创始人的贬损性言论构成对企业名誉侵害的，应承担相应责任

——某科技公司与李某某网络侵权责任纠纷案

【基本案情】

某科技公司是国内科技行业知名企业，由王某创建并担任法定代表人。李某某是自媒体从业人员，注册运营多个自媒体账号。李某某在其运营的自媒体账号中发布了多篇关于某科技公司及其法定代表人王某的评论文章，其中包含针对某科技公司及王某的贬损性内容。某科技公司认为李某某的行为侵害了其名誉权。某科技公司诉至法院，请求判令李某某删除案涉文章、赔礼道歉并赔偿损失。

【裁判结果】

审理法院认为，结合案涉言论的前后具体情境、一般大众的理解等，可以综合判断李某某发布内容指向了某科技公司及其关联企业。评价

王某的言论均发布在评价某科技公司及其关联企业商业经营行为的语境中,系对企业经营行为的影射与提炼。王某与上述企业名誉高度关联,当某些针对王某的关乎商业经营的评价出现时,公众一般会直接联想到某科技公司。因此,某科技公司可以就案涉言论,包括针对王某的言论主张权利。案涉言论具有明显贬损意义、缺乏事实依据,已构成对某科技公司名誉权的侵害。最终判决:李某某删除案涉文章、赔礼道歉并赔偿损失。

【典型意义】

企业创始人对企业的经营发展具有重大影响。尤其是对于知名企业,企业创始人名誉与企业名誉高度关联。正常商业经营中,对企业创始人的贬损性言论容易对企业名誉产生影响,可能构成对企业名誉权的侵害。本案中,行为人既有针对某科技公司的贬损性言论,又有针对其创始人商业经营行为的贬损性言论,人民法院支持企业就案涉侵权言论提出的诉请,有利于企业更全面、更有力地维护其名誉权。

案例5 未经实际测评发布不实测评文章,应承担侵权责任
——某汽车制造公司与马某网络侵权责任纠纷案

【基本案情】

某汽车制造公司为新能源汽车领域知名企业。马某为汽车行业职业测评人,就职于汽车测评机构。马某在其社交平台公众号就某汽车制造公司内部管理、经营行为、产品设计、质量等发布不实信息,而且在未经实际测评也无其它依据的情况下,对该公司制造的汽车作出"跑偏""制动失效""质量堪忧"等描述。某汽车制造公司诉至法院,请求判令马某停止侵权、赔礼道歉并赔偿损失。

【裁判结果】

审理法院认为,马某作为具备一定专业知识的汽车测评从业人员,负有较普通消费者更高的审慎义务,在发布关于汽车测评的言论时,应客观公正。马某在未进行实际测评且无其它依据的情况下作出的关于

某汽车制造公司及其旗下产品的评论内容,缺乏事实依据,降低公众对该产品的社会评价,侵害该公司名誉权。最终判决:马某公开赔礼道歉并赔偿损失。

【典型意义】

产品测评是互联网经济下的一种市场评价方式。测评人依据自身专业知识和实践测试对特定经营者、商品和服务作出评价和建议,可以为消费者提供决策参考。测评人应客观地发布测评内容,真实反映产品的质量、功能等,避免不当言论侵害经营者合法权益。实践中,个别测评博主、测评公众号在未经实际测评且无事实依据的情况下,发布虚假的测评信息,该行为不仅会误导消费者,还可能侵害相关主体的名誉权,破坏正常市场秩序。本案判决有助于厘清测评言论的合理边界,引导规范测评领域相关行为。

案例6　依法采取行为保全,及时防止企业名誉损害扩大
——某物联网公司、某网络公司与某餐饮公司、某食品公司名誉权纠纷案

【基本案情】

某物联网公司与某网络公司系关联公司。某餐饮公司与某食品公司系关联公司。某物联网公司与某餐饮公司因供应商品的质量问题产生争议,某餐饮公司、某食品公司前往某物联网公司、某网络公司线下门店拉横幅,横幅中含有侮辱性文字,影响门店日常经营。某餐饮公司、某食品公司还陆续通过多家网络平台发布涉及某物联网公司和某网络公司的视频、图文等,其中含有贬损性内容,引发较大社会关注。某物联网公司、某网络公司诉至法院,提供相应担保,申请法院采取行为保全,责令某餐饮公司、某食品公司立即删除已发布的视频等内容,并停止实施相关行为。

【裁判结果】

审理法院认为,民事主体依法享有名誉权。为避免申请人在案件审

理过程中继续遭受难以弥补的损害,法院可以依法责令被申请人作出一定行为或者禁止被申请人作出一定行为。本案中,某餐饮公司和某食品公司的横幅、视频、图文中包含较多贬损性内容,其行为具有较高的侵权可能性,若不采取措施,将导致某物联网公司、某网络公司的损害继续扩大。某物联网公司、某网络公司申请行为保全并提供了担保,该申请具有正当性和必要性,可采取行为保全措施。最终裁定:某餐饮公司、某食品公司立即删除案涉视频、图文并停止实施在线下门店出示横幅等行为。

【典型意义】

当前市场环境中通讯方式发达,侵害名誉的影响传播速度快、影响范围广,权利人对权利救济的效率需求较高。人民法院需统筹把握好程序审查和实体审理,针对具有较高侵权可能性的行为,可以根据当事人的申请,依法适用行为保全制度。本案中,人民法院充分考量侵权行为、损害后果以及权利救济的必要性和紧迫性等因素,依法及时适用行为保全制度,有助于及时有效保护企业名誉,避免损害结果进一步扩大,让正义及时抵达。

最高人民法院发布十起人民法院助推民营经济高质量发展典型民商事案例[①]

案例1 重庆力帆实业(集团)股份有限公司及其十家全资子公司司法重整案

【基本案情】

力帆实业(集团)股份有限公司(简称力帆股份)成立于1997年,

[①] 《人民法院助推民营经济高质量发展典型民商事案例》,载最高人民法院官网2021年9月3日,https://www.court.gov.cn/zixun/xiangqing/320231.html。

2010年在上海证券交易所上市,首次公开发行2亿股,募集资金29亿元,是中国首家在A股上市的民营乘用车企业。力帆股份及其持有的10家全资子公司已形成了主营汽车、摩托车及发动机产销的跨国性企业集团,曾十度入选中国企业500强,出口金额连续多年位居重庆市第一。然而,因汽车、摩托车行业深度转型,同时受战略投资亏损、内部管理不善等综合因素影响,力帆系企业自2017年起逐渐陷入经营和债务危机,巨额金融债务违约、主要资产被抵押、质押,主营业务基本处于停滞状态。2020年6月,债权人以力帆股份不能清偿到期债务且明显缺乏清偿能力为由,向法院申请对力帆股份实施重整。同年7月,债权人以力帆乘用车、力帆汽销、力帆进出口、力帆摩发、力帆汽发等力帆股份的10家全资子公司不能清偿到期债务且资产不足以清偿全部债务或明显缺乏清偿能力为由,向法院申请对10家子公司实施重整。重庆市第五中级人民法院裁定受理了对力帆股份及其10家子公司的重整申请,并分别指定力帆系企业清算组为管理人。截至2020年评估基准日,力帆股份及十其家全资子公司资产评估总值为77.15亿余元;截至2020年11月,债权人申报债权共计267.71亿余元。在假定破产清算状态下,力帆股份普通债权清偿率为12.65%。

【裁判结果】

为维持企业营运价值,重庆五中院在受理重整申请后,决定力帆股份及十家子公司继续营业,同时从2020年8月开始,指导管理人发布重整投资人招募公告,经过严格审查,最终确定国有投资平台重庆两江股权投资基金管理有限公司和民营企业吉利迈捷投资有限公司组成的联合体,作为战略投资人。2020年11月,力帆股份及其出资人会议以及十家全资子公司债权人会议,均高票通过重整计划草案。重庆五中院批准重整计划并终止重整程序。2021年2月,重庆五中院作出裁定,确认重整计划执行完毕并终结重整程序。

【典型意义】

力帆股份司法重整案,是国内首家汽摩行业上市公司司法重整案。通过司法重整,整体化解了企业危机,维护了6万余户中小投资者、5700

余名职工的合法利益,保障了上下游产业链千余家企业的正常生产经营。重庆五中院在该案的司法重整中,充分发挥"府院"协调机制作用,创新采用"财务投资人+产业投资人"的模式引入战略投资人,形成了推动企业重生的双重"驱动力",即:一方面,通过国有平台公司和民营企业共同牵头设立投资基金引入社会资本参与企业重整,为企业发展给予资金支持;另一方面,通过行业龙头企业导入新技术、新业态,将传统的汽车、摩托车制造业务升级为智能新能源汽车产业新生态。经过司法重整,助力力帆股份产业转型升级,推动了民营企业高质量发展。之后,上海证券交易所撤销了对力帆股份(601777)的退市风险警示及其他风险警示,"ST力帆"现已更名为"力帆科技",截至今年8月27日,总市值280.35亿元。力帆股份及十家子公司也都实现了扭亏为盈,全面实现了企业脱困重生。

【案件案号】

重庆市第五中级人民法院(2020)渝05破193号

案例2 广西柳州正菱集团有限公司及53家关联企业合并重整案

【基本案情】

成立于2003年的柳州正菱集团有限公司(简称正菱集团)是广西第一家集汽车、发动机、机床三大主机制造于一体的民营企业,第一家拥有从旋窑水泥、商用混凝土等建筑材料到建筑施工、房地产开发产业链的民营企业,也是一家能够提供担保、金融服务的跨区域发展、多元化经营的综合性大型民营企业,曾两度入选全国民营企业500强。然而,由于经营扩张过快导致资金链断裂,企业经营亏损,以2014年5月28日柳州市公安局宣布对正菱集团涉嫌非法吸收公众存款犯罪立案侦查为标志,开始爆发严重债务危机。正菱集团与53家关联公司陷入大量诉讼纠纷,涉债总额超过380亿元,诉讼纠纷除了广西,还涉及江苏、福建、湖南等全国多个地区。由于诉讼纠纷,导致其资产全部被查封,严重资不抵债,不能清偿到期债务。为解决可能引发的社会问题,柳州市委、市政府及相关部门采取了多种措施,但未取得预期效果。2018年,由于各方强烈要求,柳州市委、市政府建议由高级法院受理本案以便在全区范围内统筹协调、整体把控,债务人与其债权人也达成共识请求由高级法院受理本案,广西壮族自治区高级人民法院遂以该案属于全区重大、疑难、复杂的案件,裁定予以受理。

【裁判结果】

2018年12月,广西高院裁定确认管理人将广西金融投资集团城建发展有限公司确认为本案重整投资人程序合法。投资人共计投入36亿元用以清偿本案各类债务和费用,实现了重整费用、共益债务、建设工程债权、职工劳动债权、税收债权以及10万元以下的小额债权清偿率100%。2019年1月,广西高院裁定批准重整计划草案,并终止重整程序,该司法重整案圆满审结。

【典型意义】

正菱集团及53家关联企业司法重整案,是全国首例由高级法院受理的54名关联债务人实质合并重整案件。广西高院仅用时6个多月,实现债权人会议高票赞成通过了相关重整计划草案。目前,管理人已与投资方完成资产交接,投资方已按重整计划草案约定时间支付了投资款。该案成功化解债务总额超过380亿元,涉及不含劳动债权的债权人多达2039人,盘活破产企业资产价值约150亿元,化解诉讼案件约470件,涉案金额约77亿元。取得了四方面突出成效:一是涉案26家金融机构债权全额或高额清偿,维护了地区金融安全;二是税务债权全额清偿,确保了国家税收和税源稳定;三是职工债权全额清偿,保障了职工基本生存权,同时10万元以下债权全额清偿,确保了1922笔普通债权中每个债权人都有收获;四是解决执行案件2300余件,为基本解决执行难提供新路径。

该案的典型意义有三:第一,充分保障各类债权人合法权益。为公平保障更多债权人利益,在保障抵押担保债权人权益前提下,以12亿元重整资金专门解决非担保债权,使得破产重整费用、共益债务、建设工程债权、职工劳动债权、税收债权以及10万元以下的小额债权人均得到全额清偿。第二,高质量审结、高效实践了多个关联公司实质合并重整的模式。为利于整合资源,提高司法效率,避免损害债权人利益,且关联公司与主要债权人均向法院明确表示合并受理符合债权人整体利益并书面请求合并受理,广西高院将 54 名债务人实质合并重整,仅用 6 个多月彻底解决了困扰五年多的社会问题,是实质合并重整的典型案例,具有较好的标杆示范意义。第三,盘活生产型企业和土地类资产,助力地方经济增长。对具备基本盘活条件的生产型企业,通过厂房维修、升级改造等方式增加资产储备价值,引入战略投资者从根本"救活"企业。截至 2020 年 12 月,企业经营实现收入 61550 万元。对重整项目资产中的土地类资产,积极引进国内知名房地产企业,打造品质楼盘,促成项目落地。同时积极配合政府对老旧城区的城市更新规划,改善地块周边居民的生活环境,打造城市新风貌。

【案件案号】

广西壮族自治区高级人民法院(2018)桂破 1 号

案例 3 ｜江苏刚松防护科技股份有限公司司法重整案

【基本案情】

刚松防护科技股份有限公司(简称刚松公司)主营医用无纺布制品、手术衣、手术洞巾、手术包、PM2.5 口罩及工业和民用防护类产品,厂区配备 10 万级无尘生产车间,产品远销海外,与世界 500 强企业有长期稳定合作。2018 年,由于经营不善,加之为关联企业提供担保,导致刚松公司资金链断裂、陷入债务危机,并于当年下半年停止生产经营。2019 年 12 月,江苏省苏州市吴江区人民法院裁定受理刚松公司破产清算案。

【裁判结果】

面对突如其来的新冠肺炎疫情,口罩等防护用品成为紧缺物资。刚松公司虽已停止生产经营一年多,但其具有医用口罩的生产资质和生产所需的无尘车间。2020 年春节期间,吴江区法院依托破产审判"府院联动"机制,积极主动与辖区政府沟通并进行实地调查,指导管理人以招募同业投资人的方式恢复经营。在辖区政府的协助下,刚松公司厂区恢复水电,刚松公司正式投入生产,日平均生产口罩7万余只,均由属地政府定向采购用于疫情防控,重整价值日益显现。2020年4月,吴江区法院通过在线拍卖平台以4880万元的价格确定刚松公司重整投资人,普通债权清偿率由清算状态下的7%提升至24%。吴江区法院依法裁定终结刚松公司重整程序。

【典型意义】

2019年12月,刚松公司在新冠肺炎疫情爆发前夕进入破产程序。2020年初,突如其来的疫情既对防疫物资提出了需求,也给主业生产防疫物资的刚松公司带来了转机。吴江区法院在已有投资人报价的情况下,借鉴"假马"竞标规则,创新适用"线下承诺出价+线上拍卖竞价"确定重整投资人,兼顾了重整价值和重整效率。"假马"竞标规则系指由破产企业选择一家有兴趣的买受人设定最低竞买价格,其他潜在竞买人不能提出低于该价格的收购价。吴江区法院创造性地运用该规则,并借用破产审判信息化建设成果,采用网络方式召开债权人会议,最大可能保障了破产企业的权益,同时也降低了破产成本,提升了工作效率。本案自受理重整申请至批准重整计划仅用时17天,至最终网络拍卖确定重整投资人也仅用时62天。刚松公司司法重整案的办案思路和办理结果生动诠释了人民法院破产审判工作围绕中心、服务大局的主题。

【案件案号】

江苏省苏州市吴江区人民法院(2019)苏0509破123号

案例4 华融国际信托有限责任公司与山西梅园华盛能源开发有限公司等金融借款合同纠纷案

【基本案情】

2013年5月30日,华融国际信托有限责任公司(简称华融信托)与山西梅园华盛能源开发有限公司(简称梅园华盛)(借款人)签订《信托贷款合同》,约定分期发放贷款 4.1 亿元,贷款期限 30 个月,并就利息、罚息、违约金等进行了约定。2014 年 6 月 20 日,梅园华盛与华融信托签订《财务顾问协议》,约定梅园华盛根据贷款发放进度分期支付财务顾问费用 3405 万元。后因梅园华盛未能如期还款,华融信托诉至法院。

【裁判结果】

一审判令梅园华盛向华融信托支付借款本金 3.893 亿元及利息,以及按日 0.05% 标准计算的违约金,按借款总额支付 20% 的违约金等。最高人民法院二审认为,因华融信托不能举证证明其为梅园华盛提供了何种具体的财务顾问服务,应当认定其未提供。结合贷款实际发放和梅园华盛支付财务顾问费的时间,财务顾问费用分期支付之时,华融信托的贷款尚未发放完成,应当认定案涉 3405 万元财务顾问费为预先收取的利息,并在计算欠款本金时予以扣除。另外,《信托贷款合同》约定了贷款期限的前 24 个月按 12% 计息,后 6 个月按 14% 计息,逾期贷款本金按贷款日利率的 150% 按日计收罚息,并对应付未付利息按贷款日利率的 150% 按日计收复利;不按约定归集资金的,按贷款本金余额的 0.05% 按日计收违约金(年化为 18%),未及时偿还全部借款的,还应另行支付已发放贷款本金 20% 的违约金。加上作为"砍头息"收取的财务顾问费用 3405 万元约为贷款总额的 8.3%,贷款人华融信托同时主张的利息、复利、罚息、违约金和其他费用过高,显著背离实际损失,应当依法予以调减。

【典型意义】

坚持以人民为中心的发展思想,就是要在高质量发展中促进共同富裕,正确处理效率和公平的关系,取缔非法收入,切实降低实体企业的实际融资成本,促进社会公平正义。该案贷款人共计借出款项 4.098 亿元,同时以财务顾问费的形式,在每次放款前均要求借款人提前支付"砍头息",共计 3405 万元,约为贷款总额的 8.3%。二审法院因贷款人不能举证证明其为借款人具体提供了何种财务顾问服务,故认定其实际未提供财务顾问服务,将收取的高额财务顾问费用认定为以顾问费名义预先收取利息,在计算欠款本金时予以扣除。同时,原借款合同约定了非常复杂的利息、复利、罚息、违约金以及其他费用的计算方式,给实体企业增加了沉重的违约负担。二审依法予以调整,体现了人民法院秉持以人民为中心促进共同富裕的理念,依法保护合法收入,坚决取缔非法收入。

【案件案号】

一审:北京市高级人民法院(2016)京民初 77 号;二审:最高人民法院(2019)最高法民终 1081 号

案例5 江苏镇江市丹徒区宝堰镇前隍村委会与镇江山水湾生态农业开发有限公司土地承包经营权纠纷案

【基本案情】

2007 年,经江苏省镇江市丹徒区人民政府招商引资,镇江山水湾生态农业开发有限公司(简称山水湾公司)与该区前隍村村民委员会签订多份土地承包经营权转让协议,先期承包该村近 900 亩土地,计划投资 4.45 亿元用于特色农业生产开发。合同签订后,山水湾公司介绍已先后投入 3 亿余元用于拆迁、道路、机耕道、土地整形、生态沟渠、日光温室、苗木栽培等项目建设。后由于山水湾公司法定代表人遭遇交通事故等原因,山水湾公司自 2015 年起开始拖延支付土地流转使用费。2016 年度的土地承包使用费由前隍村村委会提供担保,山水湾公司向他人借款后支付给村委会,再由村委会发放给各农户;2017 年度土地承包使用费由山水湾公司向前隍村村委会借款 70 万元向各农户发放;2017 年年底起,前隍村村委会又多次向山水湾公司催要 2018 年度的土地租金未果,遂诉至法院要求解除合同,返还所承租的近 900 亩土地。

【裁判结果】

镇江市丹徒区人民法院一审认定山水湾公司违约,判令解除合同并返还土地。镇江市中级人民法院二审认为,山水湾公司在本案争议发生前,已经取得了相关部门的项目规划许可,并投入大量资金和人力用于项目建设。本案山水湾公司的违约并未根本影响合同目的的实现,如果判令解除合同将造成社会资源的巨大浪费。二审法院积极与前隍村村委会沟通,分析山水湾公司运营给村集体带来的经济利益,最终村委会同意就合同继续履行与山水湾公司进行协商。之后,法院又积极联系山水湾公司,提出改善经营的意见建议。经过多次耐心细致工作,最终村委会与山水湾公司双方达成了调解协议,土地承包协议继续履行,山水湾公司限期支付土地承包费。

【典型意义】

实施乡村振兴战略,是以习近平同志为核心的党中央从党和国家事业全局出发,从实现中华民族伟大复兴着眼,顺应亿万农民对美好生活向往作出的重大决策。人民法院积极服务乡村振兴战略,精准对接脱贫地区司法需求,鼓励引导民营企业投身乡村振兴,实现民营企业"万企帮万村"精准扶贫和乡村振兴阶段"万企兴万村"的有效衔接。本案山水湾公司开发项目包括田园综合体、文旅、康养等,为附近村民提供了更多的就业机会,支付给村委会的租金增加了部分农户收入,并带动整个乡村生态环境和基础设施的改善。但由于该公司法定代表人遭遇交通事故等原因,未能按时足额缴纳土地承包费,以致产生诉讼。二审法院镇江中院从振兴乡村经济出发,深入乡村考察、积极组织双方在庭外进行协商调解,为企业经营献言献策、解决后顾之忧,既化解了双方之间的矛盾,又推动当地特色农业项目继续推进。

【案件案号】

一审:江苏省镇江市丹徒区人民法院(2018)苏 1112 民初 1388 号;二审:江苏省镇江市中级人民法院(2019)苏 11 民终 2551 号

案例 6 陕西西安西电变压器有限责任公司与鹤壁国龙物流有限公司承揽合同纠纷案

【基本案情】

2011 年 1 月,鹤壁国龙物流有限公司(简称国龙公司)与西安西电变压器有限责任公司(简称西电公司)签订《购销合同》,约定国龙公司向西电公司购买两台电力变压器,单价 749.5 万元,共计 1499 万元,交货时间 2011 年 6 月 15 日。2011 年 7 月,西电公司向国龙公司发函称:"恰逢国家重点工程 1000KV、750KV 可控电抗器也在近期交货,造成了交货期的冲突,由于以上与国家重点项目的冲突,加之我司生产能力的局限,造成贵司项目产品交货时间推迟"。最终国龙公司确认实际交货时间为 2011 年 10 月 16 日,实际迟延履行 123 天。2019 年 1 月,西电公司在河南省鹤壁市淇县人民法院提起诉讼,要求国龙公司支付剩余货款 105.6 万元。经一、二审法院审理,该案支持了西电公司的诉请。国电公司遂提起本案诉讼,要求西电公司支付逾期交货的违约金 134.91 万元。

【裁判结果】

西安市莲湖区人民法院认为,西电公司主张其延迟交货属于不可抗力的理由不能成立,该行为属于违约行为,应当承担相应的违约责任。莲湖区法院判令西电公司支付国龙公司违约金 134.91 万元。

西安市中级人民法院二审维持了一审判决。陕西省高级人民法院再审审查驳回了西电公司的再审申请。

【典型意义】

平等保护各类市场主体合法权益是民商事审判的基本要求,不允许因为市场主体的身份不同而区别对待。本案西电公司隶属大型国有中央企业,国龙公司为河南省中小微民营企业。购销合同的订立和履行早在 2011 年,西电公司迟至 2019 年才诉请主张支付剩余货款。该案获得支持后,国龙公司提起本案诉讼,要求西电公司支付当年逾期交货的违约金。对此,西电公司虽承认逾期交货的事实,但抗辩主张其是因为需要提前履行其他合同才导致本案合同延迟交货。西电公司认为,需要提前履行的其他合同涉及国家重点工程暨公共利益,属于不可抗力,因此西电公司不应承担违约责任。对此,法院认为,西电公司作为市场经济主体,应当根据其生产能力,按照订单难易程度等科学合理地安排生产,其对于合同的正常履约应在合同签订时即有预见,出现不同订单之间的时间冲突也并非完全不能避免和不能克服,其完全可以通过其他市场经济手段(如追加投入扩大产能、进行延期谈判合理变更合同、支付违约金等方式)予以规避,而不能将市场经营风险等同于不可抗力进而试图逃避违约责任。因此,法院认定西电公司迟延履行交货义务的行为构成违约行为,应当承担违约责任。该判决既保护中小微企业的合法利益,又引导企业尊重市场规则和合同约定,彰显了法院在民商事案件审理中坚持依法平等、全面保护各类市场主体的合法权益,优化了市场化法治化营商环境。

【案件案号】

一审:陕西省西安市莲湖区人民法院(2020)陕 0104 民初 414 号;二审:陕西省西安市中级人民法院(2020)陕 01 民终 9472 号;再审审查:陕西省高级人民法院(2021)陕民申 1670 号。

| 案例 7 | 北京易车互动广告有限公司等与北京新意互动数字技术有限公司广告合同纠纷案 |

【具体举措】

北京易车互动广告有限公司(简称易车公司)等因与北京新意互动数字技术有限公司(简称新意公司)合同纠纷案,向法院提出 7871 万元诉前财产保全,要求新意公司支付 42 份广告合同款。新意公司收到保全裁定书及起诉书后提出复议申请,称涉案 42 份合同款项大部分已经支付。北京市海淀区人民法院就诉前财产保全组织听证,充分了解争议焦点和双方实际诉求,虽冻结了新意公司款项 7871 万元,但经过法院充分释明经营及法律风险,双方当事人达成调解意向。在调解款项支付环节,出现了易车公司坚持先付款再解封而新意公司因大额资金被冻结无力筹措应付款项的僵局。海淀区法院根据新意公司支付情况,以 566 万元为单元、共计 14 次逐笔解封,相应解封款逐笔支付至易车公司账户,前期保全资金顺利转化为和解款。

【典型意义】

司法实践中,大额资金被冻结对企业生产经营会产生非常明显的影响,特别是资金链脆弱的中小微民营企业,冻结大额资金有可能对被保全企业产生颠覆性的影响,造成原被告双方两败俱伤。本案海淀区法院虽然也对大额资金采取了保全措施,但创新了"以保促调,滚动解封"的工作机制,畅通保全、调解、执行衔接机制,加速盘活执行资金、以细致及时的司法工作助力民营企业发展。其中,"滚动解封"既保障了债权人的权利,又给债务人偿还债务的喘息机会,有效解决了大标的额被执行人无流动资金还款与申请执行人不愿承担先行解封风险的困境。

【案件案号】

北京市海淀区人民法院(2021)京 0108 民初 7185 号

案例 8 浙江嘉兴桐乡法院上线"活查封"管理应用,实现动产保全"数智化"

【具体举措】

浙江省嘉兴市桐乡市人民法院创新运用 5G + AI + LBS + 区块链技术,实现动产"活查封""数智化"。具体做法是,法院在保管场地安装视频监控设备取代传统的封条查封,确保查封设备可正常使用,生产经营"不中断"运行。同时,5G 网络实现了图像、视频的回传和留存,法官在手机端即可查看动产状态。监测区域内使用移动通信基站 LBS 定位技术,当设备位置发生改变时,系统即时发出预警,避免保全财产被恶意转移。运用区块链技术,对区域内的机器设备数量、位置、外观进行图像固化并上传链接,将整个保全过程同步摄录并上传至"云上物证室",确保保全数据可信任可追溯、保全行为规范可信。

【典型意义】

随着智慧法院建设的深入推进,近年来各级法院越来越重视将技术创新与司法审判深度融合,善意文明执法,彰显司法温度。作为传统执行手段之一,"活查封"的保全方式既保障了原告的诉讼权利,又保住了被告企业的造血功能,避免了因保全措施影响生产经营而加剧原、被告之间矛盾。但"活查封"也存在财产容易被转移和价值贬损的弊端风险,实践中法院使用"活查封"比较慎重。新的"数智化"动产"活查封"保全,相较于传统的贴封条、派监管的动产保全方式,更为高效、可靠,对被保全企业的生产、商誉各方面影响更小。"活查封"运用"数智化"手段,最大限度体现了执行善意,减少了保全查封对公司正常经营的影响。

案例9 广东广州中院推行民商事案件先行判决,促进当事人合法权益及时兑现

【具体举措】

广东省广州市中级人民法院自2020年6月起试行先行判决机制。先行判决机制以民事诉讼法第一百五十三条为法律依据,先通过审查诉讼请求进行二次繁简分流个案,对诉讼请求对应事实已查清且可独立裁判的部分先行判决,当事人可在先行判决部分生效后向对应的法院先行申请执行。其他诉讼请求待相关事实进一步查实后,通过后续判决解决。法院在审理中要注意先行判决与后续判决的判决方向一致、内容完整。

【典型意义】

民事诉讼法第一百五十三条规定,人民法院审理的案件,其中一部分事实已经清楚的,可以就该部分先行判决,从而确立了先行判决制度。但规定在实践中较少运用,且即便法院作出了先行判决,是否允许对该部分先行判决申请执行,实践中也存在不同认识。广州中院活用先行判决机制,充分发挥审判职能作用,切实提升了商事案件诉讼效率。且先行判决对于支持疫情防控常态化之下实体经济恢复发展,助力中小企业渡过难关,保障民营经济社会持续向稳向好蓬勃发展,促进当事人合法权益及时保障兑现,成效明显。截至2021年7月21日,广州中院作出先行判决的平均审理周期为57天,取得部分权利时间平均提速34.96%,单次最快提速达65.88%,先行判决金额共计8500万余元。

案例 10 北京、江苏、浙江、广东等地法院与工商联建立民营企业产权保护社会化服务体系

【具体举措】

江苏省高级人民法院 2020 年与江苏省工商联签订服务保障民营经济健康发展协作机制的框架协议，持续加大商会商事调解工作推进力度，吸纳更多的商事领域有经验、有威望的商会领导、民营企业家参与商事调解，鼓励各地积极争取党委政府经费支持，拓宽商会组织调解经费来源，切实提高经费保障水平。

广州互联网法院推广"枫桥 E 站"解纷站点，创新发展新时代在线诉源治理、多元解纷模式。推动企业建立结合企业自身特点的智能合约自动履行解决方案，探索建立将当事人的履约行为与本企业所设信用评价体系挂钩的机制，完善互联网诉源治理体系。

北京市石景山区人民法院充分发挥区工商联桥梁纽带作用，共同开展产权司法保护调研及法治宣传，建立定期信息共享、案例通报及会商长效机制，畅通与民营企业家联系渠道，推动民营企业产权保护形成整体合力。

浙江省嘉兴市南湖区人民法院与区工商联调委会组建优秀企业家在内的调解队伍，入驻县级社会矛盾调解中心，法院加强业务指导，通过平台对接直接指导调解员开展线下调解，构建"线下调解＋线上确认"工作新模式，提供"一站式"服务。

【典型意义】

工商联所属商会是以非公有制企业和非公有制经济人士为主体，由工商联作为业务主管单位的社会组织。按照中共中央《关于促进工商联所属商会改革和发展的实施意见》，商会要继续完善职能作用、创新经济服务工作、强化守法诚信和社会责任，加大商会商事调解工作力度，是深化商会改革和发展的一项重要举措。典型案例选取了江苏高院、广州互联网法院、北京市石景山区法院、浙江嘉兴南湖区法院四个典型。

江苏全省现已设立商会调解组织 332 个，聘用调解人员 1528 名，调

解力量不断壮大。全省各类商会调解组织共有效化解商事纠纷3757件,化解标的金额10.27亿元。

广州互联网法院2021年在阿里巴巴、百度、腾讯等互联网平台之外,另在网易、字节跳动、唯品会、蚂蚁金服等平台增设"枫桥E站"4个,调解互联网民营经济领域纠纷9236件。

2020年6月到2021年6月,北京市石景山区法院民营企业产权保护调解室已成功调解涉区工商联所属商会会员企业产权矛盾165件,平均调解时长28天。

自2020年6月嘉兴市南湖区工商联调委会成立以来,共调处案件904件,调解成功574件,调解成功率63.4%,涉案标的近1.6亿元,调解成功标的近1.5亿元,为企业节约诉讼成本超过100万元。

从高院、中院到基层法院,人民法院与工商联建立民营企业产权保护社会化服务体系,均收到了良好的效果,对促进矛盾纠纷化解、民营经济保护起到了非常积极的作用。